UTB **3494**

W0058735

Eine Arbeitsgemeinschaft der Verlage

Böhlau Verlag · Wien · Köln · Weimar
Verlag Barbara Budrich · Opladen · Farmington Hills
facultas.wuv · Wien
Wilhelm Fink · München
A. Francke Verlag · Tübingen und Basel
Haupt Verlag · Bern · Stuttgart · Wien
Julius Klinkhardt Verlagsbuchhandlung · Bad Heilbrunn
Mohr Siebeck · Tübingen
Nomos Verlagsgesellschaft · Baden-Baden
Orell Füssli Verlag · Zürich
Ernst Reinhardt Verlag · München · Basel
Ferdinand Schöningh · Paderborn · München · Wien · Zürich
Eugen Ulmer Verlag · Stuttgart
UVK Verlagsgesellschaft · Konstanz, mit UVK/Lucius · München
Vandenhoeck & Ruprecht · Göttingen · Oakville
vdf Hochschulverlag AG an der ETH Zürich

MICHAEL CORSTEN

Grundfragen der Soziologie

UVK Verlagsgesellschaft mbH

Zum Autor:
Michael Corsten ist Professor für Soziologie an der Universität Hildesheim.

Bibliografische Information der Deutschen Nationalbibliothek
Die Deutsche Nationalbibliothek verzeichnet diese Publikation in der
Deutschen Nationalbibliografie; detaillierte bibliografische Daten sind im
Internet über http://dnb.d-nb.de abrufbar.

ISBN 978-3-8252-3494-2

© UVK Verlagsgesellschaft mbH, Konstanz 2011

Einbandgestaltung: Atelier Reichert, Stuttgart
Lektorat: Verena Artz, Bonn
Satz und Layout: Claudia Wild, Konstanz
Druck und Bindung: fgb · freiburger graphische betriebe, Freiburg

UVK Verlagsgesellschaft mbH
Schützenstr. 24 · D-78462 Konstanz
Tel.: 07531-9053-0 · Fax: 07531-9053-98
www.uvk.de

Inhalt

Einleitung

Brauchen Sie einen Kompass für die Soziologie?

Warum haben Sie sich dieses Buch gekauft? Sie hätten sich für das gleiche Geld auch in zwei oder drei Kinoveranstaltungen amüsieren können. Was hat dieses Buch als Ausgleich dafür zu bieten? Selbstverständlich kann ein Autor nicht wissen, was Sie, liebe Leserinnen und Leser, im Einzelfall dazu bewegen wird, sein Buch zu kaufen. Sicherlich hat er Anlass zu der Vermutung – vor allem, wenn es sich um Studienanfänger des Fachs Soziologie handeln sollte –, dass sie sich irgendwie für gesellschaftliche Fragen interessieren und hoffen, dass die Soziologie darauf wissenschaftlich fundierte Antworten geben kann.

Aber tut sie das wirklich? Genau in dieser Frage besteht das Problem, das sie mit Hilfe dieses Buches besser verstehen lernen sollen. Es soll ihre soziologische Vorstellungskraft wecken und ihr soziologisches Urteilsvermögen stärken. Dazu stellt ihnen das Buch einiges bereit, aber es verlangt ihnen auch mit jedem Kapitel, jedem Abschnitt, letztlich mit jedem Satz etwas ab. Das Buch vermittelt Ihnen kein bloßes Faktenwissen, auch keine Patentrezepte, die sie auswendig lernen sollen. Es möchte Sie zur Soziologie einladen, d. h. Sie zum Mitmachen bei der Beobachtung, Beschreibung und Analyse der Gesellschaft animieren. Dies kann mit Aufwand verbunden sein. So mögen Sie es vielleicht noch relativ leicht verschmerzen, dass Ihnen durch den Preis des Buches ein paar kleinere Vergnügungen entgehen. Die Lektüre eines Buches fordert jedoch noch viel höhere Kosten: nämlich Zeit und Anstrengung.

Es wird nicht reichen, das Buch einfach von Anfang bis Ende durchzulesen oder seine hervorgehobenen Teile auswendig zu lernen. Die Entwicklung von Vorstellungskraft und Urteilsvermögen erfordert mehr: konzentrierte Aufmerksamkeit und ausprobierendes Denken. Diese Anforderungen sind auch in der Soziologie hoch. Zwar vermuten die meisten Menschen, dass die Soziologie prinzipiell nachvollziehbar sein müsste, handelt sie doch von Problemen der Gesellschaft, in der wir doch letztlich alle leben und uns – zumindest mehr oder weniger – praktisch zurechtfinden. Aber wer dann wirklich einmal in die soziologische Literatur schaut, der wird mit einer Fülle von Denkansätzen, Vorgehensweisen und Einzelgebieten konfrontiert – nicht zuletzt mit einer schwer verständlichen Fachsprache und womöglich sogar einer babylonischen Sprachvielfalt.

Erschwert insofern die Soziologie den Rat suchenden Laien, den Studierenden der Anfangssemester oder den interessierten Experten anderer Fächer den Zugang zu ihrem spezifischen Wissen? Und wenn ja: Ist dieses Erschwernis nötig? Sicherlich sollte eine Fachrichtung oder ein Fachbuch den InteressentInnen, Studierenden oder LeserInnen nicht ohne Not alles Mögliche aufbürden. Aber es sollte auch nicht allzu leichtfertig versprechen, dass es einen komplikationslosen Zugang zum Verständnis eines Faches gibt. Wir sollten auch die Soziologie nicht auf die leichte Schulter nehmen.

Also nehmen wir an, dass Sie dies nicht tun – worin besteht dann der Nutzen dieses Buches. Kurz gesagt: es soll ihnen den Zugang zur Soziologie ermöglichen. Dabei verfolgt es drei allgemeine Zielstellungen:

1. Sie sollen die typische Problemstellungen, Begrifflichkeiten und Argumentationsweisen der Soziologie kennenlernen. Insofern stellt dieses Buch eine Art soziologische Propädeutik dar, eine Vorschule des soziologischen Argumentierens.

2. Über die Gesellschaft sprechen, heißt zugleich, Begriffe zu ihrer Beschreibung zu finden. Die Begriffe, die von der Soziologie als Lehre von der Gesellschaft verwendet werden, sind jedoch abhängig von der in einer Gesellschaft hervorgebrachten und in ihr vorherrschenden Sprache. Daher ist es wichtig, die Bedeutung des Verhältnisses von Sprache und Gesellschaft nachzuvollziehen.

3. Es soll ersichtlich werden, dass die oben problematisierte Vielfalt der soziologischen Begrifflichkeiten und Denkansätze nicht zufällig ist. Die Soziologie ist nicht ohne Grund eine Multioptionswissenschaft. Aber gerade weil die Vielfalt und Verschiedenartigkeit der soziologischen Angebote ihren Grund haben, ist sie kein beliebiges Daherreden. Es geht um die Verhältnismäßigkeit zwischen soziologischer Sprache und gesellschaftlichen Bezugsproblemen. Mit Argumentationsweisen, die sich eines bestimmten Vokabulars und eines bestimmten Sprachstils bedienen, werden Diskurse – kommunikative Auseinandersetzungen innerhalb der wissenschaftlichen Öffentlichkeit – ins Leben gerufen, in denen entschieden wird, ob und inwiefern Gesellschaftsbeschreibungen angemessen sind.

Darum hat sich dieses Buch insgesamt zum Ziel gesetzt, ihre Vorstellungskraft für die Bezugsprobleme der soziologischen Wissenschaft zu vergrößern und damit zugleich ihr Urteilsvermögen im Hinblick auf gesellschaftliche Probleme und Herausforderungen weiter auszubilden.

Worum geht es im Einzelnen?

Das Buch besteht aus fünf Kapiteln. Im *ersten Kapitel* wird Ihnen an einem Beispiel vorgeführt, worin soziologische Vorstellungskraft bestehen könnte und weshalb diese Imagination von einem Urteilsvermögen begleitet sein sollte. Es verdeutlicht Ihnen zudem, dass es mit dem Reichtum und dem Aufbau einer wissenschaftlichen Sprache zusammenhängt, ob und wie ein Fach Vorstellungskraft und Urteilsvermögen hinsichtlich der für es wichtigen Bezugsprobleme – im Fall der Soziologie sind dies gesellschaftliche Fragen und Probleme – zu entfalten vermag. Die Begriffe einer Fachsprache machen es erst möglich, sich bestimmte Aspekte eines Problems vorzustellen, und mit der Menge der verfügbaren Vorstellungen wächst wiederum das Urteilsvermögen, wenn auch nicht unbedingt linear.

Das *zweite Kapitel* legt dann die Basis. Es zeigt die Möglichkeiten auf, mit denen nach Gesellschaft gefragt werden kann. Was ist Gesellschaft? Wie ist Gesellschaft möglich? Wie kommt es zur Stabilität und zum Wandel von Gesellschaft? Mit welchen Grundbegrifflichkeiten lassen sich Antworten auf diese allgemeinen Fragen der Soziologie finden? Im *dritten Kapitel* werden zentrale Bezugsprobleme der Soziologie anhand von Begriffsfeldern erläutert. Dabei soll die Breite der miteinander verbundenen Begriffe auf die Spannweite der jeweiligen Problemdimensionen verweisen. Auf ähnliche Weise zeigt das *vierte Kapitel* typische Unterscheidungen der Soziologie auf, die durch die Konstruktion von Gegensatzpaaren – wie bspw. Gemeinschaft und Gesellschaft – erzeugt werden.

Im abschließenden *fünften Kapitel* werden die erarbeiteten Begrifflichkeiten, Argumentationsweisen und Bezugsprobleme anhand einer beispielhaft gewählten Gegenwartsdiagnose rekapituliert und für eine Vielfalt und Verschiedenheit soziologischer Denkansätze plädiert.

Das Buch beabsichtigt damit vor allem eins: Es möchte Sie auf bestimmte Fragen lenken. Denn in einer Wissenschaft geht es nicht primär darum, dass die Antworten bereits bekannt sind. Viel wichtiger ist, dass man sich damit beschäftigt, wie in einem Fach Fragen bearbeitet werden, auf welche Weise Vertreter dieses Fachs Antworten finden. Erst dann entwickeln Sie Vorstellungskraft und Urteilsvermögen für die Materie einer Wissenschaft. Daher trägt dieses Buch den Titel »Grundfragen der Soziologie«.

Widmung und Dank

Dieses Buch möchte ich dem Kollegium des Mathematisch-Naturwissenschaftlichen Gymnasiums Mönchengladbach aus den Jahren 1972–1981 widmen, ganz besonders Dr. Raimund Pispers (Latein, Philosophie, Sport) dafür, dass er mir den Namen »Heidegger« bekannt machte, und Bernhard Scherger (Deutsch, Katholische Religionslehre, Philosophie) dafür, dass ich durch die Benotung eines Deutschaufsatzes auf den sozialen Unterschied zwischen einer politischen Rede und einer Trauerrede gestoßen wurde.

Beim Verfassen dieses Buchs fiel mir die Merkwürdigkeit auf, dass mich meine Lehrer am Math. Nat. irgendwie auf die Spur der Soziologie gelenkt haben, obwohl sie vermutlich selbst in ihrer Ausbildung gar keine Soziologie erlernten. Nun habe ich ein Buch geschrieben, das sich nicht zuletzt an die vielen Lehramtsstudierenden richtet, die an deutschen Universitäten Soziologie im Haupt-, Wahl- oder Nebenfach erlernen. Es scheint mir auf die krummen Wege zu verweisen, die oft zwischen Theorie und Praxis bestehen – ein Thema übrigens, zu dem ich in diesem Buch so gut wie gar nichts sage. Und vielleicht ist dieses Buch für die Praxis sogar besser, weil es fast ausschließlich von der Theorie handelt. Wie dem auch immer sei! Trotz landläufig gegenteiliger Meinung beschleicht mich gelegentlich das Gefühl, in der Schule doch etwas fürs Leben gelernt zu haben.

Danken möchte ich Verena Artz für das Lektorat dieses Buches; meiner Tochter Anna und meinem Sohn Jan für Tipps zu einigen Abschnitten, die sie aus der Perspektive des Abiturienten und der Erstsemestlerin gelesen haben. Dank gebührt außerdem vielen Erstsemesterstudierenden der Universität Hildesheim, genauer denjenigen, die in den Wintersemestern 2009/10 und 2010/11 an meinen Vorlesungen teilgenommen und auf vielfältige Weise den Inhalt dieses Buches beeinflusst haben, besonders danke ich den TutorInnen der Vorlesung: Josina Gausepohl, Tim Simon und Franziska Volz. Auch meinem Kollegen Michael Kauppert möchte ich danken für die gelegentliche Frage, ob es sich bei dem Buch, an dem ich gerade schreibe, noch um ein Einführungswerk handle, und für seine Erinnerung an die Herkunft des Begriffs der Anschließbarkeit, der von Jürgen Frese stammt und der in Luhmanns Gesellschaftstheorie unter dem Namen Anschlussfähigkeit prominent wurde.

Bezugsprobleme und Sprachspiele der Soziologie | 1

In diesem Kapitel wird überlegt, was soziologische Aussagen von alltäglichen Meinungen über die Gesellschaft unterscheidet (1.1). Um dies besser beurteilen zu können, wird zunächst geprüft, ob sich soziologische Aussagen dadurch auszeichnen, dass sie substantielle Vorstellungen dazu entwickeln, was Gesellschaft ausmacht. Dies wird am Beispiel der fiktiven Diagnose der »Pannengesellschaft« durchgespielt (1.2.1). Daraufhin werden einige Kriterien eingeführt, die helfen sollen, soziologische Vorstellungskraft zu beurteilen. Oft werden diese Beurteilungskriterien als die Eigenschaften angesehen, die soziologische Aussagen als wissenschaftliche Aussagen zu erfüllen haben (1.2.2). Abschließend wird erörtert, auf welche Weise dieser Anspruch auf wissenschaftliche Aussagen eingelöst werden kann. Dabei erweist es sich als ein Problem, dass auch (und gerade) gesellschaftswissenschaftliche Aussagen Teil eines soziologischen Sprachspiels sind, dessen Angemessenheit zunächst zu begründen wäre (1.2.3).

Wann ist eine Aussage soziologisch? | 1.1

So wie Menschen immer mal wieder über das Wetter reden, so denken sie bisweilen auch über die Gesellschaft nach, in der sie leben. Zudem werden wir heute in den Medien ständig über das informiert, was sich in der Welt – also eben auch in der Gesellschaft oder in den Gesellschaften – so abspielt.

Es ist fraglich, ob damit schon so etwas wie eine rudimentäre (erste, noch nicht voll ausgebildete) Form von Soziologie vorliegt. In der Sprache eines gegenwärtig sehr einflussreichen Ansatzes, der Systemtheorie von Niklas Luhmann, liegt Gesellschaft immer dann vor, wenn Kommunikation stattfindet. Soziologie könnte in einer anfänglichen Form also immer dann vorliegen, wenn die Gesellschaft sich mit ihren Kommunikationen auf sich selbst, auf Gesellschaft bezieht.

Inflationärer Begriff
der Soziologie?
Womöglich ist dieser Begriff von Soziologie aber zu weit gefasst. Manche Wissenschaftler würden vermutlich sagen: er wäre inflationär. Eine Inflation ist gegeben, wenn etwas überbewertet wird. Wenn jede Meldung über Meinungen zu irgendwelchen Vorgängen in der Gesellschaft – über die Beliebtheit italienischer Kochrezepte, des Frauenfußballs oder über den Rückgang des Theaterbesuchs – bereits als soziologische Beschreibung aufgefasst werden könnte, würden wir Alltagsurteile überbewerten.

Zwei Ansprüche
Wenn aber das bloße Haben von Meinungen über die Gesellschaft noch keine Soziologie sein soll, dann muss es Gründe für eine eingeschränkte Verwendung dieses Begriffs geben. Die Vertreter der Soziologie erheben in der Regel zwei Ansprüche. Von Soziologie soll nur dann geredet werden,

1. wenn die Beschreibung eines sozialen Sachverhalts auf einem substantiellen Verständnis von Gesellschaft gegründet ist und
2. wenn die Beschreibung mit einem wissenschaftlichen Geltungsanspruch verbunden ist.

Ein substantielles Verständnis von der Gesellschaft kann man einer Beschreibung dann zusprechen, wenn sie Antworten auf die Fragen nach dem Aufbau, den Ursachen und den Entwicklungen des Zusammenlebens formuliert. Aber die Behauptung, Antworten zu geben, reicht alleine nicht. Derjenige, der für die Antworten eintritt, muss sich auch auf die wissenschaftliche Beweisbarkeit verpflichten lassen.

Drei Aufgaben
Wer Soziologie betreiben will, hat in der Regel drei Aufgaben zu erledigen; sie oder er muss *erstens* Begriffe der Soziologie einführen, *zweitens* diese Begriff an ein substantielles Verständnis von der Gesellschaft knüpfen und dies *drittens* mit dem Anspruch auf Wissenschaftlichkeit vertreten. Die erste Aufgabe besteht in der Einführung eines soziologischen Sprachspiels, die zweite in der Entfaltung soziologischer Vorstellungskraft und die dritte in der Ausbildung eines soziologischen Urteilsvermögens.

1.2 Vorstellungskraft – Urteilsvermögen – Sprachspiele

Die Redeweise von der soziologischen Vorstellungskraft stammt von dem US-amerikanischen Soziologen Charles Wright Mills. Hier wird dieser Begriff in einer offenen und alltagssprachlichen Weise benutzt. Es soll mit ihm ausgedrückt werden, dass wir über soziologische Beobachtungen neue Perspektiven auf das Geschehen in unserer Gesellschaft gewinnen. Anhand eines Beispiels soll ein erster Begriff von Soziologie eingeführt werden.

The Sociological Imagination

C. Wright Mills bezeichnet »Sociological Imagination« – bzw. »soziologische Vorstellungskraft« – in seinem gleichnamigen Buch aus dem Jahr 1959 zugleich als Versprechen und als Aufgabe: »That, in brief, is why it is by means of the sociological imagination that men now hope to grasp what is going on in the world, and to understand what is happening in themselves as *minute points of intersections* of biography and history within society.« (Mills 1959, S. 7) Die Aufgabe der Soziologie soll es also sein, die genauen Schnittpunkte von individueller Biographie und geschichtlicher Entwicklung innerhalb einer Gesellschaft zu bestimmen, um darüber zu verstehen, was in der Welt vor sich geht.

Ein Beispiel für soziologische Vorstellungskraft | 1.2.1

Blicken wir zurück auf das Jahr 2010. Mit etwas soziologischer Vorstellungskraft könnten wir eine Reihe von Ereignissen in Zusammenhang bringen. Das Jahr begann damit, dass in der Nacht vom 31.12.2009 auf den 1.1.2010 auf einmal die EC-Karten vieler Menschen in Deutschland nicht mehr funktionierten. Einige Wochen später ging in vielen norddeutschen Gemeinden aufgrund des lang anhaltenden Frostes das »qualitativ hochwertige Streusalz A« aus, sodass die Vertreter kommunaler Verwaltungen ihre Bürger sogar davor warnten, das Haus zu verlassen und die Straßen zu betreten, da aufgrund des Streusalzmangels nicht mehr für ihre Sicherheit gesorgt werden könne. Aber nicht nur in Deutschland, auch international wurde Denkwürdiges vermeldet. So führte ein Tippfehler am Computer fast zu einem Börsencrash und die Experten von BP und der US-amerikanischen Regierung waren monatelang damit beschäftigt, ein Leck in einer Bohrinsel zu stopfen. Im Sommer wurden bei der Love Parade in Duisburg 21 Menschen in einer Panik totgetrampelt, weil die vorgesehenen Zugangswege zum Eventgelände für die große Zahl der Teilnehmer nicht ausreichten. In Russland entstanden aufgrund von hohen Temperaturen und Unachtsamkeiten wie weggeworfenen Flaschen oder Zigarettenstummeln Waldbrände. Diese konnten wochenlang nicht gebändigt werden, weil nicht genügend Löschflugzeuge zur Verfügung standen und internationale Hilfsangebote anfangs ausgeschlagen wurden.

Die Liste dieser »Pannen« ist nicht vollständig – es ließen sich etliche hinzufügen, etwa die Unfähigkeit von Experten, die Risiken von Vul-

Beispiele

kanasche für den Flugverkehr einzuschätzen, oder die Überhitzung von ICEs aufgrund zu niedrig ausgelegter Höchsttemperaturen.

Fiktive Diagnose: Pannengesellschaft

Mit etwas soziologischer Vorstellungskraft könnten wir also die These von der »Pannengesellschaft« entwickeln, wobei diese Pannen für die Betroffenen mehr oder weniger glimpflich ausgegangen sind. Mit der Rede von einer Pannengesellschaft lassen sich zwar einige Ereignisse in Zusammenhang bringen, aber was ist an diesem Schlagwort soziologisch? Die Antwort lautet zunächst: Mit den genannten Pannenbeispielen wird die Vorstellungskraft für einen substantiellen Aspekt der Gesellschaft geschärft – die Bedeutung gelingender oder misslingender Handlungsverkettungen. Ein wesentlicher Gesichtspunkt der Gesellschaft besteht nämlich darin, dass das Handeln der Menschen miteinander auf vielfältige Weise verbunden ist, wobei diese Verkettungen den Menschen in den meisten Fällen gar nicht bewusst sind. Zwar können Zugangswege zu einer Großveranstaltung schnell verstopft sein. Aber wer denkt schon daran, wenn sie oder er zu einem Konzert oder Fußballspiel losgeht? Er oder sie überlegt vielleicht, welche Zugaben am Ende gespielt werden oder ob sich die Siegesserie des Lieblingsvereins fortsetzen wird. Aber mit Gedränge rechnet keiner.

Kontingente Handlungskoordination

Grundsätzlich handelt es sich bei den genannten Pannen um Probleme der Handlungskoordination, die bereits in den kleinen sozialen Welten zweier Akteure auftreten. Schon zwei Fahrradfahrer, die sich auf einem schmalen Waldweg entgegenkommen, können einander geschickt ausweichen oder schlicht zusammenstoßen.

Hintergrund

Doppelte Kontingenz – die Koordination des Sozialen

In jedem Aufeinandertreffen von Menschen zeigt sich ein Problem, das von einigen Soziologen als das »Urproblem« der Gesellschaft angesehen wird: die doppelte Kontingenz. Das Fremdwort Kontingenz bedeutet Bedingtheit und Unsicherheit. Erstens ist das Handeln bereits bei zwei aufeinandertreffenden Akteuren durch den jeweiligen anderen bedingt. Weicht z. B. auf einem schmalen Gehweg ein Fußgänger aus seiner Sicht nach rechts aus, muss sich der andere aus seiner Perspektive ebenfalls rechts halten. Der jeweils nächste Schritt hängt davon ab, was der andere tut. Aber wer macht den ersten Schritt? Und in welche Richtung? Das ist der zweite Aspekt der Unsicherheit. Mache ich selbst den ersten Schritt und laufe damit Gefahr, dass in dem Moment mein Gegenüber genau die Wahl trifft, mit der ich nicht gerechnet habe? Eine Lösung dieses Problems könnte das Zurückgreifen auf Konventionen, auf Übereinkünfte sein. In Kontinentaleuropa haben wir gelernt, dass man sich immer rechts halten soll. Aber was, wenn die entgegenkommende Person aus England stammt? Und wie können wir erklären, dass es überhaupt zu einer ersten Übereinkunft gekommen ist?

Wie dem auch sei: Doppelte Kontingenz meint die beiderseitige (daher: doppelte) Abhängigkeit der aufeinandertreffenden Akteure voneinander, die daraus entstehende beiderseitige Unsicherheit und die damit verbundenen Koordinationsprobleme.

Wenn in Ballungszentren tagtäglich Millionen zur Arbeit wollen, kommt die Gesellschaft nicht ohne Planung und Vorbereitung bei der Koordination des gleichzeitigen Handelns so vieler Menschen aus. Fragen Sie sich selbst: Wie viele Brände können gleichzeitig in einer Region entstehen, wenn jeder vierte Besucher eines waldreichen Naherholungsgebietes in einem heißen Sommer leere Flaschen einfach liegen lässt? Ab welcher Menge transportierter Einwegfeuerzeuge hat ein Lastkraftwagen die Explosionskraft einer Sprengbombe und ist daher ein Gefahrentransport?

Mit der These von der Pannengesellschaft haben wir also unsere Vorstellungskraft für ein substantielles Problem der Gesellschaft entfalten können: das der doppelten Kontingenz und der damit verbundenen Koordination von Handlungsverflechtungen.

Soziologisches Urteilsvermögen – der Anspruch auf Wissenschaft | 1.2.2

Nun stellen sich aber weitere Fragen und in ihnen zeigt sich zweitens der Anspruch auf Wissenschaftlichkeit: Handelt es sich bei den genannten Beispielen wirklich immer um Pannen? Wie lassen sich »Pannen« genau bestimmen und zweifelsfrei identifizieren? Sind die »Pannen« in jüngster Zeit gestiegen, und wenn ja, warum? Kann unsere Gesellschaft – im Unterschied zu früheren – der Koordination von Handlungsketten nicht mehr in gleicher Weise gerecht werden? Und wenn ja: Welche Umstände haben dazu geführt, dass das so ist?

Weshalb müssen die genannten Fragen zur These der »Pannengesellschaft« beantwortet werden, wenn mit ihr der Anspruch auf Wissenschaftlichkeit verbunden wird? Weil wissenschaftliche Aussagen präzise und nachvollziehbar formuliert, verallgemeinerbar und nachprüfbar sein und Erklärungen enthalten sollen. Der Anspruch auf Wissenschaftlichkeit besteht also aus mindestens fünf Maßstäben.

Fünf Kriterien der Wissenschaftlichkeit

1. **Präzision**: Um von einer Pannengesellschaft – oder von anderen gesellschaftlichen Phänomenen – sprechen zu können, müssen anhand von Begriffen Sachverhalte genau bestimmt bzw. sprachlich festge-

legt werden, und zwar so, dass sie von anderen Personen, die diese Sachverhalte untersuchen wollen, auf gleiche Weise nachvollzogen werden könnten.

2. **Allgemeinheit**: Die Wissenschaft strebt nach allgemeinen Aussagen. Nicht jede einzelne Begebenheit ist von Belang. Wenn jede Einzelheit wichtig wäre, würde die Wissenschaft nur verdoppeln, was schon vorhanden ist. Es geht um eine Reduzierung des Wissens auf relevante, aufschlussreiche Erkenntnisse. Dazu eignen sich Verallgemeinerungen. Nicht alle möglichen einzelnen Umstände, die mit Pannen zu tun haben, wären daher für die These der Pannengesellschaft bedeutsam, sondern nur die Eigenschaften, über die sich sagen lässt: »Für alle Pannen gilt:...«

3. **Kausalität**: Wenn in der Wissenschaft von Erklärung die Rede ist, dann ist damit die Zurückführung von Sachverhalten in der Welt auf Kausalgesetze gemeint. Sachverhalte, wie Zustände oder Ereignisse, werden darüber erklärt, dass man ein Gesetz findet, das den zu erklärenden Sachverhalt als Wirkung einer Ursache beschreibbar macht. Eine Panne P wäre dann Wirkung einer zu findenden Ursache X oder formal: Für alle X und P gilt: wenn X, dann P.

4. **Bewährung**: Wenn der Hahn kräht auf dem Mist, ändert sich das Wetter oder es bleibt, wie es ist. Diese schöne Regel ist deshalb keine wissenschaftliche Aussage, weil sie unwiderlegbar ist. Damit hat sie für uns keinerlei Informationswert. Aus dem Krähen des Hahnes lassen sich hinsichtlich des Wetters keine Schlüsse ziehen, die wir nicht schon kennen würden. Denn, dass sich das Wetter ändern kann oder nicht, ist rein logisch wahr.

   Eine Aussage wie: »Wenn die Finanzlage einer Gesellschaft schlecht ist, mehren sich in ihr die Pannen!«, wäre dagegen sinnvoll nachprüfbar, weil sie durch gegenteilige Fakten widerlegbar ist. Wir könnten auf den Fall stoßen, dass eine Gesellschaft über wenig finanzielle Mittel verfügt, diese jedoch sehr umsichtig investiert und dadurch Pannen besser verhindert als eine Gesellschaft, die zwar über mehr finanzielle Mittel verfügt, diese aber relativ planlos – z. B. für teure Beraterfirmen – ausgibt.

5. **Einfachheit** (»Ockham's Razor«): Wissenschaftliche Aussagen sollten einfache Erklärungsmodelle anstreben. Das bedeutet vor allem, dass sie auf überflüssige Zusatzannahmen verzichten. Je sparsamer das Modell, auf das Sachverhalte der Welt reduziert werden können, desto effizienter und desto höher ist der Informationswert wissenschaftlicher Denkgebäude.

Sprachspiele und Bezugsprobleme einer Fachwissenschaft | 1.2.3

Allerdings weisen die fünf Maßstäbe ein Problem auf. Alle genannten Operationen bleiben letztlich sprachabhängig. Aber welche Sprache legen wir zugrunde? Gibt es eine erste, grundlegende Wissenschaftssprache, auf die alle Aussagen aufbauen müssen? Hier setzt ein Problem an, das für die Soziologie von besonderer Bedeutung ist. Was soll die Wissenschaftssprache, die Fachsprache der Soziologie sein?

Sprachabhängigkeit

Zwei Kriterien wurden bereits eingeführt. Die soziologische Beschreibung soll erstens einen substantiellen Begriff von Gesellschaft einführen. Zweitens sollte sich die Soziologie als Wissenschaft an allgemeinen Kriterien der Formulierung wissenschaftlicher Aussagen – Präzision, Allgemeinheit, Kausalität, Bewährung an Erfahrungen, Einfachheit – orientieren. Dabei stoßen wir aber auf die Schwierigkeit, dass beide Ansprüche – die Formulierung eines substantiellen Gesellschaftsbegriffs sowie die Einhaltung der genannten Maßstäbe für wissenschaftliche Aussagen – innerhalb einer konkreten Sprache formuliert werden und von dieser abhängig sind. Die Sprache existiert schon als eine praktisch verwendete Sprache, bevor eine Wissenschaft Kriterien, die ein wissenschaftliches Aussagesystem begründen sollen, innerhalb und mithilfe dieser Sprache formuliert.

Die Sprache in ihrer praktischen Verwendung innerhalb einer Gesellschaft wird hier im Anschluss an den Philosophen Ludwig Wittgenstein als **Sprachspiel** bezeichnet. Für Wittgenstein sind Sätze einzelne Züge einer Sprachpraxis, die sich innerhalb einer Lebensform – einer Gesellschaft – etabliert haben. Die Geltung der Sätze ist demnach erstens abhängig von (oder relativ zu) den Sprachspielen, die wiederum zweitens in den gesellschaftlich etablierten Lebensformen eingebettet sind.

Sprachspiel

Insofern ist die Erfüllung der im vorigen Abschnitt genannten Maßstäbe abhängig von bzw. relativ zu den Sprachspielen, innerhalb derer sie formuliert wurden. Nur innerhalb dieser Sprachspiele kann eine Definition als präzise gelten oder eine Erklärung als schlüssig. Innerhalb der Sprachspiele gilt eine Beobachtungsaussage, die zur Prüfung eines allgemeinen Gesetzes herangezogen wird, als bestätigt. Wie aber würde die gleiche Beobachtung in einem anderen Sprachspiel formuliert werden? Denken Sie an die Kosmologie. Im mittelalterlichen Weltbild und dem damit verbundenen Sprachspiel galt die Aussage »Die Erde ist eine Scheibe« als wahrer Satz.

Im Sprachspiel des kopernikanischen Weltbilds lässt sich die gleiche Aussage nicht mehr widerspruchsfrei formulieren. Aber wie lässt sich die Angemessenheit von Sprachspielen beurteilen? Wenn Wittgensteins Annahme zutrifft, dass sich Sprachspiele innerhalb von gesellschaftli-

Geltung eines Satzes ≠ Gültigkeit eines Sprachspiels

chen Lebensformen etablieren, dann können wir über die Gültigkeit einer Sprache nicht auf die gleiche Weise entscheiden wie über die Geltung eines Satzes, der als Grundlage für eine Definition oder zur Aussage eines allgemeinen Gesetzes verwendet werden soll.

Mit der Entwicklung von soziologischen Begriffen und Redeweisen tragen wir zur Veränderung der Sprachspiele bei. Die soziologische Fachsprache kann somit als ein Teil oder als Teilmenge der gesellschaftlich etablierten Sprachspiele angesehen werden. Insofern führt die Soziologie mit jedem Begriff und Begriffsfeld, das in ihr etabliert wird, den Sprachspielen der Gesellschaft neue Teilstücke hinzu. Der Sinn dieser neuen Teile besteht in der Entdeckung neuer Fragen, neuer Bezugsprobleme.

Definition

Bezugsproblem

Als Bezugsprobleme werden die Fragen und Problemstellungen verstanden, die eine Wissenschaft dadurch erzeugt, dass sie über Begriffe und Begriffsverwendungen Aspekte der Welt – hier der gesellschaftlichen Welt – erfasst, die bisher unentdeckt geblieben sind. Ob diese Entdeckungen ernst genommen werden, hängt davon ab, ob sie sich innerhalb der gesellschaftlichen Sprachspiele bewähren.

Substantiell entwickelt die Soziologie anhand solcher neuen Begriffsverwendungen Vorstellungskraft für unentdeckte Phänomene der Gesellschaft. Anhand der Entwicklung von Beurteilungskriterien bildet sie ein Vermögen aus, die neuen Begriffsverwendungen und Entdeckungen zu überprüfen. Letztlich bleibt aber die Soziologie darauf angewiesen, die Gesellschaft im Rahmen ihrer Sprachspiele von den neuen Begriffsverwendungen und den damit verbundenen Entdeckungen zu überzeugen.

1.3 | Zusammenfassung

Wir waren mit der Zielsetzung gestartet, soziologische Vorstellungskraft zu wecken und soziologisches Urteilsvermögen zu stärken. Indem wir uns bemühen, die Schnittstellen zwischen individuellen und sozialgeschichtlichen Prozessen genau auszubuchstabieren, gelangen wir zu soziologischer Vorstellungskraft, zu einem substantiellen Verständnis, wie Gesellschaft »abläuft«.

Vorstellungskraft allein reicht aber nicht. Mit ihrer Hilfe sind wir zwar in der Lage, uns vorzustellen, wie die Welt sein könnte, aber wir müssen unsere Vorstellungen von der Welt strenger beurteilen; wir müssen sie überprüfen. Daher benötigen wir allgemeine Beurteilungsmaßstäbe, anhand derer wir die Beschreibungen (unsere Vorstellungen von) der Gesellschaft einzuschätzen vermögen. Wir haben gefordert, dass Aussagen über die Gesellschaft präzise, nachvollziehbar, verallgemeinerungsfähig, kausal-analytisch, empirisch überprüfbar und im Hinblick auf ihre Voraussetzungen sparsam formuliert werden sollten.

Die Überprüfung eines Begriffes oder einer Aussage hängt jedoch von den Regeln seiner bzw. ihrer Verwendung in der Sprache ab, von der Praxis des Sprechens innerhalb eines Sprachspiels. Damit haben wir festgestellt, dass die Beschreibungen der Gesellschaft von den Bedingungen der Gesellschaft, in der die Beschreibungen angefertigt werden, abhängen. Sozialwissenschaftliche Beschreibungen sind somit nicht universell, gesellschaftsunabhängig, in einer reinen Form von Wissenschaft denkbar. Sozialwissenschaftliche Beschreibungen sind immer relativ zu den Bedingungen der Gesellschaft, innerhalb derer die Beschreibungen angefertigt und kommuniziert werden. Karl Mannheim hat dies als »Seinsgebundenheit des Denkens« bzw. als die »Standortabhängigkeit des Wissens und Wissenschaften« charakterisiert. **Standortabhängigkeit soziologischer Aussagen**

Wir stoßen letztlich auf eine spiralförmige Zirkularität der Beschreibung und ihrer Begründbarkeit. Dieser Umstand lässt eine Pluralität sozialwissenschaftlicher Ansätze sinnvoll erscheinen und ebenso den Wettbewerb um die Angemessenheit der soziologischen Beschreibung im Hinblick auf das damit verbundene Verständnis von der sozialen Welt.

In diesem Sinne ist Soziologie eine Multioptionswissenschaft. Sie liefert mögliche Beschreibungsweisen der Gesellschaft, die innerhalb einer Gesellschaft um das Urteil ringen, als tragfähiges oder angemessenes Verständnis zu gelten. Aber dieser Wettbewerb ist schwer entscheidbar – hängt er doch von der Beurteilung der Frage ab, anhand welcher Verfahren der Gesellschaft wir die Entscheidung ableiten sollen, welches Verständnis als tragfähig oder gar am tragfähigsten gilt. Aufgrund welcher Indizien oder Verfahren aber ließe sich diese »Geltung« zweifelsfrei bestimmen? **Multioptionswissenschaft**

Klassische soziologische Sprachspiele um Grundbegriffe | 2

In diesem Kapitel lernen Sie vier Grundkategorien, die von klassischen Theoretikern der Soziologie vorgeschlagen wurden, kennen: Emile Durkheims ›soziale Tatsache‹ (2.1), Max Webers ›soziales Handeln‹ (2.2), Georgs Simmels »soziale Form« (2.3) und Karl Mannheims ›Kulturgebilde‹ (2.4). Mit jeder Kategorie ist ein spezifisches Sprachspiel verbunden, das eine jeweils besondere Perspektive auf die Gesellschaft eröffnet. Am Schluss des Kapitels (2.5) werden die vier klassischen Grundbegriffe verglichen, indem sie auf ein Grundproblem der Gesellschaftstheorie – die Verdinglichungsproblematik – bezogen werden.

Sozialer Tatbestand – das objektivistische Sprachspiel | 2.1

Die Soziologie wurde um die Wende vom 19. zum 20. Jahrhundert ein eigenständiges universitäres Fach. Die Klärung von Grundbegriffen, die von Klassikern der Soziologie – wie Emile Durkheim, Georg Simmel oder Max Weber – in dieser Zeit vorgenommen wurde, hing mit dieser Verselbständigung als wissenschaftliche Disziplin zusammen.

Den genannten Autoren ging es deshalb nicht nur darum, gesellschaftliche Probleme zu beschreiben und zu erklären, sondern auch um die Entwicklung einer spezifisch soziologischen Fachsprache. Vergleicht man daher die neu aufkommenden soziologischen Ansätze mit Gesellschaftstheorien, die ihnen unmittelbar vorausgingen, etwa mit der Geschichtsphilosophie von Marx und Engels oder der funktionalistischen Denkweise von Herbert Spencer, dann erweisen sich diese früheren Theorien als Mischungen aus philosophischen, historischen, ökonomischen, biologischen und politikwissenschaftlichen Ansätzen. Auch die wirtschaftswissenschaftliche Theorie, die bspw. Karl Marx im »Kapital« kritisiert, hieß zu seiner Zeit noch »Politische Ökonomie«. Wie die Soziologie haben sich nämlich auch andere Humanwissenschaften – etwa die

Psychologie, die Ökonomie oder Politologie – erst Ende des 19. Jahrhunderts als eigenständige Fächer etabliert.

Ziel der wissenschaftlichen Arbeit Emile Durkheims war es insofern, die Eigenständigkeit der Soziologie durch die Etablierung einer Fachsprache herzustellen, über die Gesellschaft als ihr spezifisches Bezugsproblem greifbar wird. Vielleicht ist in diesem Zusammenhang die Wortverwandschaft von »greifen« – »begreifen« – »Begriff« aufschlussreich. Durch treffende Ausdrücke werden Sachverhalte anschaulicher und nachvollziehbarer. Und offenbar ist die Rede von der »Gesellschaft« zunächst noch nicht »griffig« genug. Im Alltag wird das Wort sehr unterschiedlich verwendet. So kann man z. B. in guter oder schlechter Gesellschaft sein, aber es gibt auch Gesellschaften mit beschränkter Haftung. Letztere sind wenigstens juristisch klar definiert. Aber was soll es heißen, wenn gesagt wird: »Das lag an der Gesellschaft!«? Kann also die »Gesellschaft« überhaupt der Gegenstand, das Untersuchungsgebiet oder das Bezugsproblem der Soziologie sein? Genau diese Frage hat sich Emile Durkheim gestellt – wie im Übrigen auch alle anderen Autoren, die hier im zweiten Kapitel dieses Buches behandelt werden. Sie alle wollen wie Durkheim über die Einführung eines Grundbegriffs bestimmen, worin Gesellschaft besteht.

Hintergrund

Sozialer Tatbestand und soziologische Methode im Werk Emile Durkheims

Den Begriff »sozialer Tatbestand« (*fait social*) führte Emile Durkheim im Jahr 1895 in seinem Buch »Die Regeln der soziologischen Methode« ein. Durkheim ist zwar nicht der erste Autor, der von Soziologie als eigenständiger Wissenschaft gesprochen hat (dies war Auguste Comte), aber seine Definition kann als die erste systematische Bestimmung einer genuin soziologischen Beschreibung gelten.

Durkheim wurde 1858 als Sohn eines Rabbiners in Lothringen geboren und studierte zunächst Philosophie. In den 1880er Jahren befasste er sich nach einiger Zeit als Gymnasiallehrer mit den in Deutschland entstehenden sozialwissenschaftlichen Ansätzen und legte 1892 eine Dissertation zur sozialen Arbeitsteilung vor, die heute noch als eine der klassischen Studien der Soziologie gilt. Durkheim erlangte eine Dozentur für Soziologie und Pädagogik in Bordeaux, später eine Professur.

Die »Regeln der soziologischen Methode« sind sein zweites wichtiges Werk. Mit seinem ersten Buch »Über die Arbeitsteilung« unternahm er eine soziologische Umdeutung der damals vorherrschenden, noch stark von biologischen Denkansätzen geprägten funktionalistischen Gesellschaftstheorie Herbert Spencers. »Die Regeln« von 1895 stellen insofern auch eine systematische Reflexion seines eigenen Vorgehens in der Studie zur Arbeitsteilung dar. In Durkheims Studie »Der Selbstmord« (Durkheim 2006) werden die »Regeln« am konsequentesten umgesetzt.

Grundlegende Definition des »sozialen Tatbestands« | 2.1.1

Für Emile Durkheim ist der Begriff des »sozialen Tatbestands« ein Grundbegriff, der sich in besonderer Weise dazu eignet, die Gesellschaft als soziologisches Untersuchungsfeld von anderen Gegenstandsbereichen abzugrenzen.

In seinem Buch »Die Regeln der soziologischen Methode« widmet Durkheim allein der Definition des »sozialen Tatbestands« (*fait social*) zwei Kapitel. Kurzgefasst lautet sie: »Ein (sozialer) Tatbestand ist jede mehr oder minder festgelegte Art des Handelns, die die Fähigkeit besitzt, auf den Einzelnen einen äußeren Zwang auszuüben; oder auch, die im Bereiche einer gegebenen Gesellschaft allgemein auftritt, wobei sie ein von ihren individuellen Äußerungen unabhängiges Eigenleben besitzt.« (Durkheim 2002, S. 114)

Definition »sozialer Tatbestand«

Info

Unterschiede zum französischen Original

René König hat in der deutschen Ausgabe das französische »social« stets mit »soziologisch« übersetzt. Durkheim selbst redet im Original bis auf eine Ausnahme vom »fait social«. Hier der französische Originaltext: *»Est fait social toute manière de faire, fixée ou non, susceptible d'exercer sur l'individu une contrainte extérieure; ou bien encore, qui est générale dans l'étendue d'une société donnée tout en ayant une existence propre, indépendante de ses manifestations individuelles.«* (Durkheim, Émile, Les règles de la méthode sociologique, 12. Aufl., Paris 2004, S. 14).

Zunächst ist zu fragen, warum Durkheim von einem »sozialen Tatbestand« spricht, also den Tatsachencharakter des Sozialen hervorhebt. Ausgehend vom alltäglichen Gebrauch des Begriffs »Tatbestand« lassen sich mindestens die drei folgenden Verwendungskontexte finden:

- Tatbestand der physischen Realität (Welt der Körper, z. B. Schwerkraft),
- Tatbestand in der Welt der Gerichte (z. B. Straftatbestand des Betrugs),
- Tatbestand in der Medizin (z. B. Rauchen ist gesundheitsschädigend).

Eine Gemeinsamkeit der Verwendungsweisen des Begriffs »Tatbestand« besteht im Verweis auf etwas, das außerhalb und unabhängig von den Akteuren existiert. Wer von Tatbeständen spricht, nimmt eine objektivierende Haltung zu etwas ein. Das Betrachtete wird zu einem außerhalb des Betrachters liegenden Gegenstand, zu einem Objekt.

Elemente der Definition Wenn wir nun die Definition Durkheims genauer lesen, dann bezeichnet er drei Eigenschaften, die er für soziale Tatbestände bzw. soziale Tatsachen als charakteristisch ansieht:

1. Es handelt sich um eine (festgelegte) **Art des Handelns**,
2. die auf den Einzelnen einen **äußeren Zwang** ausübt, und
3. die ein **unabhängiges Eigenleben besitzt**.

Sozialer Zwang und ritualisiertes Handeln Was kann damit gemeint sein, dass eine Art des Handelns auf den einzelnen Akteur einen äußeren Zwang ausübt? Nehmen wir ein einfaches Beispiel. Ich treffe beim Einkauf einen Nachbarn, der mich grüßt. Ich grüße zurück. Nach Durkheims Definition müssten wir das Zurückgrüßen als eine Reaktion des Individuums auf einen äußeren Zwang auffassen, der vom Grüßen des Nachbarn – einer Art des Handelns – ausgeht.

Das ist alltagsweltlich gar nicht so ungewöhnlich. Vielleicht finde ich den Nachbarn nicht sympathisch und möchte auch nicht allzu viel mit ihm zu tun haben. Aber solange er sich höflich mir gegenüber verhält, fühle ich mich ebenfalls zur Höflichkeit verpflichtet. Ich empfinde diese Verpflichtung unabhängig von meinen sonstigen Gefühlen gegenüber dem Nachbarn oder meinen persönlichen Auffassungen zur Frage der Höflichkeit. Es mag sein, dass ich Höflichkeitsnormen generell altmodisch finde oder umgekehrt, dass ich es cool finde, wenn Menschen nett miteinander umgehen. Im Moment des Grüßens empfinde ich das Zurückgrüßen als einen sozialen Druck, der vom Grüßen auf mich einwirkt. Insofern sprechen im Anschluss an Durkheim auch andere Soziologen (z. B. Erving Goffman, von dem später noch die Rede sein wird; → Kap. 3.1.3.2) vom Grußritual.

unabhängiges Eigenleben Das Ritualhafte ist durch die dritte Eigenschaft – das unabhängige Eigenleben – angesprochen. Ein Ritual besitzt eine innere Dynamik, die unabhängig von den konkreten (individuell besonderen) Umständen des Handelns abläuft. Was ist mit »innerer Dynamik« gemeint?

Innere Dynamik Emile Durkheim sieht Handlungen nicht als atomförmig voneinander isolierte Einzelhandlungen. Uns als Einzelhandlung erscheinende Verhaltensweisen – wie das Grüßen oder Zurückgrüßen – sind Teile einer ganzen Kette von Handlungen, die den sozialen Tatbestand ausmachen. »Manière de faire« – die Art des Handelns – bezeichnet die Prozedur, gemäß der ein mehr oder weniger festgelegtes Handlungsschema ausgeführt wird. Bleiben wir beim Beispiel des Grußrituals. Als Handlungsschema besagt es: »Wenn man gegrüßt wird, muss man zurückgrüßen!«

Die innere Dynamik des Schemas Grußhandeln besteht darin, dass im Anschluss an das Grüßen das Zurückgrüßen als die zu bevorzugende Handlungsalternative erscheint. Und zwar selbst in dem Fall, in dem wir nicht zurückgrüßen. Denn hier weichen wir dem Zwang der Situationsdefinition aus. Wir tun dann in der Regel so, als würde die Situation gar nicht bestehen. Von Weitem schon sehe ich den Nachbarn und wechsle die Straßenseite, um der Grußsituation zu entgehen. Oder ich lasse ihn grüßend vorüberziehen und frage im gleichen Augenblick einen anderen Passanten ganz zufällig nach der Uhrzeit, so als hätte ich den Nachbar und sein Grüßen überhaupt nicht bemerkt. Ich tue dies, weil es in dem Moment nicht nur um den Nachbarn und mich allein geht.

Das Grußhandeln gilt überindividuell, also nicht nur für zwei Personen, die sich grüßen könnten oder nicht. Grußhandeln ist ein gesellschaftlich ungeheuer weit verbreitetes und damit ein hochgradig allgemeingültiges Schema des Handelns. Wenn wir das Schema des Grüßens als Schema negieren würden, dann wäre uns damit die Logik des sozialen Umgangs als solche gleichgültig. Weil wir diese allgemeine Bedeutung im Moment des Grüßens verspüren, grüßen wir zurück, nicht weil es uns um konkrete Höflichkeitsformen oder um den Nachbarn im Speziellen geht – es geht um unser Verhältnis zum Sozialen insgesamt.

Überindividuelle Geltung

Selbst z. B. einem Stadtstreicher gegenüber, der uns um ein paar Centstücke anbettelt, reagieren wir sozial schematisiert. Denn meistens zeigen wir nur drei Reaktionen: ihm ein paar Cent geben, lügen (»nee, hab ich nicht«) oder weggucken und weitergehen, als hätte man ihn nicht gesehen. Nur krankhaft streitsüchtige Personen oder Soziologen würden auf die Idee kommen, mit dem Bettler eine Auseinandersetzung darüber zu beginnen, ob es angemessen ist, jeden auf der Straße um Geld anzupumpen. Alle anderen halten die üblichen Reaktionsschemata ein.

Die Eigenschaften, die Durkheim dem sozialen Tatbestand zuschreibt, sind also anhand von Alltagsbeispielen nachvollziehbar. Wir empfinden, dass von den sozialen Schemata eine Art äußerer Zwang auf uns ausgeübt wird und dass dieser Zwang unabhängig von der konkreten Situation besteht, dass er also ein Eigenleben besitzt.

Zwischenergebnis

Die drei Eigenschaften des sozialen Tatbestands

Durkheim bestimmt den Grundbegriff des sozialen Tatbestands über drei Eigenschaften.

➔ *Erstens* sind darunter *Arten des Handelns* bzw. Handlungsweisen zu verstehen, wie z. B. Grüßen, Schenken, Heiraten, einen Beruf ausüben usf., die vielfach durch Regeln *festgelegt* sind (aber nicht immer sein müssen).

→ Von diesen Arten des Handelns sagt Durkheim *zweitens*, dass von ihnen ein *äußerer Zwang* auf den Einzelnen ausgeht. Nehmen Akteure eine solche Art des Handelns war, fühlen sie sich zu bestimmten Folgehandlungen verpflichtet (z. B. Zurückgrüßen bei der Wahrnehmung, gegrüßt zu werden).

→ Nimmt man die beiden genannten Eigenschaften zusammen, so leitet Durkheim *drittens* aus ihnen ab, dass die sozialen Tatbestände ein *unabhängiges Eigenleben* besitzen. Geraten Akteure etwa in die Situation des Grußhandelns, so läuft dieses in einer eigenständigen Dynamik ab, die unabhängig von dem ist, was die Akteure ansonsten noch mit der konkreten Situation, in der sie sich befinden, gerade verbinden.

2.1.2 | Festgelegte Regeln des Handelns und Kollektivgefühle

Vielleicht ist dem einen oder anderen Leser weiter oben aufgefallen, dass bei der ersten der drei Eigenschaften, die Durkheim als charakteristisch für soziale Tatbestände bezeichnet, das Wörtchen »festgelegt« in Klammern steht. Wieso? Auch hier liegt wieder eine leichte Bedeutungsverschiebung durch die Übersetzung vor. Im französischen Originaltext heißt es: »toute maniére de faire, fixée ou non« während im Deutschen von einer »mehr oder minder festgelegten Art des Handelns« die Rede ist.

Alltagssprachlich erscheint dieser Unterschied in der Formulierungen geringfügig; begriffslogisch ist er erheblich. Die ursprüngliche französische Version markiert eine kategoriale Differenz (Disjunktion), d. h., logisch gesehen können nur zwei Fälle eintreten: das Handeln ist festgelegt oder nicht. In dieser Version kann also auch bei einer nicht festgelegten Art des Handelns der von konkreten Handlungsmanifestationen unabhängige und von Außen auf die Individuen wirkende Druck des Sozialen vorliegen. In der deutschen Version ist das Handeln, von dem der Druck des Sozialen ausgeht, immer festgelegt – nur besteht das Festgelegtsein in verschiedenen Abstufungen. Der in der deutschen Übersetzung bezeichnete Unterschied ist also graduell.

Festgelegtes Handeln   Was aber ist unter »festgelegtem Handeln« zu verstehen. Das festgelegte Handeln beruht auf einer vorher bestimmten Regel oder einer anderen Art der Vereinbarung zwischen Menschen (in der Soziologie oft auch Konvention genannt). Wir lesen das Schild: »Betreten der Baustelle verboten!« Eine Regel oder eine andere Art der Vereinbarung legt also fest, wie gehandelt werden soll, welche Handlungszüge erlaubt sind und welche nicht.

Wenn aber Durkheim im Original sagt, dass die Art des Handelns festgelegt sein kann oder nicht, und in der deutschen Übersetzung von einer »mehr oder minder festgelegten Art des Handelns« die Rede ist, dann bedeutet dies, dass die Festgelegtheit des Handelns im Hinblick auf die Wirkungsweise als »sozialer Zwang« sekundär ist. Warum ist dieser Hinweis auf die sekundäre Bedeutung der Festgelegtheit des Handelns wichtig? Wir könnten die These ja einmal umdrehen. Nehmen wir also an, die Festgelegtheit des Handelns wäre primär. Das könnte heißen, dass der Umstand, dass wir Spielregeln des sozialen Umgangs festlegen und uns an diese halten wollen, dafür verantwortlich ist, dass die sozialen Kräfte wirksam werden. Dann wären uns aber die Gründe und Ursachen für deren Wirksamwerden immer einsichtig (transparent) und bewusst.

Genau dies widerspricht jedoch Durkheims Auffassung. Uns erscheint es ja so, als würden die sozialen Kräfte von außen auf uns wirken – wenn uns aber bewusst wäre, dass es sich um vorher von uns ausdrücklich vereinbarte Regeln handelt, dann wären die Regeln ja nicht von außen, sondern von uns selbst – quasi von innen – gekommen. Soziale Kräfte

Wir stoßen hier auf das schwierige Verhältnis zwischen den Regeln, die Arten des Handelns festzulegen vermögen, und dem sozialen Zwang, der von den Akteuren als von außen kommend empfunden wird. Gehen wir dazu nochmals zu dem Beispiel des Grüßens und Zurückgrüßens zurück. Es beinhaltet die Regel der Gegenseitigkeit des Grüßens. In der Soziologie werden Handlungsabläufe, die durch Gegenseitigkeit bestimmt sind, auch als Ausdruck der Reziprozitätsregel angesehen. Reziprozität bedeutet dabei so viel wie Gegenseitigkeit:»Wie du mir, so ich dir«.

Eine dem Grüßen ähnliche Art des Handelns ist das Schenken. Auch das Schenken ist durch das Schema der Gegenseitigkeit, der Reziprozität geregelt. Es lässt sich für beide Arten des Handelns sagen: Grüßen und Schenken sind soziale Handlungen, die durch Reziprozität festgelegt sind. Wenn sich Akteure an der durch Reziprozität festgelegten Art des Handelns orientieren, kann ihnen bewusst sein, dass es sich um ihre Vereinbarung handelt. Jeder weiß, dass er beim Gruß zurückgrüßen soll oder sich für ein Geschenk bedanken muss. Der Dank zählt hier als eine Art Gegengeschenk, um die Gegenseitigkeit herzustellen.

Warum aber ist nun das Festgelegtsein des Handelns durch eine Regel nicht primär, sondern sekundär? Die Antwort liegt in einer analytischen Unterscheidung, nämlich der zwischen Beschreibung einer Regel und ihrer Erklärung. Wer auf die Frage antwortet, wie ein Handeln ist, beschreibt die Art des Handelns. Statt von der Art des Handelns spricht man in der Soziologie gelegentlich auch vom Handlungsmuster oder Handlungsschema. Es lässt sich allerdings auch fragen, warum in einer Regeln, primär oder sekundär

Situation in dieser Art und nicht auf eine andere Art gehandelt wird. Dann sucht man nach einer Erklärung.

Im Hinblick auf die Suche nach Erklärungen, nach den Ursachen dafür, dass genau bei dieser Art des Handelns ein sozialer Zwang empfunden wird, sieht Durkheim das Vorliegen der Regeln als sekundär an. Das Vorliegen einer Regel ist somit nicht die primäre Ursache dafür, dass ein Handeln auf bestimmte Weise ausgeübt wird. Die primäre Ursache ist die Empfindung eines sozialen Zwangs, der von außen kommt. Anders gesagt: Auch wenn das Individuum weiß, dass eine Regel besteht, nach der ein Handeln auf eine bestimmte Art auszuüben ist, reicht das Bestehen der Regel nicht aus, um den Akteur zur Regeleinhaltung zu motivieren. Erst das Verspüren des sozialen Zwangs bewegt ihn dazu.

Kollision von Regeln   Das bedeutet jedoch zugleich, dass die Eigendynamik eines sozialen Geschehens dazu führen kann, dass Akteure festgelegte Regeln sogar verletzen. Dies kann etwa dann der Fall sein, wenn Regeln miteinander kollidieren. In bestimmten Situationen etwa darf ich ein Geschenk erst gar nicht annehmen. Man denke an einen Politiker, der sich von einem Tourismuskonzern vor der Wahl eine Villa auf den Malediven schenken ließe. Für Politiker gilt neben der Reziprozitätsregel Schenken – Zurückschenken auch die Regel der Unbestechlichkeit im Amt. Nun stellt sich aber die Frage, welche der Regeln Vorrang haben soll. Zwar könnte dazu wiederum eine Regel erfunden werden, die den Vorrang von Regeln regelt, aber die Gesellschaft muss nach Durkheim nicht so regelungswütig sein und für jeden erdenklichen Zweifelsfall schon eine Regel erdacht haben.

Kollektivgefühle   Primär sind für Durkheim Kollektivvorstellungen, die zumeist sogar in Form von Kollektivgefühlen vorliegen. Diese Kollektivgefühle laufen gewissermaßen im sozialen Geschehen immer gleichzeitig mit. Nehmen wir die Situation des Geschenkeauspackens. Wie leicht können da kollektive Gefühle der Betretenheit, der Peinlichkeit entstehen. Zwar haben sich alle bemüht, die Regel des Schenkens einzuhalten. Trotzdem werden immer wieder bei solchen Anlässen (etwa dem vorweihnachtlichen Wichteln) manche Gaben als völlig unpassend empfunden. Das kollektive Gefühl, die kollektiven Vorstellungen sind also dafür verantwortlich, ob eine Regel wie ein sozialer Zwang empfunden wird oder nicht. Denn auch umgekehrt kann es so sein, dass eine Person, die stets sehr bemüht darum ist, gar nichts falsch zu machen und keine Regel zu übertreten, gerade zur Zielscheibe des Gespötts wird. Abbildung 1 drückt den Zusammenhang von Akteuren, Kollektivbewusstsein und sozialem Tatbestand aus.

Sozialer Tatbestand, Individuum und Kollektivbewusstsein | Abb. 1

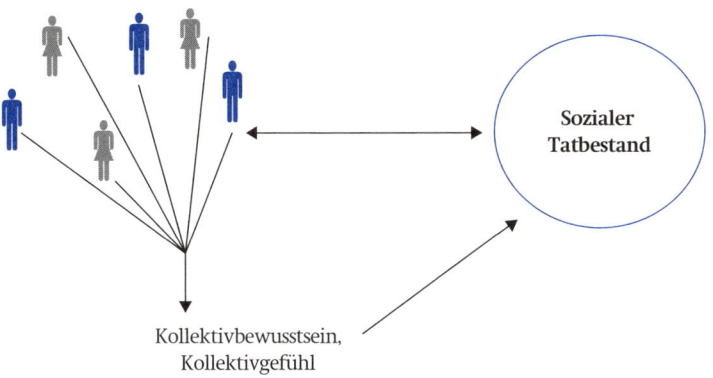

Sozialer
Tatbestand

Kollektivbewusstsein,
Kollektivgefühl

Von den Besonderheiten des Regelfolgens wird in diesem Buch noch mehrfach die Rede sein Zum Verständnis von Durkheims Begriff der sozialen Tatsache genügt es zunächst, Folgendes festzuhalten:

- Mit der Regel, die ein Handeln festlegt, lässt sich die Art des Handelns beschreiben.
- Mit dem sozialen Zwang, der gegenüber einer Art des Handelns empfunden wird, lässt sich erklären, warum Akteure einem (mehr oder minder oder gar nicht) festgelegten Handeln folgen.

Die Ursache des sozialen Zwangs sieht Durkheim in den Kollektivvorstellungen, speziell dem Kollektivgefühl. Ein solches Kollektivgefühl lässt sich aber nicht wie eine Regel vereinbaren, sondern ergibt sich zumeist aus dem Lauf des Geschehens, aus seiner inneren Dynamik.

Zwischenergebnis

Regeln, soziale Tatbestände und Kollektivbewusstsein

1. Der soziale Tatbestand erscheint den individuellen Akteuren als etwas Äußerliches, das unabhängig von ihnen gegeben ist und von außen auf sie einwirkt.
2. Zugleich entsteht der soziale Tatbestand aus sozialen Kräften, genauer aus dem innerhalb einer Gesellschaft vorherrschenden Kollektivbewusstsein bzw. dem Kollektivgefühl.
3. Dieses Kollektivbewusstsein ist wiederum Resultat der dominierenden Verhaltensweisen innerhalb der Bevölkerung einer Gesellschaft.

Emile Durkheim ringt hier also mit einem Grundproblem der Soziologie. Er sucht nach einer Fachsprache, mit der sich beschreiben lässt, wie es möglich ist, dass den Individuen die gesellschaftlichen Sachverhalte als äußerlich und unabhängig von ihnen erscheinen, obwohl sie vermittelt über eine kollektive vorherrschende Bewusstseinslage diese Sachverhalte selbst hervorgebracht haben.

2.1.3 | Die Regeln der soziologischen Methode

Aus der Definition der sozialen Tatbestände leitet Durkheim nun die Regeln ab, die von der Soziologie als wissenschaftlicher Methode zu beachten sind. Die von ihm erläuterten sechs Regeln können zu drei wesentlichen Regelkomplexen zusammengefasst werden:

Methodische Regeln

1. Durkheim schlägt vor, soziale Tatbestände »wie Dinge zu betrachten«. Er bezeichnet dies als »erste und grundlegende Regel« der soziologischen Methode (Durkheim 2002, S. 115).
2. Er stellt mehrere Regeln zur Typenbildung und zum vergleichenden Vorgehen in der Soziologie auf. Eine Regel besteht in der Soziologisierung der Unterscheidung zwischen normal und abnormal (abweichend). Das Normale wird dabei nicht durch ein regelkonformes Verhalten, sondern durch das statistisch durchschnittliche Verhalten (Durchschnittstypus) bestimmt. Eine weitere Regel des Vorgehens besteht in der Unterscheidung von einfachen und zusammengesetzten Gesellschaften. Diese Differenzierung der sozialen Typen bildet den Ausgangspunkt der »morphologischen Klassifikation« von historisch und strukturell zu vergleichenden Gesellschaften.
3. Er propagiert die berühmte gewordene Regel der soziologischen Erklärung, die besagt, dass »soziale Tatsachen aus sozialen Tatsachen« zu erklären sind.

Hier wird nun zunächst eine gedankliche Linie verfolgt, die zwischen der weiter oben angeführten Definition des sozialen Tatbestands, der Regel seiner Betrachtung bzw. Beschreibung (1) und der Regel seiner Erklärung (3) besteht.

Soziale Tatbestände wie Dinge betrachten

Im vorigen Abschnitt haben wir gesehen, dass Durkheim die sozialen Tatbestände als etwas bestimmt, das den Individuen und den konkreten Erscheinungsweisen (Durkheim: Manifestationen) ihres Handelns gegenüber äußerlich und von ihnen unabhängig ist. Schon definitorisch setzt er sich damit von einer individuellen oder subjektiven Betrachtungsweise der Sachverhalte ab. Nun fügt er diesem grundbegrifflichen Ansatz die methodische Regel hinzu, dass die sozialen Tatsachen »wie Dinge zu betrachten« sind. Wie ist dies zu verstehen? Mit dem Wort

»Dinge« bezeichnen wir im Alltag in der Regel physische Gegenstände, Sachen. Etwas wie eine Sache behandeln, meint also Versachlichung oder mit einem Fremdwort ausgedrückt: Objektivierung. Soziale Verhältnisse (Beziehungen, Handlungsabläufe, kollektive Gefühle) sollen in einer versachlichenden Sprache – einer objektivierenden Fachsprache – beschrieben werden.

Definition

Das Objektivistische Sprachspiel der Soziologie

Mit »objektivistischem Sprachspiel« wird eine Verwendungsweise von Begriffen bezeichnet, die auf einen versachlichenden Gegenstandsbezug abzielt. Wenn Durkheim Termini wie »sozialer Tatbestand« benutzt oder Regeln wie »soziale Tatsachen aus sozialen Tatsachen erklären« aufstellt, dann unternimmt er damit den Versuch, eine beobachterunabhängige Perspektive auf den Gegenstand zu eröffnen. Beobachterunabhängigkeit bedeutet dabei, dass die subjektiven Einstellungen und Haltungen des Beobachters so weit wie möglich ausgeklammert werden.

Nehmen wir Scheidungen als Beispiel. Alltäglich könnten wir uns die vielen subjektiven Aspekte einer Scheidung vorstellen: das emotionale Auseinanderleben von Ehepartnern, ihre »Kräche« und »Versöhnungen«, ihre zwischenzeitlichen Entschlüsse, es nochmals miteinander zu versuchen. Durkheim interessiert sich dafür jedoch nicht – zumindest nicht in erster Linie. Was ihn primär interessiert, ist die Häufigkeit, in der Scheidungen in einer Gesellschaft, in einer Region, in einer Schicht, in einer Altersgruppe vorkommen. Damit wird der Umstand der Scheidung versachlicht. So wie eine Kugel aus einem bestimmten Prozentanteil Blei besteht, so kommt in einer Region unter 30- bis 35-Jährigen ein bestimmter Prozentanteil von Scheidungen vor. Die Gründe und weiteren Umstände einzelner Scheidungsfälle spielen keine wesentliche Rolle.

Dazu gibt Durkheim als Regel der Erklärung vor, dass »soziale Tatbestände aus sozialen Tatbeständen« abzuleiten sind. Auch damit schließt er subjektive und individuelle Faktoren aus seinem Vorgehen zunächst einmal aus. Was aber ist mit dieser Erklärungsregel genau gemeint? Es wurde schon dargelegt, dass Durkheim nicht an den individuellen Besonderheiten – z.B. von Scheidungen – interessiert ist. Nun könnte aber der soziale Tatbestand »Scheidung« bzw. »Scheidungsrate« in Zusammenhang mit einem anderen sozialen Tatbestand, z.B. der «Erwerbstätigkeit von Frauen« bzw. »Frauenerwerbsquote« in Verbindung gebracht werden. Wenn dann z.B. festgestellt würde, dass in den Regionen,

Soziale Tatbestände aus sozialen Tatbeständen ableiten

in denen die Frauenerwerbsquote hoch ist, auch die Scheidungsrate hoch ist und umgekehrt, dass dort, wo die Frauenerwerbsquote niedrig ist, auch die Scheidungsrate gering ist, dann hätte der Beobachter eine soziale Tatsache mit einer anderen sozialen Tatsache erklärt.

Durkheim folgt also ganz entschieden der uns aus dem Alltag bekannten Intuition, dass die Gesellschaft wie eine äußere und unabhängig von uns bestehende Kraft auf uns und unser Leben einwirkt. Die Regeln der Beschreibung und der Erklärung sind darauf ausgerichtet, die eigenständigen Wirkungen des Sozialen sichtbar und analysierbar zu machen. Davon geleitet sind letztlich auch die weiter oben in Punkt 2 angeführten Regeln der Unterscheidung von normal und pathologisch und die davon ausgehenden Vorschriften der Typenbildung und des Vergleichs. Das Ziel einer »Verobjektivierung« der Betrachtung ist dabei ebenfalls zentral.

Normal/pathologisch | Beginnen wir mit der Unterscheidung von normal und pathologisch. Auch diese Unterscheidung ist fest in unseren alltäglichen Intuitionen verankert. Wir empfinden Höflichkeit und Freundlichkeit als »normal«, während wir Nörgler und Streithähne eher als pathologisch ansehen. Durkheim will aber solche alltagsweltlichen Unterscheidungen auf eine andere Basis stellen. Denn im Alltag ist die Rede von Normalität oftmals subjektiv gefärbt oder sogar verzerrt. Durkheim möchte die Unterscheidung normal/pathologisch von solchen Trübungen befreien und gewissermaßen »neutralisieren«. Denkbar ist für ihn, ähnlich wie Mediziner oder Psychologen, die mit der Unterscheidung gesund/krank operieren, vorzugehen.

Da für Durkheim jedoch die Bestimmung der Normalität im Vordergrund steht, erscheint ihm auch Krankheit als Gegenpol der Unterscheidung problematisch. Krankheit verweist auf Störungen eines Funktionskreislaufs, z. B. eines Organismus, der auf einem Zusammenspiel der Aktivitäten von »gesunden« Körperorganen beruht. Zwar ist Durkheim durchaus an funktionalen Betrachtungen (s. a. → Kap. 3.4) interessiert, er hält die funktionale Beschreibung für die Charakterisierung der Unterscheidung, die ihm vorschwebt, jedoch für zu komplex. Tatsächlich will er den Unterschied zwischen normal und abweichend möglichst einfach fassen und empirisch handhabbar machen. Deshalb wählt er den

Durchschnittstyp = Normalitätstyp | statistischen Durchschnittstyp als Ausdruck der Normalität:

»Ein soziales Phänomen ist für einen bestimmten sozialen Typus in einer bestimmten Phase seiner Entwicklung normal, wenn es im Durchschnitt der Gesellschaften dieser Art in der entsprechenden Phase ihrer Evolution auftritt.« (Durkheim 2002, S. 155)

An der Formulierung dieser Regel lässt sich erkennen, dass Durkheims Normalitätstypus erstens ein Durchschnittstyp ist und zweitens mit einer historisch vergleichenden Zuordnung von Gesellschaftstypen verkoppelt ist. Neben dem Durchschnittstyp, der sich arithmetisch herleiten lässt, postuliert Durkheim also noch einen »sozialen Typus«, der die Art einer Gesellschaft bestimmen soll. Die Typenbildung muss also in drei Schritten erfolgen:

1. Sie muss Normalitätstypen anhand von Durchschnittstypen bilden.
2. Sie muss Gesellschaftstypen (»soziale Typen«) bestimmen.
3. Sie muss die Gesellschaftstypen über den historischen Vergleich bestimmten Entwicklungsphasen zuordnen.

Die Bildung von Durchschnittstypen (1) lässt sich dabei statistisch lösen, indem man sich mit den Häufigkeiten des Auftretens von sozialen Tatsachen beschäftigt. Welche Familienformen herrschen in einer Gesellschaft durchschnittlich vor, welche Erwerbsformen, welche Wohnformen usf.

Durchschnittstyp und Statistik

Das Problem der Bestimmung von Gesellschaftstypen (2) löst Durkheim, indem er Gesellschaften nach dem Grad ihres Aufbaus unterscheidet. Demnach können Gesellschaften einfach oder zusammengesetzt sein.

Morphologie und Segmente

Definition

»Morphologische« Klassifikation

Rein sprachlich bedeutet »Morphologie« die Lehre von den Formen und Gestalten. Unter Klassifikation versteht man die Einteilung von Sachverhalten in Klassen. Durkheim war somit daran interessiert, verschiedene Gesellschaften nach ihrer Form und ihrer Gestalt zu unterteilen. Zentral waren für ihn dabei einfach und klar unterscheidbare Gestaltungsmuster. Einfache Gesellschaften bestehen aus einer Einheit (z. B. dem Dorf, der Siedlung), zusammengesetzte Gesellschaften aus mehreren Einheiten. Gesellschaftliche Einheiten bezeichnet Durkheim als »Segmente«. Dabei können die jeweiligen Einheiten/Segmente, aus denen zusammengesetzte Gesellschaften bestehen, gleichförmig oder verschiedenartig sein. Durkheim unterscheidet daher nochmals »mono-segmentäre« Gesellschaften, die aus gleichförmigen Einheiten zusammengesetzt sind (z. B. nur aus Dörfern), von poly-segmentären Gesellschaften, die aus verschiedenartigen Einheiten bestehen (aus Ländern, Städten, Gemeinden, Dörfern usf.).

Der Begriff Morphologie wird auch in anderen Wissenschaften verwendet, z. B. in der Biologie oder in der Sprachwissenschaft. Dort bezeichnet Morphologie den Aufbau von Lebewesen (Biologie) oder die Formveränderung von Worten in einer Sprache nach bestimmten Regelmustern (z. B. Deklination).

Kombinationen und Entwicklungsphasen

Für Durkheim ergeben sich aus der Art der Verbindung der gesellschaftlichen Teileinheiten bestimmte Kombinationsmöglichkeiten. Die Analyse dieser Kombinationsmöglichkeiten bezeichnet er als »morphologische Klassifikation« – die Zuordnung von etwas anhand der Muster seines Aufbaus. Hat Durkheim Gesellschaften auf diese Weise typisiert, kann er historisch untersuchen, zu welchem Zeitpunkt welche Gesellschaftstypen auftreten (3) und dadurch Entwicklungsphasen bestimmen. So kann er feststellen, dass einfache und nur aus einem Segment bestehende Gesellschaftstypen (z. B. die Horde) historisch meist am Anfang einer gesellschaftlichen Entwicklung stehen und dass sich komplexere, also zusammengesetzte und aus mehreren Einheiten bestehende Gesellschaften erst als spätere Entwicklungsstufen der Gesellschaften zeigen.

Zusammenfassung

Durkheims soziologische Methode

In seiner Erörterung der Regeln der soziologischen Methode setzt Durkheim seine Zielsetzung um, die gesellschaftlichen Sachverhalte so weit wie möglich objektiviert zu beschreiben. Soziale Tatbestände sollen daher wie Dinge beschrieben werden. Dazu untersucht er das statistisch durchschnittliche Vorkommen von typischen Verhaltensweisen und sozialen Merkmalen (Scheidung, Religionsausübung usf.). Diese durchschnittlichen Ausprägungen sozialer Tatbestände führt er dann auf Gesellschaftsordnungen zurück, die historisch variieren können. Insgesamt folgt er dabei der Maxime »soziale Tatbestände aus sozialen Tatbeständen zu erklären«. Ziel ist es die Gesellschaft als eigenständig wirksame Kraft in einer objektivierenden Terminologie zu beschreiben.

Lernkontrollfragen

1. Entwickeln Sie ein eigenes Beispiel für eine soziale Tatsache. Versuchen Sie dabei die wesentlichen Definitionsmerkmale, die Durkheim angibt, so genau wie möglich an Ihrem Beispiel herauszuarbeiten.
2. In der Regionalpresse lesen Sie, dass die Zahl der Gastwirtschaften und Restaurants in ihrer Stadt zurückgegangen ist. Nach welchem Modell würde Durkheim dies erklären? Welche Art von Merkmalen ihrer Stadt würde er dabei zur Erklärung heranziehen?
3. Erläutern Sie – ggf. mit einem eigenen Beispiel –, warum bei Durkheim Handlungsregel, sozialer Zwang und Kollektivbewusstsein nicht in eins fallen müssen.

Literatur

Aron, Raymond (1971): Hauptströmungen des soziologischen Denkens, Bd. 2: Emile Durkheim. Vilfredo Pareto. Max Weber, Köln.

Durkheim, Emile (2002): Die Regeln der soziologischen Methode, hrsg. von René König, Frankfurt a. M (franz. Original 1895).

Durkheim, Emile (2006): Der Selbstmord, Frankfurt a. M. (franz. Original 1897).

König, René (1978): Emile Durkheim zur Diskussion: jenseits von Dogmatismus und Skepsis, München.

Müller, Hans-Peter (1999): Emile Durkheim (1858–1917), in: Dirk Kaesler (Hrsg.), Klassiker der Soziologie, Bd. I: Von Auguste Comte bis Norbert Elias, München, S. 150–170.

Müller, Hans-Peter (2009): Das soziale und politische Denken Emile Durkheims, in: Berliner Journal für Soziologie 19, S. 227–247

Soziales Handeln – das individualistische Sprachspiel | 2.2

Durkheims Vorgehen können wir einen alternativen Ansatz gegenüberstellen, der etwa zeitgleich entstanden ist: die Bestimmung der Gesellschaft über das Konzept des »sozialen Handelns« des deutschen Soziologen Max Weber. Auch Weber geht es um die Etablierung einer soziologischen Fachsprache. Aber er setzt beim Handeln des individuellen Akteurs an. Daher sprechen wir im Weiteren von einem individualistischen Sprachspiel.

Hintergrund

Soziologien des Wirtschaftens, der Religion und der Herrschaft: Max Weber

Max Weber lebte von 1864 bis 1920. Er studierte Jura, Nationalökonomie und Geschichte und war ordentlicher Professor für Nationalökonomie an den Universitäten Freiburg, Heidelberg und München. Er war Mitbegründer der »Deutschen Gesellschaft für Soziologie« und des »Vereins für Socialpolitik« und wirkte damit maßgeblich an der Professionalisierung der deutschen Soziologie mit. In heute noch viel zitierten Abhandlungen reflektierte er sowohl die Wissenschaft als auch die Politik als Beruf. Zentral war für ihn die Beschäftigung mit dem Verhältnis zwischen religiösen Weltanschauungen und Wirtschaftsordnungen. In mehreren Büchern zur »Wirtschaftsethik der Weltreligionen« versuchte er nachzuweisen, dass von der Form einer religiösen Haltung und der mit ihr verbundenen Lebensführung Impulse für die wirtschaftliche Entwicklung einer Gesellschaft ausgehen. Außerdem prägte er wesentliche Begriffe einer Soziologie der Herrschaft und verfasste bahnbrechende Artikel zu methodischen Kontroversen in den Geschichts-, Kultur- und Sozialwissenschaften.

2.2.1 | Soziales Handeln – Webers klassische Definition

Im Kapitel »soziologische Grundbegriffe« seines 1922 erschienenen Werkes »Wirtschaft und Gesellschaft« verbindet Weber seine Definition des sozialen Handelns gleich mit der Zielsetzung der Soziologie:

Definition »Soziologie«

> »*Soziologie* (im hier verstandenen Sinn dieses vieldeutig gebrauchten Wortes) soll heißen: eine Wissenschaft, welche soziales Handeln deutend verstehen und dadurch in seinem Ablauf und seinen Wirkungen ursächlich erklären will. ›Handeln‹ soll dabei ein menschliches Verhalten (einerlei ob äußeres oder innerliches Tun, Unterlassen oder Dulden) heißen, wenn und insofern als der oder die Handelnden mit ihm einen subjektiven *Sinn* verbinden. ›Soziales‹ Handeln aber soll ein solches Handeln heißen, welches seinem von dem oder den Handelnden gemeinten Sinn nach auf das Verhalten *anderer* bezogen wird und daran in seinem Ablauf orientiert ist.« (Weber 2002, S. 1, § 1, Klammern und kursiv im Original)

Handeln und Sinn

An der Sprache wie auch an der Unterteilung der Argumentation in Paragraphen erkennt man, dass Weber Jurisprudenz studiert hat. Er ist an begrifflicher Präzision interessiert und an methodischer Sicherheit. Wie Durkheim geht es ihm um die Verwissenschaftlichung der gedanklichen Auseinandersetzung mit der Gesellschaft, anders als dieser sucht er aber nicht nach Objektivierung und will er die sozialen Erscheinungen nicht wie Dinge betrachten. Er setzt vielmehr umgekehrt am »subjektiven Sinn« der Handelnden und am Verständnis der Handlungen selbst an. Dazu trifft auch Weber eine Reihe von Unterscheidungen:

- Das Handeln steht dem bloßen Verhalten gegenüber.
- Sinn kann auf andere bezogen sein oder nicht.
- Handeln kann verstanden und/oder erklärt werden.
- Der Soziologe sucht nach Deutungen und Ursachen.

Weber ist also daran gelegen, Fälle und Ebenen des sozialen Handelns zumindest analytisch (gedanklich) klar voneinander abzugrenzen.

Ziemlich deutlich und unmissverständlich ist bereits in der zitierten Definition die Unterscheidung von Handeln und Verhalten. Mengentheoretisch ausgedrückt ließe sich sagen, dass Handeln eine Teil- bzw. Untermenge der Menge aller Elemente darstellt, die sich als Verhalten bezeichnen lassen. Die Menge des Verhaltens, wäre dann durch all die Erscheinungen bestimmt, die man Lebewesen als impuls- bzw. reizgesteuerte Reaktionen zusprechen kann: z. B. essen, gähnen, weglaufen, hinschauen usf.

Handeln und Verhalten

Unter Handeln versteht Weber ein besonderes Verhalten, nämlich ein solches, mit dem der Handelnde einen Sinn verbindet. Wir sehen gleich, dass eine Mehrdeutigkeit durch den Begriff des Sinns entsteht. Welche

Bedeutung des vieldeutigen Wortes Sinn ist für Webers Argumentationsweg relevant?

Hier liegt der Schlüssel zum Verständnis der Weberschen Auffassung. Denn die Unterscheidung von Deutung und Ursache, von Verstehen und Erklären rührt auch vom Sinnbegriff her. Sinn lässt sich deuten und verstehen, während die Erklärung eines Handelns in der Aufdeckung seiner Ursachen besteht. Wenn Weber betont, dass Handeln deutend zu verstehen und dadurch zu erklären sei, dann weist er dem Verstehen in der Reihenfolge der Analyse eine Priorität zu. Zunächst muss verstanden werden, welchen Sinn ein Handelnder mit einem Handeln verbindet; mit Hilfe des deutend nachvollzogenen Handlungssinn kann anschließend die Handlung erklärt werden.

Sinnverstehen und das Verstehen von Bedeutungen | 2.2.2

Um zu präzisieren, auf welchen Sinnbegriff Weber abhebt, werden zwei Arten des Sinns unterschieden. Der eine Sinnbegriff, den Weber meist als den »objektiven Sinn« diskutiert, leitet sich aus dem Verständnis von Zeichenbedeutung ab, der andere von der Vorstellung einer »gemeinten Absicht« bzw. »eines gemeinten Sinn« der Handlung. Weber favorisiert die Bestimmung des »Sinns« über die »gemeinte Absicht« der Handlung. Aber in seinen Erläuterungen des Sinnbegriffs, die über zwölf eng getippte Seiten im Kapitel »Soziologische Grundbegriffe« laufen, wird mehrfach zwischen Sinn als »Zeichenbedeutung« und Sinn als »gemeinter Absicht« hin und her gewechselt. Um das zu verdeutlichen, wird genauer herausgearbeitet, was Weber unter dem »gemeinten Sinn« eines Handelns versteht.

Sinn vs. Zeichen

Stellen wir uns dazu ein konkretes Beispiel vor: Peter läuft. Wir denken hier an irgendein Laufverhalten von Peter. Dieses wird nun dadurch zu einer Handlung, indem Peter mit dem Laufen Sinn verbindet, und zwar irgendeinen. Eine Handlung liegt also vor, wenn eine Person etwas (irgendeinen bestimmbaren Inhalt) mit seinem Tun verbindet. Peter läuft, weil er sich so bewegt und zugleich an die frische Luft kommt. Es wird nun deutlich, warum Weber von einem »subjektiven Sinn« spricht. Es geht um die Inhalte, die ein Akteur mit seinem Tun verbindet. Sinn als Handlungsabsicht bedeutet hier »Intentionalität«, die »Eigenheit von Erlebnissen, Bewusstsein von etwas zu sein« (Husserl 1950, S. 204). Sinn in diesem weiten Sinn des Wortes umfasst Absichten, Handlungsziele, aber auch irgendwelche Affekte oder Assoziationen, die der Handelnde in seinem Innern irgendwie mit seinem Verhalten in Verbindung bringt.

Wie sieht es nun mit der Auffassung von Sinn im Fall der Zeichen- bzw. Sprachbedeutung aus? Welchen Sinn hat z.B. ein Stoppschild oder eine Ampelanlage? Ganz offensichtlich ist die Bedeutung des Stoppzeichens im Straßenverkehr in einem bestimmten Rahmen festgelegt. Zwar könnten Handelnde darüber hinaus mit Stoppschildern alles Mögliche verbinden – z. B. dass sie holländische Stoppschilder lustiger finden als dänische –, aber für die Bedeutung des Stoppschilds wären solche Assoziationen unerheblich. Von Belang ist nur der für alle Verkehrsteilnehmer in vielen Ländern gültige Sinn eines Stoppzeichens, anzuhalten und zu schauen, ob sich von rechts oder links Fahrzeuge nähern, die Vorfahrt haben würden. Im Fall des Stoppschilds hätte das Zeichen somit einen objektiven (gültigen) Sinn, im Unterschied zum subjektiv gemeinten Sinn, den ein Akteur anscheinend beliebig mit seinem Handeln zu verbinden vermag.

Aus dem Vergleich der beiden Auffassungen vom Sinn des Handelns ergibt sich eine kritische Frage an Weber. Wie kann der von den Akteuren fast beliebig auf ein Verhalten beziehbare subjektive Sinn das Weber interessierende soziale Handeln begründen?

2.2.3 | Erkenntnisziel des Grundbegriffs »soziales Handeln«

Soziales Handeln Webers Definition bestimmt das soziale Handeln durch eine Einschränkung. Es soll um die Menge der Handlungen gehen, die als ein Tun, Unterlassen oder Dulden dem subjektiv gemeinten Sinn nach *auf das Verhalten anderer bezogen* sind. Was Weber damit hervorhebt, ist der Umstand, dass das soziale Handeln letztlich immer von einzelnen Akteuren hervorgebracht wird, und zwar dadurch, dass sie mit ihrem Handeln einen Sinn verbinden, und dass das spezifisch Soziale daran dadurch zustande kommt, dass der Sinn eines Tun, Unterlassens oder Duldens auf das Verhalten oder auf die bloße Existenz anderer gerichtet ist.

So kann sich eine Frau bei ihrem Partner für das Dampfbügeleisen bedanken, dass er ihr geschenkt hat. Ihr Tun (der Dank) wäre dem Sinn nach auf das Tun eines anderen Akteurs (dem Schenken des Partners) bezogen. Es wäre aber auch dann auf dessen Tun bezogen, wenn sie in der Weise eines »innerlichen Tuns« sich schweigend etwas dabei denkt, den Dank unterlässt und den unliebsamen Inhalt des Geschenks erduldet.

Verstehen und Erklären Methodisch unterscheidet Max Weber dabei die Operationen des Verstehens und des Erklärens. Mit dem Verstehen soll der Sinn des Handelns nachvollzogen werden. Weber gilt somit auch als der Begründer der »Verstehenden Soziologie«. Als methodische Operation gilt sie jedoch als schwierig (→ Kap. 2.2.4, 2.2.5). Unter Erklären scheint Weber eine der Durkheimschen Vorgehensweise ähnliche Haltung zu verstehen. Wie in den Naturwissenschaften soll die Soziologie nach Ursache-Wirkungs-Verhältnissen suchen. Aber die »Verstehende Soziologie« sieht Ursachen nicht wie bei Durkheim in den sozialen Tatsachen, sondern in den Handlungsgründen, die mit dem Sinn zusammenhängen, an dem sich die Handelnden orientieren. Erst wenn dieser Sinn angemessen rekonstruiert wurde, sucht man nach dem Sinn, der »durchschnittlich« erwartbar ist oder an dem das Handeln der Individuen in »durchschnittlicher Häufigkeit« orientiert ist. Dabei kann dann auch untersucht werden, unter welchen Bedingungen sich die Häufigkeit des Auftretens eines Handlungsmusters verändert oder nicht.

Zwischenergebnis

Kernargumente im individualistischen Sprachspiel der Soziologie
1. Die Gesellschaft besteht aus sozialen Handlungen, die sich letztlich auf Individuen zurückführen lassen – und zwar auch dann, wenn die Gesellschaft uns wie in den Fällen von Betrieben, Staaten oder Wirtschaftssystemen als eigenständiges Gebilde erscheint.
2. Grundlegende Kategorie ist der Sinn der Akteure, da erst die Verbindung eines Verhaltens mit einem subjektiv gemeinten Sinn Handeln hervorbringt.
3. Ein Handeln bzw. ein Sinn ist dann sozial zu nennen, wenn es auf andere oder auf ihr Verhalten bezogen ist.
4. Der Grundbaustein der Gesellschaft ist somit der Umstand, dass Individuen den Sinn eines Handelns auf andere beziehen.
5. Erst wenn die Sinnorientierung der Handelnden und die damit verbundenen Handlungsmotive nachvollzogen wurden, lässt sich danach fragen, wie häufig und unter welchen Bedingungen ein bestimmtes Handlungsmuster auftritt.

Diese Auffassung ist später auch als Standpunkt des »Methodologischen Individualismus« bezeichnet worden. Die Methode (= das Verfahren) der Theoriebildung besteht in dem Prinzip, alle Sachverhalte auf individuelle Handlungen bzw. Orientierungen (Einstellungen) zurückzuführen.

Das Problem einer möglichen Beliebigkeit des subjektiven Sinns | 2.2.4

Das methodische Problem der »Verstehenden Soziologie« besteht also in der möglichen Beliebigkeit der subjektiv begründeten Sinnbezugnahme des an anderen orientierten Handelns. Diese Beliebigkeit versucht Weber zu umgehen, indem er an mehreren Stellen von einem »uns verständlichen Sinn*zusammenhang*« (Weber 2002, S. 4; kursiv im Original) oder von einem »verständlichen Handlungstypus« (ebd., S. 5) oder gar von einem »*verständlichen* gemeinten Sinn eines sozialen Handelns« (ebd., S. 6; kursiv im Original) spricht. Wir sehen, dass sich Weber hier wieder der Auffassung des Sinns in der Variante der Zeichenbedeutung nähert. Denn wenn ein Sinn verständlich sein soll, dann genügt es nicht, dass der Handelnde irgendetwas mit seinem Handeln meint, das vielleicht nur ihm selbst bewusst ist. Notwendig ist vielmehr, dass der Sinn des Handelns auch von anderen nachvollzogen werden kann. Ganz deutlich wird diese Nähe des Sinnbegriffs zur Vorstellung von der Zeichenbedeu-

Sinnadäquanz   tung, wenn Weber von »Sinnadäquanz« spricht:

> »Sinnadäquat soll ein zusammenhängend ablaufendes Verhalten in dem Grade heißen, als die Beziehung seiner Bestandteile von uns nach den durchschnittlichen Denk- und Gefühlsgewohnheiten als typischer (wir pflegen zu sagen: »richtiger«) Sinnzusammenhang bejaht wird« (Weber 2002, S. 6).

Darauf beruht dann auch die adäquate Sinndeutung eines sozialen Handelns durch den Soziologen. Beziehen wir dies auf das Ausgangsbeispiel »Peter läuft« und ergänzen wir die Beobachtung um eine Kontextinformation: »Peter läuft am Abend einige Runden im Leichtathletikstadion.« Aufgrund dieser Kontextinformationen erscheint uns nun auf der Grundlage unserer Denk- und Gefühlsgewohnheiten folgende Deutung als »sinnadäquat«: Peter ist Amateursportler und trainiert Laufdisziplinen, um sich gegen andere Läufer beim nächsten Wettkampf durchzusetzen.

Zuerst allerdings muss der Soziologe nachzeichnen, an welchem Sinn die Handelnden orientiert sind, dann erst kann festgestellt werden, wie häufig ein »sinnspezifisches« Handeln vorkommt, in welchen Kontexten es auftritt usf.

Problem des
Sinnverstehens   Aber wie ist dieser Nachvollzug des Sinns, das Sinnverstehen methodisch möglich? Wie können wir zu Erkenntnissen darüber gelangen, welchen Sinn Akteure mit ihrem gegebenenfalls auf andere gerichteten Handeln verbinden, z. B. mit dem Geschenk eines Dampfbügeleisens zur Verlobung?

Im Beispiel des Geschenks ist der Sinn des Handelns gegenseitig aufeinander bezogen. Wie aber kann der gemeinte Sinn des Schenkens einem sozialwissenschaftlichen Beobachter oder einem Alltagsmenschen verständlich werden. Ist der gemeinte Sinn des Mannes, der Frau eine Freude zu machen, oder erhofft er von seinem Geschenk besser gebügelte Hemden. Oder wollte er sie einfach ärgern? Wie wäre ein Schweigen der Frau als Reaktion auf das Geschenk zu deuten? Als Ausdruck der Verstimmung oder als stille, innerliche Freude? Mit dem Schenken oder Beschenktwerden kann in diesem Fall vieles gemeint sein bzw. subjektiv an Sinn verbunden werden. Die Suche nach einem gemeinten

Sinn hilft also dem Sozialwissenschaftler nicht weiter. Der Handlungssinn bleibt angesichts der vielfältigen Deutungsmöglichkeiten unverständlich oder zumindest sehr stark auslegungsbedürftig.

Sinnverstehen als idealtypische Rekonstruktion sozialen Handelns

2.2.5

Die Rekonstruktion der Sinngehalte, die ein Subjekt mit Handlungen verbindet, birgt zwei Schwierigkeiten, die bereits zur Sprache gekommen sind.

1. Weber kann nicht meinen (und hat auch nicht gedacht), dass jedweder beliebige Inhalt, den Akteure mit einem Tun assoziieren, für den Forschungsprozess von Belang wäre. Aus diesem Grund grenzt er den wissenschaftlich interessierenden Sinn auf den *verständlichen* subjektiven Sinn ein. Damit ist der Handlungssinn gemeint, der für einen Beobachter nachvollziehbar ist.

2. Die subjektive Sinnzuschreibung des Akteurs kann aber von Außenstehenden nicht direkt beobachtet werden – schließlich handelt es sich um eine Zurechnung, die sich im Inneren des Akteurs abspielt. Womöglich lässt sich die Verlobte ihre Enttäuschung über das geschenkte Dampfbügeleisen gar nicht anmerken.

Als Ausweg aus diesem Problem kommt Weber zu einem Verfahren, das er idealtypische Rekonstruktion nennt. Gelegentlich wird es als das »Weber-Paradigma« (Albert 2009, S. 523) bezeichnet. Schauen wir uns dazu folgende Bestimmung an:

Definition »Idealtypus«

»[Der Idealtypus] wird gewonnen durch einseitige Steigerung eines oder einiger Gesichtspunkte und durch Zusammenschluss einer Fülle von diffus und diskret, hier mehr, dort weniger, stellenweise gar nicht, vorhandenen Einzelerscheinungen, die sich jenen einseitig herausgehobenen Gesichtspunkten fügen, zu einem in sich einheitlichen Gedankengebilde.« (Weber 1904, S. 47)

Fangen wir bei der Auslegung des Zitats an seinem Ende an. Weber fasst den Sinn, der mit einem Handeln verbunden werden kann, als ein »einheitliches Gedankengebilde« auf. Wie lässt sich das verstehen? Was ist daran »idealtypisch«? Wir sehen, dass Weber im Zitat auch von »einer Fülle von diffus und diskret [...] vorhandenen Einzelerscheinungen« spricht. Ein konkretes Handeln – bleiben wir beim Schenken – kann viele verschiedene Formen und Erscheinungen annehmen. Ein Geschenk kann teuer sein, aber beiläufig überreicht werden. Umgekehrt wird ein Allerweltsgeschenk, etwa eine rosa Nelke, mit großer Geste überreicht. Wenn aber Handlungen auf so unterschiedliche Weise praktiziert werden, muss dann nicht jeweils ein verschiedener, je besonderer

Sinn mit den Handlungen verbunden werden? Genau dies will Weber vermeiden, indem er die vielfältigen und teilweise ungeordneten Phänomene des Handelns darüber zu verstehen sucht, dass er ihnen unterstellt, dass sie einem »einseitig herausgehobenem Gesichtspunkt« folgen könnten.

Beispiel: Sinn einer Schenkhandlung

Dass ein Mann seiner Verlobten ein Dampfbügeleisen schenkt, könnte eine soziologische Interpretin etwa über den Gesichtspunkt des traditionellen Verständnisses der Hausfrauenrolle deuten. Sie würde dann den Gesichtspunkt hervorheben, dass ein Dampfbügeleisen ein Werkzeug für den Haushalt ist; dass der Mann also davon ausgeht, dass es seine Verlobte ist, die bügelt. Würde sich die Frau im Beispiel darüber freuen, endlich so ein nützliches Geschenk zu bekommen, würde sie sich damit auch in ihrer traditionellen Rolle als Hausfrau bestätigt fühlen. Ihre innere Freude lautete also: »Er will mir die Arbeit erleichtern! Wie schön, dass er bemerkt hat, wie ich mich mit dem alten Eisen abgemüht habe.« Nun ließe sich noch eine Reihe von anderen Aspekten am Geschenk beachten, etwa der Preis des Bügeleisens, die Marke, der Umstand, dass die Freundinnen der Verlobten vielleicht auch so eins haben usf. Von diesen Gesichtspunkten sieht die Interpretin aber ab, um über den einen Gesichtspunkt das einheitliche Gedankengebilde »Geschenke in einer traditionell aufgefassten Paarbeziehung« zu konstruieren.

Wenn also die mannigfaltigen Erscheinungen, die mit dem Handeln einer Person verbunden sind, zu einem einheitlichen Gedankengebilde zusammengefügt werden, dann können wir von der Konstruktion eines Idealtypus sprechen. Der Typus bezeichnet somit ein gedanklich einheitliches, in sich schlüssiges Sinnmuster. Idealisiert sind diese zu einem typischen Muster zusammengefügten Sinnkomponenten deshalb, weil – wie im Zitat zu lesen ist – es sich um eine »einseitige *Steigerung* der Gesichtspunkte« (Hervorhebung M.C.) handelt. In solch einseitig gesteigerter Form würden die Gesichtspunkte wahrscheinlich nie in bei einem wirklichen Handeln hervortreten. Der Idealtypus ähnelt insofern eher den Figuren in Theaterstücken oder Romanen, deren Handeln durchweg von einem Charakterzug gekennzeichnet ist, vom Geiz etwa. Insofern ist der Idealtypus ein gedankliches Konstrukt des Interpreten.

Idealtypus = reiner Typus

Weber bezeichnet den Idealtypus gelegentlich auch als »reinen« Typus, um zu betonen, dass im Idealtypus der Handlungssinn so rekonstruiert wird, als würde der Akteur ausschließlich von diesem einen, gesteigert hervorgehobenen Gesichtspunkt des Handelns geleitet. Der geizige Bankier, der listenreiche Feldherr, der pedantische Uhrmacher, der cholerische Chefkoch usf. Auch wenn es auf den ersten Blick so aussieht, als könnte sich Weber über die Idealtypenbildung von der Wirklichkeit entfernen, gelangt er über sein Verfahren erst zu einer Fragestellung, die ohne sie in dieser Stringenz nicht möglich wäre. Weber sucht nämlich Antwort auf die Frage: Von welchen Einheit stiftenden Gesichtspunkten lassen sich die Akteure in ihrem sozialen Handeln leiten?

Definition

Idealtypus und Sinnverstehen

Mit der Bildung von Idealtypen will Weber das Problem des Sinnverstehens lösen. Da er den Sinn des Handelns in den Gesichtspunkten sieht, die Akteure subjektiv mit eigenen Handlungen oder mit den Handlungen anderer verbinden, fragt er sich, wie ein solcher subjektiv gemeinter Sinn vom soziologischen Beobachter erschlossen werden kann. Dazu soll die Konstruktion von Idealtypen dienen. Dabei werden nicht alle Gesichtspunkte eines Handelns berücksichtigt, sondern nur diejenigen, die den Sinn des Handelns als ein einheitliches Gedankengebilde schlüssig miteinander verbinden. Auf diese Weise ließe sich z. B. ein Handeln gedanklich konstruieren, das den Sinn der Sparsamkeit in reiner Form – also idealtypisch – zur Anwendung bringt. Um idealtypisch zu konstruieren, ist der Interpret aufgefordert, von all denjenigen Aspekten des Handelns einer Person abzusehen, die dem nachzuvollziehenden »reinen« Sinn der Sparsamkeit widersprechen.

Hinzu kommt die kausale Betrachtung. Webers Vorstellung von Kausalbetrachtung weist Ähnlichkeiten zu Durkheims Methode auf. Auch Weber sucht nach dem Sinn, der »durchschnittlich« erwartbar ist oder in »durchschnittlicher Häufigkeit« das Handeln der Individuen orientiert. Mit Hilfe der Idealtypenbildung gewinnt Weber vier Grundtypen des Handelns:

Vier Grundtypen des (sozialen) Handelns

1. zweckrationales Handeln,
2. wertrationales Handeln,
3. affektuelles Handeln,
4. traditionales Handeln.

Jede dieser Handlungsweisen ist durch ein ihr spezifisches, idealtypisches Sinnmuster gekennzeichnet. Im zweckrationalen Handeln ist der leitende Gesichtspunkt die Abwägung zwischen Zielen und den Mitteln, die zur Erreichung dieser Ziele eingesetzt werden. Ein gegebenes Ziel soll mit möglichst günstigem Mitteleinsatz verwirklicht werden. Ein Schüler der Oberstufe wählt seine Kurse z. B. unter dem Gesichtspunkt aus, dass er sich von ihnen einen möglichst optimalen Notendurchschnitt verspricht. Die Kurse sind für ihn die günstigsten Mittel, um sein Ziel: ein gutes Abitur, zu erreichen.

Zweckrational

Wertrational Beim wertrationalen Handeln besitzt das Handeln einen Eigenwert, das vollzogene Handeln ist sinn- bzw. wertvoll aus sich selbst heraus. Eine Schülerin wählt als Leistungsfach Geschichte, obwohl sie in Biologie und Kunst bessere Noten erzielen könnte. Sie wählt das Fach jedoch, weil sie in der Beschäftigung mit geschichtlichen Themen einen besonderen Wert erkennt, der für sie wichtiger ist, als gute Noten zu erreichen, was das Fach nur zum Mittel zum Zweck machen würde. Während beim zweckrationalen Handeln die Wahl der Mittel immer durch die gesetzten Ziele bedingt ist oder umgekehrt die Wahl der Ziele durch die gegebenen Mittel, gilt im wertrationalen Handeln der bevorzugte Handlungssinn als ein »unbedingter Eigenwert«. Der Wert des Handelns ergibt sich nur aus ihm selbst, daher »Eigenwert« und daher ist der Wert des Handelns durch keinen anderen Wert oder weiteren Umstand bedingt. Er gilt in jedem Fall. Wenn das menschliche Leben als ein solcher Eigenwert gilt, dann besitzt ein Menschleben Vorrang vor allen anderen Dingen und dies gilt unter allen Bedingungen.

Affektuell Das affektuelle Handeln besitzt seinen leitenden Gesichtspunkt in den »aktuellen Gefühlslagen« der Handelnden. Die Akteure handeln – wie man neudeutsch so schön sagt – »aus dem Bauch heraus«. Sie lassen sich in ihrem Tun von aktuell verspürten Regungen, Stimmungen, Ahnungen usw. bestimmen. Gerade im Sport wird diesen affektiven Impulsen gerne eine besondere Bedeutung zugesprochen; so haben Springer im Wettkampf gleich gespürt, dass sie die Höhe heute drauf haben, loben Trainer ihre »Instinktfußballer«, die dann tautologisch davon sprechen »vom Feeling her ein gutes Gefühl« (Andy Möller) zu haben.

Traditional Beim traditionalen Handeln schließlich lassen sich die Akteure von »eingelebten Gewohnheiten« bestimmen. In diesem Haus war es immer schon so, dass samstags morgens die Straße gefegt und das Treppenhaus geputzt wird, basta! Männer müssen keine Bügelwäsche machen, das war so und bleibt so!

Zusammenfassung

Weber handlungstheoretischer Individualismus

Über seine Definition des sozialen Handelns gelangt Weber zu einer Fachsprache, die einen individualistischen Blick auf die Gesellschaft entfaltet. Gesellschaft wird durch die Rekonstruktion des Sinns, den Akteure mit ihrem Handeln und dem anderer verbinden, deutend verstanden und dadurch ursächlich erklärt. Die Sinnausrichtung des Handelns wird über die Konstruktion von Idealtypen gewonnen. Damit ist die Seite des deutenden Verstehens bezeichnet. Das Erkenntnisziel des ursächlichen Erklärens soll über die Beantwortung der Frage nach dem wahrscheinlichen bzw. durchschnittlichen Auftreten typischer Handlungsweisen erreicht werden.

Auf diese Weise gelangt Weber zu einer allgemeinen Typologie sozialen Handelns. Mit ihr unterscheidet er zweckrationales, wertrationales, affektuelles und traditionales Handeln. Beim zweckrationalen Handeln leitet sich die Vernünftigkeit eines Tuns aus der Abwägung von Zweck und Mitteln ab, beim wertrationalen Handeln verleiht ein als unbedingt bzw. als absolut angesehener Wert dem Tun seine Vernunft. Affektuelles Handeln beschreibt ein gefühlsbasiertes Tun; traditionales Handeln ist ein Tun aus Gewohnheit.

Lernkontrollfragen

1. Wie wäre nach Weber die Studienwahl des Fachs Soziologie grundbegrifflich zu untersuchen?
2. Erörtern Sie am Bespiel des Medizinstudiums den Unterschied zwischen wertrationalem und zweckrationalem Handeln.
3. Unterscheiden Sie zwischen traditionalem und affektuellen Handeln am Beispiel einer Eheschließung.

Literatur

Albert, Gert (2009): Weber-Paradigma, in: Georg v. Kneer/Markus Schroer (Hrsg.): Handbuch Soziologische Theorien, Wiesbaden, S. 517–554.

Husserl, Edmund (1950): Ideen zu einer reinen Phänomenologie und phänomenologischen Philosophie, Den Haag.

Käsler, Dirk (2006): Max Weber, in: ders. (Hrsg.): Klassiker der Soziologie, Bd. 1: Auguste Comte bis Norbert Elias, München.

Schluchter, Wolfgang (2009): Die Entzauberung der Welt. Sechs Studien zu Max Weber, Tübingen.

Weber, Max (1904): Objektivität sozialwissenschaftlicher und sozialpolitischer Erkenntnis, in: Archiv für Sozialwissenschaften und Sozialpolitik, Bd. 19, S. 22–87.

Weber, Max (1988): Über einige Kategorien der Verstehenden Soziologie, in: ders.: Gesammelte Aufsätze zur Wissenschaftslehre, 7. Aufl., Tübingen, S. 427–440 (Erstveröffentlichung 1913).

Weber, Max (2002): Wirtschaft und Gesellschaft. Grundriß der verstehenden Soziologie, 5. rev. Aufl., Tübingen, insb. Kap. I, S. 1–30 (Erstveröffentlichung 1922).

2.3 | Formen der Wechselwirkung – das Sprachspiel der formalen Soziologie

Wie bei Emile Durkheim und Max Weber stellt die Frage nach der Bestimmung dessen, was Soziologie ist, auch für Georg Simmel ein wesentliches Ausgangsproblem seiner Gesellschaftstheorie dar. Für ihn hängt dies mit einer doppelten Schwierigkeit zusammen, die er im ersten Kapitel seiner kleinen Schrift »Grundfragen der Soziologie« aus dem Jahr 1917 behandelt. Sie ergibt sich beim Versuch, »das Gebiet der Soziologie« genauer abzugrenzen. Denn der Versuch, die verschiedenen Fragen und Aufgaben der Soziologie über den Begriff »Gesellschaft« zu verknüpfen, »scheint« – so Simmel – »an der Problematik des einzig zusammenhaltenden Begriffes zu zersplittern, des Begriffes Gesellschaft« (Simmel 1970, S. 5).

Auf der einen Seite kann man den Begriff leugnen bzw. an ihm kritisieren, dass ihm »kein wirklicher Gegenstand jenseits der Einzelwesen und der Vorgänge zu ihnen« (ebd., S. 6) entspricht. Der Soziologie als Einzelwissenschaft bleibt dann »überhaupt kein reales Objekt mehr übrig« (ebd.). Gesellschaft erscheint somit auf der einen Seite abstrakt, wenig greifbar. Ihr kommt – jenseits der Individuen und der Vorgänge zu ihnen – keine eigene Substanz zu.

Auf der anderen Seite lässt sich auf diesen Einwand mit folgendem Gegenargument reagieren: »Alles, was Menschen sind und tun, [...], geht innerhalb der Gesellschaft, durch sie bestimmt und als ein Teil ihres Lebens vor sich.« (ebd., S. 6) Aber auch dieses Argument stellt Simmel nicht zufrieden. Denn es erhebt alles zum Gegenstand der Soziologie.

Das Doppelproblem der Soziologie besteht also darin, dass sie einerseits alles und andererseits nichts ist. Alles ist sie, weil jeder Bereich des menschlichen Lebens – die Technik, der Körper, die Wirtschaft, die Sexualität und Familie, das Recht usf. – unter dem Gesichtspunkt der gesellschaftlichen Bedingtheiten untersucht werden kann. Nichts ist sie, weil die Gesellschaft selbst – jenseits der einzelnen Menschen, aus der sie besteht – keinerlei Substanz zu haben scheint.

Gebiet der Soziologie?

Hintergrund

Soziologien der Form, der Kultur und des Individualismus: Georg Simmel

Der Philosoph und Soziologe Georg Simmel lebte von 1858 bis 1918. Sein Werk ist vielseitig und reichhaltig. Simmel beschäftigte sich mit Kulturphänomenen wie der Bedeutung von Rosen, des Schmucks oder Mode und ebenso mit mikroskopischen Analysen von sozialen Nahverhältnissen wie Zweierbeziehungen und ihren Phänomenen der Liebe, Diskretion und Scham bis hin zum Spiel der Koketterie. Von ihm stammen auch frühe Beobachtungen zur Soziologie der Geschlechter. Neben den Mikroerscheinungen widmete sich Simmel aber auch eher strukturellen Sachverhalten wie der »Kreuzung sozialer Kreise«, der »socialen Differenzierung«, der »Philosophie des Geldes« oder der Frage »Wie ist soziale Ordnung möglich?«

Eine wichtige These aus seinen Arbeiten ist, dass sich in der modernen Gesellschaft eine »Kultur des Individuums« durchsetzt. Simmel strebt in seinen Analysen jedoch an, diese Tendenz zum Individualismus als Ergebnis von Wechselwirkungen zu begreifen und ihre Formprinzipien soziologisch aufzulösen.

Die Unterscheidung von allgemeiner, reiner und philosophischer Soziologie

2.3.1

Georg Simmel reagiert auf die geschilderten zwei Schwierigkeiten, indem er Grundfragen der Soziologie unterscheidet und damit zugleich drei Grundtypen soziologischer Wissenschaft voneinander abgrenzt: die allgemeine, reine und philosophische Soziologie:

- Die allgemeine Soziologie fragt nach der Differenz zwischen dem »sozialen« und dem »individuellen Niveau«.
- Der reinen Soziologie geht es um die grundsätzliche Bestimmung der Gesellschaft als »Formen der Wechselwirkung zwischen Individuen«.
- Die philosophische Soziologie sucht die Relevanz »individueller« und »kollektiver« Ziele abzuwägen.

Die drei Grundtypen (s. Tab. 1) sind aber nicht gleichrangig. Kern der Soziologie Georg Simmels ist die reine Soziologie – ihm geht es also um die

Reine, allgemeine und philosophische Soziologie		Tab. 1
	Leitfrage	**Definitorischer Kern**
Reine Soziologie	Was ist das Wesentliche der Vergesellschaftung?	Formen der Wechselwirkung
Allgemeine Soziologie	Was unterscheidet soziales und individuelles Niveau?	Das Soziale besteht im Allen Gemeinen, das Individuelle in den Besonderheiten.
Philosophische Soziologie	Welche Wertideen bestimmen die Lebensanschauungen?	Kompositionen individueller und kollektiver Wertbezüge

Formen der Wechselwirkung zwischen Individuen. Simmels Ansatz gilt deshalb insgesamt als formale Soziologie. Aus diesem Grund wird die reine bzw. formale Soziologie hier nun ausführlicher erläutert.

2.3.2 | Formen der Wechselwirkung als Gegenstand der reinen Soziologie

Wechselwirkungen zwischen Individuen

Die reine Soziologie soll sich also mit den Formen der Wechselwirkung beschäftigen. Diese Formen werden von Simmel wechselweise auch als Formen der Vergesellschaftung oder auch als soziale Formen bezeichnet. Wie ist bei Soziologie das Eigenschaftswort »rein« zu verstehen? »Rein« kann hier – ähnlich wie bei Max Webers Idealtypen (→ Kap. 2.2) – gelesen werden als »abgelöst« von Gesichtspunkten, die für die Wechselwirkungen der Vergesellschaftung nicht als wesentlich erachtet werden. Die »reine Soziologie« konzentriert sich somit auf diejenigen Aspekte, die als wesentlich für die Gesellschaft gelten können. Diese wesentlichen Formen der Wechselwirkung zeigen den Prozess der Vergesellschaftung »in seiner weitesten Allgemeinheit« und berücksichtigen daher auch »die seelische Wechselwirkung(en) zwischen den Individuen« (Simmel 1970, S. 12).

Verständlicher wird das Gesagte, wenn wir Simmels Vorschlag mit dem von Emile Durkheim vergleichen, der nach allgemeinen Gesetzen suchte, die soziale Tatsachen aus sozialen Tatsachen erklären. Simmels Vorstellung von »Allgemeinheit« ist »weiter« als die von Durkheim, weil er versucht, die »seelischen Befindlichkeiten« der Individuen einzubeziehen.

Dauerhafte Wechselbeziehungen

Deshalb präzisiert er den Ausdruck »Wechselwirkungen«. Gemeint sind damit nämlich nicht die »oberflächlichen und vorüberfliegenden« Wechselbeziehungen zwischen Einzelpersonen. Aber auch eine Beschränkung auf die »dauernden Wechselbeziehungen« wäre aus Simmels Sicht unzureichend. Sie stellten lediglich »Verfestigungen« eines grundlegenderen Prozesses dar: »Aber Gesellschaft in ihrem fortwährend sich realisierenden Leben bedeutet immer, dass die Einzelnen vermöge gegenseitig ausgeübter Beeinflussung und Bestimmung verknüpft sind. [...] [I]hrem Grundcharakter nach sollte man nicht von Gesellschaft, sondern von Vergesellschaftung sprechen. [...] Gesellschaft ist dann [...] keine Substanz, nichts für sich Konkretes, sondern ein Geschehen.« (Simmel 1970, S. 13 f.)

Vergesellschaftung

Ein zentrales Wort in Simmels Soziologie ist das heute allenfalls in der Fachsprache der Soziologie gebräuchliche »Vergesellschaftung«. Simmel drückt damit aus, dass Gesellschaft ein prozessartiges Geschehen ist, nämlich der Prozess, der aus den Formen der letztlich auch innerpsychisch (Simmel sagt: »seelisch«) begründeten Wechselwirkungen zwischen Individuen besteht.

Wie unterscheidet sich nun dieser Grundbegriff der Gesellschaft von den beiden, die wir zuvor kennengelernt haben? Durkheim suchte mit dem »Tatbestand« nach etwas Bestehendem, Weber nach einem Tun, einem Verhalten, das durch seinen Handlungssinn eine spezifische Orientierung auf andere besitzt. Bei Durkheim besteht die Gesellschaft somit aus Fakten, z. B. einer Selbstmord- oder einer Scheidungsrate; bei Weber aus den auf andere ausgerichteten Sinnorientierungen des Handelns. Bei Simmel ist die Gesellschaft dynamisch und prozesshaft, »ein Geschehen« der gegenseitigen Bestimmung und Beeinflussung. Der Umstand, dass es sich um ein in der Zeit fließendes, veränderliches Geschehen handelt, macht noch einmal deutlich, warum für Simmel »Gesellschaft« ein schwer greifbarer, ungenauer Begriff ist.

Gesellschaft ist prozesshaft

Die Unterscheidung von Form und Inhalt sozialer Sachverhalte | 2.3.3

Genau deshalb bleiben der Begriff »Gesellschaft« und die Soziologie als Wissenschaft zunächst kaum bestimmbar. Sehen wir uns darum Simmels weitere Präzisierungen an, die er vor allem im dritten Abschnitt seiner kleinen Schrift vornimmt. Schon am Ende des ersten Kapitels findet sich eine Andeutung, in der Simmel als »Aufgabe der Gesellschaftswissenschaft im engsten und eigentlichsten Sinn« benennt »die Formen der Wechselwirkung zu beschreiben« (Simmel 1970, S. 27). Er bewegt sich an dieser Stelle der Argumentation somit weg von der Betrachtung eines Geschehens, das durch ständige Wechselwirkungen und Wechselbestimmungen in Fluss befindlich ist, hin zur Analyse der Formen, in denen die Wechselwirkungen vollzogen werden. Explizit unterscheidet er dann zu Beginn des dritten Kapitels zwei Begriffe: Inhalt und Form.

»[…] alles das, was in den Individuen, den unmittelbar konkreten Orten aller historischen Wirklichkeit, als Trieb, Interesse, Zweck, Neigung, psychische Zuständlichkeit und Bewegung derart vorhanden ist, […], dieses bezeichne ich als den Inhalt, gleichsam die Materie der Vergesell-

Form und Inhalt

Tab. 2   Unterscheidung Form/Inhalt

Inhalt	Form
Trieb	Unzählige Arten
Neigung	zu einer Einheit zusammenwachsen
Psychische Zustände	
Interesse	sich innerhalb der Form verwirklichen
Bewegung	

schaftung.« In Abgrenzung davon ist die »Vergesellschaftung [...] also die in unzähligen verschiedenen Arten sich verwirklichende Form, in der die Individuen auf Grund jener – sinnlichen oder idealen, momentanen oder dauernden, bewussten oder unbewussten, kausal treibenden oder teleologisch ziehenden – Interessen zu einer Einheit zusammenwachsen und innerhalb deren diese Interessen sich verwirklichen« (Simmel 1970, S. 48 f.). In Tabelle 2 sind die im Zitat unterschiedenen Aspekte von Form und Inhalt in eine übersichtliche Ordnung gebracht.

In der Rubrik »Inhalt« versammelt Simmel vor allem psychische Zustände des Individuums: Triebe, Neigungen, Interessen, aber auch Bewegungen (am Körperverhalten sichtbar) des Menschen. Ohne Form bleiben diese aber unzusammenhängend, ohne Einheit. Erst durch die Form wachsen Triebe, Neigungen, Interessen sowie andere psychische Zustände zu einer Einheit zusammen und verwirklichen sich darin. Durch die Form werden die ansonsten zusammenhanglosen, diffusen Inhalte erst als etwas Einheitliches fassbar. Aber es ist nicht nur so, dass die Inhalte einer Form bedürften, um sich zu verwirklichen; Simmel befasst sich darüber hinaus mit Formen, die nur um ihrer selbst willen, als reiner Selbstzweck existieren, so wie ein Spiel, das nur um des Spiels willen gespielt wird.

2.3.4   Geselligkeit als Spielform der Vergesellschaftung

Georg Simmel verwendet zur Konstruktion einer soziologischen Fachsprache somit eine Form-Inhalt-Unterscheidung und legt dabei den Akzent auf die Formseite. Wie lässt sich diese theoretisch anspruchsvolle und immer noch nicht leicht fassbare Einführung des Grundbegriffs der »Vergesellschaftung« als »Formen der Wechselwirkungen zwischen Individuen« verdeutlichen? Nehmen wir dazu Simmels eigenes Beispiel, die Form der »Geselligkeit«, die er auch als die »Spielform der Vergesellschaftung« (Simmel 1970, S. 53) bezeichnet.

Mit dem Begriff »Gesellgkeit« verweist Simmel auf jene Phänomene, die auch wir im Alltag als gesellige Anlässe ansehen würden: »Small Talk«, Unterhaltungen auf Feiern, Festen, Partys, Gespräche in netter Runde auf Kaffeefahrten, in der Kneipe oder im Kegelverein. Diesen geselligen Anlässen wohnt etwas Spielerisches inne. Wir verbinden mit ihnen Ungezwungenheit und Vergnüglichkeit. Aber wie gelangen wir über diese Phänomene zum Aspekt der sozialen Form? Hier hilft es weiter, wenn man sich die Frage stellt, was es uns erlaubt, den genannten Veranstaltungen das Attribut »gesellig« zu zuschreiben. Wie ist es uns möglich, von einem vergangenen Abend als einem »geselligen Abend« oder von einem Menschen als einem »geselligen Menschen« zu sprechen? Offensichtlich setzten wir dazu die Form eines bestimmten Verhaltens voraus, die das »Gesellige« daran ausmacht. Aber worin besteht die Form der Geselligkeit?

Gesellgkeit

Eine erste wichtige Eigenschaft bestimmt Simmel mit der Zweckfreiheit der Form, die sie mit dem Spiel verwandt macht. »In alledem, was wir Spiel nennen« wird eine Wendung vollzogen: »von der Bestimmtheit der Lebensformen durch seine Materie zu der Bestimmung seiner Materie durch die zu definitiven Werten erhobenen Formen«. Diese Formen werden »selbst zu Zweck und Materie ihrer selbständigen Bewegtheit« (Simmel 1970, S. 51). Das Spiel ist nicht durch Zwecke bestimmt, die sich aus den Notwendigkeiten der Materie, der Inhalte oder der Interessenlagen ergeben. Form wird über Zweckungebundenheit negativ, durch ihr Gegenteil, definiert. Sie ist frei von Zwecken. Viele Handlungen sind durch einen inhaltlichen Zweck oder durch ein materielles Interesse bestimmt. Der Zweck des Spiels dagegen ist das Spiel selbst. Es ist losgelöst von allen denkbaren Zielbestimmungen. Es ist Selbstzweck.

Zweckfreiheit

Das Definitionskriterium des Selbstzwecks gilt ebenfalls für das Phänomen der Geselligkeit; »da nun für die Geselligkeit die konkreten, an die Zwecksetzungen des Lebens angeknüpften Motivierungen der Vereinheitlichung in Wegfall kommen, so muss die reine Form, der sozusagen freischwebende, wechselwirkende Zusammenhang der Individuen um so stärker und mit um so größerer Wirksamkeit akzentuiert werden.« (Simmel 1970, S. 52 f.)

Frei schwebender Selbstzweck

Inwiefern stören nun inhaltliche Zwecksetzungen und die Verfolgung konkreter Ziele die Geselligkeit? Warum beginnt ein »Zusammenhang von Individuen«, also Menschen, die miteinander interagieren, dadurch »frei zu schweben«, wenn die Geselligkeit nur um ihrer selbst, rein zum Zweck der Geselligkeit vollzogen wird. Warum vermutet Georg Simmel, dass »Reichtum und gesellschaftliche Stellung, Gelehrsamkeit und Berühmtheit, exzeptionelle Fähigkeiten und Verdienste des Individuums […] in der Geselligkeit keine Rolle zu spielen« haben (Simmel

1970, S. 54). Wenn auf einer Party plötzlich eine berühmte Persönlichkeit – etwa Stefan Raab oder Lena Meyer-Landrut – erscheinen und nur aufgrund ihrer Popularität von allen staunend angehimmelt werden würden, dann wäre der »gesellige Abend« dahin – es wäre einfach schnell langweilig. Denn abgesehen von der Berühmtheit könnte sich – neudeutsch gesprochen – niemand mehr in die Situation einbringen, die volle Aufmerksamkeit würde sich auf die populäre Person richten. Geselligkeit entsteht demgegenüber aus der Möglichkeit, dass alle aufeinander reagieren können, dass ein Wechselspiel des aufeinander bezogenen Handelns zwischen allen Beteiligten entstehen kann. Genau diese Möglichkeit ginge verloren, wenn eine Person alle Aufmerksamkeit auf sich zöge.

Nun muss aber dieser Fall des staunenden Anhimmelns nicht naturgemäß eintreten, wenn eine bekannte Persönlichkeit sich in eine gesellige Runde begibt. Die Berühmtheit könnte z. B. über Charme und Taktgefühl verfügen. Diese Eigenschaften würden zu etwas beitragen, das Simmel als Fähigkeit einer Person ansieht, ihre Persönlichkeit nicht individuell zu betonen.

Takt, Person und Selbstdarstellung

Die Person ist »nur sie selbst und nicht ganz sie selbst« (Simmel 1970, S. 55). Die »spezifischste Leistung des Taktes« ist, »den individuellen Impulsivitäten, Betonungen des Ichs, geistigen und äußeren Ansprüchen die Grenze zu ziehen, die das Recht des Andern fordert« (ebd., S. 54). Die Taktlosigkeit drückt den äußersten Gegensatz zur Form der Geselligkeit aus, »weil (sie) dem hier ausschließlich dominierenden Wechselwirkungsmoment« (ebd., S. 55) widerspricht.

Hintergrund

»Spiel – Kunst – Form«

Der für die Soziologie Georg Simmels zentrale Begriff der Form wird in Analogie zu einem bestimmten Verständnis der Kunst gebildet. Bekannt ist dieses Verständnis in dem Ausspruch »l'art pour l'art« – Kunst nur um der Kunst willen. Auf ähnliche Weise begreift Georg Simmel das Spiel. Jemand der echten Sinn für das Spiel hat, spielt nicht in erster Linie um zu gewinnen oder um sich und anderen etwas zu beweisen. Er spielt um des Spielens willen. Vergleichbar damit ist noch ein anderes Motto: Der Weg ist alles, das Ziel ist nichts. Simmel könnte analog sagen: Das Spiel ist alles, der Zweck ist nichts; oder: Die Form ist alles, der Inhalt nichts. Spiel und Kunst sind für Simmel Platzhalter für ein und dieselbe Haltung. Es geht um die Form eines Geschehens, eines Vorgangs, eines Prozesses selbst, nicht um seine Inhalte, nicht um Ziel und nicht um Interessen, die Personen damit verfolgen. Soziale Formen sind Wechselwirkungen zwischen Individuen, die lediglich dem Selbstzweck dienen, die Form dieser Wechselwirkung hervorzubringen.

Nachfragen zur Form-Inhalt-Unterscheidung | 2.3.5

Ähnlich wie der Idealtpyus bei Max Weber bezeichnen die Formen der Wechselwirkung bei Georg Simmel Schemata des Verhaltens, die von einem Regelprinzip dominiert werden. Bei der Form der Geselligkeit ist es die Idee der Wechselwirkung selbst, an die alle an einer sozialen Situation beteiligten Akteure gleichermaßen anschließen können sollen: »Indem Geselligkeit [...] die mit dem Charakter [...] des Spiels vollzogene Abstraktion der Vergesellschaftung ist, fordert sie die reinste, durchsichtigste, am leichtesten ansprechende Art der Wechselwirkung, *die unter Gleichen*; [...] Sie ist das Spiel, in dem man ›so tut‹, als ob alle gleich wären, und zugleich, *als man jeden besonders ehrte*.« (Simmel 1970, S. 58; kursiv im Original)

Die Form ist also ein Als-Ob-Schema des Handelns, das gegenüber bestimmten Inhalten der Situation (Zwecken, Interessen, Besitz, soziale Stellung usf.) dominierend wird, im Fall der Geselligkeit das Schema der »Wechselwirkung unter Gleichen« gegenüber den konkreten inneren oder äußeren Eigenschaften der Person. Eine andere soziale Form des »Als-Ob-Schemas« wäre z. B. das Schenken und Zurückschenken. Oberflächlich betrachtet machen Eltern ihren Kindern größere Geschenke als umgekehrt die Kinder den Eltern. Aber der materielle Wert des Geschenks ist für die soziale Form des Schenkens sekundär. Auch ein materiell geringeres Geschenk kann dem Beschenkten eine große Anerkennung zuteil werden lassen, bspw. wenn ein Kind das Geld für ein Geschenk für seine Eltern durch kleine Aushilfstätigkeiten (wie Zeitungsaustragen) selbst verdient hat. Auch wenn das Kind durch solche Aushilfstätigkeiten meist nicht so viel verdienen kann wie ein Erwachsener und auch wenn das Geschenk, das es von seinem Verdienst kauft, nicht den gleichen materiellen Wert besitzt wie ein Geschenk der Eltern, wird es anhand eines Als-Ob-Schemas als gleichwertig behandelt. Um den Wert von Geschenken anzuerkennen, sehen wir in der Regel vom materiellen Wert ab. Wir erkennen etwa seinen Überraschungswert an oder die darin sichtbare persönliche Note. Wer beim Schenken allein dadurch zu glänzen versucht, dass er teure Geschenke macht, hat die soziale Form des Schenkens nicht begriffen.

Nun hatten wir bei der Diskussion des Grundbegriffs der »sozialen Tatsache« bei Emile Durkheim bereits eine ähnliche Denkfigur gesehen,

Als-Ob-Schema

Form = starres Schema?

nämlich in dem Definitionselement der »festgelegten Art des Handelns«. Aber die Form bei Simmel ist mehr ein dominierender Gesichtspunkt, ein Leitaspekt, an dem sich das Handeln in der Situation flexibel ausrichten soll, und weniger ein starres Ablaufmuster des Verhaltens – wie man es etwa in Ritualen des Grüßens und Zurückgrüßens kennt. Simmel würde nicht nur die verfestigten Handlungsschemata als Formen begreifen, sondern auch die im Fluss befindlichen und aus Wechselwirkungen neu resultierenden Leitgesichtspunkte des Handelns. Auch dies kann man sich am Beispiel der Geselligkeit vor Augen führen. Bestünde das Wechselspiel der Unterhaltung auf einer Feier nur in einem schematischen Austausch von Förmlichkeiten, würde jedwede Geselligkeit im Keim erstickt.

Form vs. Förmlichkeit   Die Form-Inhalt-Unterscheidung erweist sich somit als komplexer. Um die Form zu wahren, muss man gegebenenfalls mehr tun als bloße Förmlichkeiten austauschen. Simmel erläutert dies unter anderem an der Form des Spiels. Spiel als Form muss sich einerseits vom bloßen Spaß, der ein Erlebnisinhalt wäre, unterscheiden; andererseits aber auch von der »Spielerei«. Denn das Spiel entwickelt sich innerhalb der »Realität des Lebens«. Und es verleiht dem Spiel seine Tiefe und seine Kraft, dass es von seinem »Ursprung her immer noch mit dem Leben geladen« (Simmel 1970, S. 51) ist. Spielerei ist dagegen vom Leben entleert – nur noch Förmlichkeit. So wie wir manchmal an Weihnachten denken, dass alles nur eine blöde Hin- und Her-Schenkerei sei.

Wenn sich aber jemand Gedanken beim Geschenk gemacht hat und ein Geschenk findet, dass den Beschenkten berührt, ohne dass es sich dabei um ein teures Geschenk handelt, es vielleicht nur eine »kleine Anerkennung« ist, dann ist es noch »mit dem Leben geladen«. Nimmt man diese Erläuterung des Verhältnisses von Form und Inhalt ernst, bleiben die analytisch unterschiedenen Aspekte im sozialen Leben – zumindest dort, wo die Form gelungen realisiert wird – mit Inhalten gefüllt, und zwar mit jenen, die den leitenden Aspekt der Form zu betonen vermögen. Genau das zeigt das Beispiel des zweckgelösten und zwanglosen kommunikativen Wechselspiels unter Gleichen, das als leitender Gesichtspunkt die Form der Geselligkeit ausmacht.

Zusammenfassung

Formale Soziologie und die Kultur des Individuums

Georg Simmel beschäftigt sich bei seinen Klärungen zur Grundbegrifflichkeit der Soziologie vorwiegend mit zwei Fragen:

1. Die reine Soziologie fragt nach der Bestimmung der Gesellschaft und findet sie in den Formen der Vergesellschaftung. Genauer gemeint sind

damit die Formen der Wechselwirkung zwischen Individuen. Formen sind es deshalb, weil es Schemata des aufeinander Bezug nehmenden Handelns sind. Zugleich sind Formen Als-Ob-Schemata, mit denen die sozialen Wechselwirkungen so betrachtet werden können, als spielten die konkret-inhaltlichen Eigenschaften der Individuen, wie Besitz, Status, Persönlichkeitseigenschaften oder Interessen, überhaupt keine Rolle. Anschauliche Beispiele solcher Formen der Wechselwirkung sind das Spiel, die Kunst, die Geselligkeit oder das Schenken.

2. In der Frage nach dem Verhältnis von Individuum und Gesellschaft greift Simmel das geistesgeschichtliche und philosophische Erbe auf. Er unterscheidet zudem die Herangehensweise der allgemeinen und der philosophischen Soziologie. Die allgemeine Soziologie sucht nach systematischen Unterschieden zwischen dem individuellen und dem sozialen Niveau. Die philosophische Soziologie interessiert die Art und Weise, in der Individualismus und Kollektivismus einander als Werte gegenüberstehen, aber in konkreten Gesellschaftsentwürfen auch miteinander verbunden werden.

Lernkontrollfragen

1. Erik ist ein junger Mann, erfolgreich im Sport (Landesmeister über 100m Kraul), gut in der Schule, hat Preise bei Malwettbewerben gewonnen. Trotzdem wenden sich auf Partys nach kurzer Zeit die Leute von ihm ab. Wie hätte Georg Simmel dies aus Sicht einer formalen Soziologie erklärt?
2. Wie ließe sich die Simmel'sche Unterscheidung von Form und Inhalt bei der soziologischen Beschreibung des Flirtverhaltens in einem Club anwenden?
3. Erörtern Sie, inwiefern Georg Simmel einen statischen Gesellschaftsbegriff ablehnt?

Literatur

Junge, Matthias (2009): Georg Simmel kompakt, Bielefeld.
Lichtblau, Klaus (1997): Georg Simmel, Frankfurt a.M./New York.
Simmel, Georg (1908): Soziologie. Untersuchungen über die Formen der Vergesellschaftung, Leipzig.
Simmel, Georg (1970): Grundfragen der Soziologie (Individuum und Gesellschaft), Berlin (Erstveröffentlichung 1917).
Simmel, Georg (1985): Schriften zur Philosophie und Soziologie der Geschlechter, hrsg. von Heinz–Jürgen Dahme und Klaus Christian Köhnke, Frankfurt a.M.

2.4 | Kulturgebilde – das Sprachspiel einer genetischen Gesellschaftsanalyse

Karl Mannheim verwendet den Begriff »Kulturgebilde« tendenziell gleichbedeutend mit den Begriffen »soziales Gebilde« und »geistige Realität«. In dieses Wortfeld gehören auch die von ihm ebenfalls gebrauchten Begriffe »geistige Gebilde« und »Sinngebilde«. Die Begriffe »soziales Gebilde« bzw. »Gesellschaftsgebilde« benutzten schon die Vertreter der sich um die Wende vom 19. zum 20. Jahrhundert neu ausbildenden Soziologie – Max Weber, Ferdinand Tönnies und Leopold von Wiese –, allerdings in unterschiedlicher Gewichtung. Welcher besondere Aspekt gesellschaftlicher Sachverhalte wird durch den Begriff des Gebildes betont?

Hier lässt sich an den zuvor behandelten Ansatz von Georg Simmel (→ Kap. 2.3) anknüpfen. Auch er kommt an wichtigen Stellen seiner Argumentation auf soziale Gebilde zu sprechen. So bemerkt er in seinen einleitenden Überlegungen zum »Gebiet der Soziologie« das die oftmals als Letztelemente (letzte Teilchen) ausgegebenen Phänomene wie Moleküle, Buchstaben oder eben im Hinblick auf die Gesellschaft die Individuen, aus denen sie bestehen soll, ebenfalls nur »hochzusammengesetzte Gebilde« (Simmel 1917, S. 9) seien. Und an einer zweiten wichtigen Stelle seiner Argumentation entdeckt Simmel, dass die sozialen Gebilde »sich in den Wechselwirkungen der Menschen« (ebd., S. 16) erzeugen. Genau diese Erzeugtheit der sozialen Gebilde hat – so Simmel – die »genetische Methode« (ebd., S. 17) in den Geisteswissenschaften hervorgebracht. An diese knüpft auch Karl Mannheim an, wenn er wechselweise mit Bezug auf soziale Gebilde oder Sinngebilde bzw. Kulturgebilde von der soziogenetischen, sinngenetischen oder historisch-genetischen Methode spricht. Die genetische Soziologie untersucht also, wie soziale bzw. kulturelle Gebilde entstehen.

Hintergrund

Die Kultur- und Wissenssoziologie Karl Mannheims

Karl Mannheim, der eigentlich schon zur zweiten Generation der soziologischen Klassiker zählt, aber als »Jungstar« des Budapester Kreises früh beachtete Abhandlungen verfasste, führte den Begriff des »Kulturgebildes« bereits 1921/22 mit seiner im Jahrbuch für Kunstgeschichte veröffentlichten Abhandlung »Beiträge zur Theorie der Weltanschauungs-Interpretation« ein. Der Begriff findet sich zudem durchgängig in seinen frühen Manuskripten zur Kultursoziologie, die erst posthum unter dem Titel »Strukturen des Denkens« veröffentlicht wurden. In seinen späteren Arbeiten entwickelte Mannheim den wissenssoziologischen Ansatz, insbesondere in dem Buch »Ideologie und Utopie« (1929). Er leistete wichtige Beiträge zur Soziologie des Erfolgs, der Generationen und zur Gruppe der »frei schwebenden Intelligenz«.

Mannheim studierte als junger Mann in Berlin bei Georg Simmel und gehörte in den 1920er Jahren dem Heidelberger Kreis um Marianne Weber an. Neben Georg Simmel, Max und Alfred Weber war Mannheim noch von der neukantianischen Hermeneutik (Wilhelm Diltheys) und Merleau-Ponty beeinflusst. Wichtig war für ihn außerdem die Auseinandersetzung mit ästhetischen und kulturwissenschaftlichen Theorien, etwa denen von Alois Riegl, Erwin Panofsky oder Georg Lukacs.

Die »vermittelte Gegebenheitsweise« der Kulturgebilde | 2.4.1

Um die Entstehung sozialer Sachverhalte zu klären, fragt Mannheim als Erstes nach der besonderen »Gegebenheitsweise« der Kulturgebilde (Mannheim 1964, S. 103 f.). Sie ist sein Ausgangsproblem. Aber was bedeutet sie?

Die Rede von einer »Gegebenheitsweise« deutet schon an, dass sich Mannheim den Tatsachen, den in der Wirklichkeit *gegeben*en Sachverhalten zuwenden möchte. Die Sozial-, Kultur- und/oder Sinngebilde sind solche gegebenen Sachverhalte bzw. »Gegebenheiten«. Dabei setzt Mannheim voraus, dass diese auf verschiedene Weise gegeben sein können, etwa wenn er behauptet, dass ein »Gegenstand […] entweder unvermittelt oder vermittelt gegeben sein« (Mannheim 1964, S. 103) kann. Aber nochmals nachgehakt: Was bedeutet es entweder »unvermittelt« oder »vermittelt« gegeben zu sein? Das Unvermittelte – so erläutert Mannheim – ist »in Selbstgegenwart da«, das Vermittelte ist das »für [etwas anderes; M.C.] in Stellvertretung Daseiende« (ebd.).

Damit dies verständlicher wird, wählen wir zwei Beispiele. Ein alltäglicher Sacherverhalt, der uns unvermittelt gegeben zu sein scheint, ist etwa der Umstand, dass sich eine Person die Zunge an einer heißen Suppe verbrennt. Was ist an diesem Sachverhalt unvermittelt? Er liegt – analog zu Durkheims Idee des Tatbestands – unabhängig vom Betrachter vor. Die Suppe ist heiß – ganz unabhängig von der Person, die sie isst. Sofern die Reizwahrnehmungen der Zunge »funktionieren«, spürt eine Person die Temperatur, ganz unabhängig davon, ob sie ein Wort für heiß und kalt kennt oder nicht. Ähnlich unmittelbar erfahren wir durch die Wahrnehmungssinne (und sie begleitende neurophysiologi-

Unmittelbar gegebener Sachverhalt

sche Prozesse) Unterschiede zwischen laut und leise, hell und dunkel oder hart und weich. Nun ließe sich mit der neueren Biologie darüber streiten, ob nicht auch solche uns unmittelbar erscheinenden Wahrnehmungen in ihren neurophysiologischen Zusammenhängen viel komplexer, d. h. vermittelter sind, als sie uns erscheinen. Trotzdem lässt sich das, was ein Mannheim als vermittelt existierender Sachverhalt bezeichnet, davon unterscheiden.

Vermittelt gegebener Sachverhalt

Am Beispiel eines Kellners, der einem Gast eine Suppe serviert, soll dies erläutert werden. Als unvermittelter Sachverhalt handelt es sich beim Kellner um einen Mann bzw. einen Menschen, der bestimmte Bewegungen ausübt und dabei einen scheibenartigen Gegenstand mit der Hand trägt. Durch unmittelbare Wahrnehmung können wir feststellen, dass da jemand – ein menschliches Wesen – ist, der etwas tut. Dadurch aber, dass wir das Schema Gast und Kellner kennen und anerkennen, weil wir die Bedeutung des Restaurants gelernt haben, wissen wir mehr über diesen Mann mit dem scheibenartigen Gegenstand in der Hand: dass es sich bei der Person um einen Kellner handelt, dass dieser gerade am Nebentisch serviert, dass die Person am Nebentisch wie wir ein Gast ist, dass es sich bei dem Ort, an dem wir uns befinden, um ein Restaurant handelt – all diese »Erkenntnisse« sind vermittelter Art. Der Mann mit dem gelben Jackett in dem Gebäude mit den gedeckten Tischen steht aber noch für etwas anderes – er repräsentiert die Rolle, den sozialen Status des Kellners: Es handelt sich beim Status des Kellners um etwas, *das »abgesehen davon, dass es als ein ›Es selbst‹ existiert, auch als ein ›für etwas anderes‹ aufgefasst werden kann und muss«* (Mannheim 1964, S. 103; kursiv M.C.). Der Mann mit der gelben Jacke in dem Raum mit den vielen Tischen und Stühlen ist eben nicht einfach »er selbst«, auch ist der Raum nicht einfach nur ein Raum und die Tische und Stühle sind nicht einfach nur Tische und Stühle. Der Mann mit der gelben Jacke kann und muss noch zusätzlich für etwas anderes gehalten werden, nämlich für einen Kellner, wie die Tische und Stühle stellvertretend für »Plätze« und der Raum für ein »Restaurant« existieren.

In der Weise der Bedeutsamkeiten existieren

An einer anderen Stelle in seinen »Beiträgen zur Theorie der Weltanschauungs-Interpretation« bezeichnet Mannheim die vermittelte Gegebenheitsweise sozialer Phänomene als »in der Weise der Bedeutsamkeiten existieren« (Mannheim 1964, S. 235). Phänomene wie Kellner und Polizisten oder Geld und Abschlussurkunden existieren deshalb, weil eine Gruppe von Menschen – eine kollektive Einheit – Menschen bzw. Papier über ihre biologische bzw. physische Existenz hinaus eine zusätzliche Bedeutung zuschreiben: nämlich dass sie eine bestimmte soziale Position (wie Kellner oder Polizist) einnehmen bzw. als Zahlungsmittel oder Zeugnisse gelten.

Soziale Ontologie

Die Frage nach der »Gegebenheitsweise« wird in der Philosophie als Problem der sozialen Ontologie diskutiert. Wenn nach der Ontologie, nach der Gegebenheitsweise von etwas gefragt wird, dann interessiert man sich für die Art und Weise, wie etwas gegeben ist, und für die Gründe bzw. Kriterien dafür, warum uns etwas als gegeben gilt oder nicht. In der Philosophie wird dies auch als die Frage nach der Seinsweise erörtert. Man fragt: Wie ist etwas beschaffen? Woraus besteht es? Demnach stellen auch die Grundlagentheorien der Soziologie oder der Sozialphilosophie Fragen wie: Worin besteht die Gesellschaft? Was bringt Gesellschaft hervor? Wie ist sie beschaffen? Wichtige aktuelle Vertreter einer Sozialontologie sind z. B. die Philosophen John R. Searle oder Wolfgang Detel (→ Kap. 3.1 u. 4.1)

Mannheim grenzt die Art und Weise, wie soziale und kulturelle Sachverhalte gegeben sind und demnach entstehen können, von der »Gegebenheitsweise« natürlicher Sachverhalte ab. Insofern reklamieren wir auch unterschiedliche Geltungsgründe für ihre Gegebenheit. Die Gegebenheit einer Temperatur, des Sonnenscheins oder des Regens halten wir ohne weitere Vermittlung über unsere natürlichen Sinne (Sehen, Hören, Riechen, Tasten) für gegeben. Um zu wissen, dass uns ein Polizist oder ein Kellner gegenübersteht, bzw. dass es sich bei dem Stück Papier, das jemand uns reicht, um einen US-Dollar handelt, müssen wir in einem zusätzlichen Vermittlungsprozess gelernt haben, wann – unter Voraussetzung welcher Bedeutungsregeln – wir anerkennen müssen, dass es sich um einen Polizisten bzw. einen Kellner oder um einen Ein-Dollar-Schein handelt.

Die unterschiedliche Gegebenheitsweise hat Folgen für die Art und Weise, wie wir auf Kulturgebilde und soziale Gebilde Einfluss nehmen können. Kulturgebilde und soziale Gebilde sind abhängig von unserem gemeinsamen Willen (Mannheim: »Kollektivwollungen«). Wir können z. B. sagen: »Von nun ab sollst du Richter sein«, und ab sofort ist die ernannte Person Richter. Auf die gleiche Weise können wir aber im Fall einer langen Dürreperiode nicht sagen: »Von nun ab soll es regnen.«

Unterschiedliche Formen des Einwirkens

Bedeutsamkeitszusammenhang – soziales Gebilde und symbolischer Kontext

2.4.2

Nach Mannheim liegen jedoch die kulturellen und sozialen Gebilde nicht nur als einzelne, voneinander getrennte Einzelheiten vor, sondern das Bestehen und die Geltung als bestimmter sozialer oder kultureller

Sachverhalt (z. B. formal korrekte Kündigung) ist abhängig von der Geltung einer ganzen Reihe weiterer dieser Sachverhalte (formale Organisation, Verwaltungswesen, Gesetze, schriftlich fixierte Regeln usf.).

Definition
»Bedeutsamkeitszusammenhang«

Das versucht Karl Mannheim mit dem Begriff »Bedeutsamkeitszusammenhang« auszudrücken. Darunter fasst er »die Summe und das System aller in einer Zeitepoche von einer Gemeinschaft aktualisierbaren Kollektivvorstellungen und Wissbarkeiten« (Mannheim 1980, S. 242). Polizisten treten insofern nicht singulär auf, sondern sie hängen mit weiteren Sachverhalten wie Gesetzen, Gerichten, Rangordnungen, Richtern, aber auch mit Gesetzesübertretungen, Verbrechern, Ermittlungen, Prozessen und noch vielem mehr zusammen. In der Kultur und in der Gesellschaft haben wir es also mit einem ganzen Zusammenhang von Sachverhalten zu tun, die auf der Grundlage von Bedeutungszuschreibungen anerkannt werden.

Deshalb beruht die Bedeutung eines Kulturgebildes nicht allein auf einer bewussten, willentlichen Ernennung à la »Hiermit erklären wir Euch zu Mann und Frau.«, sondern auch auf den Relationen, den Beziehungen, die bspw. der Sachverhalt einer Ehe in einem Bedeutungsgeflecht mit weiteren sozialen Sachverhalten wie Kinder, Eltern, Scheidung, Unterhalt, Liebe, Eifersucht usf. hat. So macht es einen gewaltigen Unterschied, ob in einer Gesellschaft viele oder wenige Menschen heiraten, in vielen oder wenigen Ehen Kinder gezeugt werden oder ob viele oder wenige Ehen geschieden werden. Diese Relationen zwischen den Sachverhalten sind nicht durch einzelne kollektive Willensentscheidungen beeinflussbar, sondern – wie wir auch bei Georg Simmel gesehen haben – Ergebnis von Wechselwirkungen zwischen den bedeutsamen Sachverhalten, die die Bedeutungsrelationen dynamisieren. Ein Kulturgebilde – wie die Ehe – gewinnt seine Bedeutung nicht allein aus sich selbst, sondern aus seinem Verhältnis (= Relation) zu weiteren Kulturgebilden, die mit ihm einen Zusammenhang bilden, der in der Zeit veränderlich (= dynamisch) ist. Wenn sich z. B. das Geschlechterverhältnis ändern, wandelt sich damit auch die Bedeutung der Ehe.

Hintergrund

Dynamischer Relationismus

Die Besonderheit des Mannheimschen Ansatzes, Gebilde als geschichtliche und komplexe Zusammenhänge zu begreifen, wird von diesem auch als »dynamischer Relationismus« bezeichnet. »Relationismus« betont den theoretischen Anspruch, einen sozialen Sachverhalt (Gebilde) oder ein Kulturgebilde als Teil einer Relation, im Verhältnis bzw. im Zusammenhang mit anderen sozialen Sachverhalten bzw. Kulturgebilden zu sehen. Das Adjektiv »dynamisch« verweist darauf, dass die Relationen (Verhältnisse), in denen sich Gebilde zueinander befinden, historisch entstanden und veränderlich sind.

Gesellschaft und Kultur wird bei Mannheim nach dem Modell der Sprache entworfen. So wie in der Sprache den Wörtern Bedeutungen zukommen, weil wir sie ihnen zuschreiben, und so wie in der Sprache Wörtern weitere Bedeutungen zukommen, weil wir sie im Zusammenhang mit weiteren Wörtern und Sätzen verwenden (Stichwort: Bedeutsamkeitszusammenhang), so gelten Kulturgebilde und soziale Gebilde nicht nur aufgrund von einzelnen kollektiven Bedeutungszuschreibungen, sondern auch aufgrund der Zusammenhänge zwischen den kulturellen und soziale Gebilden, die innerhalb einer gesellschaftlichen Praxis entstehen.

Gesellschaft, Kultur und Sprache

Konjunktives und kommunikatives Erkennen

2.4.3

Obwohl Mannheim bei seiner Rekonstruktion der Kulturgebilde und sozialen Gebilde am Modell der Sprache orientiert ist und auch wenn er Sprache selbst als eine der grundlegenden Bedingungen menschlichen Zusammenlebens ansieht, so ist ihm wichtig, zwei Formen des Gebrauchs sprachlicher Begriffe zu unterscheiden. Diese beiden Formen hängen mit einem Unterschied des Erkenntnisgewinns zusammen. Mannheim unterscheidet zwischen

- konjunktivem Erkennen und
- auf Allgemeingültigkeit abzielendes Erkennen.

An diese Differenz schließt seine Unterscheidung von konjunktivem und kommunikativem Denken an, mit der wir uns weiter unten beschäftigen werden.

Beim konjunktiven Erkennen geht Mannheim vom Sachverhalt des unmittelbaren Erkennens aus, den wir oben bereits am Beispiel der heißen Suppe erörtert haben. Im Anschluss an den Arzt Victor von Weizsäcker, Mitbegründer der Psychosomatik und Medizinischen Anthropologie, spricht er auch von »Kontagion«. Unter Kontagion fasst Mannheim eine »existenzielle Beziehung zum Gegenstand« als ein »in das Bewusstsein aufnehmen«, als eine »existenzielle Berührung« zwischen Subjekt und Objekt (Mannheim 1980, S. 209). Mit dem konjunktiven Erkennen wird somit erstens auf die existenzielle Bezogenheit der Sinneserfahrung, der Erkenntnis abgestellt. Zweitens ist das konjunktive Erkennen mit der Möglichkeit einer konjunktiven Erfahrungsgemeinschaft ver-

Konjunktives Erkennen

bunden. Damit betont Mannheim, dass existenziell wichtiges Erkennen, Denken und Wissen zumeist nicht von Menschen als Einzelwesen erworben werden, sondern sich im Kontext der Praktiken ergeben, die für einzelne Menschengruppen existenziell im Sinne von lebenswichtig sind. Konjunktive Erfahrungsgemeinschaften sind also solche Gruppen von Menschen, die für sie lebenswichtige Erfahrungen und Erkenntnisse gemeinsam erworben haben und miteinander teilen. Als ganz ursprüngliche Beispiele wären denkbar: einfache Stammesgesellschaften, in denen Menschen in Gruppen die für sie lebenswichtige Nahrung sammeln – Kräuter, Pilze und Beeren – oder gemeinsam auf der Jagd erbeuten.

Auf Individuelles zielende Sprache

Mannheim geht davon aus, dass auch in diesen elementaren Praktiken Sprache eine Rolle spielt. Aber sie übernimmt dabei aus seiner Sicht eine ganz andere Rolle als die Sprache, an die wir heute überwiegend denken. In einer Art von Gedankenexperiment stellt er eine Sprache, die aus Eigennamen besteht, einer Sprache aus Allgemeinbegriffen gegenüber. Während eine Sprache, die überwiegend Allgemeinbegriffe verwendet, auf das »Ideal der Begriffsbildung naturwissenschaftlich allgemeingültigen Charakters« und auf eine »überzeitliche Begriffsebene« (Mannheim 1980, S. 217) abzielt, schafft die Sprache im konjunktiven Erfahrungsraum die »Begriffe nicht zum Zwecke theoretischer Kontemplation, […], sondern um in ihnen und mit ihnen zu leben« (ebd., S. 220).

Auf Allgemeines zielende Sprache

Eine stärker zu Allgemeinbegriffen tendierende Sprache ist daher von einem kommunikativen Denken geleitet. Das kommunikative Denken sucht mit den Allgemeinbegriffen die Begrenzung der Sprache auf bestimmte historische Kontexte, in der sie ihre spezifische Verwendung und Funktion besitzt, zu überwinden. Es zielt auf überzeitliche Verallgemeinerung, auf Universalisierung. Das konjunktive Denken und die daran orientierte Sprache bewegen sich dagegen im Bezugssystem eines besonderen historischen Kontexts, der auf den gemeinsamen Erfahrungen der Beteiligten beruht.

Zwischenergebnis

Die Differenz von konjunktivem und kommunikativem Denken

Mannheim unterscheidet anhand der Adjektive »konjunktiv« und »kommunikativ« Formen des Erkennens, Denkens und des Sprachgebrauchs.

→ Konjunktives Erkennen und Denken orientiert sich an geschichtlich einmaligen und einzigartigen Erfahrungen einer bestimmten Gruppe von Menschen innerhalb ihrer Lebenspraxis. Ebenso versucht eine an individuellen Ausdrücken wie Eigen- oder Kosenamen orientierte Sprache die geschichtlich besondere Erfahrung einer einzelnen Gruppe von Menschen zu erfassen, etwa so wie Fußballreporter über die Erfindung von Spitznamen für Stars (Poldi, Schweini) oder für deren Ballkünste (Matthew-Trick, Abramczyk-Flanke, Fischer-Fallrückzieher, Mannis Bananenflanke, Netzers Schnibbel-Ecke) die individuell besonderen Erfahrungen, die mit diesen Sportler gemacht wurden, nachzuempfinden.

→ Das kommunikative Denken ist dagegen an Begriffen interessiert, die sich auf Allgemeines, das prinzipiell in jeder Gesellschaft und zu jeder Zeit vorliegen könnte, beziehen. Werden in einer Gesellschaft z. B. Ballsportarten von Laufsportarten unterschieden, dann zielt dies auf eine allgemeine Systematik, um durch die Verwendung von Ober- und Unterbegriffen Sachverhalte und Geschehnisse allgemein zuordnen zu können anstatt ihre Besonderheit hervorzuheben.

Mannheim kann die Unterscheidung von konjunktivem und kommunikativem Denken in eine Diagnose der Moderne hinein verlängern. Während das konjunktive Erkennen mit der konjunktiven Erfahrungsgemeinschaft eine soziale Beziehung besonderen Typs erzeugt, schafft das kommunikative Denken ebenfalls eine, allerdings systematisch davon verschiedene Beziehung, und zwar die einer kommunikativen Abstraktheit. Und die moderne Gesellschaft in ihrer zunehmenden Rationalisierung und Zivilisierung basiert auf einem Anwachsen der Beziehungen, die auf einer solchen »kommunikativen Abstraktheit« beruhen. Das gilt nicht nur im Bereich der Wissenschaften, aus der die auf Allgemeinbegriffe abzielende kommunikative Abstraktion stammt, sondern auch in der Gesellschaft insgesamt.

Denn während in der vormodernen Gesellschaft der Wissens- und Erkenntnisbestand aus einer Gemeinschaftskultur erwuchs und auf den miteinander geteilten Erfahrungen der Gesellschaftsmitgliedern beruhte, dominiert in der modernen Gesellschaft eine Bildungskultur, die eine »von einer bestimmten, eng begrenzten Lebensgemeinschaft und ihrer existenziellen Verbundenheit relativ *unabhängig gemachte Kultur*« (Mannheim 1980, S. 297) ist.

Bildungskultur

Der wesentliche Unterschied besteht somit in der Bezogenheit des Wissens, des Denkens und des Erkennens auf die innerhalb einer Gesellschaft verrichteten existenziellen Praktiken. Hier sieht Mannheim auf der einen Seite eine Erfahrungsgemeinschaft, die in ihren existenziellen Praktiken eng miteinander verbunden und aufeinander angewiesen ist. Innerhalb dieser Gemeinschaftskultur entstehen Sprache, kulturelle und soziale Gebilde, die auf den engen Raum der gemeinsam geteilten

Gemeinschaftskultur

Erfahrungen begrenzt bleiben. Demgegenüber bildet sich in modernen Gesellschaften ein kommunikativ abstrakteres Denken aus, das verstärkt mit Allgemeinbegriffen operiert und dadurch überzeitliche Formen des Wissens auch an Gruppen und Gesellschaften zu vermitteln vermag, die nicht an den konkreten Erfahrungen, auf deren Grundlage die Begriffe zunächst entstanden sind, teilgehabt haben. Über diese »Ausdehnung des Mitteilbarkeitsbereichs« werden die Mitglieder einer konkreten Gesellschaft unabhängiger von den Akteuren, mit denen sie ihre primären Erfahrungen teilen.

2.4.4 | Die genetische Rekonstruktion des dokumentarischen Sinns

Wie – genauer mit welcher Methode – lassen sich aus Mannheims Sicht Kultur- und Sozialgebilde untersuchen? Da es sich bei diesen zugleich um Sinngebilde handelt, ist deren Erzeugung näher zu betrachten. Hier unterscheidet sich Mannheim von Weber (zu dessen Fassung des Sinnbegriffs → Kap. 2.2), indem er den Zusammenhang von drei Sinnebenen oder wie er formuliert: »Sinnschichten« untersucht:

1. den objektiven Sinn,
2. den intendierten Ausdruckssinn,
3. den Dokumentsinn.

Um die Unterscheidung zu veranschaulichen, betrachten wir das Beispiel, das Mannheim selbst zur Illustration der drei Sinnebenen gewählt hat: Er spaziert mit einem Freund durch die Straßen einer Stadt und sie treffen auf einen Bettler. Der Freund gibt dem Bettler ein Almosen. An der Interpretation des Vorgangs der Gabe verdeutlicht Mannheim die drei Ebenen des Sinns. In der Dimension des »objektiven Sinns« handelt es sich schlicht um eine Form der Hilfe, in der des Ausdruckssinns könnte auf die Intention der »Barmherzigkeit« des Spendermotivs hingewiesen werden und auf der Ebene des dokumentarischen Sinns könnte die Handlung als »Heuchelei« ausgewiesen werden.

Warum handelt es sich nicht einfach nur um drei verschiedene Deutungen des Spendenverhaltens? Inwiefern zeigen die verschiedenen Deutungen systematisch unterscheidbare Dimensionen des Sinns? Wenden wir uns dazu nochmals den definitorischen Präzisierungen Mannheims zu und übertragen sie auf ein neues Beispiel, den Fall einer Kündigung.

Objektiver Sinn   Der objektive Sinn ist »jeweils dadurch am kennzeichnendsten charakterisiert, dass sein Verständnis gar nicht von der Kenntnis der Akte des ihn produzierenden, aussprechenden, ›vollziehenden‹ Individuums abhängig ist« (Mannheim 1964, S. 106). Für den Fall der Kündigung bedeutet dies: Egal, wer kündigt oder wem gekündigt wird, egal was der

Kündigende damit bezweckt oder was der Gekündigte sich dabei denkt – wir können unabhängig von solchen zusätzlichen Aspekten des Sinns vom Vorliegen eines Akts der Kündigung sprechen. Die Kündigung hat deshalb einen »objektiven Sinn«, weil die Bedeutung der Kündigung innerhalb der Gesellschaft auf einer personenunabhängigen Bedeutungsregel beruht.

Der intendierte Ausdruckssinn ist »dadurch charakterisiert, dass er keineswegs jene Ablösbarkeit vom Subjekt und dessen realen Erlebnisstrom besitzt, sondern nur darauf bezogen, nur aus diesen ›Innenweltbezug‹ heraus ihren völlig individualisierten Sinn erhält. Und zwar ist uns beim Ausdruckssinn stets die Aufgabe gestellt, ihn als solchen und in derselben Weise zu erfassen, wie er von dem ihn ausdrückenden Subjekt gemeint, im bewusstseinsmäßigen Daraufgerichtetsein intendiert war.« (Mannheim 1964, S. 107) Bezogen auf die Kündigung besteht der intendierte Ausdruckssinn in den Absichten, die der Kündigende verfolgt, z. B. auf diesem Wege Personal einzusparen oder einen ungeliebten Angestellten endlich loszuwerden. Um den Ausdruckssinn zu erschließen, müssen wir die Absichten, die Intentionen des Akteurs kennen. Der Ausdruckssinn entspricht also in etwa dem »subjektiv gemeinten Sinn« bei Max Weber.

Intendierter Ausdruckssinn

»Worum geht es nun beim Dokumentsinn? »Nicht das › Was‹ eines objektiven Sinnes, sondern das ›Dass‹ und das ›Wie‹ wird von dominierender Wichtigkeit. […] [V]on Bedeutung wird mir zunächst, dass er gerade dies sagt (und nicht etwa einen anderen […] Gehalt) und wie er es sagt.« (Mannheim 1964, S. 134) Weil sich das »Wie« durch »ganz subtile Momente« kundtut, werden »Gestik, Mimik, Tempo und Physiognomie« bedeutsam. Der Dokumentsinn erschließt sich demnach über die Frage, welches Verhaltens gewählt wird und wie dieses aussieht. Der Chef hätte den Angestellten auch zunächst einmal abmahnen können, aber er hat ihm sofort gekündigt. Dass er statt der Abmahnung die Kündigung wählte und dass er dem Angestellten die Kündigung mit Zornesröte im Gesicht lauthals mitteilte, dokumentiert etwas über den Führungsstil des Chefs. Er gerät leicht in Rage und neigt zu übereilten Sanktionen.

Dokumentsinn

Denn der Chef hätte dem Angestellten auch auf andere Weise kündigen können. Schriftlich, per Einschreibebrief, als Zweizeiler, ganz formal und emotionslos. Es mag sein, dass der Chef beim Verfassen des Kündigungsschreibens an den Ärger, den ihm der Angestellte bereitet hatte, dachte. Aber im zweiten Fall ist das Dokument des Kündigungsschreibens so formuliert, dass das Wie des Schreibens diese Wut nicht mehr dokumentiert.

Die Unterscheidung der drei Sinnschichten hat Folgen für die Methode des Sinnverstehens, für die Art und Weise der Interpretation von

Dokumentarische Interpretation

Kultur- und Sozialgebilden. Mannheim spricht von der »dokumentarischen Interpretation« bzw. von der »dokumentarischen Methode« als einem zweistufigen Verfahren. Erstens geht es am jeweiligen Material um den »einfachen Aufweis des identischen Dokumentsinns« (Mannheim 1964, S. 147). So gab es in den Begegnungen zwischen dem Chef und dem später gekündigten Angestellten immer wieder Situationen, in denen der Chef sachlich, gelassen und korrekt auf Provokationen des Angestellten, auf sein Zuspätkommen, sein häufiges Fehlen, die langsame Bearbeitung von Aufträgen reagierte. Um diesen ersten Schritt – den Aufweis des identischen Dokumentsinns – zu realisieren, setzt Mannheim beim Interpreten »das Vermögen des vortheoretischen Dokumenterfassens voraus« (ebd., S. 146).

Vortheoretisches Erfassen

Vortheoretisch bedeutet hier, dass auch ein Alltagsinterpret, also ein anderer Mitarbeiter im Beispielbetrieb, der Verhaltensweise des Chefs einen bestimmten Sinn zuschreibt, etwa: »Meier ist zu spät gekommen und der Chef ist ruhig geblieben.« Für die Zuschreibung des Verhaltens des Chefs als »Ruhig-Geblieben-Sein« bedarf es keiner besonderen Theorie. Sie ergibt sich aus der oben erläuterten »konjunktiven Erfahrung«. Der Angestellte hat Teil an dieser Praxis und versteht das Verhalten des Chefs ganz nebenbei im Mitvollzug des Handelns. Für ihn dokumentieren im Beispiel immer mehr Situationen den »identischen Sinn«, die Verhaltensweise des »Ruhig-Geblieben-Seins«. In der Rolle des Sozialforschers, der sich für den Dokumentsinn interessiert, könnte der Angestellte eine Beschreibung des Chefs anfertigen, die sich auf den Sinn bezieht, der sich »identisch« wiederholend in seinem Verhalten »dokumentiert«. Damit hätte der Angestellte (in der Rolle des Sozialforschers) aber zunächst nur diesen sich dokumentierenden Sinn beschrieben. Mannheim will aber den sich in Verhaltensweisen (oder in anderen Sozial- und Kulturgebilden) sich dokumentierenden Sinn auch hinsichtlich seiner Entstehungsweise erklären.

Hintergrund

Vom Dokumentsinn zur »dokumentarischen Methode«

Die von Karl Mannheim anhand der Interpretation des Dokumentsinns entwickelte »dokumentarische Methode« gilt heute als ein wichtiges Verfahren der qualitativen Sozialforschung. Bereits der US-amerikanische Soziologe Harold Garfinkel griff Mannheims Überlegungen auf. Einen eigenen Zweig der Sozialforschung haben aber vor allem die empirischen Studien im Umfeld des Berliner Soziologen Ralf Bohnsack begründet.

Er und Mitarbeiter aus seinem Forschungsumfeld haben in einer ganzen Reihe von Untersuchungen gezeigt, wie sich unterschiedliche Datenmaterialien (Textmaterial aus Einzelinterviews und Gruppengesprächen, Bildmaterial aus Gemälden, Photographien und Videofilmen) dokumentarisch interpretieren lassen, wie sich also aus den einzelnen Details eines Text- bzw. Bildmaterials der Dokumentsinn als Gesamtstruktur – als »Bedeutsamkeitszusammenhang« des untersuchten Gebildes – rekonstruieren lässt. Weil anhand der »dokumentarischen Methode« der Dokumentsinn von Kultur- und Sozialgebilden »rekonstruiert« wird, bezeichnet Bohnsack diese Art der Untersuchung auch als »rekonstruktive Sozialforschung«.

Dazu fordert er als zweiten Schritt eine »Rationalisierung«, durch »ein Trachten, die einzelnen dokumentativ kennzeichnenden Momente […] miteinander und mit dem leitenden Prinzip in Zusammenhang zu bringen« (Mannheim 1964, S. 146). Mannheim bezeichnet dies im Anschluss an Riegl als »Notwendigkeitscharakter«.

Was genau unter einem solchen Notwendigkeitscharakter zu verstehen ist, wollen wir uns nochmals am obigen Beispiel vor Augen führen. Die anderen Angestellten kommentierten die Kündigung nämlich wie folgt: »Da hat man es wieder gesehen. Der Chef ist die Korrektheit in Person. Jahrelang hat der Meier ihn provoziert, mit seinen Fehlzeiten, seinen Verspätungen, seinen faulen Ausreden und seiner ewigen Bummelei. Als der Chef dann herausgefunden hat, dass Meier auch noch die ärztlichen Atteste gefälscht hatte, die er im Personalbüro eingereicht hat, ist er völlig ruhig geblieben, hat seiner Sekretärin einen Zweizeiler diktiert und per Einschreiben an Meier verschickt. Das war's dann.«

Was die anderen Angestellten an ihrem Chef wahrnehmen, ist also, dass das Verhalten des Chefs nicht zufällig immer auf die gleiche Weise erfolgt. Denn würde es zufällig ablaufen, dann könnte der Chef auch mal wütend, mal leicht verstimmt und eben auch gelegentlich »korrekt und ruhig« auf Regelverstöße reagieren. Aber das Verhalten des Chefs ist nicht mal so und mal anders, sondern immer »korrekt und ruhig«. Also muss etwas vorliegen, dass dieses Verhalten zu einer Notwendigkeit macht. Vom Alltagsverstand geleitet würde man vielleicht sagen, es läge am »Charakter« des Chefs. Von seiner Persönlichkeit her ist er der sachlich-korrekte, immer formal distanziert bleibende Bürokrat, egal was geschieht. Daraus wird ersichtlich, worauf Mannheims Dokumentsinn eigentlich zielt. Auf die Rekonstruktion einer Haltung, eines Handlungsstils, auf den »Habitus« einer Person. Der »Habitus« ist die Haltung, die

Rationalisierung und
Notwendigkeitscharakter

sich eine Person über einen gewissen Zeitraum bei der Ausübung einer bestimmten Rolle in einem bestimmten sozialen Umfeld angeeignet hat oder – um es nicht aktiv, sondern passiv auszudrücken – die sich einer Person aufgrund der dauerhaften Ausübung einer bestimmten Rolle mehr und mehr eingeprägt hat, die ihr in Fleisch und Blut übergegangen ist.

Innere Notwendigkeit
und Habitus

Diese Eingelebtheit einer Praxis ist für die Person zu einer »inneren Notwendigkeit« geworden. Trotzdem bleibt sie für Mannheim ein Kultur- bzw. Sozialgebilde. Sie existiert nur durch den lang andauernden Prozess des Einübens und des Angewöhnens einer Rolle, die erst vermittelt über soziale Anerkennungsprozesse zu dem wird, was sie ist, etwa »der ruhige, formal korrekte Chef sein«.

Diese Notwendigkeit des über einen sozialen Gewöhnungsprozess vermittelten Habitus lässt sich aber nicht theoretisch aus allgemeinen Gesetzen ableiten, nicht »deduktiv« gewinnen. Mannheim setzt an den Erfahrungen an, die sich am sichtbaren Material zeigen. So ist es das Material der Beobachtungen der Angestellten, aus dem diese die besondere Haltung des Chefs ableiten. Natürlich könnten Angestellte Annahmen über das Verhalten von Chefs aus gedanklichen Vorurteilen entwickeln, so wie es in der Wissenschaft deduktive Theorien tun. Sie haben vielleicht ein Ratgeberbuch mit dem Titel »So ticken Chefs« gelesen und versuchen darüber das Verhalten ihres Chefs zu ergründen. Mannheim schlägt aber den umgekehrten Weg vor. Am Anfang der Interpretation des Dokumentsinns steht »die Intuition« und diese hält Mannheim für die »atheoretische Fähigkeit, die Sichtbarkeitszusammenhänge in ihrem originären Notwendigkeitscharakter zu erfassen« (Mannheim 1964, S. 146). Aus der Art und Weise, wie das Verhalten des Chefs für die Angestellten ursprünglich sichtbar ist, schließen sie auf die innere Notwendigkeit, zu der die Haltung ihres Chefs im Lauf der Jahre geworden ist.

Daran zeigt sich nochmals konkret, dass Mannheims Vorstellung vom Dokumentsinn eine sinngenetische und sozio-genetische Analyseweise voraussetzt. Genetisch bedeutet hier: auf die Entstehung von etwas blicken. Mit Mannheim analysieren wir den Handlungsstil der »Korrektheit« anhand der Fragen: Wie konnte er entstehen? Was machte ihn möglich?

- Für die **Sinngenese** vermuten wir die Wirkung einer Handlungstendenz, die nicht nur in einer einzelnen Situation, sondern in wiederkehrenden Situationstypen das Auftreten eines bestimmten Sinnmotivs (wie der Korrektheit) generiert (= entstehen lässt).
- In der **sozio-genetischen Rekonstruktion** stellen wir die gesellschaftlichen Bedingungen nach, die zur Entstehung von etwas führen. Da wir wiederkehrende Bedingungsmuster als den wesentlichen Entstehungs-

grund betrachten, den wir (in der Rekonstruktion) nachzustellen versuchen, ist von sozio-genetischer Betrachtung die Rede.

Zusammenfassung

Sozio-genetische Rekonstruktion der Kulturgebilde

Karl Mannheim hat versucht, Gesellschaft vor allem über die Analyse von Kultur- und Sozialgebilden zu erschließen. Unter Kultur- und Sozialgebilden fasste er sowohl spezifische Kulturgegenstände (wie ein Gemälde oder ein Musikstück) als auch bestimmte Verhaltensstile (z. B. die Art und Weise, wie jemand ein Almosen spendet). Er interessierte sich vor allem für die besondere, aus seiner Sicht vermittelte Gegebenheit und Entstehung dieser Gebilde. Kultur- und Sozialgebilde sind daher auch sinn- und soziogenetisch zu rekonstruieren. Die Sinn-, Kultur- und Gesellschaftsgebilde müssen also daraufhin betrachtet werden, wie sie im Prozess ihrer Entstehung (Genese) ausgebildet werden konnten und was die Bedingungen dieser Herausbildung sind.

Mannheim hat dazu verschiedene Schichten (bzw. Ebenen) des Sinns unterschieden, der diesen Kulturbilden zugrunde liegt. Wichtig war ihm dabei, dass sich der Sinn eines Sozial- und Kulturgebildes in ihrem Stil dokumentiert. Wenn Menschen also bestimmte Haltungen (Mannheim benutzt hier auch den Begriff Habitus; → Kap. 3.5) ausbilden, mit dem sie in einer bestimmten Art und Weise an gesellschaftlichen »Spielen« (der sozialen Praxis) teilnehmen und teilhaben, dann ist die Entstehung einer solchen Haltung (eines Habitus) als Sinn-, Kultur- und Sozialgebilde zu rekonstruieren. Heute ist diese Art der »rekonstruktiven Sozialforschung« auch als »dokumentarische Methode« in der Soziologie fest etabliert.

Lernkontrollaufgaben

1. Astrud, eine junge Austauschstudentin aus Brasilien, befindet sich im Warteraum des Hildesheimer Bahnhofs und zieht gerade einen Fahrschein an einem der Automaten. Wie hätte Mannheim an diesem Vorgang Naturgebilde und Sozial-/Kulturgebilde unterschieden?

2. Recherchieren Sie im Internet nach einem Bild, das Helmut Kohl und François Mitterand am 22. September 1984 in Verdun zeigt. Unterscheiden Sie anhand dieses Fotos die objektive, subjektive und dokumentarische Sinnschicht nach Karl Mannheim.

3. Mannheim spricht im Zusammenhang mit Kultur- und Sozialgebilden von »Bedeutsamkeitszusammenhängen«. Wie lässt sich dieser

Begriff auf den Rückgang des Sozialgebildes »Familie mit Kind(ern)« (im Verhältnis zu anderen Beziehungsformen der Bevölkerung) in der modernen Gesellschaft anwenden?

Literatur

Barboza, Amalia (2010): Karl Mannheim, Konstanz.
Corsten, Michael (2010): Karl Mannheims Kultursoziologie, Frankfurt a.M.
Jung, Thomas (2006): Die Seinsgebundenheit des Denkens, Bielefeld.
Mannheim, Karl (1964): Beiträge zur Theorie der Weltanschauungs-Interpretation, in: ders: Wissenssoziologie, hrsg. von Friedrich Fürstenberg/Heinz Maus, Darmstadt, S. 91–154 (Erstveröffentlichung 1921/22).
Mannheim, Karl (1980): Eine soziologische Theorie der Kultur und ihrer Erkennbarkeit, in: ders.: Strukturen des Denkens, hrsg. von David Kettler/Volker Meja/Nico Stehr, Frankfurt a.M., S. 155–322 (Erstveröffentlichung 1924).

2.5 | Vergleich der vier Grundbegriffe anhand des Verdinglichungsproblems

Ein anderer berühmter Theoretiker, Karl Marx, hat in seinem Hauptwerk »Das Kapital« einen ganzen Abschnitt dem »Fetischcharakter der Ware« gewidmet. Was ist damit gemeint? Und was hat dieses Problem mit den vier zuvor dargestellten Bestimmungsversuchen zu tun?

Zunächst einmal können wir leicht einsehen, dass auch die »Ware« ein gesellschaftlicher Sachverhalt ist. Deshalb hat das Problem des Fetischcharakters der Ware insofern etwas mit den vier Bestimmungsversuchen zu tun, indem alle beanspruchen, eine Antwort darauf zu geben, worin gesellschaftliche Sachverhalte bestehen. Dementsprechend können wir sie auf die »Ware« als sozialen Sachverhalt anwenden und die Ergebnisse dieser Anwendung mit Marx' Kritik am »Fetischcharakter der Ware« vergleichen.

Hintergrund

Warenfetisch bei Karl Marx

Aus Sicht von Karl Marx haftet der Anschauung der Ware in der modernen Gesellschaft etwas Mystisches an. Dazu ein Originalzitat aus dem ersten Band des »Kapitals«:

»Das Geheimnisvolle der Warenform besteht also einfach darin, dass sie dem Menschen die gesellschaftlichen Charaktere der Arbeitsprodukte selbst als gesellschaftliche Natureigenschaften dieser Dinge zurückspiegelt, daher auch das gesellschaftliche Verhältnis der Produzenten zur

Gesamtarbeit als ein außer ihnen existierendes gesellschaftliches Verhältnis von Gegenständen. Durch dieses Quidproquo werden die Arbeitsprodukte Waren, sinnlich übersinnliche oder gesellschaftliche Dinge.« (Marx 1962, S. 86)

In der Anschauung von Waren – so Marx – haben die gesellschaftlichen Akteure bereits übersehen, wie – und vor allem in welchen Verhältnissen der Produktion – die Waren als Resultate menschlicher Arbeit zum Zweck der Befriedigung menschlicher Bedürfnisse hervorgebracht werden. Die Ware erscheint als etwas, das von seinem Produktionsprozess abgetrennt behandelt – vor allem getauscht – werden kann.

Mit Durkheim können wir die Ware sofort als »sozialen Tatbestand« identifizieren. Schließlich ist die Ware etwas Äußerliches und vieles an ihr scheint auf uns einen Zwang auszuüben. Wir wollen diesen tollen roten Sportwagen im Schaufenster haben, aber er gehört uns nicht und der Preis ist viel zu hoch. Auf dem Markt der Waren nehmen wir also die Preise als äußeren Zwang einfach hin. *(Ware als sozialer Tatbestand)*

Doch halt! Können wir mit Weber die Ware nicht auch als Handlungssinn betrachten? Ist das hier relevante soziale Handeln nicht Kaufen und Verkaufen und gehören dazu nicht auch Handlungen wie Bieten, Feilschen usf.? Kommt es also nicht darauf an, wie die Akteure den möglichen Handlungssinn anderer auf ihre Handlungsabsicht beziehen? Muss der Autohändler nicht froh sein, dass ihm jemand bei der heutigen Krise so einen teuren Schlitten überhaupt abkauft? Kann ich ihn da nicht mit dem Versprechen des Barkaufs locken und den Preis noch etwas herunterhandeln? Also geht es bei der Ware ganz gewiss auch um die Sinnorientierungen, die Akteure mit dem Handel(n) mit Waren verbinden. *(Ware und soziales Handeln)*

Am Beispiel zeigt sich sogleich ein bedeutsamer Unterschied zwischen Durkheims und Weber Ansatz. Während Durkheim das Äußerliche, das objektiv Gegebene, das Zwanghafte am sozialen Prozess hervorhebt, betont Weber das Subjekt- und Deutungsabhängige, den Spielraum des Handelns.

Aber wie weit kann der Spielraum von Sinndeutungen und Handlungsweisen gehen? Wäre aus Georg Simmels Perspektive die Chance der individuellen Einflussnahme nicht vielleicht überbewertet? Geht es bei der Aushandlung von Preisen für Waren nicht um »Formen der Wechselwirkung«? Ist es nicht so, dass schon bei der Verhandlung von zwei Personen, die Wechselwirkung beider und nicht die Sinnorientierung eines Einzelnen für die Preisbildung maßgeblich ist? Und hängen *(Ware als soziale Form)* die Verhandlungschancen zwischen Kunde und Verkäufer nicht von den Verhandlungschancen, die Verkäufer gegenüber potenziellen anderen Kunden und die Kunden wiederum gegenüber potenziellen anderen Verkäufern haben, ab? Wäre also der freie Markt als die Gesamtheit aller möglichen Wechselwirkungen zwischen allen Verkäufern und allen Kunden nicht die entscheidende »Form« der Vergesellschaftung, die sich im Handel von Waren zeigt? Oder dokumentiert die Ware nicht wenigstens die soziale Form des »Äquivalententauschs«, also des Austausches zweier Güter, die von den Tauschenden als gleichwertig (äquivalent) angesehen werden? In der Ware zeigte sich dann nicht nur die Art und Weise, wie das Handeln individueller Akteure auf ein Tun oder Unterlassen (Kaufen oder Nicht-Kaufen) anderer ausgerichtet ist (Weber), sondern auch die Form, in der die Individuen als Tauschpartner von Waren in einer Wechselbeziehung vergesellschaftet sind (Simmel).

Ware als Kulturgebilde   Hier ließe sich nun mit Mannheims Idee von den Kulturgebilden ansetzen. Sind Märkte als Sinn-, Kultur- und Sozialgebilde nicht zugleich etwas kollektiv willentlich Geschaffenes und etwas aus den Bedeutsamkeitszusammenhängen Gewordenes, das nun als vermittelte Gegebenheit tatsächlich vorliegt? Wenn es also schon Sinn- und Sozialgebilde wie Autohändler gibt sowie eine »Sportwagenkultur«, was davon kann im Spielraum des sozialen Handelns mit welchem Sinn belegt und ausgehandelt werden? Ganz offensichtlich lässt sich ein Dacia Logan nicht als Maserati verkaufen und schon gar nicht ein Handkarren als Lieferwagen. Auch lässt sich anhand der mannigfaltigen Sinnorientierungen und Wechselwirkungen nicht einfach umdeuten, ob der Kunde oder der Autohändler Besitzer des Wagens ist. Zwar könnte der Kunde mit Geld dafür sorgen, dass der Autohändler ihm die Besitzrechte überträgt – aber dafür muss der Kunde eben Geld haben oder wenigstens als kreditwürdig gelten, um einen sogenannten Finanzierungskauf zu tätigen.

Was hilft es da nun mit Mannheim nachzuzeichnen, wie das Sozialgebilde zu dem geworden ist, was es ist? Zunächst einmal relativiert es das uns als bloße Tatsache Erscheinende. Es hätte auch anders kommen können. Und wir können fragen: Unter welchen Bedingungen hätte es anders kommen können? Um weiter zu fragen: Welche Bedingungen müssten wir verändern, damit es anders kommt?

Kommodifizierung   Genau an dieser Stelle setzte die Marxsche Kritik am Warenfetisch an. Die kapitalistische Gesellschaft, in der alles und jede/r zur Ware gemacht werden kann, ist ein solches »gewordenes« Sinn-, Kultur- und Gesellschaftsgebilde. Uns sei jedoch fremd geworden, dass wir dieses Kulturgebilde selbst geschaffen haben. Wenn alles und jede/r zur Ware gemacht wird – kommodifiziert wird, wie manche es im Anschluss an

Karl Polanyi heute nennen –, was lässt sich dann wie dekommodifizieren, also zu etwas machen, was nicht mehr als Ware betrachtet wird?

Dazu ein letztes Beispiel. Es wird immer wieder in den Medien davor gewarnt, nicht unbedingt jedes Bild von sich ins Internet, etwa auf eine Plattform wie Facebook, zu stellen. Dies könne der Karriere schaden. Aber wieso eigentlich? Offensichtlich geht es um den »Wert« der »Ware« Arbeitskraft. Jedoch wird der Mensch gegenwärtig nicht mehr nur in der Firma, also dort, wohin er/sie sich als Arbeitskraft verkauft hat, als Ware betrachtet, sondern offensichtlich muss die als Arbeitskraft gehandelte Ware überall im Internet auf ihr Produktimage achten. Ein Feste feiernder Mensch, der sich so auch noch im Web zeigt, macht sich nicht gut als »Ware Arbeitskraft«. Dies meint Kommodifizierung – immer mehr Sachverhalte des gesellschaftlichen Lebens werden unter dem Gesichtspunkt der Warenförmigkeit und Vermarktbarkeit betrachtet. »Werden betrachtet« klingt so schön passiv, von dem denn, bitte schön? Na, von der Gesellschaft! Und wer ist das? Na, wir alle!

Worin bestehen nun nach Marx das Fetisch- bzw. das Verdinglichungsproblem? Darin, dass die Menschen eine bestimmte Art der Praxis geschaffen haben, die ihnen auf einmal als unveränderliches Ding erscheint, das auf sie einen Sachzwang ausübt. Gegeben die technischen Möglichkeiten der Onlinerecherche und das geltende Arbeitsrecht können unpassende Fotos im Internet zur Kündigung führen, weil das Image einer auf Seriosität bedachten Firma durch die Bilder einer freizügig gekleideten und Sekt trinkenden Angestellten Schaden nehmen könnte. Der Dokumentsinn des freizügigen Fotos der Angestellten im Internet verträgt sich nicht mit dem von der Firma intendierten Sinn der Seriosität. Aber schon die Feststellung der Unverträglichkeit ist eine soziale und kulturelle Tatsache, die wir selbst geschaffen haben. Und diese Unverträglichkeit zu einem Rechtsgrund für eine Kündigung zu machen, schafft ein weiteres Kulturgebilde, das vor der Präsentation des Selbst im Internet nicht existierte. Es handelt sich um eine soziale Tatsache, deren Gegebenheit durch unseren Kollektivwillen vermittelt geschaffen wurde. Aber vermutlich woll(t)en die meisten von uns dies gar nicht so. Doch jetzt scheint es kaum rückgängig zu machen. Verdinglicht wäre das gesellschaftliche Bewusstsein dann – so definieren es Peter Berger und Thomas Luckmann 1969 in ihrem Buch »Die gesellschaftliche Konstruktion der Wirklichkeit« –, wenn niemanden auffiele, dass wir die gesellschaftlichen Verhältnisse geschaffen haben, von denen wir uns Regeln aufzwingen lassen.

Verdinglichung

1. Am Schluss des Abschnitts wurde das Beispiel einer Angestellten genannten, der aufgrund von Fotos, die sie von sich im Internet eingestellt hatte, gekündigt wurde. Diskutieren Sie (mit eigener Stellungnahme), welcher der im zweiten Kapitel dargestellten vier Grundbegriffe dem »Fetischproblem« am besten entgeht.

Literatur

Berger, Peter L./Luckmann, Thomas (1969) Die gesellschaftliche Konstruktion der Wirklichkeit. Eine Theorie der Wissenssoziologie, Frankfurt a.M.; darin die Kapitel zu »Institutionalisierung«, S. 49–98, und bes. zu »Verdinglichung«, S. 94–96.

Marx, Karl (1962): Der Fetischcharakter der Ware und sein Geheimnis, in: ders.: Das Kapital. Kritik der politischen Ökonomie, Bd. 1: Der Produktionsprozess, MEW 23, Berlin (Ost); S. 85–98 (Erstveröffentlichung 1872).

Polanyi, Karl (2010): The Great Transformation. Politische und ökonomische Ursprünge von Gesellschaften und Wirtschaftssystemen; 8. Aufl., Frankfurt a.M., insb. Kap. 6, S. 102–112 (engl. Original 1944).

Soziologische Argumentationen: Begriffsfelder und Bezugsprobleme | 3

Nachdem wir uns im vorherigen Kapitel mit der Grundfrage beschäftigt haben, über welche Grundbegriffe sich die Soziologie eine Fachsprache aufgebaut hat, wollen wir uns einer weiteren Grundfrage widmen: Was sind die zentralen Bezugsprobleme der Soziologie? Dazu werden Sie fünf Begriffsfelder kennenlernen:

- Das mikrosoziologische Begriffsfeld, mit Begriffen wie Rolle und Rollenübernahme, Interaktion, Situationsdefinition oder der Metapher des Theaters, mit denen die Soziologie das der Bezugsproblem Sozialisation einzugrenzen versucht (3.1).
- Das Begriffsfeld der Sozialstrukturanalyse, mit Kategorien wie Position, Rangordnung, Chancenlage, Schicht oder Klasse, mit denen die Soziologie dem Bezugsproblem der Erklärung sozialer Ungleichheiten nachgeht (3.2).
- Das Begriffsfeld der Theorien der Handlungswahl, mit den Termini Handlung, Handlungsmotive, Präferenzen, Gelegenheiten sowie soziale Rahmungen und Restriktionen, mit denen die Soziologie das Bezugsproblem der Entscheidung untersucht (3.3).
- Das Begriffsfeld der Systemtheorie, mit Begriffen wie System, Umwelt, Anpassung, Zielerreichung, Integration, Codes und Codierung, mit denen die Soziologie die Funktion als Bezugsproblem analysiert (3.4).
- Das Begriffsfeld der Wissens- und Kultursoziologie, mit den Kategorien symbolische Ordnung, Ritual und religiöse Weltdeutung, Lebenswelt und lebensweltliche Hintergrundüberzeugung, kulturelles Kapital, Distinktionen und Habitus, über welche die Soziologie sich mit Kultur als Bezugsproblem befasst (3.5).

3.1 | Sozialisation als Bezugsproblem

In diesem Abschnitt werden die Grundlagen und Schwierigkeiten einer rollentheoretischen Erklärung des Sozialisationsprozesses in vier Schritten vertieft. Zuerst lernen wir mit der Problematik der Entstehung von Regeln die Frage kennen, auf die die Sozialisationstheorie und Sozialisationsforschung eine Antwort sein soll (3.1.1). Danach beschäftigen wir uns mit den grundlegenden Kategorien und Annahmen der Rollentheorie und behandeln mit dem Problem der Rollenkonflikte und der Spielräume in der Auslegung von Rollenerwartungen eine Lücke in der Erklärung (3.1.2). Diese Lücke versuchen wir dann zu schließen: mithilfe des Konzepts der Identität in der interaktionistischen Rollentheorie (3.1.3) sowie der struktur-funktionalen Lösung der Ableitung des Rollenhandelns aus den Relationen zwischen Werten, Normen und Kollektiv (3.1.4).

3.1.1 | Einführung: Sozialisation und die Befolgung sozialer Regeln

Wir wenden uns also erneut der Frage zu, woraus Gesellschaft besteht. Aber nun ist es das Ziel, zu erklären, wie das, woraus Gesellschaft besteht, entstehen kann. Wir beginnen somit mit der Grundfrage der Gesellschaftstheorie bzw. der »Sozialontologie« (Detel 2007, S. 39), sprich mit der Frage nach der Art und Weise, wie Gesellschaft »ist«, wie sie existiert, in welcher Form sie in der Welt vorkommt. Wolfgang Detel, ein Frankfurter Philosoph, der in seinem fünfbändigen »Grundkurs Philosophie« einen ganzen Band der »Philosophie des Sozialen« gewidmet hat, ist der Auffassung, dass sozialen Sachverhalten (er spricht von sozialen Beziehungen) zwei grundlegende Eigenschaften zugesprochen werden können: sie sind entweder »Naturgesetze« oder »Regularitäten« (eine allgemeine Bezeichnung für die Geregeltheit sozialer Sachverhalte und Verhältnisse).

Naturgesetze – soziale Gesetze

Der Hinweis auf die »Naturgesetze« soll deutlich machen, dass selbstverständlich auch Gesellschaften bzw. gesellschaftliches Handeln auf den Gesetzen der Natur (also der Materie, des Lebens usf.) beruhen. Möglicherweise lassen sich sogar einige Formen des menschlichen Zusammenlebens (z. B. Formen der Panik) ausschließlich durch den Rekurs auf Naturgesetze erklären. Die Konzepte der »sozialen Tatsache«, des »sozialen Handelns« oder der »Kulturgebilde« (→ Kap. 2) beruhen jedoch auf der Annahme eines zusätzlichen Mechanismus, der mit Detels Begriff der »Regularität« gut gefasst werden kann. Alle im vorherigen Kapitel diskutierten Basiskonzepte der Soziologie setzen nämlich voraus, dass es so etwas wie einen Bezug auf Regeln gibt, wenn Menschen beisammen sind und miteinander handeln.

Da wir noch nicht genau wissen, was Regularitäten sind, wollen wir zunächst etwas ungenauer, aber allgemeinverständlicher vom **Regelbezug des menschlichen Beisammenseins** sprechen. Gemeint ist damit einfach, dass im gesellschaftlichen Miteinander Regeln im Spiel sind und dass die Akteure bzw. ihr Handeln oder die Handlungsabläufe in sozialen Einheiten auf regelförmige Muster (wie die Regel vom Grüßen und Zurückgrüßen oder vom Nehmen und Geben) Bezug nehmen.

»Regeln allgemein« definiert Wolfgang Detel (2007, S. 57) nun folgendermaßen: Regeln

(a) gelten uns stets für Mengen oder Gruppen von Menschen (d. h. nicht nur für eine Person),

(b) können befolgt oder übertreten werden,

(c) sind sanktionsgestützt, d. h. jede bekannte Regelverletzung wird sanktioniert.«

Marginalien: Regularitäten; Definition: »Regel(n)«

Wie entstehen soziale Regeln? – Drei Erklärungen | 3.1.1.1

Regeln stellen einen besonderen Fall von kollektiven Verhaltensregelmäßigkeiten dar. Als Verhaltensregelmäßigkeit kann ein Verhalten angesehen werden, das sich typischerweise wiederholt. Eine denkbare Verhaltensregelmäßigkeit von Menschengruppen, aber auch von Tiergruppen, ist z. B., dass sie im Fall eines Unwetters nach Schutz suchen. Man sieht gleich: In diesem Beispiel kommt die Erklärung allein mit dem Bezug auf Naturgesetzlichkeiten aus. Da Detel aber die Besonderheit des Regelbezugs hervorheben will (ähnlich wie Max Weber Wert auf die Unterscheidung von Verhalten und Handeln legt), bietet er drei alternative Positionen der Regelerklärung an (Detel 2007, S. 58):

»**(1)** Regularismus ist die Idee, dass Regeln nichts weiter sind als empirische Regularitäten des Verhaltens.

(2) Regulismus ist die Idee, dass

(a) sich Regeln von empirischen Regularitäten unterscheiden lassen, und

(b) alle Regeln kognitiv implementiert sind, d. h. dem Regelbefolger ihrem Gehalt nach zugänglich sind.

(3) Die Ablehnung von Regularismus und Regulismus impliziert die These, dass Regeln im menschlichen Verhalten implizit gegeben sind.«

Die dritte Position wird von Detel als »Idee des impliziten Regelfolgens« bezeichnet.

Marginalien: Definition: Regularismus, Regulismus, implizites Regelfolgen

Detel votiert für die Position des Regulismus, für die auch aus der Perspektive des Alltagsverstandes einiges spricht. Denn, wenn wir voraussetzen, dass es Verhaltensregeln gibt, denen ich folgen kann und oder nicht, können diese erstens keine empirischen Gesetze sein (deren Kräfte würden immer zur Befolgung zwingen) und müssen sie zweitens den Akteuren bekannt, also zumindest als möglicher Wissensinhalt zugänglich sein, ansonsten könnte eine Regelverletzung nicht von Beobachtern der Regelverletzung sanktioniert – belohnt oder bestraft – werden.

Der Regulismus, der das Wissen über die Geltung bestimmter Regelinhalte bei den Akteuren (zumindest der Möglichkeit nach) voraussetzt, hat nun aber das Problem, erklären zu müssen, wie die Akteure zu diesem Wissen, das zudem, weil es weitgehend allen bekannt ist, auch als »soziales Wissen« bezeichnet wird, gelangen. Und hier lautet die Antwort: durch den Prozess der Sozialisation. Der Prozess der Sozialisation vermittelt das »soziale Wissen«, das die Akteure benötigen, um zu überblicken, welche Regeln in ihrer gesellschaftlichen Umwelt tatsächlich gelten und ggf. auch sanktioniert werden. Sozialisation wird dabei als eine Form des sozialen Lernens gedacht.

Aber einen Moment zurückgefragt: Könnten die Akteure nicht auch über einen natürlichen Prozess des Lernens zum sozialen Wissen über die gültigen Regeln gelangen? Tatsächlich setzen hier eher naturalistische Sozialtheorien wie Behaviorismus (Regelbefolgung als konditionierte Reiz-Reaktion) oder funktionaler Evolutionismus (Regelbefolgung als evolutionär erfolgreiche Selektion kollektiver Verhaltensmuster) an und auch die Idee des impliziten Regelfolgens scheint einen solchen eher unbewusst vollzogenen Prozess des Regellernens zu unterstellen.

Der Regulismus kann darauf mit zwei Strategien reagieren. Erstens muss er nicht bestreiten, dass es im Sinne des Behaviorismus zu einfachen Konditionierungen oder nach dem Modell einer evolutionären Selektion von Verhaltensmustern zu vorherrschenden Verhaltensregulationen kommen kann. Schwierig wird es aber in all den Fällen, wo wir es mit Regeln zu tun haben, die über Konventionen, d. h. über Absprachen, Vereinbarungen, Aushandlungen, zustande gekommen sind. Es mag sein, dass die Handelnden viele dieser Konventionen dann gemäß der Idee der impliziten Regelbefolgung irgendwann so sehr verinnerlicht haben, dass ihnen der ursprüngliche Regelinhalt nur noch schwach oder gar nicht mehr bewusst ist – so wie das Gangschalten oder Einparken beim Autofahren irgendwann ganz automatisch erfolgt. Trotzdem – und darauf würde der Regulist bestehen – sind diese regelförmigen Praktiken einmal bewusst innerhalb einer Form von Einverständnishandeln eingeübt worden.

Das Erlernen einer Regel erfolgte also in Einklang mit dem Willen, den Absichten der Akteure, auch wenn z. B. Lesen-, Schreiben- oder Rechnenlernen gelegentlich mit Widerwillen erfolgt. Aber ganz gegen den Willen der Akteure lassen sich Regeln eben nicht eintrichtern. Und genau in dieser Unterstellung der Willensfreiheit im Fall der Regelbefolgung unterscheidet sich der Regulismus vom Regularismus und von der Idee der impliziten Regelbefolgung. Diese leugnen Willensfreiheit und Intentionalität, die absichtsvolle Gerichtetheit eines Handelns, oder halten sie für bloß sekundär.

Zwischenergebnis

Wie entstehen Regeln?

Mit Wolfgang Detel haben wir drei verschiedene Möglichkeiten kennengelernt, die Entstehung von Regeln zu erklären.

→ Der **Regularismus** leitet die Entstehung von Regeln aus natürlichen Verhaltensregelmäßigkeiten ab, die in der Wiederholung bestimmter Verhaltensmuster bestehen.

→ Der **Regulismus** sieht die Entstehung der Regeln darin, dass sich Menschen über Vereinbarungen und Aushandlungen bewusst auf bestimmte Verhaltensmuster einigen und diese dann (mehr oder weniger bewusst) befolgen.

→ Die **Idee des impliziten Regelbefolgens** besagt, dass die Menschen nicht nur natürliche (über Instinkte oder Reiz-Reaktionslernen vermittelte) Muster des Verhaltens zu erfassen vermögen, sondern auch solche Muster, die innerhalb ihres Miteinanderhandelns relativ willkürlich entstanden sind, von ihnen eingeübt wurden und zur Gewohnheit geworden sind.

Die drei Positionen unterscheiden sich nicht grundsätzlich in allen Punkten. So kann der Regulist zugeben, dass manche Muster tatsächlich instinktiv oder durch Reiz-Reaktionsmuster übertragen wurden. Er beharrt im Unterschied zum Regularisten oder zur Idee des impliziten Regelfolgens auf der Bedeutung, die vereinbarte Regeln für das menschliche Miteinanderhandeln besitzen. Die Position des impliziten Regelfolgens möchte dagegen betonen, dass es auch Verhaltensmuster gibt, die weder über »natürliche Prozesse« – wie Instinkte oder Reiz-Reaktionen – noch über Vereinbarungen entstanden sind, sondern durch eine relativ willkürliche Auswahl oder Eingewöhnung von Mustern innerhalb einer gemeinsamen Praxis. Der Analytiker impliziter Regelbefolgungen möchte also verdeutlichen, dass wir über die Rekonstruktion von Verhaltensmustern nachträglich auf Regeln stoßen könnten, die wir befolgt haben, ohne es vorher bemerkt zu haben.

| ## Was verstehen Soziologen unter Sozialisation?

Die Art und Weise, wie die Entstehung von Regeln gedacht wird, hat Folgen für die Art und Weise, wie sich Soziologen den Prozess der Sozialisation vorstellen. Denn Sozialisation soll ja den Prozess klären, in dem Menschen Verhaltensmuster erwerben, erlernen, bewusst einüben oder sich en passant aneignen bzw. angewöhnen.

Blickt man in Standardlexika der Soziologie (z. B. Fuchs-Heinritz 2010, Abercombie 2006) finden wir Definitionen von Sozialisation, die der Folgenden entsprechen:

Definition Sozialisation

»Sozialization is the process by which we learn to become members of society both by internalizing the norms and values of society, and also by learning to perform our social roles (as worker, friend, citizen, and so forth)« (Scott/Marshall 2005, S. 621)

Neuere Definitionen

Neuere Definitionen weichen davon in spezifischer Weise ab, z. B. die folgenden von Klaus Hurrelmann und von Matthias Grundmann:

»Sozialisation bezeichnet […] den Prozess, in dessen Verlauf sich der mit einer biologischen Ausstattung versehene menschliche Organismus zu einer sozial handlungsfähigen Persönlichkeit bildet.« (Hurrelmann 2006, S. 15)

»Bezogen auf die Akteure sind mit Sozialisation all jene Prozesse beschrieben, durch die der Einzelne über die Beziehung zu seinen Mitmenschen sowie über das Verständnis seiner selbst relativ dauerhaft Verhaltensweisen erwirbt, die ihn dazu befähigen, am sozialen Leben teilzuhaben und an dessen Entwicklung mitzuwirken […].«(Grundmann 2006, S. 38 ff.)

Sozialisation und Person

Ins Zentrum rückt in den neueren Definitionen ein breiter gefasstes Konzept der »handlungsfähigen Persönlichkeit«, zu der auch gehört, dass sie »sozial handlungsfähig« ist oder über »relativ dauerhafte Verhaltensweisen« verfügt, die sie dazu befähigen, »am sozialen Leben teilzuhaben«. Damit rückt die soziologische Sozialisationstheorie näher an Pädagogik und Psychologie, da sie sich stärker mit Entwicklungen beschäftigt, die innerpsychisch, in der Persönlichkeit des individuellen Menschen ablaufen.

Individuelles und soziales Niveau

Die Frage nach der Sozialisation lässt sich – mit Simmel (→ Kap. 2.3) gesprochen – demnach auf »individuellem« oder auf »sozialem« Niveau beantworten. Der wesentliche Unterschied liegt darin, ob die Analyse auf die Erklärung individueller oder sozialer Entwicklungsprozesse (s. Abb. 2 und 3) ausgelegt ist.

In den beiden Abbildungen wird jeweils zwischen individuellen Selbstverhältnissen und gesellschaftlichen Verhältnissen als relationale (in sich geordnete und auf sich selbst Bezug nehmende) Einheiten unter-

Fokus auf individualpsychische Entwicklungsprozesse | Abb. 2

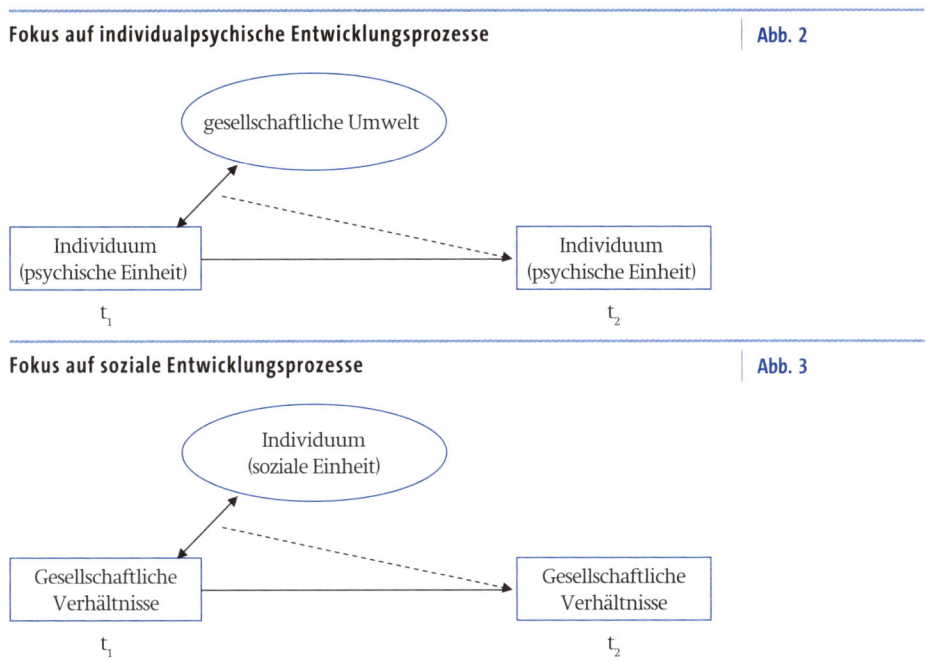

Fokus auf soziale Entwicklungsprozesse | Abb. 3

schieden. Wenn man von der individuellen Persönlichkeit als Selbstverhältnis spricht, geht man davon aus, dass Personen durch ihre Gedanken, Gefühle, Wünsche, Pläne usf. auf sich, auf die Art und Weise, wie sie sind und wie sie sein wollen, Bezug nehmen. Theoretisch ist diese Selbstbezugnahme möglich, weil die als Gesamtzusammenhang gedachten Verhältnisse aus jeweils weiter differenzierten individuellen bzw. gesellschaftlichen Sachverhalten bestehen.

So bestehen Individuen aus Erlebnissen wie Gedanken, Gefühlsregungen, Stimmungen, Anreizen, Überzeugungen usf. oder Gesellschaften aus Kommunikationen, Organisationen, Funktionssystemen, Positionsinhabern, Rollenträgern oder sozial eingelebten Handlungsweisen (Habitus; → Kap. 3.2.3) und Ähnlichem. Psychische Sachverhalte sind demnach Sachverhalte, deren Entstehung (primär) auf ihre Verhältnisse (Bezüge) zu anderen psychischen Sachverhalten zurückgeführt werden können, so wie soziale Sachverhalte in ihrer Entstehungsweise (primär) auf anderen sozialen Sachverhalten beruhen.

Insofern gehen sowohl die psychologische als auch die soziologische Betrachtungsweise von der Wechselwirkung zwischen Individuum und Gesellschaft (Linie mit Start- und Endpfeil in den Schaubildern) aus. Al-

Soziale – psychische Sachverhalte

lerdings richtet sich das Interesse der Psychologie auf den Prozess der individuellen Entwicklung und das der Soziologie auf den der sozialen Entwicklung. In beiden Betrachtungsweisen lassen sich analytisch zwei Zusammenhänge unterscheiden:

- die Veränderungen der individuellen bzw. gesellschaftlichen Verhältnisse (Sachverhalte) von Zeitpunkt t_2 gegenüber Zeitpunkt t_1;
- die Ursachen, die für die Veränderungen kausal verantwortlich gemacht werden können.

Zwischenergebnis

Sozialisationsbegriffe in Psychologie und Soziologie

Soziologie und Psychologie beschäftigen sich mit dem Prozess der Sozialisation. Beide Fachrichtungen sehen diesen Prozess als Entwicklung an, bei der Individuum und Gesellschaft miteinander in »Wechselwirkung« (s. a. → Kap. 2.3) stehen. Aber in der Zielsetzung unterscheiden sich die beiden Disziplinen. Die Psychologie untersucht diesen Wechselwirkungsprozess schwerpunktmäßig, um die Entwicklung der individuellen Persönlichkeit zu beschreiben (Deskription) und zu erklären (Kausalanalyse); die Soziologie rekonstruiert die individuelle Entwicklung demgegenüber eher als eine Funktion für die Gesellschaft, um die Entwicklung der Gesellschaft dadurch besser erklären zu können.

Beide Fachrichtungen gehen trotz ihrer Unterschiede davon aus, dass Individuen durch Prozesse der Sozialisation der Gesellschaft angepasst werden.

3.1.2 | Rolle, Norm, Sanktion (klassische Rollentheorie)

Eine mittlerweile sehr geläufige Erklärung des Sozialisationsprozesses liefert die soziologische Rollentheorie. Sie wird hier zunächst an einem Beispiel (s. Kasten) erläutert.

Beispiel

Der Berufsalltag des Informatikers Kenneth Prenzlau

Kenneth Prenzlau, 31, Informatiker, lebt mit Ehefrau Sandy, einer 29-jährigen Krankenschwester und der Tochter Elisa zusammen. Seit etwa einem halben Jahr arbeitet Kenneth in der Service-Abteilung eines kleinstädtischen Krankenhauses. Dort ist er seit Kurzem mit der Aufgabe betraut, die Dienstzeiten des Pflegepersonals mit Hilfe eines neuartigen

Softwareprogramms festzulegen. Die Verwaltungsleitung und der Vorstand des Krankenhauses haben Kevin dafür eine unbefristete Stelle angeboten. Sie versprechen sich von der neuen computergestützten Erstellung von Dienstplänen mehr Effizienz im Personaleinsatz, denn bislang gab es gehäuft Terminverschiebungen bei OPs und einen erhöhten Bedarf an Aushilfskräften auf den Stationen.

Die EDV-Serviceeinheit des Krankenhauses ist klein und besteht neben Kenneth aus drei weiteren Personen: dem Leiter der Einheit, der kurz vor der Verrentung steht, und zwei Mitarbeitern, die sich vorwiegend um die Administration (d. h. u. a. Einrichtung und technische Überwachung) der PCs und die Programme für Personaldaten und Lohnabrechnungen kümmern. Die Kollegen aus seiner Abteilung haben sich bisher geweigert, Dienstpläne mit Computerprogrammen zu erstellen. Der Leiter der Service-Einheit fürchtete Konflikte mit dem Personalrat und mit den Chefärzten und der Pflegedienstleitung, die die Einsatzpläne lieber unter sich aushandeln. Seinen beiden Mitarbeitern erschien es zu aufwändig, sich in die neue Software einzuarbeiten, und womöglich trauten sie sich dies auch nicht zu. Sie organisierten sich im Personalrat und äußerten gemeinsam mit dem Leiter Bedenken bezüglich der Machbarkeit einer computergestützten Dienstplanerstellung.

Seitdem er den neuen Auftrag übernommen hat, geht Kenneth Prenzlau mit einigen Bauchschmerzen zur Arbeit. Zwar freut er sich über das gesicherte Arbeitsverhältnis. Seine Frau ist als Krankenschwester bei einem ambulanten Notdienst tätig, aber nur vertretungs- und aushilfsweise. In letzter Zeit haben aber am Arbeitsplatz und auch in der Familie die Auseinandersetzungen zugenommen. Im Krankenhaus bemerkt Kenneth, dass ihm die meisten Mitarbeiter misstrauen. Schon im Eingangsbereich begegnet ihm das Empfangspersonal förmlich reserviert und nicht so herzlich und persönlich wie vielen anderen Angestellten. Von den direkten Kollegen wird er gesiezt und bekommt nur die nötigste Unterstützung, und dies meist mit Zeitverzögerung. Oft hat er das Gefühl, dass sie ihn auflaufen lassen. So bspw. am Tag zuvor, als er nach einer Treiberdatei fragte. Der zuständige Kollege teilte ihm mit, dass die Datei kürzlich von einer unbefugten Person gelöscht worden sein müsse. Sie neu zu programmieren ginge frühestens in zwei Monaten. Wutentbrannt wandte sich Kenneth an den Verwaltungschef, der wiederum den Leiter des EDV-Services anrief. Dieser hielt jedoch zu dem langjährigen Kollegen. So etwas würde der nie behaupten. Herr Prenzlau habe ihn sicherlich missverstanden. Darauf gab der Verwaltungschef Kenneth folgenden Rat: »Herr Prenzlau, Sie müssen einfühlsamer auf die Kollegen zugehen. Dann werden die sich schon rühren!« Kenneth programmierte dann in Überstunden die Treiberdatei selbst. Als er gegen 22:30 nochmals seinen Mail-Account checkte, fand er eine Mail seines Kollegen mit der Treiberdatei vor; dieser hatte geschrieben: »Sehr geehrter Herr Prenzlau, die Datei war doch nicht gelöscht, sondern nur in einen falschen Ordner verschoben worden. Habe sie heute Mittag wiedergefunden. Mit freundlichen Grüßen Ihr Kollege Brunner.«

Als Kenneth Prenzlau gegen 23:15 nach Hause kam, erwartete ihn dort ein Donnerwetter. Seine Frau war wütend auf ihn, weil sie etwas Besonderes für ihn gekocht hatte und weil die Tochter nicht hatte einschlafen können, da sie den Papa noch hatte sehen wollen. Die Arbeitszeiten im Krankenhaus seien ja noch viel schlimmer als früher in der Zeitarbeitsfirma, bekam er zu hören.

In der Beispielgeschichte ist der junge Informatiker Kenneth Prenzlau in seinem Berufsalltag mit verschiedenen Erwartungen konfrontiert, die wiederum mit den unterschiedlichen Gruppen zu tun haben, zu denen er einen Bezug hat. So beschreibt die soziologische Rollentheorie seinen Fall: Kenneth übt eine bestimmte Rolle aus und nimmt damit eine Funktion (ein umgrenztes Aufgabengebiet) im Krankenhaus (als Organisation) und im Gesundheitswesen (als einem Teilsystem der Gesellschaft) ein. Was aber sind Rollen und Funktionen genauer?

Soziale Position   Gehen wir vom Informatiker aus. Er nimmt in der Gesellschaft eine Position ein, genauer: Informatiker-Sein bedeutet eine spezifische berufliche Stellung zu besitzen. Eine Stellung bzw. Position vermittelt bestimmte Rechte und Pflichten, die sich aus der damit verbundenen Funktion, d. h. aus dem mehr oder weniger spezifisch abgegrenzten Aufgabengebiet seiner Berufsrolle ergeben. Ein Informatiker kann und darf programmieren und dafür Geld verlangen. Er kann selbständig seine Dienste anbieten oder als Angestellter in einem Betrieb tätig sein. Im Beispiel verspricht sich die Betriebsleitung von Kenneths Arbeit eine betrieblich-organisatorische Innovation. Dieser Erwartung versucht Kenneth gerecht zu werden. Aber in seinem Arbeitsumfeld zählen nicht nur die Erwartungen der Krankenhausleitung, sondern auch die der Kollegen und seines direkten Vorgesetzten. Und weil auch ein Informatiker die Hilfe von Kollegen – wenn auch nur gelegentlich und für Kleinigkeiten – benötigt, können sie Sand in das Getriebe seiner Bemühungen, die mit seiner Rolle verbundenen Erwartungen zu erfüllen, streuen.

Rollenerwartungen   Seine Rolle ergibt sich nun daraus, dass neben den Rechten und Pflichten, die seine Position definieren, weitere Erwartungen an ihn herangetragen werden. Nach Dahrendorf (1958) besteht eine Rolle aus der

Menge von Erwartungen, die an einen Positionsinhaber herangetragen werden. Diese Menge ist jedoch nicht uferlos. Sie ist begrenzt durch die Menge von Bezugsgruppen, mit denen ein Akteur aufgrund seiner Position in Beziehung steht. Die Position besteht insofern hauptsächlich aus der Stelle, die eine Person im Netzwerk eines (sozialen) Beziehungsgeflechts einnimmt. Dieses Beziehungsgeflecht kann bereichsspezifisch (Position in der Familie, im Beruf, in der Politik) bestimmt sein und/oder durch Über- und Unterordnung (z. B. leitende vs. ausführende Position).

Hinsichtlich der Erwartungen lassen sich ebenfalls Differenzierungen vornehmen. Allgemein sind Erwartungen Annahmen von Akteuren darüber, was in Zukunft geschehen oder was getan wird, auch darüber, wie andere etwas erleben und beurteilen werden. Besonders wichtig sind normative Erwartungen, also Annahmen darüber, was in einer bestimmten Situation zu tun ist. Nach Dahrendorf können Erwartungen unterschiedlich strikt (streng) sein:

Kann-, Soll-, Muss-Erwartungen

- **Kann-Erwartungen** sind Annahmen über Handlungen, die über das unbedingt Notwendige hinausgehen. Wenn ich sehe, dass jemand ein Eurostück verliert, kann ich es aufheben und ihm zurückbringen. Kenneth Prenzlau programmiert die Treiberdatei selbst, obwohl sein Kollege dafür zuständig wäre. Dieser hält das vielleicht für Überengagement und empfindet es als störend.
- **Soll-Erwartungen** bezeichnen Annahmen über Handlungspflichten, die jedoch nicht eindeutig festgeschrieben sind und für die auch keine klaren Sanktionen festgelegt wurden. Freunde soll man in der Regel nicht belügen. Ein Lehrer sollte Schüler zur Mitarbeit motivieren. Es bleibt aber unklar, wie, wann und wie oft er die Schüler motivieren soll und was eintritt, wenn er sie wenig motiviert. Es mag sein, dass sie ihn dann weniger sympathisch finden (oder vielleicht doch, etwa weil er nicht so streng ist oder gelegentlich lustige Geschichten erzählt, die allerdings nichts mit dem Unterricht zu tun haben). Akteure werden Soll-Erwartungen aber tendenziell erfüllen wollen, weil sie erstens davon ausgehen, dass dies als erstrebenswert angesehen wird, und deshalb zweitens mit negativen Reaktionen der anderen bei Unterlassung rechnen. So fühlt sich ein Lehrer vielleicht herausgefordert, die Aktualität von Kleists »Michael Kohlhaas« zu verdeutlichen, weil für ihn der gelangweilte Ausdruck in den Gesichtern der Schüler wie eine negative Belohnung (Sanktion) wirkt.
- **Muss-Erwartungen** liegen dann vor, wenn Pflichten eindeutig festgelegt sind (etwa durch Gesetze) und Sanktionen bei Nicht-Erfüllung der Pflichten erfolgen. Die Erwartung muss unbedingt erfüllt werden. Unter *Sanktionen* versteht man positive oder negative Belohnungen des Handelns (Handlungsanreize). So droht einem Lehrer, der bspw.

durch gefälschte Atteste eine Krankheit vortäuscht, um damit dem Unterricht, also seiner Arbeit, fernbleiben zu können, die Suspendierung vom Schuldienst.

Zwischenbetrachtung

Abgrenzung: Rolle – Position

In der Rollentheorie werden Rolle und soziale Position unterschieden. Diese Differenzierung wirft bei der Betrachtung konkreter sozialer Sachverhalte gelegentlich Abgrenzungsprobleme auf, z. B. bei der soziologischen Bestimmung, was ein Vater ist. Handelt es sich beim Vater um eine Position oder um eine Rolle – oder um beides?

Eine erste definitorische Hilfestellung besteht darin, Positionen über die Beziehungen, durch die Akteure eine Position einnehmen, begrifflich zu bezeichnen. Die Position des Vaters lässt sich anhand seiner Beziehung zu mindestens einem Kind ziemlich genau charakterisieren. Ein Vater ist ein Mann, der mindestens ein Kind hat. Die Vaterrolle ergibt sich nun aus der Menge der Erwartungen, die sich an die Position des Vaters richten. Diese Erwartungen beziehen sich auf die Handlungen, die Gefühle und die Orientierungen, die einem Vater als Vater zugeschrieben werden.

Beim Beruf wird es schon schwieriger, Position und Rolle eindeutig abzugrenzen. Hier lassen sich dem Inhaber eines Berufs zwar bereits eine Reihe von Erwartungen zuschreiben, die mit den typischen Aufgaben zusammenhängen, die ein Akteur innerhalb seiner Berufsrolle ausübt. Was aber ist genau die Position des Berufsinhabers? Das Problem ist hier, dass er verschiedene Stellungen, d. h. verschiedenartig definierte Beziehungen zu anderen eingehen kann. Das ergibt sich schon daraus, dass man als Berufsinhaber als Arbeiter oder Angestellter in einem Betrieb beschäftigt oder als Selbstständiger (z. B. als Schreiner mit eigenem Betrieb) tätig sein kann. Ganz genau genommen bestimmt der Beruf gar keine Position, sondern lediglich die Chance im Erwerbsleben eine bestimmte Menge von Beziehungen zu anderen einnehmen zu können. Faktisch nimmt der Berufsinhaber dann als Angestellter, Arbeiter oder Selbstständiger eine Position ein, die durch Beziehungen zu bestimmten Bezugsgruppen genauer festgelegt ist. Und aus den Beziehungen zu diesen Bezugsgruppen ergeben sich dann letztlich die Erwartungen an seine Berufsrolle.

Der Begriff »soziale Position« wird übrigens im nächsten Kapitel unter dem Aspekt der sozialen Ungleichheit nochmals aufgegriffen und vertieft (→ Kap. 3.2.)

Auf den ersten Blick erscheint die Rollentheorie einfach und klar. Dadurch, dass Bezugsgruppen Erwartungen an die Rolleninhaber herantragen und mit Sanktionen verbinden, tendieren die Rolleninhaber dazu, die Erwartungen zu erfüllen. Je mehr die Rolleninhaber in ihre Rolle hineinwachsen, desto stärker verinnerlichen sie die Rollenerwartungen. Man spricht dabei auch von Verinnerlichung bzw. Internalisierung sozialer Normen. Im Verhältnis von Position, Rolle und Bezugsgruppe erlangen die Akteure soziales Wissen, Wissen, das aus den Erwartungen besteht, dass bestimmte Regeln einzuhalten sind. Das Problem des Regulismus scheint also gelöst.

Doch so einfach ist das schon in unserem Beispiel vom Informatiker Kenneth Prenzlau nicht. Es stellen sich zwei Nachfragen: **Rollenbegriff: Nachfragen**

1. Wie war das noch mit der Funktion, die mit der Rolle ausgeübt wird? Ergeben sich die Rollenerwartungen tatsächlich ausschließlich aus der Funktion, aus der Aufgabenstellung, die der Rolleninhaber in seinem gesellschaftlichen Umfeld ausübt? Wir haben gesehen, dass der Akteur auf Kann-, Soll- und/oder Muss-Erwartungen reagieren kann und dass Bezugsgruppen Reaktionen auf Kann-Erwartungen sogar als Übererfüllung von Normen auslegen können. Sind also Rollenerwartungen eindeutig und vollständig aus den Funktionen der gesellschaftlichen Positionen ableitbar?

2. Rolleninhaber stehen verschiedenen Bezugsgruppen gegenüber, die möglicherweise divergierende oder gar konträre Erwartungen an den Rollenträger richten. Ein Akteur nimmt in der Regel nicht nur eine Rolle in seinem Alltag ein, sondern mehrere. Kenneth Prenzlau etwa ist Informatiker, Ehemann, Angestellter und Kollege und damit mehreren Rollen verpflichtet. Was aber geschieht, wenn ein Akteur nicht allen Erwartungen, mit denen er in seinen Rollen tatsächlich konfrontiert wird, entsprechen kann? Welche Konsequenzen ergeben sich daraus für die Rollentheorie?

Die Rollentheorie spricht in diesem Zusammenhang von Intrarollen-konflikten und Interrollenkonflikten. **Rollenkonflikte**

- Ein **Intrarollenkonflikt** liegt vor, wenn sich Widersprüche aus der Erfüllung einer Rolle – z. B. der Informatikerrolle – ergeben. Da sich die Rollenerwartungen aus der Konfrontation mit verschiedenen Bezugsgruppen (in unserem Beispiel Verwaltungsleitung, Kollegen im Krankenhaus allgemein, Kollegen in der Abteilung) ergeben, bilden sich sogenannte Rollensegmente aus. Rollensegmente sind die Ausschnitte aus einer Rolle, die durch die Erwartungen einer bestimmten Bezugsgruppe entstehen. Eine Rolle besteht somit aus mehreren Rollensegmenten und die mit ihnen verbundenen Erwartungen können nicht unbedingt alle miteinander in Einklang gebracht werden.

Wenn zwischen den verschiedenen Rollensegmenten die Widersprüche so konträr und offensichtlich werden, dass die Bewältigung der Rolle insgesamt in eine Krise gerät, liegt ein Intrarollenkonflikt vor.

● Von einem **Interrollenkonflikt** ist dann die Rede, wenn ein Akteur mehrere Rollen ausübt und es zwischen mindestens zwei seiner Rollen (Informatiker, Vater, Straßenverkehrsteilnehmer, Hausbesitzer, Nachbar) zu Gegensätzen kommt, die wiederum nicht aufgelöst werden können. Der Sachverhalt, dass ein individueller Akteur mehrere Rollen einnimmt, wird als *Rollensatz* oder *role-set* (= Menge aller von einem Handlungssubjekt eingenommen Rollen) bezeichnet.

Zwischenergebnis

Wesentliche Argumentationsschritte der Rollentheorie

1. Akteure nehmen in (verschiedenen) sozialen Kontexten Positionen ein.
2. Die Position ist durch ihre Stellung oder Beziehung zu Bezugspersonen oder Bezugsgruppen bestimmt.
3. Die Bezugspersonen oder Bezugsgruppen tragen Erwartungen an den Positionsinhaber heran.
4. Die Menge der Bezugsgruppen und die Erwartungen, die diese an einen Positionsinhaber richten, definieren dessen Rolle.
5. Die Erwartungen können unterschiedlich strikt gelten: Es kann sich um Muss-, Soll- oder Kann-Erwartungen handeln.
6. Da Akteure innerhalb einer Rolle verschiedenen Bezugsgruppen mit tendenziell widersprechenden Rollenerwartungen gegenüberstehen, kommt es zu *Intra*rollenkonflikten.
7. Da Akteure verschiedene Positionen mit tendenziell divergierenden Rollensets einnehmen, kommt es zu *Inter*rollenkonflikten.

3.1.3 | Interaktion, Symbol, Situation (interaktionistische Rollentheorie)

Offen gelassen wurde bislang, wann, wie und warum Rollenkonflikte entstehen, und es war auch nur etwas unbestimmt davon die Rede, dass Konflikte dann auftreten, wenn Gegensätze und Widersprüche zwischen oder innerhalb von Rollen nicht aufgelöst werden können. Das bedeutet, dass nicht jede Erwartungsenttäuschung, jeder Widerspruch gleich zu einem Konflikt führen muss. Genau daran setzt eine Kritik an der klassischen Rollentheorie an. Diese geht ja von einem Zusammenhang zwischen gesellschaftlichen Kontext, Position, Funktion, Erwar-

tungen, Rolle und Akteur aus. Etwa so: Ein Akteur nimmt in einem gesellschaftlichen Kontext eine bestimmte Position ein (z. B. Polizist) und
soll eine spezifische Funktion ausüben (z. B. den Straßenverkehr kontrollieren). Es scheint zunächst so zu sein, als würden sich aus der Funktion
des Verkehrspolizisten eindeutig die Erwartungen ableiten lassen, die er
in seiner Rolle zu erfüllen hat. Aber schon ein simpler Fall, z. B. der Aus-
fall einer Ampelanlage, kann zu Auslegungsschwierigkeiten führen.
Hier muss der Verkehrspolizist nämlich entscheiden, ob er den Verkehr
einfach weiterlaufen lässt oder ob er einschreitet, sich in der Straßen-
mitte postiert und den Verkehr selbst regelt. Er muss abwägen: Wodurch
entsteht mehr Chaos? Dadurch dass ich aussteige und den Verkehr regle
oder indem ich den Verkehr laufen lassen? Vielleicht fragt er sich, ob er
in der Zentrale anrufen und um Unterstützung bitten soll. Aber bis die
kommt, kann es auch schon wieder zu spät sein. Keine Regel ist so genau
auf jede denkbare Situation abgestimmt, dass sich aus ihr auch die Regelanwendung eindeutig ableiten ließe. Das zeigt das Beispiel der aus-
gefallenen Ampel.

An der Frage des Verhältnisses von Regel und Regelanwendung spal- | Regel und
ten sich verschiedene Ansätze der Rollentheorie. Hier werden drei Varia- | Regelanwendung
nten vorgestellt: der symbolische Interaktionismus (George Herbert Me-
ad, 1863–1931), die dramatologische Rollentheorie (Erving Goffman,
1922–1982) und die funktionalistische Rollentheorie (Talcott Parsons,
1902–1979).

Zu beachten ist bei der Unterscheidung dieser Ansätze, dass ihre Differenzen nicht im Ausgangsszenario bestehen, sondern in der Antwort
auf die Frage, wie, wann und warum oder wodurch Rollenkonflikte entstehen oder vermieden werden. Der symbolische Interaktionismus bietet darauf die Antwort der Identitätsarbeit an, die dramatologische Rollentheorie sieht die Lösung in der Eindrucksmanipulation (Performanz)
des Akteurs und die funktionalistische Rollentheorie setzt auf das Verhältnis von Werten, Normen und Rollenerwartungen.

Soziales und personales Selbst –   3.1.3.1
symbolisch-interaktionistische Sozialisationstheorie

Der Grundgedanken des Meadschen Ansatzes gilt nicht nur als Begründung des symbolischen Interaktionismus, sondern ihm folgen auch die
beiden anderen Positionen von Goffman und Parsons. George Herbert
Mead (1968) war auf der einen Seite der Überzeugung, dass menschliches
Handeln dem tierischen Verhalten nahesteht, weil auch Menschen sich
sozial über Reiz-Reaktionsketten an anderen Organismen (Lebewesen)
orientieren. In dieser Hinsicht interessierte sich Mead für die rudimentä- | Gesten und Symbole

re, durch Gesten vermittelte Kommunikation und Interaktion, die schon in Tiergesellschaften beobachtet werden kann, wenn Tiere ihr Verhalten z. B. durch bestimmte Lautgebärden koordinieren. Auf der anderen Seite wandte sich Mead der Besonderheit der symbolisch vermittelten Kommunikation zu, die er nur für die Menschen als typisch ansieht. Mead spricht dabei von signifikanten Symbolen, d. h. von Zeichen, die von allen Interaktionspartnern in ihrer Bedeutung verstanden werden können.

Perspektivenübernahme   Das Wesentliche der signifikanten Symbole besteht darin, dass sie dem Akteur ermöglichen, die Perspektive des anderen einzunehmen. Mead spricht vom »taking the attitude of the other«. Dies ist jedoch nicht als ein psychologisches Sich-Einfühlen in den anderen zu verstehen. Die signifikanten Symbole erlauben mir vielmehr, den anderen als signifikanten Anderen zu deuten. Wenn ich mit erhöhtem Tempo auf der Autobahn fahre und von Weitem sehe, dass auf der rechten Spur ein Polizeiauto fährt, werde ich vorsichtig verlangsamen, um den Polizeiwagen nicht mit überhöhter Geschwindigkeit zu überholen. Ich tue dies nicht, weil ich mich qua besonderer Eingebung in die Seele der im Polizeiauto sitzenden Beamten hineinversetzen kann, sondern weil ich anhand der signifikanten Symbole ihre soziale Identität, die sie zu signifikanten Anderen macht, erkenne. Ich kann antizipieren, dass die Polizisten als signifikante Andere bestimmte Erwartungen zu erfüllen haben und daher bestimmte Handlungen ausführen werden (z. B. dass sie mich bei einer Geschwindigkeitsübertretung verfolgen und anhalten werden).

Mead verfolgt diesen Gedanken noch einen Schritt weiter. Er geht davon aus, dass die Menschen, denen wir im Alltag begegnen, nicht irgendwelche unbestimmten anderen für uns sind. Das wäre zwar denkbar, weil wir im Alltag auf viele Menschen treffen, die wir nicht kennen. Trotzdem sind für uns auch die fremden Menschen in der anonymen Masse kein gänzlich unbeschriebenes Blatt. Menschen weisen viele Zeichen, sprich signifikante Symbole, auf, anhand derer wir die soziale Identität einer Person bestimmen können. Kleidung, Alter, Geschlecht, Dinge, die jemand mit sich führt, lassen uns rasch auf die soziale Identität einer Person schließen. Den Mann mittleren Alters mit Anzug, Krawatte und Aktenkoffer, der uns auf dem Kurfürstendamm nach dem Weg zur Deutschen Bank fragt, werden wir für einen Geschäftsmann halten; die Frau in den zerlumpten Kleidern, die am Straßenrand sitzt und uns eine kleine Kiste entgegenstreckt, für eine Bettlerin. Ganz automatisch bilden wir Erwartungen darüber aus, was die uns begegnenden Personen von uns erwarten könnten.

»Me« und »I«   Mead bezeichnet diese Erwartungen, die der signifikante Andere mir gegenüber hat, als »ME«. Es handelt sich dabei um Erwartungserwartungen. Aufgrund der signifikanten Symbole erwarten die Akteure, dass signifikante Akteure von ihnen etwas Bestimmtes erwarten. Für Mead ist daher die soziale Identität der Person grundlegender als die individuelle Identität. »Wir können nicht wir selbst sein, solange wir nicht auch an gemeinsamen Haltungen Anteil haben.« (Mead 1968, 206) Die Identität eines Akteurs wäre somit zunächst von außen bestimmt durch die Erwartungen, Eigenschaftszuschreibungen, die sie aus der Position des signifikanten Anderen erfahren. Wir sehen uns selbst primär durch die Augen der signifikanten Anderen.

Nach Mead geht darin jedoch die Identität nicht auf. Dem »ME« – dem sozialen Selbst – stellt er das »I« – das Ich der Person – gegenüber. Dieses »I« betrachtet er als eine kontinuierliche, niemals versiegende Quelle spontaner Impulse, durch die der Akteur quer zu den sozialen Erwartungen des »ME« liegende Anregungen erhält und verarbeitet. Dieses »I« gilt Mead allerdings als schwer greifbar. Denn die spontanen Impulse, die ein »Ich« in einem bestimmten Augenblick verspürt (»das Eis am Stand sieht lecker aus«), sind oftmals im nächsten Augenblick wieder aus dem Erleben des Ichs verschwunden, weil neue Impulse auftreten. Wenn aber der Akteur trotzdem versuchen würde, einen spontanen Impuls des »I« genauer zu bestimmen, dann würde er sich darauf nachträglich – aus einer zeitlichen Distanz heraus – darauf beziehen. Damit würde das »I« nach Mead aber schon zu einem »ME« mutiert sein – nämlich zu einem Bedeutungs- und Erwartungsmuster, auf das sich der Akteur reflexiv bezieht.

George Herbert Mead hatte schon drei Formen der Rollenübernahme unterschieden, die sich auch in der Entwicklung des Spielverhaltens von Kindern verdeutlicht. Zunächst tendieren diese zu einem Kopier- bzw. Imitationsverhalten. Sie spielen z. B. Vater, Mutter, Kind oder Räuber und Gendarm. Ihr Rollenverständnis ist auf die Perspektive einer ganz konkreten Übernahme einzelner sichtbarer und imitierbarer Rollen begrenzt. Sie versetzen sich dabei in eine ganz bestimmte Rolle und nur in diese. Ein spontaner Rollenwechsel eines Akteurs innerhalb dieser Imitationsspiele (auch Mimikry genannt) würde das Spiel zerstören – er wäre von den Mitspielern nicht nachvollziehbar, weil er in den grundlegenden Regeln des Spiels nicht vorgesehen ist. Er widerspricht dem Sinn des Spiels.

Rollenspiel (play)

Ganz anders sind dagegen laut Mead Wettkampfspiele aufgebaut. In ihnen reicht es nicht aus, dass Mitspieler nur die Rolle eines bestimmten Spielers, etwa eines Abwehrspielers, ausüben. Ein einfaches, konkretes Rollenverständnis wäre für ein Wettkampfspiel zu starr. Auch der Abwehrspieler kann die Rolle des Verteidigers nur dann gut erfüllen, wenn er das Verhalten der anderen Rolleninhaber der eigenen und gegnerischen Mannschaft vorauszusehen vermag. Er muss sich in die Handlungszüge der Mitspieler und Gegner hineinversetzen und diese antizipieren,

Wettkampfspiel (game)

um die Ausübung seiner Rolle zu optimieren. Dabei kann es sogar zu seiner Taktik gehören, die Rolle zu wechseln, etwa bei einem Konter vom Verteidiger in die Rolle des Stürmers zu schlüpfen, um so der eigenen Mannschaft durch den Überraschungseffekt einen Vorteil zu verschaffen. Aber er muss dabei darauf achten, dass wenigstens seine Mitspieler mit der veränderten Taktik rechnen. Während also das einfache Rollenspiel lediglich die Imitation eines konkreten Verhaltens verlangt, setzt das Wettkampfspiel voraus, dass die Rollenträger die komplexe Koordination mehrerer Handlungsrollen zu antizipieren vermögen.

Universe of discourse

Über die Struktur der Wettkampfrolle hinaus postuliert Mead einen noch weiter gehenden Mechanismus der Rollenübernahme, den *universe of discourse*. Ausgehend von der Idee eines universellen (weltweiten, alle Menschen umspannenden) öffentlichen Raumes der Kommunikation meint er ein Sprecherverhalten unterstellen zu können, dass sich durch Übernahme aller denkbaren Kommunikationspositionen innerhalb einer weltweiten, universellen Öffentlichkeit auszeichnet. Zwar handeln die Menschen in konkreten Situationen meist unter Absehung von einer so weit gefassten Perspektive, aber sie setzen trotzdem voraus, dass sich die Menschen so verhalten würden, als ob sie innerhalb einer solchen »idealen Situation des Sprechhandelns« (Habermas) eine angemessene Balance zwischen sozialen und allen denkbaren individuellen Positionen herzustellen versuchen. Habermas bezeichnet diese Voraussetzung auch als »kontrafaktisch«. Übersetzt bedeutet es »entgegen den Fakten«, also: obwohl die tatsächlichen Situationen zumeist gar nicht den idealen Bedingungen entsprechen, unterstellen wir, dass sich Akteure an den idealen Bedingungen der Situation orientieren. Auch wenn in vielen Situationen gelogen, Sprechern das Wort abgeschnitten, eine Behauptung oder Entscheidung nur unzureichend begründet wird, gehen wir trotzdem (also kontrafaktisch) davon aus, dass nicht gelogen werden soll, dass Sprecher ausreden dürfen oder Behauptungen und Entscheidungen hinreichend begründet werden sollen. Diese Voraussetzungen machen wir, damit wir überhaupt und überall in den Prozess der Kommunikation, in das »Universum des kommunikativen Diskurses« eintreten können.

Zwischenergebnis

Das Identitätskonzept des Symbolischen Interaktionismus

1. Die menschliche Interaktion ist durch den Austausch signifikanter Symbole bestimmt.
2. Über die signifikanten Symbole vermögen wir die Haltungen der anderen zu antizipieren.

3. Daher ist für uns die Identität der anderen, das »ME«, die soziale Identität primär.
4. An der sozialen Identität orientieren sich die Akteure in ihren Handlungen.
5. Durch das »I«, dem spontanen Impulsgeber des Handlungs-Ichs, kommt es zu Abweichungen, Neuschöpfungen und Innovationen.
6. Rollenspiel, Wettkampfspiel und universelle Diskursgemeinschaften stellen verschiedene Muster oder Perspektiven der Integration von sozialen und individuellen Erwartungen dar. Sie bauen stufenförmig aufeinander auf. Es beginnt mit dem Rollenspiel, indem das Verhalten konkreter Rollenträger einfach imitiert wird. Darauf folgt die Einnahme von Rollenperspektiven innerhalb eines komplex koordinierten sozialen Handelns wie z. B. dem Wettkampfspiel. Als Letztes folgt die Entwicklung einer Perspektive, in der sich alle universell denkbaren Handlungsrollen miteinander vereinbaren lassen.

»Wir alle spielen Theater« – Goffmans dramatologischer Ansatz | 3.1.3.2

Erving Goffmans hat sich allerdings von dieser Theorie einer balancierten Identität mehr und mehr entfernt und zwar in die Richtung einer Theorie der »Eindrucksmanipulation« oder, vornehmer gesprochen, einer »dramatologischen Sozialtheorie« (Willems 1998 über Goffman). Grundlegend dafür ist Goffmans Studie zur Präsentation des Selbst im Alltagsleben (*Presentation of Self in Everyday Life*), die auf Deutsch unter dem Titel »Wir alle spielen Theater« erschienen ist, mittlerweile in der 17. Auflage. Goffman operiert in seiner Theorie mit Kategorien, die auf ähnliche Weise in der funktionalistischne Rollentheorie (→ Kap. 3.1.4.1) oder auch in Krappmanns Theorie der sozialen Identität vorkommen. Was aber Goffman hinterfragt, ist der Schluss vom Rollenhandeln auf eine irgendwie geartete Echtheit der Person im Innern des Selbst.

Schon in den ersten Abschnitten seines Buches, in denen er nach dem »Glauben an die eigene Rolle« fragt, gelangt er zu der Antwort, dass der Glaube an die eigene Rolle für die gelungene Ausübung der Rolle keine Rolle spielt: der Rollenspieler muss »nicht restlos daran glauben […], dass der Eindruck von Realität, den er hervorruft, gültig sei.« (Goffman 2002, S. 22) Es reicht aus, das darzustellen, was Goffman »Fassade« nennt, »das standardmäßige Ausdrucksrepertoire, das der Einzelne im Verlauf seiner Vorstellung bewusst oder unbewusst anwendet.« (ebd., S. 23)

Glaube an die eigene Rolle

Die Theatermetapher in Goffmans Ansatz

Erving Goffmans Buch »The Presentation of Self in Everyday Life« wurde im Deutschen mit »Wir alle spielen Theater« übersetzt. Theater wäre somit vielleicht auch ein Bild für die Gesellschaft. Situationen sind so, wie sie sind, weil sie von uns so inszeniert werden. Sie werden von uns gemacht. Ebenso handeln wir gewissermaßen nach Drehbüchern, die der Abfolge unseres Handelns eine bestimmte Dramaturgie vorgeben. Auch Begriffe wie »Vorder- und Hinterbühne« für die allen oder nur einigen sichtbaren Orte des Geschehens, »Ensemble« für die an der Situation Beteiligten oder »Fassade« für den äußeren Eindruck, den Akteure vorzugeben versuchen, fügen sich schlüssig in das Bild der Gesellschaft als Theater.

So einleuchtend die Übertragung des Theaterbilds auf die Gesellschaft und die darin handelnden Menschen auch ist, sie hat Fragen aufgeworfen und auch Missverständlichkeiten produziert. So will Goffman bspw. nicht behaupten, dass die sozialen Situationen bloß gespielt, im Sinne von unwirklich oder gar unbedeutend für das wahre Leben wären. Ganz umgekehrt. In der Gesellschaft ist die Inszenierung das einzig bedeutsame, wahre Leben. Trotzdem eröffnet die Theatermetapher dem Menschen als individuelles Subjekt eine Distanzierungsmöglichkeit. Es kann von sich behaupten: In Wahrheit bin ich als Individuum, als einzigartige Person ganz anders als die- oder derjenige, den ich im sozialen Leben nur spiele. Dies ist mit dem Auseinandertreten von sozialem und personalem Selbst gemeint.

Eindrucksmanipulation – Performanz

Goffmans Grundüberlegung ist, dass soziale Situationen zunächst einmal als »dramatische Gestaltung«, als »inszeniertes Ritual« gelingen sollen und dass sich Akteure in der Regel dabei sogar gegenseitig unterstützen; zynisch ausgedrückt »gute Miene zum bösen Spiel machen«. Es wurde bereits auf das Beispiel des unsympathischen Nachbarn (→ Kap. 2.1) hingewiesen, den man grüßt, weil es das Begrüßungsritual so will. Goffmans Grundidee ist die Regel »das Gesicht wahren«. Wenn die Situation ein lächelndes Gesicht verlangt, dann lächle; wenn sie Trauer wünscht, dann weine.

Im Hinblick auf unser Ausgangsproblem – die Bewältigung von Abweichungen und Widersprüchen im Rollenhandeln – bedeutet dies, dass Widersprüche, Abweichungen, Störungen erst einmal mit der Rolle in Einklang zu bringen sind. »Das Gesicht wahren« bedeutet dann: abwiegeln, herunterspielen, unter den Teppich kehren, reparieren, entschuldigen, Verständnis zeigen usf. Wenn ich eine Einladung zu einer

Geburtstagsparty ablehne, dann sage ich selbstverständlich nicht, dass ich den Gastgeber langweilig finde, sondern schiebe eine wichtige Dienstreise vor.

Es ist nicht ganz klar, welche Konsequenzen wir aus Goffmans Theorie von der »Fassaden-Identität« ziehen sollen. Ein Unterschied zu der zuvor dargestellten Theorie der balancierten Identität jedoch ist offensichtlich. Aus Goffmans Analogie zwischen Theater und Gesellschaft ergibt sich keine Notwendigkeit, zwischen den Ansprüchen sozialer und personaler Identität zu balancieren.

Die sozialen Ansprüche, etwa einen guten Eindruck zu erwecken, das Drehbuch der sozialen Situation aufrechtzuerhalten, bleiben erhalten, ganz egal, wie sich die Person in ihrem Identitätsmanagement dazu verhält. Zur Aufrechterhaltung der Fassade ist es unerheblich, ob der Akteur an sie glaubt oder nicht. Von da aus ließe sich ebenso gut darauf schließen, dass sich das personale Selbst völlig unabhängig von der sozialen Umwelt bestimmt. Die Situation läuft äußerlich perfekt weiter und die Akteure denken sich alles Mögliche dabei. Menschen mögen in dem Bewusstsein leben, die besten Freunde zu sein, haben aber im sozialen Leben schon längst alle Brücken zueinander abgebaut. Wir kommen auf diese These der Entkoppelung von sozialen Rollen (soziales Selbst, Existenzweise) und personales Selbst ausführlicher bei der Erörterung von Niklas Luhmanns Systemtheorie (→ Kap. 3.4.3) zurück.

Entkoppelung von sozialer Fassade und personalem Selbst

Funktionalistische Ansätze der Sozialisationstheorie

3.1.4

Im Folgenden soll gezeigt werden, worin sich die funktionalistische Rollentheorie Talcott Parsons' von den bisherigen Ansätzen unterscheidet. Die Differenz besteht nämlich nicht darin – wie oftmals behauptet –, dass die funktionalistische Rollentheorie ein starres Regelkonzept der Normbefolgung oder ein »over-socialized concept of man« (Wrong 1961) voraussetzt, während dies interaktionistische oder dramatologische Ansätze nicht tun.

Der Unterschied zwischen den Ansätzen besteht vielmehr in der Art und Weise, wie die Möglichkeit von Rollenwidersprüchen, Abweichungen und ähnlichen Erscheinungen konzeptionell gelöst wird. Während dies im symbolischen Interaktionismus über das Verhältnis von personalen und sozialen Ansprüchen und im dramatologischen Ansatz über die behauptete Priorität der »Eindrucksmanipulation« oder – moderner – »Performativität« geschieht, bringt die funktionalistische Rollentheorie dafür das Verhältnis von Rollennormen und gesellschaftlichen Werten in Anschlag. Talcott Parsons hat dies in einem seiner späteren Aufsätze »An outline of the social system« (Parsons 1976, insb. 177–184) ziemlich präzise erörtert. Für ihn ist der Sachverhalt der »Rolle« ein zentraler Aspekt der Gesellschaft; Rolle gilt ihm als ein »Grundbegriff [...] in einer Reihe von strukturellen Kategorien« (ebd., S. 177) wie: »Kollektiv, Normen, Werte«.

Rollennormen und gesellschaftliche Werte

Parsons sieht – wie die anderen in diesem Kapitel behandelten Theoretiker – das Problem der Rollenkollisionen in komplexeren Sozialsystemen. So heißt es bei ihm: »Für konkrete Rollen in Kollektiven sind allerdings die meisten Normen noch nicht situationsspezifisch.« (ebd., S. 183) Bei Parsons tritt nun aber der Gedanke hinzu, dass konkrete Rollen und ihre spezifischen Normen durch gesellschaftliche Werte legitimiert sein müssen. »Werte sind die normativen Muster, die in universalistischer Fassung die Muster wünschenswerter Orientierung für das System als Ganzes bestimmen, unabhängig von der Spezifikation der Situation.« (ebd., S. 184)

Durch den Rückbezug der Rollennormen und ihrer situationsspezifischen Anwendung auf Werte als »Muster wünschenswerter Orientierung« ergibt sich eine neue Lösungsmöglichkeit. Priorität hat in uneindeutigen Situationen die Handlungsweise bzw. das Rollenverhalten, die bzw. das mit dem im Zentrum stehenden Wert, mit dem Muster wünschenswerter Orientierung im Einklang steht. Sozialisation ist für Parsons daher vornehmlich die Verinnerlichung der gesellschaftlichen Wertvorstellungen. Ein Lehrer kann sich im Fall von Widersprüchen, die sich innerhalb seiner Rolle ergeben, auf den Wert der »Bildung« als dem Muster der gesellschaftlichen wünschenswerten Orientierung in der Schule berufen. Dieser Rückbezug auf einen allgemeinen Wert muss zwar nicht bei allen Akteuren und in allen Situationen zu gleichen Ergebnissen führen, aber die Ergebnisse werden vergleichbar, indem sie auf das gleiche Orientierungsmuster bezogen werden können. Der Bezug auf Werte verhindert somit, dass die verschiedenen Rollenauslegungen völlig disparat auseinanderdriften.

Zwischenergebnis

Wertmuster, Rollen und Normen

Nach Parsons erfüllen Werte eine wichtige Funktion bei der Bestimmung von Rollenerwartungen. Sie bedingen, dass Rollen und ihre vielfältigen Auslegungsmöglichkeiten nicht zu weit auseinanderdriften. Sie dienen der Aufrechterhaltung von Mustern, die zu einer Integration der Rollenausübungen trotz aller denkbaren Widersprüche und Auslegbarkeiten beitragen. Damit rückt in Parsons' Theorie das Verhältnis von Normen und Werten in den Mittelpunkt der Frage nach der Bewältigung divergierender Rollenerwartungen; es macht deutlich, dass das Problem der Regelanwendung auf der Ebene der gesellschaftlichen Praxis selbst geklärt werden kann.

1. Unterscheiden Sie Naturgesetze und soziale Gesetze durch Bezugnahme auf den Regelbegriff. Erörtern Sie ein Beispiel für den Grenzfall eines gesellschaftlichen Phänomens, das sowohl als Naturgesetz als auch als regelgeleitetes Handeln interpretiert werden könnte.

2. Zu Beginn des Wintersemesters häufen sich in der Hildesheimer Bevölkerung Klagen über rüpelhaftes Benehmen von Jugendlichen (Schülern) und jungen Erwachsenen (Studierenden) in öffentlichen Verkehrsmitteln (Busse). Diskutieren Sie anhand dieser Erwartungsenttäuschung die Unterschiede von Kann-, Soll-, und Muss-Erwartungen. Welche Art der Erwartung wird durch die »Rüpeleien« verletzt?

3. Erläutern Sie mit Hilfe des Ansatzes von George Herbert Mead, inwiefern es sich bei der Mitgliedschaft eines Jugendlichen in einer Segelcrew nicht um die Übernahme eines konkreten Rollenschemas handelt.

4. Beschreiben Sie die Handlungssituation von Flugbegleitpersonal (Stewards, Stewardessen) mit Hilfe des dramatologischen Rollenansatzes (E. Goffman).

5. Wie ließe sich die Geschichte des Informatikers Kenneth Prenzlau mit Hilfe von Talcott Parsons funktionalistischer Rollentheorie beschreiben?

Literatur

Abercombie, Nicolas u. a. (2006): The Penguin Dictionary of Sociology, 5. Aufl., London.

Dahrendorf, Ralf (1958): Homo Sociologicus, Düsseldorf, insb. S. 70–80.

Detel, Wolfgang (2007): Grundkurs Philosophie, Bd. 5: Philosophie des Sozialen, Stuttgart.

Fuchs-Heinritz, Werner u. a. (2010): Lexikon der Soziologie, 5. Aufl., Wiesbaden.

Goffman, Erving (2002) Wir alle spielen Theater, 10. Aufl., München (Originalausgabe: The Presentation of Self in Everyday Life, New York 1959).

Grundmann, Matthias (2006): Sozialisation. Skizze einer allgemeinen Theorie, Konstanz.

Habermas, Jürgen (1976): Moralentwicklung und Ich-Identität, in: ders.: Zur Rekonstruktion des historischen Materialismus, Frankfurt a.M., S. 63–91.

Hurrelmann, Klaus (2006): Einführung in die Sozialisationstheorie, 9. Aufl., Weinheim.

Krappmann, Lothar (1971): Soziologische Dimensionen der Identität, Stuttgart.

Mead, George Herbert (1968): Geist, Identität und Gesellschaft, Frankfurt a.M., insb. S. 100–122, S. 187–206 (Originalausgabe: Mind, Self and Society, Chicago 1934).

Parsons, Talcott (1951): The Social System, New York, insb. S. 180–248.

Parsons, Talcott (1976): Grundzüge des Sozialsystems, in: Stefan Jensen (Hrsg.): Zur Theorie sozialer Systeme, Opladen, S. 161–274.

Scott, John/Marshall, Gordon (2005): Oxford Dictionary of Sociology, 3. Aufl., Oxford.

Willems, Herbert (1998): Rahmen und Habitus, Frankfurt a.M.

Wrong, Dennis H. (1961): The Over-socialized Concept of Man in Modern Sociology, in: American Sociological Review 26, S. 183–193.

3.2 | Ungleichheit(en) als Bezugsproblem

Übersicht

In diesem Kapitel geht es darum, die grundsätzliche Aufgabenstellung einer Soziologie sozialer Ungleichheit zu verdeutlichen. Worin bestehen die wesentlichen Schritte einer Beweisführung, um Ungleichheiten zwischen gesellschaftlichen Gruppen festzustellen, diese auf soziale Faktoren zurückzuführen und die identifizierten sozialen Faktoren wiederum mit der Struktur der Gesellschaft, in der sie generiert wurden, in Zusammenhang zu bringen?

Um dies zu klären, wird zunächst auf den theoretischen Zusammenhang von Gesellschaftsstruktur, Lebenslage und Chancenverteilung eingegangen (3.2.1). Dieser wird dann auf die unterschiedlichen sozialstrukturanalytischen Konzepte von Klasse, Schicht und Lebenslage (3.2.2) und auf die neueren, kultursoziologisch inspirierten Milieuansätze übertragen (3.2.3). Abschließend wird der neuerlich in der Ungleichheitsforschung erhobene Anspruch einer »intersektionalistischen« Analyseperspektive diskutiert (3.2.4).

Warum verdienen Männer bei gleicher Arbeit mehr Geld als Frauen? Wie kommt es, dass Frauen mit einfachen Bildungsabschlüssen früher und mehr Kinder bekommen als Frauen mit höheren Abschlüssen? Weshalb sind die Chancen von Kindern aus Arbeiterfamilien oder aus Familien mit Migrationshintergrund, in Deutschland eine Gymnasialempfehlung zu bekommen, trotz gleicher Leistungsfähigkeit geringer als die von Kindern etwa aus Akademikerfamilien?

Mit solchen und ähnlichen Fragen beschäftigt sich die Soziologie sozialer Ungleichheiten. Ganz allgemein sucht sie nach Erklärungen dafür, aufgrund welcher Gesetzmäßigkeiten soziale Bedingungen zu einer ungleichen Verteilung von Lebenschancen zwischen gesellschaftlichen Gruppen führen. Die Erforschung sozialer Ungleichheiten oder die Sozialstrukturanalyse – wie dieses Teilgebiet der Soziologie auch häufig genannt wird– ist also von mehreren Fragen geleitet. Wann bestehen Ungleichheiten zwischen gesellschaftlichen Gruppen? Wann lassen sich diese Ungleichheiten tatsächlich auf spezifisch soziale und nicht etwa auf biologische, geographische oder psychologische Zusammenhänge zurückführen? Inwiefern wirken möglicherweise biologische, psychologische, sozial-geographische und soziologische Gesetzmäßigkeiten bei der Ausbildung von Ungleichheit zwischen gesellschaftlichen Gruppen zusammen?

Diese Fragen sind weitaus komplizierter als sie vordergründig erscheinen. Denn schon die präzise Identifikation gesellschaftlicher Gruppen erweist sich bei genauerer Betrachtung als relativ schwierig. Handelt es sich um Klassen, Schichten, Milieus oder Lebenslagen? Oder sind es einfach nur Personengruppen mit spezifischen Merkmalen sozialer Positionierung? Was macht also den entscheidenden Unterschied zwischen gesellschaftlichen Gruppen aus? Vielleicht am Ende doch kollektive Konstruktionen wie z. B. soziale Ausgrenzung und Diskriminierung aufgrund von Hautfarbe, Geschlecht oder fehlendem Einkommen?

Forschungen und Publikationen zur Soziologie sozialer Ungleichheit bzw. zur Sozialstrukturanalyse haben in den vergangenen Jahrzehnten stark zugenommen. Dies hat zum einen seinen Grund darin, dass sich die Zahl der Forschungsperspektiven und theoretischen Erklärungsansätze in der soziologischen Ungleichheitsforschung in den letzten 30 Jahren vervielfacht hat. Zum anderen hat es damit zu tun, dass sich die empirischen Forschungsmöglichkeiten – nicht zuletzt im europäischen und weltweiten Vergleich – aufgrund einer stark erweiterten Datenlage enorm verbessert haben. Nicht nur verfügen einzelne Länder über differenzierte amtliche Statistiken und noch tiefer gehende Umfragedatenbanken, sondern es gibt auch internationale Datenbanken wie EUROSTAT oder die OECD-Datenbank oder die Daten der Weltbank oder der Weltgesundheitsorganisation sowie im Bildungsbereich der PISA- und IGLU-Vergleichsstudien, die in vielen Punkten noch unausgeschöpfte Quellen für sozialstatistische Untersuchungen sind.

Gesellschaftsstruktur und Chancenverteilungen | 3.2.1

Wirft man einen Blick in die in stattlicher Zahl vorliegenden deutschsprachigen Einführungswerke zur »Sozialstrukturanalyse« oder »Soziologie sozialer Ungleichheit«, dann trifft man auf eine Inflation von Begriffsabgrenzungen. Schon der Name »Sozialstruktur«, der sich auch mit »Gesellschaftsstruktur« oder »gesellschaftliche Struktur« übersetzen ließe, deutet an, dass es wieder einmal um die Gesellschaft als Einheit, als Ganze geht. Nun haben wir im zweiten Kapitel aber gesehen, dass bei mehreren Autoren eine gewisse Skepsis besteht gegenüber dem Vorhaben, Gesellschaft als Einheit oder als Substanz zu betrachten. In seiner Einführung in die »Sozialstrukturanalyse« übergeht Rainer Geißler diese skeptischen Stimmen, wenn er ganz unbefangen vom »allgemeinen Begriff der Struktur« spricht als einem »Instrument, das dazu dient den inneren Aufbau eines Phänomens zu analysieren« (Geißler 2006, S. 17). Was aber soll dem Ganzen der Gesellschaft entsprechen? Es ist deshalb nachvollziehbar, dass Jörg Rössel fragt: »Was ist eigentlich eine sinnvolle

Einheit für die Sozialstrukturanalyse?« (Rössel 2009, S. 29 ff.) Sehr rasch wird der Nationalstaat als naheliegende Einheit unterstellt, wobei diese Antwort genauso schnell von der Kritik am »Container-Modell« der Gesellschaft (Beck 1998) eingeholt wird.

Sozialstruktur als gesellschaftliches Ganzes?

Faktisch betreibt der Großteil der Sozialstrukturanalytiker Untersuchungen zu Populationen, die als Angehörige des »Containers« Nationalstaat bestimmt werden, dies auch gerade dann, wenn von der »Sozialstruktur Europas« oder von Sozialstrukturen im internationalen Vergleich gesprochen wird. Kaum ein anderes Teilgebiet der Soziologie ist derart stark von einem »methodologischen Nationalismus« geprägt wie die Sozialstrukturanalyse. Im Wesentlichen geht es dort um die empirische Ermittlung der Verteilung von sozialstatistischen Merkmalen innerhalb einer nationalstaatlich bestimmten Population, also etwa um Größen wie Erwerbsquoten, Studierendenquoten oder Scheidungsraten.

3.2.1.1 Ein erstes sozialstrukturelles »Erklärungsmuster«

Sozialstruktur als reguliertes Miteinander?

Trotzdem lässt sich »Sozialstruktur« allgemeiner definieren, wie dies etwa Huinink und Schröder (2008, S. 13) tun, wenn sie »gesellschaftliche Strukturen« bestimmen als »relativ stabile, sich in der Regel nur langsam verändernde Phänomene, die das Miteinander der Menschen in einer Gesellschaft regulieren und ordnen und an denen sich die Menschen mit ihrem Handeln orientieren«. Wenn wir diese Definition auf die Unterscheidung der Regelbegriffe von Detel (→ Kap. 3.1.1.) beziehen, zeigt sich, dass Huinink/Schröder die Position des Regulismus einnehmen. Regeln sind nicht nur faktisch bestehende Verhaltensregelmäßigkeiten, sondern den Handelnden kognitiv als Orientierungsmuster verfügbar. Insofern geht es erneut um die Frage nach den Regelmäßigkeiten sozialen Handelns, allerdings unter anderen Vorzeichen. Entscheidend sind nämlich die denkbaren ungleichen Folgen der gleichen Regelstrukturen für unterschiedliche Gruppen. So bemerkte bereits Anatol France ironisch:»Das Gesetz in seiner erhabenen Gleichheit verbietet den Reichen wie den Armen, unter den Brücken zu schlafen, auf den Straßen zu betteln und Brot zu stehlen.«

Regelstrukturen und Möglichkeiten

Regelstrukturen eröffnen somit Gruppen von Handelnden einerseits Möglichkeiten. Dies wird in der Literatur zumeist als Opportunitäten (Gelegenheitsstrukturen) bezeichnet (z. B. Huinink/Schröder 2008, S. 15). Andererseits bedeuten Regelungen auch Beschränkungen für das Handeln der Gruppe. Hier spricht man zumeist von Restriktionen. Das Wesentliche jedoch ist die Annahme, dass nicht alle Gruppen von Handelnden in einer Gesellschaft gleichermaßen von Gelegenheiten profitieren können oder von Beschränkungen betroffen sind.

Wenn für die in einer Gesellschaft vorherrschende Produktionsweise bspw. der Besitz von Grundeigentum zentral ist, dann ist es von entscheidender Bedeutung ob ein Akteur »Boden« besitzt und wie viel. Es bildet sich dann schnell eine Spaltung der Gesellschaft in Grundbesitzer oder gar Großgrundbesitzer und Landarbeitern. Ähnlich ist es in einer Gesellschaft, in der das Eigentum an industriellen Produktionsanlagen maßgeblich für wirtschaftliches Wachstum ist. Dort differenziert sich die Gesellschaft rasch in Kapitalbesitzer und Lohnarbeiter.

Wenn also Marx und Engels im »Kommunistischen Manifest die Klassen« »Freie und Sklaven, Patrizier und Plebejer, Barone und Leibeigene, Zunftbürger und Gesellen« und nicht zuletzt Fabrikbesitzer und Lohnarbeiter unterscheiden – dann folgen sie dem von Huinink und Schröder hervorgehobenen Charakeristikum der Sozialstrukturanalyse, zunächst eine institutionelle Regelung des gesellschaftlichen Handelns – hier des wirtschaftlichen Handelns durch die Regelung von Eigentum – anzugeben, deren Bestand sich auf verschiedene Gruppen unterschiedlich auswirkt. Wie aber kommt diese Unterschiedlichkeit der Effekte zustande? *Eigentumsverhältnisse als institutionelle Regelstruktur*

Die Begriffe »Ressourcen«, hier vor allem ökonomische Ressourcen, und »Restriktionen« helfen, dies zu erklären. Das Wort »Ressource« kann man gemäß Wörterbuch mit Hilfsmittel oder Handlungsquelle übersetzen. In der Sprache der Wirtschaft meint man damit die natürlichen Rohstoffe als Produktionsmittel, z. B. Erdöl oder metallhaltige Erze. In der neueren Sozialstrukturanalyse wird eine möglichst umfassende Definition von Ressource angestrebt, z. B. als »jede Fähigkeit und jeder Gegenstand unter der Kontrolle eines Akteurs […], die ihm das Erreichen seiner Ziele ermöglicht« (Rössel 2009, S. 40). Wenn also Akteure den Besitz von Mitteln institutionell geregelt haben, dann stellen Besitz und Nicht-Besitz eine diametral unterschiedliche Ressourcenverteilung dar. Die einen Akteure verfügen durch Besitz über einen Gegenstand unter ihrer Kontrolle, die anderen nicht. *Ressourcen*

Von hier aus betrachtet, könnte man den zweiten Begriff – den der Restriktionen – auch als den umgekehrten Fall von Ressourcen betrachten. So bestimmt Rössel ihn im Anschluss an Diekmann/Voss als »jedes soziale und materielle Phänomen […], das den Handlungsspielraum der Akteure einschränkt und nicht unter ihrer Kontrolle steht« (Rössel 2009, S. 40). Die Maschinen, die dem Arbeiter nicht gehören, schränken seinen Handlungsspielraum bei der Ausübung seiner Arbeit ein, denn da sie ihm nicht gehören, unterliegen die Maschinen nur begrenzt seiner Kontrolle. Auf den Takt des Fließbandes und auch auf den weiteren Verkauf der Produkte, die es produziert, hat der Arbeiter keinen Einfluss mehr. *Restriktionen*

Opportunitäten (Gelegenheitsstrukturen), Ressourcen, Restriktionen

Die Sozialstrukturanalyse versucht soziale Ungleichheiten zu bestimmen. Um die Dimension zu charakterisieren, in der sich soziale Ungleichheit entfaltet, interessiert sie sich für das offensichtliche Phänomen, dass sich den individuellen Akteuren im Laufe ihres Lebens unterschiedliche Gelegenheiten bieten. Ungleichheitssoziologen gehen deshalb davon, dass es eine »Struktur« gibt, die dafür verantwortlich ist, dass sich für unterschiedliche Gruppen (Klassen, Schichten, Milieus) systematisch unterschiedliche Möglichkeiten eröffnen.

Diese Struktur von Gelegenheiten wird auch als »Opportunitätsstruktur« bezeichnet, was aber im Grunde das Gleiche bedeutet. Definitorisch wichtiger ist, dass die Struktur der Gelegenheiten aus den Ressourcen besteht, die Akteuren zur Verfügung stehen, sowie aus den Restriktionen, die ihr Handeln beschränken. Die Begriffe »Ressourcen« und »Restriktionen« sind nicht trennscharf voneinander abzugrenzen. Vieles von dem, was der Ressourcenbegriff positiv ausdrückt, lässt sich mit dem Restriktionsbegriff negativ ausdrücken.

→ Mit Ressourcen sind vereinfacht gesprochen Quellen oder Mittel des Handelns gemeint, also das, was dem Handelnden zur Verfügung steht, um handeln zu können. Ohne Schneeschippe ist das Räumen von Schnee schwieriger als mit einer. Ein Räumfahrzeug wäre für größere Flächen als Ressource (als Handlungsmittel) noch optimaler.

→ Restriktionen sind schlicht Einschränkungen in Bezug auf ein Handeln oder in Bezug auf die Verwendung von Handlungsmitteln oder der Ergebnisse, die sich aus dem Handeln ergeben. Ich darf mir die Schippe von der Genossenschaft nur zwischen 9 und 10 Uhr morgens leihen. Oder ich darf, den Privatweg zum See, den ich mit dem Räumfahrzeug vom Schnee befreit habe, selbst nicht benutzen.

Es bleibt aber ein Problem. Zwar haben wir gesehen, dass erstens die gesellschaftliche Struktur auf institutionellen Regelungen (z. B. Eigentumsrechten) beruhen kann, und dass zweitens im Rahmen dieser Regelung zentral bedeutsame Ressourcen oder Restriktionen ungleich zwischen Gruppen von Handelnden verteilt sein können. Aber damit ist noch nicht erklärt, weshalb die eine Gruppe (oder Klasse, Schicht usf.) über Ressourcen verfügt und die andere nicht.

Soziale Position   Eine andere Möglichkeit, direkt mithilfe eines Begriffs der Sozialstrukturanalyse die unterschiedliche Ausstattung von Akteuren mit Ressourcen zu erklären, wäre der Rekurs auf soziale Positionen oder, wie

Huinink/Schröder (2008) im Anschluss an Peter M. Blau sagen, auf »sozialstrukturelle Positionen«. Den Begriff »Position« haben wir bereits kennengelernt (→ Kap. 3.1.2) und ihn als Stelle, die eine Person innerhalb eines Beziehungsgeflechts einnimmt, definiert. Huinink und Schröder gehen ganz ähnlich vor, wenn sie zur Bestimmung von sozialen Positionen zunächst an Max Webers Definition der »sozialen Beziehung« anknüpfen. Bei dieser handelt es sich nach Weber um »ein seinem Sinngehalt nach aufeinander eingestelltes und dadurch orientiertes Sichverhalten mehrerer«, wobei die Beziehung »ganz ausschließlich in der Chance [besteht], dass in einer (sinnhaft) angebbaren Art sozial gehandelt wird, einerlei zunächst, worauf diese Chance beruht« (Weber 1980, S. 13).

Die soziale Beziehung weist also über das soziale Handeln (→ Kap. 2.2) in zwei Punkten hinaus:

a) Das Handeln ist nicht nur an anderen orientiert, sondern das Handeln mehrerer ist aufeinander eingestellt.

b) Das aufeinander eingestellte Handeln mehrerer ist mit einer gewissen Chance erwartbar.

Insofern sind Beziehungen zwar »relational«, d. h., sie sind in ihrem Gefüge aufeinander abgestimmt gegliedert oder aufgebaut, aber eventuell noch instabil, da sie auf einer noch ungenau bestimmten Chance beruhen. Nehmen wir als Beispiel eine Gruppe von Handwerkern, die als Team Tag für Tag gemeinsam Malerarbeiten in verschiedenen Wohnhäusern ausführt. Ihr Handeln ist zwar aufeinander eingestellt, aber dies muss nicht bedeuten, dass innerhalb des Teams schon feste Positionen vergeben sind. Dies wäre erst dann der Fall, wenn einer immer Tapeten schneidet, ein anderer die Tapeten mit Kleister bestreicht, der dritte die Tapeten klebt und der vierte für das Weißen der Tapeten zuständig wäre.

Dementsprechend erweitern Huinink und Schröder ihre Definition um den Begriff des »Beziehungsgeflechts«, den sie von Norbert Elias (1993, S. 109) übernehmen. Mit Beziehungsgeflecht sind dauerhafte Beziehungen zwischen mehreren Akteuren innerhalb eines stabilen Kontexts gemeint. Denken wir hier einfach an das Krankenhausbeispiel (→ Kap. 3.1.2). In einem Krankenhaus nehmen Patienten, Besucher, Personal spezifisch vorbestimmte Positionen (Stellungen) innerhalb eines relativ dauerhaft definierten Beziehungsgeflechts ein.

Beziehungsgeflecht (Elias)

Mit dieser Definition sind wir jedoch noch nicht wesentlich über die Erkenntnisse herausgelangt, die wir bereits im Abschnitt zur Rollentheorie erarbeitet haben. Insofern erscheint die Modifikation des Begriffs »soziale Position« in Richtung »sozialstrukturelle Position« nach Peter M. Blau aussichtsreich. Dazu definieren Huinink/Schröder (2008, S. 23) zunächst einmal den Terminus: »sozialstrukturelle Merkmale« als »Eigenschaften der Mitglieder einer Gesellschaft, die für die Aufnahme

Sozialstrukturelle Position

und Pflege sozialer Beziehungen sowie die Möglichkeiten ihres sozialen Handelns wichtig sind«. Eine »sozialstrukturelle Position« ist dann die »spezifische Ausprägung eines sozialstrukturellen Merkmals bei einem Menschen«. Das scheint ganz einfach: das sozialstrukturelle Merkmal »Einkommen« kann als sozialstrukturelle Position die spezifischen Ausprägungen »3000.- Euro« oder »500.- Euro« aufweisen, das sozialstrukturelle Merkmal »Bildung« die Positionen »Hauptschulabschluss«, »Mittlerer Schulabschluss« oder »Abitur«.

Was ist damit gewonnen? Laut Huinink/Schröder (2008, S. 22 f.) lässt sich mithilfe der sozialstrukturellen Merkmale eine Verteilungsstruktur der sozialen Positionen innerhalb einer Gesellschaft beschreiben. Nur: Ist eine solche Beschreibung nicht schon anhand des Ressourcen- bzw. der Restriktionsbegriff möglich? Und haben wir uns nicht vom Begriff der Position versprochen, dass damit erklärt werden kann, warum ein Positionsinhabern über bestimmte Ressourcen verfügt und über andere nicht bzw. warum er von bestimmten Restriktionen beschränkt wird?

Verteilungsstruktur Interessanter wäre also für die Analyse von Ungleichheit die Hypothese, dass sich die Verteilungsstruktur sozialstruktureller Merkmale aus den Positionen ableiten lässt, die die betreffenden Akteure im Beziehungsgeflecht eines (stabilen) sozialen Kontexts einnehmen. Noch einmal das Krankenhaus als Beispiel: Wenn sich systematisch zeigen ließe, dass die Verteilungsstruktur des sozialstrukturellen Merkmals Einkommen relativ zum Beziehungsgeflecht der dort tätigen Berufsgruppen (z. B. Ärzte, Pflegepersonal, Reinigungspersonal) variiert, wenn also Ärzte regelmäßig über höheres Einkommen als Krankenschwestern verfügen, dann ließe sich behaupten, dass (a) eine systematische Ungleichheit in der Einkommensverteilung vorliegt, die (b) durch eine systematisch ungleiche Verteilung von Berufspositionen im Beziehungsgeflecht des Personals zu erklären ist.

Zwischenergebnis

Ein erstes Erklärungsmodell für soziale Ungleichheit

1. Von sozialer Ungleichheit reden wir dann, wenn eine ungleiche Verteilungsstruktur bezogen auf sozialstrukturelle Merkmale (z. B. Einkommen) vorliegt, die auf ein durch institutionelle Regelungen bedingtes Beziehungsgeflecht zurückgeführt werden kann.

2. Ein Beispiel dafür ist die berufliche Strukturierung von Erwerbseinkommen:
   (a) Wenn Arbeitsmärkte durch Berufstitel bestimmt sind, handelt es sich um eine institutionelle Restriktion der Positionen, die Akteure auf Arbeitsmärkten einnehmen können.

(b) Wenn zudem die Einkommen der Erwerbspersonen mit ihren Berufspositionen zusammenhängen (wie im Fall von Ärzten und Krankenschwestern), dann bedingt die beruflich strukturierte Positionierung der Arbeitskräfte auch die Verteilungsstruktur der Einkommen.

(c) Die Verteilung der Einkommen kann also auf das durch die Institution Beruf (oder Berufstitel) strukturierte Beziehungsgeflecht am Arbeitsmarkt zurückgeführt werden.

3. Von sozialer Ungleichheit lässt sich bezogen auf dieses Beispiel deshalb sprechen, weil

(a) die als ungleich verteilten Merkmale sozialstruktureller Art sind;

(b) die Verteilung dieser Merkmale wiederum auf soziale Sachverhalte (hier: Berufspositionen) zurückgeführt werden kann, die

(c) auf der Basis einer innerhalb eines gesellschaftlichen Kontexts (hier: Arbeitsmarkt) handlungsleitenden institutionellen Regel erzeugt worden sind.

4. Allgemein gilt somit folgender Kausalzusammenhang:

institutionelle Regel $\rightarrow$ **Beziehungsgeflecht** $\rightarrow$ **ungleiche Verteilungsstruktur**

Trotzdem kann man mit diesem ersten Erklärungsmodell aus zwei Gründen unzufrieden sein.

- Der *erste Einwand* betrifft die Anzahl der maßgeblichen (gesellschaftlichen) Faktoren, die zur Erklärung von Ungleichheit herangezogen werden sollen. Im Beispiel Arzt – Krankenschwester wird nur ein Faktor – der Beruf – zur Erklärung der ungleichen Verteilung von Einkommen angeführt. Es ist also zu fragen, wie überzeugend Ein-Faktor-Erklärungen sind und ob der Kausalzusammenhang »institutionelle Regel $\rightarrow$ Beziehungsgeflecht $\rightarrow$ ungleiche Verteilungsstruktur« tatsächlich eine Ein-Faktor-Erklärung darstellt, die Ungleichheiten einzig und allein auf institutionelle Regelungen und deren Folgen zurückzuführen versucht.

- Der *zweite Einwand* betrifft den Umstand, dass die Kausalkette am Punkt der institutionellen Regel abbricht. Es ließe sich nämlich fragen, ob es nicht Ursachen dafür gibt, dass institutionelle Regeln in einem bestimmten gesellschaftlichen Kontext als gültig anerkannt werden. Möglicherweise muss also nach tiefer liegenden sozialen Mechanismen Ausschau gehalten werden.

Drei solcher Mechanismen werden in der Sozialstrukturanalyse immer wieder als Erklärung für soziale Ungleichheit genutzt:

1. Selektionsmechanismen, die für eine Gesellschaft funktional sind,

2. Machtverhältnisse bei der Aushandlung und Reproduktion von Institutionen,
3. Formen der sozialen Schließung.

3.2.1.2 Zur Theorie funktionaler Selektionsmechanismen

Ausgangspunkt funktionalistischer Erklärungen (vgl. Davis/Moore 1973) ist die Vermutung, dass ein Mensch in einer Gesellschaft nicht jede beliebige Stelle einnehmen kann, sondern nur solche für die er sich eignet. Würden Akteure Stellen einnehmen, für die sie nicht geeignet sind, wirkte sich das dysfunktional auf die Gesellschaft aus. Vorausgesetzt also, dass innerhalb einer Gesellschaft Arbeitsteilung vorliegt, die Individuen daher auf unterschiedliche Arbeitspositionen (Stellen) verteilt werden müssen, soll dies »funktional« geschehen. Es sollen somit für die jeweiligen Stellen die am besten geeigneten Personen ausgewählt werden.

Leistung und Anreize   Hier sind unterschiedliche Mechanismen vorstellbar. Eine Variante wäre die Vermittlung über Leistungs- und Qualifikationsanreize. Die Stellen, für die höhere Qualifikationen und Leistungen erforderlich sind, müssten mit höheren Anreizen versehen werden. Sofern man der Voraussetzung folgt, dass die Tätigkeit eines Arztes längere Bildungszeiten und höhere Qualifikationen erfordert als die der Krankensschwester, und wenn man zudem die Leistungsanforderungen an die Ärzte aufgrund ihrer höheren Verantwortlichkeit (z. B. Weisungsbefugnis) als größer einschätzt, dann wäre es funktional, die Ärzte besser zu bezahlen als die Krankenschwestern. Denn um den Aufwand der längeren Bildungszeiten zu kompensieren und die höheren Leistungsanforderungen auszugleichen, muss es mehr positive Anreize – z. B. über die Bezahlung – geben. Ansonsten wäre es klüger, Krankenschwester zu werden. Denn man bekäme dieselbe Gehaltsumme, müsste aber nicht so lange lernen und weniger Verantwortung übernehmen.

Stellen und Zuschnitt von Stellen   Nun hängt diese funktionale Erklärung aber an der Voraussetzung, dass die Leistungsanforderungen und Bildungsvoraussetzungen von Stellen tatsächlich eindeutig zu bestimmen sind. Das scheint vordergründig im Beispiel von Arzt und Krankenschwester der Fall zu sein. Tatsächlich dauert das Medizinstudium länger als die Ausbildung zur Krankenschwester bzw. zum Krankenpfleger und die Entscheidungsbefugnisse und damit die Verantwortlichkeiten des Arztes im Beruf sind größer. Aber muss das so sein? Könnte man nicht die Aufgabenbereiche der Krankenschwestern ausweiten, ihre Entscheidungsbefugnisse vergrößern und sie im Zuge dessen auch länger und umfassender ausbilden? Tatsächlich zeigt sich im internationalen Vergleich, dass die Kompetenzbereiche von Krankenschwestern und Ärzte unterschiedlich

gewichtet werden. Dies ist z. B. das Ergebnis eine Studie von Marian Döhler (1997), der die Gesundheitssysteme Deutschlands, Großbritanniens
und der USA vergleicht. Es ist jedoch schwer zu entscheiden, welche
Form der Arbeitsteilung zwischen Berufsgruppen funktionaler ist. Das
ist schon im Fall des Gesundheitssystems schwierig und wird noch komplizierter, wenn in einer Gesellschaft für alle Arbeitsbereiche festgelegt
werden müsste, welche Berufsgruppe welche Funktionen mit welchen
Leistungsanreizen übernehmen soll.

Ein alternativer Selektionsmechanismus wäre der Markt (Becker **Markt als Selektions-**
1964). Auf dem Markt können Arbeitsleistungen angeboten und nach- **mechanismus**
gefragt werden. Steigt das z. B. Angebot bei gleichbleibender Nachfrage,
sinkt der Preis für die angebotene Arbeitsleistung. Für denjenigen, der
seine Arbeitsleistung anbietet, stellt sich nämlich in diesem Moment die
Unsicherheit ein, dass bei vielen Angeboten gerade seine Leistung nicht
nachgefragt wird. Daher wird es vernünftig sein, die anderen Anbieter
beim Preis für die gebotene Arbeitsleistung zu unterbieten. Ein Beispiel:
Wenn es ein Überangebot von Ärzten gibt, dann ist es aus Sicht der neu
in den Arbeitsmarkt eintretenden Mediziner rational, weniger Lohn zu
akzeptieren, um zu vermeiden, dass sie keine Stelle bekommen und ar-
beitslos werden. Umgekehrt werden im Fall einer steigenden Nachfrage
Krankenhäuser versuchen, besonders gut qualifizierte Ärzte mit hohen
Gehaltszahlungen zu locken.

Im innerberuflichen Vergleich erscheint der Marktmechanismus also **Faktische Schließung**
eine plausible Erklärung für das Verhältnis von Personalauswahl und **von Märkten**
Lohnanreizen zu sein. Lässt sich er jedoch auf den Fall der Gehaltsunter-
schiede von Krankenschwestern und Ärzten übertragen? Jedenfalls
nicht so unmittelbar. Denn ganz offensichtlich werden Stellen intern in
Firmen bzw. Organisationen definiert und nicht auf dem Markt. Und
der organisationsinterne Prozess der Stellendefinition (→ Kap. 3.3.3) besteht nicht nur aus schlichten Festlegungen durch die Organisations-
leitung, sondern vielfach aus komplizierten Aushandlungsprozessen innerhalb und außerhalb von betrieblichen Organisationen, die man in
Deutschland z. B. Tarifverhandlungen nennt. Innerhalb dieser Verhandlungen legen Betriebsleitungen und Betriebsräte, Unternehmerverbände und Gewerkschaften unter gelegentlicher Beteiligung politischer
Schlichter fest, welche Berufe zu welchen Gehaltsgruppen zählen und
auf welche Weise die Entgelte und Löhne dieser Gehaltsgruppen steigen
sollen. Und auch die Berufsbilder einzelner Berufe werden in Deutschland, aber auch in anderen europäischen Ländern nicht ausschließlich
vom Markt festgelegt, sondern ebenfalls in einem komplizierten Ab-
stimmungsprozess zwischen Politik, Arbeitgeber- und Arbeitnehmer-
verbänden und dem Bundesinstitut für Berufsbildung.

3.2.1.3 | Ressourcen und Verhandlungsmacht

Wenn also Aushandlungsprozesse zwischen gesellschaftlichen Gruppen eine derart wichtige Rolle spielen, könnte man denken, dass die Verhandlungsmacht gesellschaftlicher Gruppen für die Regelung des sozialen Beziehungsgeflechts und die daraus folgende Verteilungsstruktur verantwortlich ist. Insofern wäre zu fragen, in welcher Form sich Machtverhältnisse auf die Verteilungsstruktur einer Gesellschaft auswirken können und worauf die Machtverhältnisse selbst wiederum beruhen.

Machtbegriff   Eine Schwierigkeit dieser Argumentation beruht aber darauf, dass der Machtbegriff in der Soziologie als schwer bestimmbar gilt. Von Max Weber stammt z. B. die Aussage, dass der Begriff der Macht »soziologisch amorph« sei. Wenn somit argumentiert wird, dass sich Akteure über ihre Ressourcen eine Machtposition erobern und dazu tendieren, diese zu verteidigen, dann bleibt unklar, worauf die Macht der Akteure oder Akteursgruppen – jenseits von ihren Ressourcen – beruhen soll.

Auf diese Frage wurden verschiedene Antworten gegeben. Eine ist die These, dass bereits kleine Unterschiede in der Wahrnehmung der gegenseitigen Abhängigkeit von zwei Akteuren zur Stabilisierung einer Machtbeziehung führen können. Diese Überlegung hat zuerst Peter M. Blau (1964) in seinem berühmten »Excursus on Love« ausgeführt: Derjenige, der sich in einer Liebesbeziehung stärker vom anderen abhängig fühlt, ist am Anfang häufiger bereit, auf eigene Ansprüche zu verzichten. Auf diese Weise verfestigen sich im Fortlauf der Partnerschaft Machtpositionen. Auf ähnliche Weise könnte man annehmen, dass es auch in Arbeitsbeziehungen zu solchen Abhängigkeitswahrnehmungen kommt. Was z. B. würden die Ärzte tun, wenn die Krankenschwestern für ein höheres Gehalt oder familienfreundlichere Arbeitszeiten streiken würden? Der Erfolg des Streiks würde davon beeinflusst werden, wie stark sich Ärzte (und die Krankenhausleitung) von den Diensten der Krankenschwestern abhängig fühlen.

Macht und Abhängigkeit in sozialen Beziehungen   Allerdings hat die Argumentation einen Haken. Im Fall von Arbeitsbeziehungen ist die Abhängigkeit nicht nur eine gefühlte Abhängigkeit. Je nach Stellung in einem Team, das in Kooperation Arbeitsprozesse ausführt, lässt sich diese selbst als Ressource auffassen. Wenn z. B. Fluglotsen oder Piloten den ganzen Flugverkehr lahmlegen können, ist dies nicht bloß eine gefühlte oder gar eingebildete Abhängigkeit. Sie beruht vielmehr darauf, dass beide Berufsgruppen in einem kooperativen Arbeitszusammenhang eine Schlüsselstellung einnehmen. Wenn es aber nicht immer Macht im Sinne einer wahrgenommenen Abhängigkeit sein kann, sondern es sich um Ressourcenvorteile handelt, die sich Akteure jeweils neu aneignen müssen, wie kommt es dann zu wiederholten Ressourcenvorteilen, was in der Literatur auch als Reproduktion von Mustern der Ressourcenverteilung diskutiert wird? Hier diskutiert die Soziologie besonders den »Matthäus-Effekt«, der auf Robert K. Merton (1968) zurückgeht.

Der Matthäus-Effekt besagt, dass im Fall wiederholter Ressourcenverteilung, derjenige, der am Anfang über Vorteile verfügt, in weiteren Zyklen stärker belohnt wird als derjenige, der am Anfang Nachteile besitzt, frei nach dem Matthäus-Evangelium (25, 29): »Denn wer da hat, dem wird gegeben werden, dass er Fülle habe, wer aber nicht hat, von dem wird auch noch genommen, was er hat.«

Matthäus-Effekt

Sehr gut nachvollziehbar ist der Matthäus-Effekt beim Zusammenhang von Bildungs- und Berufskarrieren. Wer frühzeitig hochwertige Schulabschlüsse erwirbt, erlangt Zugang zu höheren Ausbildungswegen und anspruchsvolleren Berufspositionen, die besser entlohnt werden. Wer mit niedrigen Schulabschlüssen startet, hat Schwierigkeiten, überhaupt einen Beruf zu erlernen, und ist am Ende viel häufiger von Arbeitslosigkeit bedroht. Die Entscheidung über die Gymnasialempfehlung, die in Deutschland in vielen Bundesländern bereits am Ende des dritten Schuljahrs getroffen wird, hat somit erhebliche »kumulative« Effekte auf die Bildungs- und Berufsressourcen, die eine Person im Laufe ihres Lebens zu erwerben vermag.

Zwischenergebnis

Unintendierte Effekte institutioneller Regeln

Institutionelle Regeln – wie z. B. Altersgrenzen – bewirken soziale Ungleichheiten. Der oben dargestellte Mechanismus einer kumulativen Verfestigung von Ressourcenvorteilen (Matthäus-Effekt) ist zwar für sich genommen aufschlussreich, aber bietet letztlich keine Erklärung für die Entstehung sozialer Ungleichheiten, sondern allenfalls Teilerklärungen. Denn das Beispiel der Gymnasialempfehlung macht die ungleiche Wirkung von institutionellen Regelungen sichtbar. Beim Matthäus-Effekt im Bildungssystem ist es der frühzeitige Entscheidungszeitpunkt, der über den weiteren Bildungsweg bestimmt. Dies zeigt, dass es unbeabsichtigte Nebenwirkungen von institutionellen Regelungen geben kann, die zu ungleichen Ressourcenverteilungen führen, die sich über die Zeit rekursiv anhäufen.

3.2.1.4 Soziale Schließung

Definition »soziale Schließung«
Nach Rössel geht es beim Konzept der sozialen Schließung um »die Frage, wie es Akteuren gelingt, bestimmte Chancen oder Ressourcen zu monopolisieren und andere Personengruppen von deren Nutzung bzw. von der Konkurrenz um sie auszuschließen« (Rössel 2009, S. 69). Allerdings grenzt Rössel damit das Phänomen ein. Denn in der zitierten Formulierung impliziert er, dass Akteure versuchen, derartige »Monopolisierungschancen« aktiv auszudehnen. Es wurde bereits darauf hingewiesen, dass es sich beim Matthäus-Effekt um nicht-intendierte Folgen institutioneller Regelungen handelt. Würde man den Definitionsvorschlag von Rössel zugrunde legen, hätte dies für die Theorie der sozialen Schließung zur Folge, dass derartige unintendierte Effekte der Entstehung sozialer Ungleichheit in ihr keinen Platz hätten. Das Erklärungsmodell wäre beschränkt auf die Fälle, in denen Akteursgruppen, die Monopolisierungsstrategien verfolgen, ausfindig gemacht werden könnten. Die mag es sicherlich geben – aber das Erklärungsmodell bliebe doch sehr begrenzt.

Soziale Mechanismen (Collins)
Allerdings finden sich in der Literatur auch Definitionsweisen von sozialer Schließung (z. B. Randall Collins 1979), die primär von »Schließung« als einem »sozialen Mechanismus« über Abschlüsse (Zertifikate) und weniger von Strategien ausgehen. Was bedeutet es, wenn Schließung primär als Mechanismus aufgefasst wird?

Zunächst einmal kann man wie die funktionalistische Ungleichheitstheorie davon ausgehen, dass es unumgänglich ist, Personen für Stellen auszuwählen. Nicht jede beliebige Person kann jede beliebige Stelle besetzen. Wenn es also Stellen in der Gesellschaft gibt, die nicht beliebig besetzt werden können, auf welchen Kriterien beruht dann deren Besetzung? Bereits die funktionalistische Ungleichheitstheorie unterscheidet zwischen erworbenen und zugeschriebenen (askriptiven) Merkmalen, aufgrund derer Personen von der Besetzung auf Stellen ausgeschlossen werden können.

Askriptiv vs. erworben

Definition

Erworbene und zugeschriebene (askriptive) Merkmale

→ Erworbene Merkmale bzw. Eigenschaften sind solche, die eine Person im Leben durch eigene Leistungen erzeugt, z. B. einen Schulabschluss oder eine berufliche Qualifikation.

→ Zugeschriebene (askriptive) Merkmale bzw. Eigenschaften sind solche, die eine Person bereits mit der Geburt besitzt, z. B. Geschlechtsmerkmale, Hautfarbe oder biologische Verwandtschaft (z. B. Kind von).

Die funktionalistische Ungleichheitstheorie geht bspw. davon aus, dass in modernen Gesellschaften Positionen über Leistungsnachweise (Abschlüsse, Zertifikate), d. h. durch erworbene Statusmerkmale (wie Bildung oder Beruf) vergeben werden, während in vormodernen Gemeinschaften und in Familien zugeschriebene Merkmale (wie Geschlecht, phänotypische Körpermerkmale oder biologische Verwandtschaft) maßgeblich gewesen seien. In einer modernen Gesellschaft würde demnach ein Akteur nicht deshalb eine Person zu ihrem Freund machen, weil sie z. B. grüne Augen, rote Haare oder weiße Haut besitzt, sondern weil sie über Eigenschaften verfügt, von denen wir sagen, dass sie ihre Persönlichkeit ausmachen. Auf die gleiche Weise würden wir in modernen Gesellschaften unterstellen, dass eine Person deshalb für einen Arbeitsplatz ausgewählt wurde, weil sie über bestimmte Qualifikationen verfügt, die sie im Laufe ihrer Bildungs- und Berufskarriere erworben hat, und nicht deshalb, weil sie symmetrische und daher attraktiv wirkende Gesichtszüge besitzt.

In den meisten Verfassungen moderner Rechtsstaaten ist dies sogar über Grund- bzw. Bürgerrechte institutionell geregelt. So heißt es in Artikel 21 Absatz 1 der Grundrechtecharta der EU: »Diskriminierungen insbesondere wegen des Geschlechts, der Rasse, der Hautfarbe, der ethnischen oder sozialen Herkunft, der genetischen Merkmale, der Sprache, der Religion oder der Weltanschauung, der politischen oder sonstigen Anschauung, der Zugehörigkeit zu einer nationalen Minderheit, des Vermögens, der Geburt, einer Behinderung, des Alters oder der sexuellen Ausrichtung sind verboten.«

Befunde der Sozialstrukturanalyse oder der Soziologie sozialer Ungleichheit erregen aber gerade deshalb so häufig öffentliche Aufmerksamkeit, weil in den meisten demokratisch verfassten Ländern Diskriminierungen aufgrund von zugeschriebenen Merkmalen statistisch nachweisbar sind, und dies sogar relativ leicht. So haben Frauen trotz gleicher Bildungs- und Berufsabschlüsse nach wie vor erheblich geringere Chancen, in Leitungspositionen von Firmen aufzusteigen, und Menschen mit Migrationshintergrund verfügen vielfach über schlechtere Bildungschancen und darüber vermittelt über geringere Berufsressourcen.

Worauf beruht soziale Schließung?

Schließungsmechanismen beruhen nicht nur auf Urteilsmaßstäben (wie zugeschriebenen oder erworbenen Merkmalen), sondern sie bestehen auch aus Prozeduren, die sicherstellen sollen, dass die Auswahlkriterien zur Geltung kommen. Diese Schließungsprozeduren sind jedoch nicht vor unbeabsichtigten Folgeeffekten geschützt, sodass als sozial wünschenswert geltende Auswahlkriterien konterkariert werden können.

3.2.2 | Klassen und Schichten

Am Ende des letzten Abschnitts haben wir uns relativ ausführlich mit der ersten Schwierigkeit der Sozialstrukturanalyse beschäftigt, mit der Entwicklung eines Erklärungsmodells, in dem ein Mechanismus aufgewiesen wird, der die Entstehung der ungleichen Verteilung sozialstruktureller Merkmale nachvollziehbar macht.

Zur Erklärung von dauerhaften Ungleichheiten zwischen sozialen Gruppen reicht es jedoch nicht aus, auf Effekte hinzuweisen, die sich lediglich auf einzelne sozialstrukturelle Merkmale wie Alter, Bildung, Einkommen oder Erwerbsposition auswirken. In der Sozialstrukturanalyse interessiert die Frage, ob es zur dauerhaften Ungleichheit der gesamten Lebenslage zwischen Angehörigen verschiedener sozialer Gruppen kommt. Dies ist das Thema der traditionsreichen Konzepte zu Klassen und Schichten als Ungleichheitslagen.

3.2.2.1 | Klassen

Beim Begriff der Klasse handelt es sich um ein Einteilungsprinzip, mit dem soziale Gruppen gemäß eines als dominierend vorausgesetzten Prinzips der sozialen Differenzierung bestimmt werden. In der klassischen Soziologie existieren dafür zwei Ansätze:

1. der Ansatz von Karl Marx, der das dominierende Unterscheidungsmerkmal in der Stellung zum Produktionsprozess sieht, genauer in der Frage, ob Akteure über Produktionsmittel verfügen oder nicht;
2. der Ansatz von Max Weber, der Klassenlage nicht wie Marx an einer Kategorie (der Position bzw. Stellung) festmacht, sondern an einer »typischen Chance [...], »welche aus Maß und Art der Verfügungsgewalt (oder des Fehlens solcher) über Güter und Leistungsqualifikationen und aus der gegebenen Art ihrer Verwertbarkeit für die Erzielung

von Einkommen und Einkünften innerhalb einer Wirtschaftsordnung folgt« (Weber 1980, S. 177).

Inwiefern unterscheiden sich die Klassenbegriffe von Marx und Weber eigentlich? Möglicherweise ist die Differenz nicht so groß. Denn im Grunde fehlt bei Marx eine abgeschlossene Klassentheorie. Der dritte Band des »Kapitals« bricht im 52. Kapitel »Die Klassen« nach knapp anderthalb Seiten ab. Es endet mit Fragen wie: »Was macht Lohnarbeiter, Kapitalisten, Grundeigentümer zu Bildnern der drei gesellschaftlichen Klassen? Auf den ersten Blick die Dieselbigkeit der Revenuen und Revenuequellen.« (MEW 25, S. 893).

Klasse und Erwerbsposition

Unter Revenuen und Revenuequellen versteht Marx die Einkünfte, die Akteure aufgrund ihrer Stellung im Gesamtprozess der Produktion und Zirkulation (Umlauf) der Waren erzielen. Im kapitalistischen Prozess der Produktion und Zirkulation sind dies der Arbeitslohn des Arbeiters, der Profit des Kapitalisten (Unternehmers) und die Grundrente des Bodenbesitzers (Grundeigentümers). Allerdings deutet Marx kurz vor dem Abbruch des Manuskripts selbst einen skeptischen Gedanken gegen sein Modell an: »Indes würden von diesem Standpunkt aus z. B. Ärzte und Beamte auch zwei Klassen bilden, denn sie gehören zwei unterschiedlichen Gruppen an, bei denen die Revenuen der Mitglieder von jeder der beiden aus derselben Quelle fließen. Dasselbe gälte für die unendliche Zersplitterung der Interessen und Stellungen, worin die Teilung der gesellschaftlichen Arbeit die Arbeiter wie die Kapitalisten und Grundeigentümer – letztre z. B. in Weinbergbesitzer, Äckerbesitzer, Waldbesitzer, Bergwerksbesitzer, Fischereibesitzer – spaltet.« (MEW 25, S. 893) Damit endet das Manuskript.

Wie hätte Marx wohl im weiteren Text geantwortet? Es ist offenkundig, dass ihm feinere Klassenunterteilungen bekannt waren, sonst hätte er sie an der zitierten Stelle nicht mit in seine Erwägungen einbeziehen können. Aber zugleich deutet der Tonfall der Formulierung »unendliche Zersplitterung« oder des Verbs »spaltet« an, dass es Marx nicht um eine hohe Differenzierung von sozialen Gruppen ging, sondern dass er nach dominierenden Klassen suchte.

Vielleicht lassen sich die Revenuequellen Arbeit, Grundbesitz und Kapital – analog zu Simmel – in eine Inhalts- und eine Formseite unterteilen. Die Grundeigentümer unterschieden sich dann nach dem inhaltlichen Rohstoff, der sich auf ihrem Boden anbauen lässt, die Lohnarbeiter nach den inhaltlichen Arbeitsqualifikationen, die sie erworben haben, und die Kapitalisten nach den Gütern, die sie in ihren Fabriken produzieren. Aber für Marx wären Anbau, Arbeit und Güterproduktion drei wesentlich verschiedene Formen des Wirtschaftens. Sie setzen unterschiedliche »Quellen« (heute würde man sagen »Ressourcen«) voraus,

Revenuequellen = Ressourcen?

die wiederum nach der Form, in der sie sich im Gesamtprozess von Produktion und Zirkulation verwerten lassen, unterschieden werden können. Die aus den Revenuequellen systematisch möglichen Formen der Verwertung – Bodenrente, Profit und Lohn – sind somit jenseits inhaltlicher Unterschiede das zentrale Element der Begründung von Klassen bei Marx.

Weber vs. Marx   Gegen was im Marxschen Modell wendet sich dann eigentlich die Webersche Fassung des Klassenbegriffs? Auch er spricht doch in seiner Definition mit der Formulierung »Art der Verwertbarkeit« eher Formen als Inhalte von Tätigkeiten an. Und mit den vier Klassenlagen »Arbeiterschaft«, »Kleinbürgertum«, »besitzlose Intelligenz und Fachgeschultheit« sowie »Besitzende und durch Bildung Privilegierte« postuliert er lediglich eine Klasse mehr als Marx. Interessant ist dabei, dass Grundbesitzer als einzelne Klasse bei ihm gar nicht vorkommen, sondern irgendwie in »Besitzende und durch Bildung Privilegierte« enthalten sein dürften. Weber führt also vor allem neben der Arbeiterschaft, die Marx ebenfalls nennt, mit dem »Kleinbürgertum« sowie der »besitzlosen Intelligenz und Fachgeschultheit« zwei Klassen ein, die über abhängige Beschäftigung – sei es im Handel oder im Dienstleistungssektor – Einkünfte erzielen.

Neuere Klassenmodelle   In den letzten Jahrzehnten haben sich die neo-marxistischen Modelle der Weberschen Argumentation stark angenähert, ja, diese in bestimmten Hinsichten an Differenzierungsleistungen sogar übertroffen. Besonders relevant sind die Klassifikationsversuche von Erikson u. a. (1979). Sie zeichnen sich dadurch aus, dass sie die beruflichen Positionierungen der Akteure im Wirtschaftsprozess gerade für die verschiedenen Gruppen der abhängig Beschäftigten wesentlich differenzierter und präziser auszuweisen vermögen.

Soziale Mobilität   Für das Klassenkonzept besteht die soziale Ungleichheit in der Verursachung einer geringen sozialen Mobilität, vor allem im Hinblick auf vertikale Mobilität. Soziale Mobilität bezeichnet das Ausmaß, in dem Akteure innerhalb ihres Lebenslaufs oder im Rahmen der intergenerationalen Weitergabe zwischen Eltern und Kindern zwischen Klassenpositionen wechseln können. Vertikale Mobilität fokussiert auf die Positionswechsel der Abstiege und Aufstiege. Ist der Wechsel zwischen Klassenpositionen leicht möglich, spricht man von hoher vertikaler Mobilität, ist der Wechsel beschränkt von niedriger vertikaler Mobilität.

Klasse bei Marx und Weber, soziale Mobilität

Marx und Weber bestimmten Klassen als Ausgangspunkt sozialer Ungleichheit. Klassen werden durch die Stellung von Akteure im ökonomischen Prozess bestimmt, z. B. über den Besitz von Produktionsmitteln oder die Arbeitstätigkeit. Ungleichheit ist dadurch bedingt, dass Akteure innerhalb ihres eigenen Lebens nicht zwischen Klassenpositionen hin und her wechseln können. Es gibt somit kaum »soziale Mobilität«, wenig Bewegung, wenig Wechsel zwischen Akteuren in ihren Klassenpositionen. Zudem werden diese Klassenpositionen oftmals von den Eltern an ihre Kinder »vererbt«, sodass es auch zu einer Immobilität der Klassenpositionen zwischen den Generationen kommt.

Schichten

3.2.2.2

Der soziologische Schichtbegriff unterscheidet sich vom Klassenbegriff in mehreren Punkten. Wesentlich ist die Differenz im Hinblick auf die vermutete Mobilität zwischen den Schichten. Während Marx und Weber von einer Immobilität zwischen den Klassen ausgingen, wird im Schichtkonzept eine Mobilität bzw. soziale Durchlässigkeit zwischen Schichten für möglich gehalten. Der Klassenbegriff ist eher auf den Unterschied in einer Kategorie, der Schichtbegriff auf graduelle Unterschiede hin angelegt, wie die häufig vorgenommene Einteilung in Ober-, Mittel- und Unterschicht bereits sprachlich andeutet. Der Schichtbegriff ist zudem kompatibel mit der funktionalistischen Erklärung der Sozialstruktur, insbesondere im Hinblick auf die Annahme, dass Schichtdifferenzen überwiegend auf erworbenen Merkmalen beruhen.

Für die Entwicklung der Sozialstrukturanalyse hat das Schichtungsmodell von Theodor Geiger eine besondere Rolle gespielt. Ähnlich wie Weber hält Geiger es für notwendig, die mittleren Lagen der Gesellschaft feiner zu unterscheiden. Er beginnt dabei mit einer »Rohgliederung« in drei »soziale Lagen« und differenziert diese in eine »Tiefengliederung« von fünf Schichten aus: in »Kapitalisten«, »mittlere und kleinere Unternehmer«, »Tagewerker auf eigene Rechnung«, »Lohn- und Gehaltsbezieher höherer Qualifikation« und »Lohn- und Gehaltsbezieher minderer Qualifikation« (Geiger 1932, S. 24). Wichtig ist außerdem, dass Geiger neben den eher objektiven Positionsmerkmalen auch subjektive Merkmale wie Mentalitäten berücksichtigt. An die Modelle von Geiger knüpften in den 1950er und 1960er Jahren Ralf Dahrendorf (1965)

Schicht und Mentalität (Geiger)

mit seinem »Hausmodell« und Karl Martin Bolte (1967) mit seiner berühmten »Zwiebel« als Visualisierungen des sozialstrukturellen Aufbaus der Bundesrepublik Deutschland an. In der heutigen Soziologie ordnet sich vor allem Rainer Geißler (2006) mit seinen Analysen zur »Sozialstruktur Deutschlands« in diese Forschungslinie ein.

Die Schichtmodelle spiegeln außerdem gut die Struktur wohlfahrtsstaatlich organisierter Gesellschaften, die über kontinuierliche Reformprozesse darauf achten (müssen), welcher Mobilitätsgrad zwischen den Schichten in ihnen gegeben ist. So machten Hansgert Peisert (1967) und Ralf Dahrendorf in der 1960er Jahren die »katholische Arbeitertochter vom Lande« als Sozialfigur ausfindig, deren geringe Bildungs- und Berufsmobilität es durch Reformprozesse zu steigern galt, während es heute mehr um die muslimischen Migrantensöhne in bestimmten großstädtischen Quartieren (Geißler 2005) geht.

Nivellierung als These

Seit den 1950er Jahren haben Soziologen vermehrt das Verblassen von Schichtdifferenzen diagnostiziert. Besonders prominent wurden die These von der »nivellierten Mittelstandsgesellschaft« des Münsteraner Soziologen Helmut Schelsky Ende der 1950er Jahre und die Vermutung einer zunehmenden »Individualisierung sozialer Ungleichheit« – »jenseits von Stand und Klasse« – durch den Münchener Soziologen Ulrich Beck. Wir kommen im nächsten Abschnitt anhand des Lebenslagenmodells darauf zurück.

Zwischenergebnis

Schichtenmodelle

Schichtenmodelle versuchen gesellschaftliche Gruppen vertikal (von oben nach unten) in verschiedene Schichten zu unterteilen. Dabei nutzen sie als Einteilungskriterien neben objektiven Positionsmerkmalen (wie Berufsstatus, Einkommen, Erwerbsposition) auch subjektive Indikatoren wie »Mentalitäten«. In der neueren Schichtsoziologie wird seit Schlesky auch die Möglichkeit der Aufhebung, zumindest der Angleichung (Nivellierung) von vertikalen Schichtunterschieden diskutiert.

Lebenslage und soziale Milieus | 3.2.3

Von Klassen und Schichten zu Milieus und Lebenslagen | 3.2.3.1

Im letzten Abschnitt wurde bereits angedeutet, dass auch das Schichtmodell für die gegenwärtige Gesellschaft immer häufiger infrage gestellt wurde. Aus den vielfältigen Gründen, die in der Literatur dazu ausgeführt wurden, werden hier drei herausgegriffen.

Argumente gegen das Schichtmodell

1. Schon Helmut Schelsky wendete sich mit seinem Begriff der »nivellierten Mittelstandsgesellschaft« gegen eine in der Ungleichheitsforschung vorherrschende Betrachtung von »Oben-Unten-Unterschieden« bei der gesellschaftlichen Positionierung von sozialen Gruppen. Er argumentierte, dass die Mehrheit einer modernen Gesellschaft in deren Mitte zu verorten sei. Die Oben-Unten-Unterschiede der Gesellschaft hätten sich »nivelliert«, ausgeglichen und eingeebnet.

2. Ulrich Beck merkt an, dass die Bedeutung der »Individualisierung« der Akteure in den sozialstrukturellen Analysen zwar immer mit angesprochen wurde, das dies aber nicht konsequent genug verfolgt worden sei. Denn bereits Marx habe auf die Freisetzung der Arbeiter verwiesen und ähnlich auch Weber auf den zurückgehenden Einfluss der sozialen Bestimmung des Individuums durch Stände und Klassen. Beck beabsichtigt mit seinem Hinweis auf die Individualisierung nicht, die Chancenunterschiede der Angehörigen verschiedener Klassen oder Schichten zu leugnen. Was er aber beobachtet, ist der Umstand, dass den einzelnen Akteuren trotz ihrer Klassen- und Schichtlage zugerechnet und zugemutet wird, ihre Geschicke selbst in die Hand zu nehmen, sich also in diesem Sinne zu »individualisieren«. Es mag richtig sein mit Marx darauf hinzuweisen, dass der freigesetzte Arbeiter nicht wirklich frei ist, aber ihm wird zugemutet so zu handeln, als wäre er frei in seinen Entscheidungen – auch wenn sich ihm wegen mangelnder Ressourcen und damit zusammenhängender Restriktionen nicht alle möglichen Gelegenheiten bieten.

3. Die Beobachtung, dass sich die Lebenslagen und Milieus in der heutigen modernen Gesellschaft pluralisiert haben, führt Stefan Hradil (1992) gegen ein Schichtmodell, das die Oben-Unten-Unterschiede betont, an.

Lebenslage und soziale Lage

Mit den Konzepten der sozialen Lage und der Milieus sollen noch konsequenter, als dies bereits bei Theodor Geiger der Fall war, die subjektiven Sichtweisen und die kulturellen Lebensstile der Akteure bei der Untersuchung von sozialen Ungleichheiten berücksichtigt werden. Dadurch werden die zentralen Begriffe definitorisch weiter geöffnet. Als »Lebenslage« bestimmt Stefan Hradil (2010, S. 228) aktuell »die jeweilige

Konstellation vorteilhafter und nachteiliger Lebensbedingungen« einzelner Personen. An dieser Bestimmung zeigt sich bereits, dass ein Mehr-Faktoren-Modell angestrebt wird. Es geht um die Konstellation, um das Zusammentreffen mehrerer Bedingungen in der aktuellen Lebenssituation einer Person. Nun fügt Hradil dem Begriff »Lebenslage« noch den der »sozialen Lage eines Menschen« hinzu, die sich danach richtet, »welche Determinante seine (un)vorteilhaften Lebensbedingungen hauptsächlich bestimmt, z. B. die berufliche Stellung als Facharbeiter oder die Stellung als Rentner« (ebd., S. 229). Das bedeutet aber, dass auch wenn im ersten Schritt bei der Bestimmung der Lebenslage einer Person vielfältige Bedingungen einbezogen werden, die Analyse der sozialen Lage eine Reduktion dieser Bedingungen auf einige wenige Faktoren, vielleicht sogar nur auf einen, anstrebt.

Milieu Nun sind die Analytiker der sozialen Lage nicht nur daran interessiert, die Lebenslage von Menschen auf grundlegende »Determinanten« zurückzuführen, sondern sie wollen diese auch mit einer Milieuzugehörigkeit und einem Lebensstil in Verbindung bringen. Milieus werden dabei zumeist über zwei Eigenschaften bestimmt: eine Gruppe mit einem gemeinsamen Lebensstil und einem gewissen Ausmaß an Binneninteraktion bzw. Binnenkommunikation. Akteure, die zum selben Milieu gehören, ähneln sich somit erstens in dem Stil der (beruflichen, familiären, freizeitmäßigen und sonstigen) Aktivitäten, die sie ausüben, und stehen zweitens miteinander in einem interaktiven und kommunikativen Kontakt; sie unterhalten Beziehungen innerhalb eines eher lockeren sozialen Netzwerks.

3.2.3.2 | Milieu, Habitus und Distinktionspraktiken

Die Möglichkeit, soziale Lagen auch als Resultat kultureller Prozesse zu begreifen, finden wir bei Pierre Bourdieu. Weltweit prominent wurde er durch die Untersuchung der Lebensstile und Milieus der französischen Gesellschaft der 1960er und 1970er Jahre in dem Buch »La distinction« (dtsch. Die feinen Unterschiede). In dieser Arbeit fasst Bourdieu Kultur als eine Ressource auf, die sich innerhalb der gesellschaftlichen Praxis und in den gesellschaftlichen Auseinandersetzungen (Kämpfen) nutzen lässt. Seine Kulturauffassung knüpft an den Kapitalbegriff von Marx an, ergänzt aber dessen vorwiegend ökonomische Definition des Kapitals um soziale, kulturelle und symbolische Dimensionen. Dementsprechend sind die sozialen Auseinandersetzungen nicht nur durch materielle Interessen der Klassen bestimmt, sondern auch durch symbolische Unterscheidungen. Bourdieu spricht von Distinktionskämpfen. Dabei unterscheiden sich Klassen oder Milieugruppen anhand ihrer Lebensstile. Die Milieus bzw. ihre Lebensstile sind nicht nur durch die Stellung im ökonomischen Produktionsprozess bestimmt (wie bei Marx), sondern auch durch ihre jeweilige Ausstattung mit ökonomischen, sozialen und kulturellen Ressourcen, die Bourdieu eben als Kapital bezeichnet.

Definition

Symbole und Distinktionen

Symbole sind Sachverhalte, die nicht nur für sich selbst stehen, sondern noch etwas Zusätzliches repräsentieren. Die Farbe des Autos ist nicht nur rot, sondern sie repräsentiert die Eigenschaft des Fahrzeugs der Feuerwehr anzugehören. Wenn Bourdieu von symbolischem Kapital spricht, dann scheint dies dem kulturellen Kapital nahezukommen. So steht ein Diplom, das an der Oxford University erworben wurde, nicht nur für den erfolgreichen Abschluss eines Studiums, sondern auch für das Studium an einer renommierten Universität. Damit ist es nicht nur ein Bildungstitel im Sinne des zertifizierten kulturellen Kapitals, sondern es »symbolisiert« noch mehr Prestige aufgrund des guten Rufes der Universität.

Den Symbolen wohnt insofern neben der grundlegenden Eigenschaft, etwas zu repräsentieren, noch ein zweites Merkmal inne. Sie ermöglichen Unterscheidungen, durch die sie sich voneinander abheben. Ein Abschluss an der Universität Oxford gilt mehr als Abschluss an der Universität von Huddersfield. Deshalb können Akteure Symbole zum Zweck der Distinktion nutzen. Distinktionen sind Versuche, sich durch symbolische Unterschiede positiv von anderen abzuheben. Die Verfügung über Symbole lässt sich deshalb als Kapital auffassen, weil sie mir ermöglicht, symbolische Unterschiede im Kampf um Distinktion einzusetzen.

Im Folgenden gilt es zu klären, wie sich die Bourdieu'schen Kapitalformen zur allgemeinen Bestimmung des Kapitals, die aus der Ökonomie stammt, verhalten. Marx beispielsweise bestimmte Kapital als »sich selbst verwertender Wert«. Gemeint ist damit das Verhältnis eines investierten Geldbetrags zum Ertrag der Investition und der aus diesem Verhältnis errechenbare Profit (bzw. die Rentabilität).

Es geht also darum, dass zu einem bestimmten Zeitpunkt ($t1$) eine bestimmte Geldmenge (G) zum Kauf von W (Maschinen und Arbeiter) ausgegeben wird, die im Zeitraum ($t2$) eine spezifische Warenmenge produzieren, die wiederum zum Zeitpunkt ($t3$) einen bestimmten Umsatz

Ökonomisches Kapital

(Erlös) erwirtschaftet hat. Die Differenz der Geldmenge des Umsatzes (G')
zum Zeitpunkt t3 zur ausgegebenen Geldmenge G, ergibt den Gewinn
(g = G' – G). Dividieren wir den mit »g« bezeichneten Gewinn nun noch
durch die ursprünglich (zum Zeitpunkt t1) eingesetzte Geldmenge G, haben wir den Profit. Die Wertschöpfung lässt sich dabei sowohl in der
neu produzierten Warenmenge als auch in ihrem Verkauferlös (in Geld)
darstellen.

Ökonomisches Kapital bedeutet nach dieser allgemeinen Vorstellung
den Einsatz einer ökonomischen Ressource (Vermögen ausgedrückt in
Geld) zur Steigerung zukünftig verfügbarer ökonomischer Ressourcen.
Lassen sich nun soziales und kulturelles Kapital in ähnlicher Form einsetzen?

Soziales Kapital   Um den Kapitalbegriff zu erweitern, definiert Bourdieu soziales Kapital als Ressourcen, die mit dem »Besitz eines dauerhaften Netzes von Beziehungen […] verbunden sind« (Bourdieu 1992, S. 63). Soziales Kapital
geht somit über einmalige, temporäre oder nur sporadische Beziehungen hinaus. Gemeint sind vielmehr soziale Kontakte, auf die ein Akteur
zu späteren Zeitpunkten wieder zurückgreifen kann. Beziehungen zu
Personen, die sich zu späteren Zeitpunkten ansprechen und zur Hilfe
verpflichten lassen, können auch genutzt werden, um Unterstützung
bei der Erlangung von Ressourcen auf verschiedenen Gebieten zu erhalten. Freunde lassen einen bei Klausuren abschreiben, damit Bildungskapital erworben werden kann, leihen einem Geld, helfen beim beruflich bedingten Umzug, vermitteln Ansprechpartner bei Bewerbungen
um einen Job usf.

Arten des kulturellen   Kulturelles Kapital besteht nach Bourdieu aus verschiedenartigen Ka-
Kapitals   pitalarten:

1. aus institutionalisiertem kulturellen Kapital; damit meint Bourdieu
   vor allem Bildungstitel. Dazu zählt alles, was in Form von Zertifikaten
   vorliegt: Schulzeugnisse, Abschlussurkunden, Arbeitszeugnisse, Di-
   plome usf.;
2. aus objektiviertem kulturellen Kapital; darunter versteht Bourdieu
   alle Kulturgegenstände wie Bildungsgüter (Bücher, Musiknoten, Bilder) und sonstige materialisierte Ausdrücke der Kultur, die man als
   Gegenstand besitzen kann (z. B. ein Klavier, eine Briefmarkensamm-
   lung, einen Weinkeller, eine Angelausrüstung oder ein Netbook);
3. aus inkorporiertem kulturellen Kapital oder dem Habitus; hiermit
   sind die Fähigkeiten und Fertigkeiten gemeint, die Bildungstitel und
   die Kulturgegenstände zu nutzen, also die Art und Weise, wie mit
   Kultur umgegangen wird. Wie nehmen Akteure Kulturgegenstände
   wahr, wie beurteilen sie Kulturgegenstände, was vermögen sie an ihnen zu entdecken, was tun sie mit ihnen? Haben sie die Bücher bspw.

nur im Schrank stehen oder lesen sie darin. Können sie mit anderen über die Kunstwerke in ihrer Wohnung oder in einer Ausstellung diskutieren? Vermögen sie es, die Bildsprache eines Kinofilms zu interpretieren und an den richtigen Stellen zu schmunzeln?

Das Positionssystem der Gesellschaft – den sozialen Raum – sieht Bourdieu nun als eine Art Koordinatensystem an, das durch die Achsen des Kapitalvolumens und der Kapitalformen bestimmt ist. Abbildung 4 veranschaulicht die Resultate einer empirischen Analyse des sozialen Raums im Frankreich der 1970er Jahre (vereinfachte Darstellung der Ergebnisse aus Bourdieus Studie »Die feinen Unterschiede«). **Sozialer Raum**

In der Vertikalen markiert die Y-Achse das Kapitalvolumen – also schlicht den Umfang der Kapitalform, über den Angehörige bestimmter Milieus verfügen. Die X-Achse markiert als binäre Oppositionen die Pole des kulturellen Kapitals (nach links zunehmend) und des ökonomischen Kapitals (nach rechts zunehmend). Soziales Kapital wurde in dieser Darstellung nicht berücksichtigt.

Abbildung 4 verdeutlicht den sozialen Raum einerseits in Form der Berufstitel, also anhand der Kapitalart der kulturellen Zertifikate bzw. des offiziell durch Titel bescheinigten kulturellen Kapitals. Die Abbildung weist daraufhin, dass bereits auf der Grundlage des durch Titel bescheinigten kulturellen Kapitals weitere Unterschiede im Hinblick auf das Volumen des Kapitals und der Gewichtung der Kapitalform hervorgebracht werden. Ein Ausbildungsabschluss in einem freien Beruf hängt nach der Abbildung etwa mit dem Besitz eines hohen Kapitalvolumens beim ökonomischen Kapital zusammen; ein Berufstitel als Kunstproduzent dagegen würde viel kulturelles Kapital nach sich ziehen. Der Berufstitel sagt damit etwas über die Chancen aus, die mit diesem Abschluss im Hinblick auf mögliche ökonomische und kulturelle »Gewinne« verbunden sind. Angehörige freier Berufe (wie Rechtsanwälte, Ärzte) erlangen auf dem Arbeitsmarkt ökonomisch günstige Positionen. Ihr Titel lässt sich also gut ökonomisch verwerten. Kunstproduzenten dagegen sind ökonomisch nicht so erfolgreich, haben aber hohe Chancen, im Kulturbereich Anerkennung zu erlangen.

Bourdieu prüft nun, ob sich die beiden anderen Arten des kulturellen Kapitals (die materialisierten Kulturgüter und das inkorporierte Kapital) analog verteilen. Er fragt danach, ob eine signifikant von der Zufallsverteilung abweichende Übereinstimmung von Bildungstiteln und Bildungsgütern besteht und ob gar die in Kompetenzen (wie Klavier spielen) sichtbare inkorporierte Kultur ebenfalls analog zu den Bildungstiteln und Kulturgegenständen ausschlägt.

Abbildung 4 zeigt Bourdieus empirische Überprüfung. Dazu liest er das materialisierte Kulturkapital an den Gütern ab, die von verschiede- **Kulturgüter und Lebensstile**

Abb. 4 | **Sozialer Raum und Lebensstile**

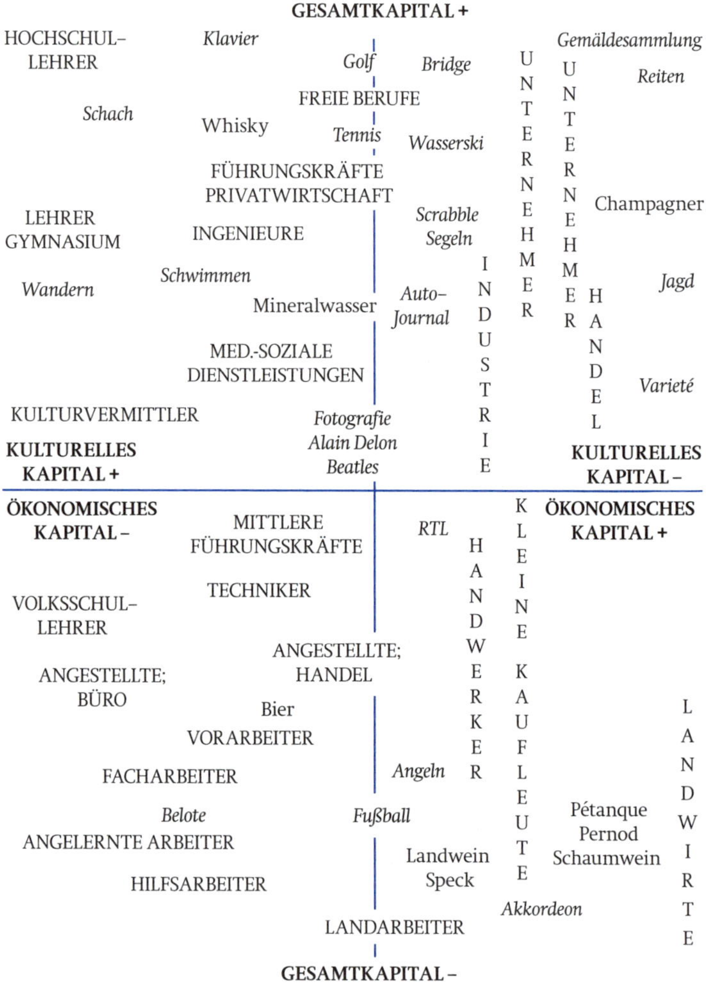

GESAMTKAPITAL +

HOCHSCHUL-LEHRER	*Klavier*		Gemäldesammlung
	Golf *Bridge*	U N T E R N E H M E R	U N T E R N E H M E R *Reiten*
Schach	FREIE BERUFE		
	Whisky *Tennis* *Wasserski*		
	FÜHRUNGSKRÄFTE PRIVATWIRTSCHAFT		Champagner
LEHRER GYMNASIUM	INGENIEURE *Scrabble* *Segeln*		
Wandern	*Schwimmen*	I N D U S T R I E	H A N D E L *Jagd*
	Mineralwasser *Auto-Journal*		
	MED.-SOZIALE DIENSTLEISTUNGEN		*Varieté*
KULTURVERMITTLER	*Fotografie*		
KULTURELLES KAPITAL +	*Alain Delon* *Beatles*		**KULTURELLES KAPITAL -**
ÖKONOMISCHES KAPITAL -	MITTLERE FÜHRUNGSKRÄFTE *RTL*	K L E I N E	**ÖKONOMISCHES KAPITAL +**
	TECHNIKER	H A N D W E R K E R	
VOLKSSCHUL-LEHRER			
ANGESTELLTE; BÜRO	ANGESTELLTE; HANDEL		
	Bier		L A N D W I R T E
	VORARBEITER	K A U F L E U T E	
FACHARBEITER	*Angeln*		
Belote	*Fußball*		Pétanque Pernod
ANGELERNTE ARBEITER			Schaumwein
HILFSARBEITER	Landwein *Speck*		
			Akkordeon
	LANDARBEITER		

GESAMTKAPITAL -

Quelle: Bourdieu 1982, S. 212–213 (vereinfachte Darstellung)

nen Gruppen konsumiert werden. Das inkorporierte Kapital wird anhand der Freizeitaktivitäten der Gruppen ermittelt, die Bourdieu auch als Ausdruck des Lebensstils ansieht. Für die Gruppen der freien Berufe sehen wir den Besitz eines »Klaviers« oder den Konsum von Whisky als materialisierte Kulturgüter und die Lebensstilaktivitäten Golfspielen,

Tennis und Bridge. Bei den Arbeitern: Akkordeon und Bier als materialisierte Kulturgüter; Fußball und Angeln als Lebensstilaktivitäten, die auf das inkorporierte Kapital verweisen.

Die materialisierten Kulturgüter und Lebensstilaktivitäten als inkorporiertes Kulturkapital weisen bei den Freiberuflern deutliche Züge der Verfeinerung (z. B. Vergleich Klavier/Akkordeon) und des Abstands von der Körperlichkeit auf. Golf etwa spielt man nicht mit der Hand oder mit dem Fuß, sondern mit einem Schläger. Ähnliches gilt für die ebenfalls bei Freiberuflern beliebte Sportart des Tennis. Schach ist ein Spiel, das kognitiv sehr raffiniert ist, während Fußball als Hobby sehr körperbetont ist und das Angeln mit einem stark körperbezogenen Gebrauchswert einhergeht. Man kann sich die geangelten Fische später einverleiben, während das Schachspiel lediglich einen symbolischen, aber keinen leiblichen Genuss kennt. Soziale Unterschiede sind – um auf die Ausgangsfrage zurückzukommen – somit immer zugleich auch kulturelle Unterschiede. Sie beruhen auf symbolischer Distinktion.

Bourdieus Theorie des Kampfes um symbolische Unterscheidungen wird in dem schönen – weil knappen, aber präzisen – Einführungsbuch »Bourdieu lesen« von Christian Papilloud (2003) auf eine Formel gebracht: $[H \times K] + F = P$

Bourdieus Praxisformel

Dabei stehen H für Habitus, K für Kapitalarten und F für soziale Felder. Der letztgenannte Begriff weist daraufhin, dass es nicht nur *einen* sozialen Raum gibt, sondern dass die Gesellschaft in verschiedene Teilbereiche bzw. Funktionssysteme (→ Kap. 3.4) – wie Wirtschaftssystem, Politikbereich, Bildungswesen, Kulturbereich, Feld der Kunst – untergliedert werden kann. Das bedeutet, dass je nach sozialem Feld andere Kombinationen aus ökonomischen, sozialen und kulturellen Kapital gefragt sind. Im Wirtschaftsbereich spielt das ökonomische Vermögen und die sozialen Netzwerke, über die ein Akteur verfügt, sicher eine bedeutsame Rolle, während im Literaturbetrieb vermutlich das kulturelle Kapital und die sozialen Beziehungen zu anderen Künstlern und zu Kunstvermittlern im Zentrum stehen. Die soziale Praxis (in der Formel dargestellt durch P) ist somit ein Zusammenspiel der Faktoren Habitus (H), Kapital (K) und soziales Feld (F).

Etwas überraschend an der Formel ist allerdings der Umstand, dass der Habitus darin zweimal vorkommt – nämlich zum einen als eigener Faktor (H) und zum anderen als Teilart des kulturellen Kapitals (Faktor K), da Habitus als inkorporierte Kapitalart darin ebenfalls enthalten ist. Daran zeigt sich, dass der Habitus eine besondere Größe für Bourdieu darstellt. Sie ist nicht nur die akkumulierte Kompetenz eines Akteurs und damit kein schlichtes Haben von etwas, sondern sie ist vor allem ein Verfügen-Können über etwas. Und das Verfügen-Können meint insbesondere die Fähigkeit des Umgehen-Könnens mit den Ressourcen, die man besitzt. Daher vermag der Habitus die als Kapital (Vermögen) angehäuften Ressourcen zu multiplizieren und kommt nicht einfach nur als eine weitere Kapitalsorte hinzu.

Zwischenergebnis

Kapital, Habitus und sozialer Raum

1. Die Verteilung der Kapitalarten (ökonomisches, soziales und kulturelles Kapital) macht den sozialen Raum bestimmbar. Insofern lässt sich in der Theorie eine Gesellschaftsstruktur angeben.
2. Aus der Gesellschaftsstruktur lässt sich die soziale Ungleichheit (Habitus, Ressourcen und Platzierung im sozialen Raum) ableiten.
3. Unklar bleiben die Impulse, die von den im Raum platzierten Milieus und Gruppierungen ausgehen. Bourdieu spricht eher von »sozialen Figuren« – wie dem »homo academicus« oder dem »Kleinbürger« – als von Schichten oder Klassen.
4. Insofern bleibt hier das Verhältnis von Sozialstruktur und sozialem Wandel unterbestimmt (Tendenz zur Strukturkonservanz). Unterbestimmt und unklar bleibt in der kulturanalytisch erweiterten Milieutheorie, wie es zu gesellschaftlichen Strukturtransformationen kommt. Wie die Markttheorie mit dem Konkurrenzmechanismus stellt die Milieutheorie mit den Distinktionskämpfen einen Dauerkonflikt ins Zentrum der Analyse. Damit bleibt aber unverständlich, wie und unter welchen Bedingungen von dem in verschiedenen Gesellschaftsformen denkbaren Kampf um Unterscheidung sozialer Wandel ausgehen könnte.

3.2.3.3 | Von Bourdieu zur aktuellen Lebensstilforschung

Lebensstilgruppen   Die neuere Ungleichheitsforschung zu sozialen Lagen, Milieus und Lebensstilen in Deutschland hat sich an der empirischen Vorgehensweise Bourdieus orientiert. Anhand von umfangreichen Befragungen und auch durch Beobachtungen in einzelnen Milieus bestimmt sie gesellschaftliche Gruppen, die als »soziale Milieus« (z. B. Vester 2004) oder »Lebensstilgruppen« (Schneider/Spellerberg 1999) bezeichnet werden. Ganze Forschungsinstitute sind mit der Erhebung von Daten über Milieus und Lebensstile beschäftigt. Was dabei als Erstes beschrieben wird, sind die Werthaltungen, Einstellungen, Meinungen und Aktivitätsstile, in denen Gruppen übereinstimmen. So teilt Michael Vester soziale Milieus über Charakterisierungen wie »Konsum-Materialisten«,

»Konservative«, »DDR-Nostalgiker« oder »Experimentalisten« ein. Schneider/Spellerberg unterscheiden Lebensstilgruppierungen wie »traditionelle, zurückgezogen Lebende«, »Expressiv-Vielseitige«, »einfach Lebende, arbeitsorientierte Häusliche« oder »hochkulturell Interessierte, sozial Engagierte«.

Die Charakterisierungen der Gruppen sind dabei nicht als exakte Definitionen zu lesen, sondern eher als Etikettierungen, die auf Schwerpunkte der Lebensstile hindeuten sollen. Vester sieht etwa in seinen Untersuchungen zu sozialen Milieus gesellschaftliche Grundorientierungen in traditionellen und modernen Werthaltungen oder in einer Haltung der Experimentierfreude und Neuorientierung. Schneider und Spellerberg wiederum verorten die Unterschiede im Aktionsradius der Person, der häuslich oder außerhäuslich liegen kann, sowie in den kulturellen Vorlieben, die populär-volkstümlich, modern bis etabliert sein können.

Kennzeichnend für diese Art der Forschung ist somit das Bestreben, im ersten Untersuchungsschritt eine Vielzahl von Gruppen mit unterscheidbarer sozialer Milieuzugehörigkeit, Lebenslage oder Lebensstil zu identifizieren und diese Gruppen dann auf die Wirkung weniger Faktoren wie Alter, Bildungsstatus, Schichtzugehörigkeit, Grundorientierung, kulturelle Vorlieben oder Aktionsradius zurückzuführen.

Auch wenn die Konzepte der Lage, der Milieuzugehörigkeit und des Lebensstils den Vorzug besitzen, dass sie zum einen viele Faktoren einbeziehen und zum anderen die gesellschaftliche Position nicht nur an objektiven Merkmalen (wie Einkommen, Bildungsstand, Alter usf.), sondern auch an subjektiven Einstellungen und Werten sowie an kulturellen Stilen festmachen – sie lassen sich, von einigen Ausnahmen abgesehen, theoretisch kaum fassen. Sie bleiben letztlich diffus und gerade auch hinsichtlich der von ihnen gebrauchten Etikettierungen von gesellschaftlichen Gruppierungen höchst willkürlich. Es beginnt schon damit, dass manche nur fünf, andere wieder zwölf Gruppierungen unterscheiden, dabei aber zu deren Etikettierung teils ähnliche, teils voneinander abweichende Begrifflichkeiten verwenden.

Multidimensionalität der Faktoren

Zwischenergebnis

Neuere Milieu- und Lebensstilmodelle

Die neuere Ungleichheitsforschung hat die strikte Orientierung an wenigen objektiven Indikatoren und einigen subjektiven Merkmalen stark erweitert. Die Lebenslagen und die Milieuumfelder von Akteuren werden über viele Details erfasst. Soziale Lagen werden deshalb vor allem als stabile Bündel von Merkmalen der Lebenslage, des Lebensstils und des Milieuumfelds beschrieben. Dabei geht allerdings vielfach die Erklärungskraft verloren. Es bleibt zumeist bei der empirischen Beobachtung, dass sich Personen mit bestimmten Merkmalsausprägungen der Lebenslage, des Lebensstils und des Milieuumfelds bündeln – aber es wird nicht erklärt, wieso und weshalb.

3.2.4 Intersektionalität – Schnittmengen von Ungleichheitsmerkmalen

Eine andere, neuere Herangehensweise die Mehrdimensionalität sozialer Ungleichheit zu begreifen, stammt aus dem Feminismus und der soziologischen Frauen- und Geschlechterforschung. Es handelt sich um den Ansatz der »Intersektionalität«, der seit Anfang des 21. Jahrhunderts von einigen Vertreterinnen der Frauenforschung benutzt wird, um das Zusammenspiel der Faktoren von »race, class, and gender« (Crenshaw 1989) zu klären. Die Einführung des Begriffs »intersection« bzw. »intersectionality« wird dabei oft Kimberlé Crenshaw zugeschrieben, einer US-amerikanischen Juristin, die dem »Black Feminism« und der »Critical Race Theory« zugerechnet wird.

Definitionen von »Intersectionality«

In der wörtlichen Bedeutung von »intersection« als »Schnittmenge« wurde der Begriff aber schon lange vorher etwa von C. Wright Mills (1959, S. 7) in dem Buch »Sociological Imagination« verwendet, in dem er der Soziologie die Aufgabe übertrug, Menschen als »*minute points of intersections* of biography and history within society« zu untersuchen. Und auch Georg Simmel, der fordert, die Gesellschaft als Prozesse von »Wechselwirkungen zwischen Individuen« zu erforschen, scheint diesem Anliegen zu folgen.

Allerdings wäre eine solche, ziemlich offen formulierte Schnittmenge aus Individuum, Gesellschaft und Geschichte aus Sicht der neueren Intersektionalitätsforschung unpräzise. Hier sind die Schnittmengen der Sozialstruktur genau durch die Ungleichheitswirkungen des Geschlechts, der Rasse und der Klasse determiniert. Es wird allenfalls in einigen Beiträgen diskutiert, ob bspw. auch Ungleichheitswirkungen der »Region« oder des »Körpers« (z. B. Winker/Degele 2009) noch mit einbezogen werden müssten. Im »Mehrebenenmodell« der neueren Intersektionalitätsforschung werden somit nicht alle Ungleichheitsfaktoren gleichrangig berücksichtigt.

Hintergrund der feministischen Forschung

Der (reduzierte) Mehrebenenansatz der Intersektionalität ging zunächst von der Anerkennung eines Klassenmodells aus. In den 1970er Jahren wurde dann jedoch in der feministischen Forschung (vor allem im Bielefelder Ansatz, vgl. Mies 1980) betont, dass in der sozialen Ungleichheit neben der Klassendifferenz auch die Geschlechterdifferenz nach wie vor eine prägende Rolle spielt.

Beachtenswert ist daran insbesondere, dass mit der Geschlechterdifferenz der Kategorie der Klasse, die sich aus den im modernen Erwerbssystem erbrachten Leistungen der Arbeiter/innen erschließen lässt, eine soziale Unterscheidung und Ungleichheit zur Seite gestellt wird, die von der modernen Gesellschaft zurück auch auf historisch frühere Gesellschaften verweist. Zudem beruht die Geschlechterdifferenz auf einem askriptiven Merkmalsunterschied, während die Klassendifferenz durchaus mit auf Leistungen zurückführbaren Merkmalsunterscheidungen verträglich ist. Gleiches gilt für soziale Ungleichheiten, die auf »Rassenunterscheidungen«, vor allem auf der Unterscheidung der Hautfarbe, beruhen. Auch bei ihnen handelt es sich um askriptive Merkmalsausprägungen. Soziale Ungleichheiten aufgrund von Rassen- und Geschlechtsmerkmalen gelten in modernen Gesellschaften zudem als Diskriminierung. Meistens sind sie sogar rechtlich ausgeschlossen, wie wir oben am Beispiel der EU-Charta gesehen haben. Die feministische Kritik aus der Intersektionalitätsperspektive (vor allem Crenshaw 1989) setzt nun allerdings am Scheitern genau dieser vorherrschenden Antidiskriminierungsdoktrin in westlichen Gesellschaften an.

Insofern handelt es sich beim Ansatz der »Intersektionalität« zunächst auch um eine Kritik an der klassen- und schichttheoretischen Ungleichheitssoziologie als »Ein-Faktor-Ansatz«, eben als eine Theorie, die Ungleichheit vor allem über Erwerbsunterschiede zu erklären versucht. Gegenüber den sehr offenen mehrdimensionalen Modellen der neueren Soziallagen, Milieu- und Lebensstilkonzepten, führt sie bewusst nur sehr wenige, ihr aus (feministisch) theoretischen Gründen sinnvoll erscheinende weitere Faktoren ein. D. h. wir gelangen zur Ausgangsfrage, worin die Sozialstruktur der Gesellschaft besteht, zurück. Und vom intersektionalistischen Standpunkt aus betrachtet bestünde diese »Schnittmenge« aus den zentralen Faktoren Klasse, Ethnizität (*race*) und Geschlecht. Allenfalls um einige wenige theoretisch sinnvoll erscheinende Faktoren wie geophysischer und sozialer Raum, Körperlichkeit oder Religion wären sie zu ergänzen.

Theoretische Bestimmung von Multifaktorialität

Zwischenergebnis

Race, Class, and Gender – Achsen der Intersektionalitätsforschung

Eine Alternative zu theoretisch stark geöffneten pluralen und mehrdimensionalen Milieumodellen stellt der aus der feministischen Geschlechterforschung stammende und ebenfalls mehrdimensionale Ansatz der »Intersektionalität« dar. Dort werden die wesentlichen Faktoren

»Klasse«, »Rasse« und »Geschlecht« als zentrale Diskriminierungskategorien theoretisch postuliert. Aus den Schnittmengen von Klassen-, Rassen-, und Geschlechterdiskriminierung ergäben sich spezifische Kompositionen sozialer Ungleichheit. Die aus den Überschneidungen der Diskriminierungskategorien entstehenden Bündel – z. B. die »weiße, katholische Arbeitertochter vom Lande« oder der »dunkelhäutige, muslimische Migrantensohn in den Vorstädten moderner Metropolen« – werden zu solchen intersektionalistischen Sozialfiguren erkoren.

Lernkontrollfragen

1. Was ist bzw. worin besteht eine Sozialstruktur? Weshalb ist eine Definition dieses Begriffs bedeutsam für die Ungleichheitssoziologie?
2. Erörtern Sie die funktionalistische Erklärung des Umstands, dass eine Ärztin »mehr verdient« als eine Krankenschwester.
3. Vergleichen Sie die Konzepte der Klasse, Schicht und der Milieus.
4. Erläutern Sie die Kapitalbegriffe von Bourdieu anhand eines Beispiels.
5. Welche Faktoren postuliert der Ansatz der Intersektionalität? Wodurch ist die Auswahl dieser Faktoren begründet?

Literatur

Barlösius, Eva (2006): Pierre Bourdieu, Frankfurt a. M.

Beck, Ulrich (1983): Jenseits von Stand und Klasse, in: Reinhard Kreckel (Hrsg.): Soziale Ungleichheiten, Sonderband 2 der Sozialen Welt, Göttingen, S. 35–47.

Beck, Ulrich (2004): Globalisierung als Metamachtspiel der Weltinnenpolitik. Zehn Thesen zu einer Neuen Kritischen Theorie in kosmopolitischer Absicht, in: Friedrich Jaeger/Jörn Rüsen (Hrsg.): Handbuch der Kulturwissenschaften, Bd. 3: Themen und Tendenzen, Stuttgart, S. 521–532.

Becker, Gary S. (1964): Human Capital, Chicago.

Blau, Peter M. (1964): Excursus on Love, in: ders.: Exchange and Power in Social Life, New York.

Bolte, Karl Martin (1967) (Hrsg.): Deutsche Gesellschaft im Wandel, Bd. 1., Hamburg.

Bourdieu, Pierre (1982): Die feinen Unterschiede, Frankfurt a. M.

Bourdieu, Pierre (1987): Sozialer Sinn, Frankfurt a. M.

Collins, Randall (1979): The Credential Society, NewYork.

Crenshaw, Kimberlé (1989): Demarginalizing the Intersection of Race and Sex: A Black Feminist Critique of Antidiscrimination Doctrine; in: The University of Chicago Legal Forum, S. 139–167.

Dahrendorf, Ralf (1965): Demokratie und Gesellschaft in Deutschland, Düsseldorf.

Davis, Kingsley/Moore, Willbert (1973): Einige Prinzipien der sozialen Schichtung, in: Heinz Hartmann (Hrsg.): Moderne amerikanische Soziologie, S. 396–410.

Döhler, Marian (1997): Die Regulierung von Professionsgrenzen, Frankfurt a. M.

Elias, Norbert (1993): Was ist Soziologie?, Weinheim.

Erikson, Robert/Goldthorpe, John H./Portocarero, Lucienne (1979): Intergenerational Class Mobility in Three Western European Societies, in: British Journal of Sociology 30, S. 425–441.

Geiger, Theodor (1932): Die soziale Schichtung des deutschen Volkes, Stuttgart.

Geißler, Rainer (2005): Die Metamorphose der Arbeitertochter zum Migrantensohn. Zum Wandel der Chancenstruktur im Bildungssystem nach Schicht, Geschlecht, Ethnie und deren Verknüpfungen, in: Peter A. Berger/Heike Kahlert (Hrsg.): Institutionalisierte Ungleichheiten. Wie das Bildungswesen Chancen blockiert, Weinheim, S. 71–100.

Geißler, Rainer (2006): Die Sozialstruktur Deutschlands, Wiesbaden.

Hradil, Stefan (2010): Soziale Ungleichheit, soziale Schichtung und Mobilität, in: Hermann Korte/Bernhard Schäfers (Hrsg.): Einführung in die Hauptbegriffe der Soziologie, 8. Aufl., Wiesbaden, S. 211–234.

Huinink, Johannes/Schröder, Torsten (2008): Sozialstruktur Deutschlands, Konstanz.

Jurt, Joseph (2008): Bourdieu, Stuttgart.

Linton, Ralph (1936): The Study of Man, New York.

Marx, Karl (1978): Manifest der Kommunistischen Partei, München, S. 70–99 (Erstveröffentlichung 1848).

Marx, Karl (1979) Das Kapital, Bd. 3: Der Gesamtprozess der kapitalistischen Produktion, MEW 25, Berlin (Ost) (Erstveröffentlichung 1890)

Merton, Robert K. (1968): The Matthew Effect in Science, in: Science 159, S. 56–63.

Mies, Maria (1980): Gesellschaftliche Ursprünge der geschlechtlichen Arbeitsteilung, in: Beiträge zur feministischen Theorie und Praxis 3, S. 61–78.

Mills, C. Wright (1959): The Sociological Imagination, Oxford.

Papilloud, Christan (2003): Bourdieu lesen, Bielefeld.

Parsons, Talcott (1951): The Social System, Glencoe.

Peisert, Hansgert (1967): Soziale Lage und Bildungschancen in Deutschland, München.

Rössel, Jörg (2009): Sozialstrukturanalyse, Wiesbaden.

Schlesky, Helmut (1959): Ortsbestimmung der deutschen Soziologie, Düsseldorf.

Schneider, Norbert/Spellerberg, Annette (1999): Lebensstile, Wohnbedürfnisse und räumliche Mobilität, Opladen.

Vester, Michael (2004): Soziale Ungleichheit, Klassen und Kultur, in: Friedrich Jaeger/Jörn Rüsen (Hrsg.): Handbuch der Kulturwissenschaften, Bd. 3: Themen und Tendenzen, Stuttgart, S. 318–340.

Weber, Max (1980): Wirtschaft und Gesellschaft, 5. Aufl., Tübingen (Erstveröffentlichung 1922).

Winker, Gabriele/Nina Degele (2009): Intersektionalität. Zur Analyse gesellschaftlicher Ungleichheiten, Bielefeld

Entscheidung als Bezugsproblem | 3.3

Übersicht

An verschiedenen Stellen dieses Buches haben wir Fragen nach Entscheidungen, Handlungsauswahlen und ihrer Rationalität gestreift. Etwa im Kapitel 2.2 bei Max Webers Rede vom zweckrationalen Handeln oder in Kapitel 3.2 bei der Frage nach einer funktionalen Auswahl von Personen für Stellen (3.2.1.2). Wie aber wird über solche Fragen der Auswahl entschieden? Und was macht derartige Entscheidungen rational? Stellt sich die Rationalität der Wahl auf individuellem Niveau genauso dar wie auf kollektivem? Welche Rolle spielt die Zeit bei der Rationalität von Entscheidungen, etwa bei der Wahl von Alternativen, die lebenszeitlich folgenreich sein können?

Für dieses Bezugsproblem bietet die soziologische Entscheidungstheorie ein ganzes Feld von Begriffen, Denkmodellen und Analyseverfahren. Zunächst lernen wir das Grundmodell kennen, das an der Entscheidungssituation von Einzelakteuren ansetzt. Dieses wird von Wahl-handlungstheorien vertreten (3.3.1). Es stellen sich aber schon erste Schwierigkeiten ein, wenn versucht wird, dieses Grundmodell auf Ent-scheidungen mit zeitlich weit reichenden Folgen zu übertragen. Deshalb werden wir uns mit der Rationalität biographischer Entscheidungen be-fassen. (3.3.2). Ebenso werden Herrschafts- und Machtbeziehungen in Or-ganisationen sowie ihr Einfluss auf die Entscheidungsweise in den Blick genommen (3.3.3). Nicht zuletzt beschäftigen wir uns mit Problemen kollektiver Entscheidung auf der Makroebene von Gesellschaften am Beispiel des Verhältnisses der Bürger zum Staat (3.3.4).

3.3.1 | (Rationale) Wahlhandlungstheorien: Akteur, Rationalität, Handlungswahl

Neuere, ökonomisch inspirierte Akteurstheorien teilen Max Webers An-nahme der subjektiven Sinnorientierung und Motiviertheit des Han-delns einzelner Menschen. Der individuelle Akteur orientiert sich an ei-nem (subjektiven) Sinn, der seinem Handeln eine Richtung, einen Handlungsgrund, verleiht. Über Weber hinausgehend sagt die Theorie der rationalen Handlungswahl (Rational-Choice-Theorie) jedoch aus, dass der Akteur nicht nur über irgendeinen Grund für sein Handeln ver-fügt, sondern Gründe rational abwägt. Dies tut er über einen Vergleich verschiedener Handlungsalternativen. Bei diesem Vergleich sucht er seine Situation zu verbessern, zu optimieren. Er wählt die Handlungs-alternative, von der er einen größeren Nutzen erwartet.

Grundannahmen   Allgemein lässt sich von Wahlhandlungstheorien sprechen. Entschei-dungen sind demnach in einfachster Definition Handlungen, bei denen ein Akteur zwischen alternativen Möglichkeiten auswählt. Die Wahl-handlungstheorien gehen dabei von einem Minimum an psychologisch voraus zu setzenden Grundannahmen aus:

1. das Motiv der Optimierung (subjektive Nutzenorientierung),
2. eine Rangordnung von Vorlieben (Präferenzskala),
3. eine beschränkte Menge wahrgenommener Handlungsalternativen (Opportunitäten),
4. subjektive Annahmen über die Wahrscheinlichkeit mit der eine zu einem bestimmten Grad bevorzugte Handlungsalternative eintritt.

Hintergrund

Warum tendieren Wahlhandlungstheorien zu einer Mathematisierung?

Wahlhandlungstheorien der Entscheidung tendieren zu einer Mathe-matisierung der Erklärung. Für sie ist die Entscheidung wie eine mathe-matische Funktionsgleichung zu betrachten. Definitionsgemäß ist eine Entscheidung E damit eine Funktion (f) aus Nutzenwerten (U = *utility*), Opportunitätsstruktur (O = *opportunities*) und Eintrittserwartungen (p = *probability*), kurz: E = f (U, O, p). Wie in einer mathematischen Funktions-gleichung wird davon ausgegangen, dass die auf der linken Seite der Gleichung befindlichen Werte, die eine Entscheidung annehmen kann, aus den Werten der rechten Seite abgeleitet werden. Für einige der Ent-scheidungstheoretiker stellen die Werte der rechten Seite (also U, O, p) die ursächlichen Faktoren dar, welche die Ausprägung von E bewirken. Es handelt sich dann um eine Kausalerklärung.

Vor allem soll die Mathematisierung dazu dienen, die Logik der Argu-mentation zu präzisieren, um diese dadurch besser auf ihre theoretische Schlüssigkeit und empirische Stichhaltigkeit hin überprüfen zu können. Sie zwingt den soziologischen Forscher dazu, einen theoretisch formu-lierten Gedankengang »nachzurechnen«.

Werterwartungsmodell

3.3.1.1

Im englischen Sprachraum spricht man auch von SEU-Theorien, wobei SEU für »Subjective Expected Utility« steht. Im deutschen Sprachraum wird dies meist als Werterwartungsmodell bezeichnet. Das allgemeinste Gesetz der Wahlhandlungstheorie besagt also, dass aus einer begrenzten Menge von Handlungsmöglichkeiten (Opportunitätsstruktur) die Alter-native gewählt wird, die den höchsten subjektiv erwarteten Nutzen für den Akteur besitzt. Sind die Handlungsalternativen A1 und A2 gegeben, dann wählt ein Akteur A, die Handlungsalternative A1, sofern der er-wartete Nutzen SEU von A1 größer ist als der SEU von A2:

Subjektiv erwarteter Nutzenwert

SEU (A1) > SEU (A2) $\rightarrow$ Akteur A wählt A1

Hintergrund

RC – WE – SEU und was noch?

In den Wahlhandlungstheorien wird eine Reihe von Kürzeln verwendet, mit denen teilweise das Gleiche gemeint ist, teilweise nur andere Akzente gesetzt werden. WE steht für Werterwartung und bezeichnet damit etwas Ähnliches wie SEU, das aus dem Englischen stammt und die Abkürzung für »Subjective Expected Utility« (subjektiv erwarteter Nutzen) ist.

Zwischen »Wert« und »Nutzen« gibt es jedoch eine kleine Bedeutungsdifferenz. Möglicherweise macht der Begriff »Wert« von vornherein deutlich, dass einer Handlungsalternative *subjektiv* ein Wert zugesprochen wird. Bei dem Wort »Nutzen« denkt man dagegen häufig an den *objektiven* Nutzen, den ein Akteur tatsächlich durch eine Handlungswahl erzielt.

Der Begriff »Choice« in Rational Choice (RC) betont den Wahlcharakter, das Adjektiv »rational« unterstreicht die Vernünftigkeit der Entscheidung. Es lässt sich allerdings darüber streiten, wie groß die Vernunft im Entscheidungshandeln tatsächlich ist (Der Entscheidungstheoretiker Herbert A. Simon spricht z. B. von der »bounded rationality«).

Hartmut Esser verfolgt mit seiner Variante einer Wahlhandlungstheorie den Anspruch auf eine »Erklärende Soziologie«. Für ihn ist das Werterwartungsmodell besonders geeignet, um Entscheidungen über die Formulierung von Kausalgesetzen zu erklären.

Handlungsalternativen und Outcomes

Nun sind Handlungsalternativen in der Regel aber komplexer – aus mindestens zwei Gründen. Erstens enthalten sie in der Regel nicht nur ein, sondern mehrere Handlungsergebnisse (in der Sprache des Werterwartungsmodell auch »outcomes« genannt). Zweitens kann mit Handlungsalternativen nicht nur positiver, sondern auch »negativer« Nutzen im Sinne von Kosten verbunden sein. Spielen wir das Ganze mal an einem Beispiel (siehe Kasten) durch.

Ein Beispiel

Mathe oder Liebe

Clara ist in Sascha verliebt, weiß aber nicht, ob dieser auch in sie verliebt ist. Um dies herauszufinden, hat sie sich entschlossen, ihm ihre Liebe zu gestehen. Dies könnte sie am Sonntagabend im Harz♥Club tun, wo Sascha mit seinen Freunden sein wird. Gleichzeitig müsste Clara aber am Sonntag für die Matheklausur am Montag üben, weil sie mindestens noch eine Zwei braucht, um auch eine Zwei auf dem Zeugnis zu bekommen. Am Sonntagnachmittag sitzt sie in ihrem Zimmer und grübelt: »Was soll ich heute Abend tun?«

Aus Sicht von Wahlhandlungstheoretikern hat Clara zwei Handlungs-alternativen. Sie kann in den Club gehen (A1) oder für Mathe lernen (A2). Die beiden Handlungsalternativen können zu folgenden Ergebnisse füh-ren: Sascha erwidert Claras Liebe (O1) oder nicht (O2), Clara schreibt in der Matheklausur mindestens eine Zwei (O3) oder schneidet schlechter als zwei ab (O4).

Bezogen auf den Eintritt der Handlungsergebnisse vermutet Clara für den Fall, dass sie in den Club geht (A1), folgende Wahrscheinlichkei-ten (subjektive Erwartungen), die mathematisch mit einem kleinen »p« bezeichnet werden. »p« kann nicht größer als 1 werden, denn der Wert »1« bedeutet, dass Clara mit absoluter Sicherheit (p = 1) davon ausgeht, dass das erhoffte Handlungsergebnis eintritt (»so sicher wie das Amen in der Kirche«). Umgekehrt kann »p« auch nicht kleiner als der Wert »0« sein, denn der Wert »0« besagt, dass etwas völlig unwahrscheinlich ist. Clara ist sich unsicher, ob Sascha sie anziehend findet, und geht von ei-ner Chance p (O1) = 0.5 aus, dass das Ergebnis O1 (Sascha erwidert Liebe) eintritt, was zugleich bedeutet, dass O2 als Gegenereignis von O1 mit ei-ner Wahrscheinlichkeit von p (O2) = 0.5 eintreffen würde. Hinsichtlich der Matheklausur erwartet sie eine Chance auf die Zwei mit p (O3) = 0.1, wenn sie nicht übt, was die subjektive Wahrscheinlichkeit einer Note schlechter als zwei mit p (O4) = 0.9 ergeben würde.

Die Handlungswahl hängt ebenso davon ab, mit welchem Nutzen-wert »U« Clara die vier möglichen Handlungsergebnisse bewertet. O1 be-wertet sie sehr positiv, nehmen wir einmal an U (O1) = + 200 Punkte. Eine »Abfuhr« (O2) würde sie entsprechend negativ einschätzen mit U (O2) = –100 Punkten. Die Zwei in Mathe würde sie mit U (O3) = + 40 Punk-ten bewerten, eine schlechtere Note mit U (O4) = –20. Daraus ergibt sich für Handlungsalternative A1 folgende Rechnung:

$$A1 = pO1 \times UO1 + pO2 \times UO2 + pO3 \times UO3 + pO4 \times UO4$$
$$A1 = 0.5 \times 200 - 0.5 \times 100 + 0.1 \times 40 - 0.9 \times 20 = 100 - 50 + 4 - 18 = 36$$

Wie sieht es nun für die Handlungsalternative A2 aus? Die Wahrschein-lichkeiten (p) der Erwiderung (O1) oder Nicht-Erwiderung (O2) der Liebe sind gleich Null, da Clara Sascha ja nicht treffen wird. Aber die Chancen, die Matheklausur mit Zwei zu bestehen (O3), steigen auf p (O3) =0.7 bzw. umgekehrt: die vermutete Wahrscheinlichkeit sie schlechter zu schrei-ben (O4) sinkt auf p (O4) = 0.3. Für Handlungsalternative A2 ergibt dies:

$$A2 = 0 \times 200 - 0 \times 100 + 0.7 \times 40 - 0.3 \times 20 = 28 - 6 = 22$$

Subjektive
Wahrscheinlichkeiten

Bewertung von
Handlungsalternativen

Für Clara gilt demnach: **A1 (36)** > **A2 (22)**. Der erwartete Nutzen für Clara ist bei A1 also größer ist als bei A2, zugleich ist aber auch das Risiko des Scheiterns höher, denn Sascha könnte ihr sagen, dass er ihre Gefühle nicht teilt. Trotzdem entscheidet sich Clara dafür, am Sonntagabend in den Harz♥Club zu gehen, um Sascha zu treffen, mit ihm zu flirten und ihm ihre Zuneigung zu gestehen. Vieles hängt in dem Beispiel davon ab, dass Clara eine »Abfuhr« (O2) zwar als negativen Nutzen bewerten würde, den positiven Nutzen des Komplementärereignisses der erwiderten Liebe (O1) aber deutlich höher einschätzen würde.

Zwei häufige Einwände Zwei häufige, gerade auch von Studierenden in den Einführungsvorlesungen des Autors geäußerte Einwände gegen ein solches Erklärungsmodell beziehen sich zum einen auf die Rationalitätsvoraussetzung und zum anderen auf die zentrale Stellung der individuellen Orientierungen. Um die Bedeutung dieser Einwände zu veranschaulichen, erweitern wir unser Beispiel um eine Person. Damit verändern wir nach Georg Simmel (1908; → Kap. 2.3) die »quantitative Bestimmtheit der Gruppe« (s. a. → Kap. 4.2.2.2). Es geht jetzt nicht nur um Clara und Sascha, sondern auch um Friederike. Aus einer Zwei-Personen-Konstellation wird eine Drei-Personen-Konstellation.

Die Dritte im Bunde Wie beurteilt nun Friederike, die ebenfalls in Sascha verliebt ist, das Ereignis der erwiderten Liebe (O1)? Sie würde U (O1) ebenfalls mit 200 Nutzenpunkten bewerten, aber die Schmach des Abgelehntwerdens mit U (O2) = – 250 als schlimmer empfinden. Im Vergleich mit Clara liegen für Friederike die Kosten im Fall des Clubbesuches höher. Daher wird für sie eine andere Strategie attraktiv. Sie könnte versuchen, in Mathe eine Eins zu schreiben. Dies ist zwar beim Lehrer Dr. Krause sehr schwer, die Eintrittswahrscheinlichkeit der Eins ließe sich aber nach den subjektiven Erwartungen von Friederike durch Lernen am Sonntagabend von p (O3) = 0.1 auf p (O3) = 0.5 (also auf eine fifty-fifty-Chance) erhöhen. Nehmen wir an, dass Friederike die Eins mit U (O3) = 100 und eine Nicht-Eins mit U (O4) = -50 bewertet. Ihre Chancen bei Sascha schätzt sie wie Clara auf 50:50, also 0.5 ein. Daraus ergäbe sich folgende Matrix für Friederike:

$$A1 = 0.5 \times 200 - 0.5 \times 250 + 0.1 \times 100 - 0.9 \times 50 = 100 - 125 + 10 - 45 = -60$$
$$A2 = 0 \times 200 - 0 \times 250 + 0.5 \times 100 - 0.5 \times 50 = 0 + 50 - 25 = 25$$

Für Friederike gilt also: **A1 (–60)** < **A2 (25)**. Demnach wird sie zu Hause bleiben und lernen. Die Geschichte von Clara, Friederike und Sascha lassen wir aber so enden. Clara und Sascha treffen sich im Harz-♥-Club und reden angeregt miteinander. Gegen 22:30 sagt Sascha, dass er mal kurz nach draußen gehe, um eine Zigarette zu rauchen. Dabei kommt auf den Gedanken, ein wenig spazieren zu gehen und begibt sich auf den

Weg zu der rund 15 Gehminuten entfernt liegenden Straße, in der Friederike wohnt. Zufällig macht Friederike eine kleine Verschnaufpause gegen 22:45 und dreht eine Runde um den Block, wo sie wen trifft...? Die Matheklausur hat sie dann leider am nächsten Tag »verhauen«.

Die Geschichte endet also nach dem Motto: »Erstens kommt es anders, zweitens als man denkt!« Soziale Situationen bleiben ungewiss, kontingent. Wir hätten für die Geschichte auch die Handlungsalternativen für Sascha berechnen können. So hätten wir herausfinden können, dass Sascha in den Club ging, weil er erwartete, dort Clara zu treffen, um ihr zu gestehen, dass sie ihm gefällt. Wir hätten auch dafür wieder ganz genau subjektive Wahrscheinlichkeiten, subjektive Nutzenwerte für alle Alternativen und alle daran anschließenden Handlungsergebnisse durchkalkulieren können. Und wir wären dabei zu dem Schluss gekommen, dass Sascha es vorzieht, in den Club zu gehen, um Clara zu sagen, dass sie ihm gefällt. Aber die Geschichte lassen wir anders ausgehen. Bis 22.30 haben sich Clara und Sascha nicht gestanden, dass sie so etwas wie Liebe füreinander verspüren – weder sie noch er haben etwas »durchblicken« lassen. Und eine Viertelstunde später kommt alles anders.

Kontingenz

Bedeutet dieses Ende der Geschichte nun, dass Akteure doch nicht so rational handeln und dass es nicht nur um das Handeln einer Person geht, sondern auch darum, wie es dazu kommt, dass Personen mit einem Mal aufeinandertreffen (Koinzidenz) und dadurch in eine andere Konstellation mit neuen Voraussetzungen und Bedingungen geraten?

Koinzidenz

Zwei Einwände gegen das Werterwartungsmodell

3.3.1.2

Die beiden Einwände, die im Folgenden diskutiert werden, setzen direkt an den Modellerklärungen der Wahlhandlungstheorie – wie der oben beispielhaft durchgespielten – an und richten sich gegen deren innere Argumentations- bzw. Beweisstruktur.

- Der *erste Einwand* besteht darin, dass das allgemeine Werterwartungsmodell dem eigenen Anspruch der empirischen Überprüfbarkeit nicht standhalten kann. Die Annahme der Maximierung des subjektiv erwarteten Nutzens ist in ihrer allgemeinen Formulierung empirisch nicht widerlegbar. Damit entfällt auch der häufig von RC-Theoretikern genannte Vorteil der kausalen Erklärungskraft, denn, wie wir schon gesehen haben (→ Kap. 1): ein Kausalgesetz muss so formuliert sein, dass es empirisch widerlegt werden kann.
- Der *zweite Einwand* bezieht sich auf die Art und Weise, wie im Werterwartungsmodell die Zeit konzeptualisiert ist. Erwartungen richten sich bekanntlich auf die Zukunft, während Handlungen gegenwartsbasiert sind. Somit besteht eine zeittheoretische Lücke.

Tautologieverdacht   An einem alten Beispiel des kritischen Rationalisten Hans Albert lässt sich der erste Einwand erläutern. Ein potenzieller Selbstmörder fährt in den 13. Stock eines Hotels mit dem Vorhaben, sich umzubringen. Er betritt das Hotelzimmer und öffnet ein Fenster. Er könnte springen oder nicht springen. Aber gleichgültig, welche Alternative er wählt, gemäß dem Werterwartungsmodell müsste in jedem Fall die gewählte Alternative eine Maximierung des subjektiv erwarteten Nutzens darstellen. Im Werterwartungsmodell ist dies auch immer möglich, weil ja die Werte und erwarteten Wahrscheinlichkeiten variabel eingesetzt werden können. Springt unser potentieller Selbstmörder, hat diese Alternative für ihn eben einen höheren subjektiv erwarteten Wert; springt er nicht, hat er die andere Option als vorteilhafter angesehen. Anders ausgedrückt: Das Werterwartungsmodell ist ein leeres Gesetz. Es lässt sich beliebig mit Inhalt füllen.

Auch im Fall von Clara können wir sagen, dass sie, gleichgültig ob sie am Sonntagabend in den Club geht oder nicht, gemäß dem Werterwartungsmodell in beiden Fällen versucht, mit der gewählten Handlung den subjektiv erwarteten Nutzen zu maximieren. Damit erklärt aber das allgemeine Gesetz gerade nicht, warum Clara in den Club gegangen ist. Die Erklärung dafür ergibt sich nämlich nur aus der Kenntnis der spezifischen Bedingungen, die diese Option für Clara nützlicher erscheinen lassen. Wenn es aber bei der Erklärung einer Entscheidung primär darum geht, die spezifischen Bedingungen zu kennen, könnte man dann nicht auf die Annahme der Werterwartungsmaximierung verzichten?

Zeittheoretische Lücke   Der zweite Einwand erweitert dieses Problem. In den 1950er Jahren gab es einen simplizistischen Schlagertext, der da lautete »Ich zähl's mir an den Knöpfen ab, ob ich bei dir Chancen hab' – ja – nein, ja – nein, ja!« Auch hier stehen wir vor Claras Problem, nur dass Schlagersternchen Renee Franke, wie sie damals sang, »das Orakel ausfragte«. Interessant an diesem Knöpfe Abzählen ist das Hin und Her, dass sich die Antwort von Moment zu Moment ändert. Nun könnten aber doch die subjektiv erwarteten Werte für Handlungsalternativen ebenso im zeitlichen Verlauf hin und her, von Ja auf Nein umspringen. So ließe sich denken, dass Clara zwar um 18.53 noch für Nein ist, aber um 18.59 sich doch für Ja entscheidet.

Und genau darum ging es beim anderen Ausgang der Geschichte. Sascha verließ um 22.30 den Club mit dem Gefühl, »sich die Beine vertreten zu wollen«. Dabei trifft er um 22.45 auf Friederike, mit der er dann die Nacht verbringt. Als Wahlhandlungstheoretiker muss man annehmen, dass sich zwischen 22.30 und 22.45 nicht nur irgendwelche, sondern wesentliche Größen in seiner subjektiven Werterwartungsmatrix geändert haben. Dann wären diese Werterwartungsmatrizen aber nicht als sehr dauerhaft anzusehen.

Auf die hier ausgeführten Einwände hat die Wahlhandlungstheorie reagiert. Dem ersten Einwand der Postulierung inhaltsleerer Gesetze begegnen insbesondere die Ansätze von Hartmut Esser (2000) und Siegwart Lindenberg (1989) mit der Formulierung von Brückenannahmen, auf deren Grundlage das Werterwartungsmodell kausalanalytisch jeweils so spezifiziert werden kann, das es empirisch widerlegbar ist. Ein besonders prominentes Beispiel ist die Formulierung »sozialer Produktionsfunktionen«, die zunächst von Lindenberg eingeführt, später von Hartmut Esser erweitert und präzisiert wurden. Die Argumentationsstruktur dieser Brückenhypothese, welche helfen soll, die »objektive Definition« der sozialen Situation zu klären, wird im ersten der beiden folgenden Abschnitte erläutert. Danach geht es um den Rational-Choice-Ansatz von Jon Elster (1987) der die Problematik der Zeitkonzeption unter anderem an den Phänomenen der »Willensschwäche« und des »endogenen Präferenzwandels« diskutiert.

Brückenannahmen

Soziale Produktionsfunktionen als objektive Definition der Situation (zu Einwand 1)

3.3.1.3

Hartmut Esser verwendet in seiner Version der Wahlhandlungstheorie, die er lediglich als Teilstück einer »Erklärenden Soziologie« sieht, den Begriff des Nutzens. Allerdings geht er über das bisher Gesagte in verschiedenen Hinsichten hinaus. Neben den subjektiv begründeten Nutzenkalkulationen der Akteure schenkt er der »objektiven Definition der Situation« (Esser 2000, S. 75 ff.) besonderes Gewicht in seiner Argumentation. Diese objektive Definition der Situation ergibt sich durch »soziale Produktionsfunktionen« (ebd., S. 192 ff.). Was ist darunter zu verstehen?

Esser geht in seiner Rekonstruktion der sozialen Produktionsfunktionen zunächst davon aus, dass Handeln auch als »Nutzenproduktion« angesehen werden kann. Der Handelnde kann durch die Ausführung seiner Tätigkeit für sich selbst Nutzen erzeugen. Esser spricht davon, dass Handeln in dem Versuch besteht, »Ressourcen, Güter, Ereignisse und Leistungen, die für die Gestaltung des Alltags erforderlich sind« (Esser 2000, S. 86) zu sichern. Da dies für die Reproduktion des Organismus des Akteurs dienlich ist, kann von einer »Nutzenproduktion« die Rede sein. Abgesehen davon, dass unklar bleibt, inwieweit sich Essers Argumentation an dieser Stelle von einer funktionalistischen Erklärung unterscheidet (→ Kap. 3.4), ist der Nutzenbegriff tendenziell ungenau. Denn ganz offensichtlich geht es hier nicht allein um die Werte, deren Realisierbarkeit das Handlungssubjekt mit einer bestimmten, ebenfalls subjektiven Wahrscheinlichkeit erwartet, sondern es wird auch unterstellt, dass die »Outcomes« des Handelns zusätzlich den Zweck erfüllen, als Res-

Nutzenproduktion

sourcen, die der Reproduktion des Organismus des Akteurs (objektiv?) dienlich sind, genutzt zu werden. Daher spricht Esser von »sozialen Produktionsfunktionen«, die auch als mathematische Funktionen (f) zu untersuchen sind, und zwar in der Hinsicht, dass in Abhängigkeit vom Einsatz einer Ressource X ein »Outcome« des Gutes Y erzeugt wird. Mathematisch ausgedrückt: **Y = f (X).**

Definition »Nutzen«   Allerdings bleibt das Ganze noch relativ abstrakt und wird auch durch die nähere inhaltliche Bestimmung des Nutzenbegriffs von Esser nicht verständlicher: »Das Erlebnis des zuträglichen inneren Funktionierens des Organismus durch den Organismus selbst sei als *Nutzen* bezeichnet. Der Nutzen ist das oberste Gut, um das es den Menschen letztlich und ganz allgemein geht. Etwas anderes ist gar nicht denkbar: Leben besteht aus dem Funktionieren der Organismen, egal freilich zunächst, worauf speziell dieses Funktionieren beruht.« (Esser 2000, S. 92)

Nutzen und Organismus   Was ist jetzt mit Nutzen gemeint? »Das Erlebnis des zuträglichen inneren Funktionierens des Organismus« oder »das Funktionieren des Organismus« – denn beides ist nicht das Gleiche. Nach drei Bier mag ein Akteur ein »Erlebnis des zuträglichen inneren Funktionierens« seines Organismus verspüren; ob der Alkohol dem Organismus wirklich so zuträglich war, erlebt er vielleicht erst am nächsten Morgen, wenn er verkatert aufwacht. Aber auch wenn es sich um ein mit dem Biertrinken verbundener »Outcome« handelt, der von Akteuren meist nicht positiv bewertet wird, so ist der Kater ein Zeichen dafür, dass der Organismus noch zuträglich funktioniert. Viel schlimmer wäre es, wenn der missbräuchliche Alkoholkonsum eines Akteurs so weit fortgeschritten wäre, dass er den anschließenden Kater gar nicht mehr bemerken würde. Der Nutzenbegriff bleibt also noch unspezifisch. Zum Glück führt Esser im Verlauf seiner Argumentation weitere Kategorien ein, nämlich:

- Bedürfnisse,
- primäre Zwischengüter und
- indirekte Güter.

Erst diese weiteren Kategorien ermöglichen Esser eine spezifische Formulierung seiner sozialen Produktionsfunktionen, bei denen es sich um eine Kuppelproduktion handelt. Kuppelproduktion ist ein Ausdruck der Ökonomie, der anzeigt, dass bei der Erstellung eines Produktes aufgrund technischer Notwendigkeit mindestens ein weiteres Produkt anfällt. Bei der Produktion von Nutzen handelt es sich um ein dreifach gestuftes Kuppelprodukt, das (1) aus der »Befriedigung von Bedürfnissen« resultiert, die (2) von der Erzeugung »von primären Zwischengüter« abhängt, die wiederum (3) nur über »indirekte Güter« realisiert werden können. Wenn ich das Bedürfnis (1) nach sozialer Anerkennung befriedigen möchte, kann ich versuche die Anzahl der Erfahrungen von sozialer Anerkennung durch die Erlangung einer hohen sozialen Position (2) zu steigern, wobei ich die hohe soziale Position (= primäres Zwischengut) nur erreichen kann, wenn ich Leistungen erbringe, die den Stellenwert haben, ein »indirektes Gut« (3) zu sein, mit dem ein primäres Zwischengut produziert werden kann. In diesem Sinn ist die Produktion von Bedürfnisbefriedigung, primären Zwischengütern und indirekten Gütern »verkuppelt«.

Mit Esser formuliert ist die Produktion von Nutzen von der Befriedigung zweier elementarer Bedürfnisse abhängig – von physischem Wohlbefinden und sozialer Wertschätzung. Wenn physisches Wohlbefinden und soziale Wertschätzung anwachsen, dann steigt in Abhängigkeit davon der Nutzen – das »Erlebnis eines zuträglichen inneren Funktionieren des Organismus«. Mathematisch ausgedrückt: $U = f (PW, SW)$. Sprich: Nutzen (U) ist eine Funktion (f) von physischem Wohlbefinden (PW) und sozialer Wertschätzung (SW). Esser beschäftigt sich im Folgenden überwiegend mit der Produktion von sozialen Gütern zur Befriedigung des Bedürfnisses nach sozialer Wertschätzung, für das physische Wohlbefinden interessiert er sich dagegen kaum noch. Grundsätzlich aber lassen sich beide Grundbedürfnisse aus der Produktionsfunktion (g) für primäre Zwischengüter (Z) herleiten: **$PW = g(Z)$ und $SW = g(Z)$.**

Elementare Bedürfnisse

Aber was ist genau unter primären Zwischengütern zu verstehen. Esser erläutert dies am Beispiel von Hochschullehrern. Gemäß der Rollentheorie (→ Kap. 3.1.2) können wir Hochschullehrer als Rollenträger betrachten. Die Erfüllung von Rollenerwartungen lässt sich dann als Produktion eines primären Zwischenguts, über das soziale Wertschätzung erreicht wird, begreifen. Rollenerwartungen können jedoch auf unterschiedliche Weise erfüllt werden. Ein Hochschullehrer könnte zwischen zwei Modellen der Rollenerfüllung, d. h. zwischen zwei Produktionsfunktionen des primären Zwischenguts »Hochschullehrerrolle« entscheiden, die des »Locals« oder die des »Cosmopolitan«. Der Local bringt sich in den Gremien (Institutsrat, Fachbereich, Senat usf.) seiner Hochschule ein und engagiert sich in der Lehre. Der Cosmopolitan dagegen wird sich auf die internationale wissenschaftliche Community außerhalb seiner Heimatuniversität beziehen, indem er sich auf Kongressreisen begibt und Artikel in weltweit anerkannten Zeitschriften oder wichtige Bücher auf Englisch publiziert.

Primäre Zwischengüter

Wie bei der allgemeinen Nutzenproduktionsfunktion lassen sich die Produktionsfunktionen des Zwischengüter »Hochschullehrer als Local« (= Z_{Hl}) und »Hochschullehrer als Cosmopolitan« (=Z_{Hc}) vergleichen. Gemäß Abbildung 5 wäre es aussichtsreicher auf die Rolle des Locals zu setzen, da sie als soziale Produktionsfunktion einen höheren »Outcome« der sozialen Wertschätzung produziert. Allerdings fehlt noch die dritte

Abb. 5 | **Produktionsfunktion für soziale Wertschätzung**

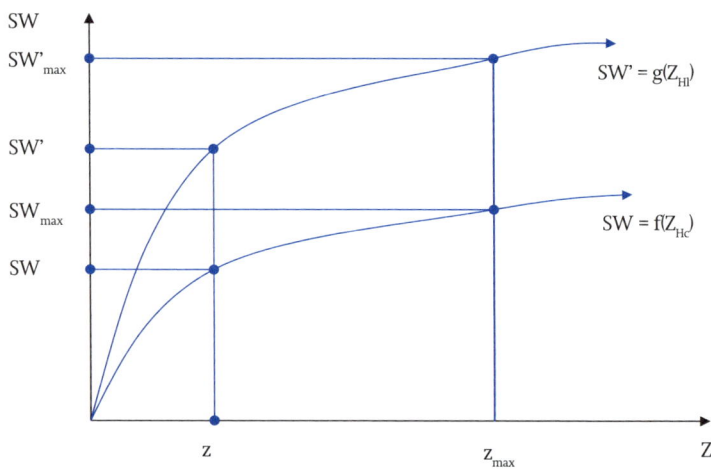

Quelle: vereinfachte Darstellung nach Esser (2000, S. 100).

Produktionsfunktion, die in zeitlicher Hinsicht übrigens die Erste sein könnte, da die Produktion der primären Zwischengüter von der Produktion von »indirekten Gütern« abhängt.

Indirekte Güter   Während »primäre Zwischengüter« nach Esser Ressourcen darstellen, die »ohne weiteren Umweg«, sprich direkt, die Werte der Bedürfnisse (soziale Wertschätzung, physisches Wohlbefinden) beeinflussen, lassen sich die primären Zwischengüter nur indirekt durch den Einsatz weiterer Güter produzieren, in denen »ganze Ketten von weiteren Schritten der Vorproduktion enthalten sein können. Alle möglichen Ressourcen, Objekte, Ereignisse und Leistungen können [daher] zu indirekten Zwischengütern werden.« (Esser 2000, S. 105)

Für indirekte Güter (in der Formel = X) spielt zudem der Faktor Zeit (t) eine wichtige Rolle. Und zwar handelte es sich um die Zeit, die erforderlich ist, um ein indirektes Gut »X« zu erzeugen. Mathematisch lautet die Funktion »h« zur Produktion von Zwischengüter »Z« dann: **Z = h(X, t).**

Tatsächlich ist Essers Version aufgrund der eingeführten Brückenhypothesen empirisch widerlegbar. Denn es müssen jeweils spezifische Zwischengüter als relevant für die Befriedigung der Bedürfnisse nach physischem Wohlbefinden und sozialer Wertschätzung benannt sowie eine Kombination von indirekten Gütern, mit denen die Zwischengüter produziert werden können, bestimmt werden. Damit trifft der erste der beiden weiter oben genannten Einwände, nach der die Werterwartungstheorie eine inhaltsleere und empirisch nicht widerlegbare Tautologie sei, für seinen Ansatz nicht mehr zu.

Allerdings fragt sich, ob über die Postulierung der drei Produktionsfunktionen wirklich noch eine einfache Modelltheorie gegeben ist. Hinzu kommt nämlich, dass zur Selektion spezifisch alternativer Produktionsfunktionen sowohl bei der Erzeugung von Zwischengütern zur Befriedigung der beiden Grundbedürfnisse als auch bei der Erzeugung von Kombinationen indirekter Güter zur Erlangung von Zwischengütern situationsrelevante Zwischengüter bzw. indirekte Güter abgeleitet werden müssen. Dazu setzt nun Esser wiederum institutionelle Sachverhalte – Codes und Programme – voraus. Je nach Kontext ist nämlich nicht beliebig postulierbar, was als indirekte Güter oder Zwischengut maximiert werden kann.

Wenn soziale Wertschätzung über die Erfüllung der an die Rolle eines Hochschullehrers herangetragenen Erwartungen befriedigt werden soll, dann geht das nur über Rollenskripte, die in den Kontexten der Universität institutionell codiert sind. Wenn zur Erfüllung des Rollenskripts »kosmopolitischer Professor« indirekte Güter genutzt werden sollen, dann müssen sie den institutionellen Regeln dieses Skripts entsprechen, also aus Gütern wie global zitierte Zeitschriftartikel, international renommierte Wissenschaftspreise oder Einladungen als Keynote Speaker auf einschlägigen Konferenzen oder als Gastwissenschaftler an berühmte Institute – noch besser in deren optimaler Kombination – bestehen. Wie eine derartige Institutionentheorie aussehen kann, gibt Esser allerdings nur sehr rudimentär an.

> Woher kommen die institutionellen Regeln?

Zwischenergebnis

Essers soziale Produktionsfunktionen

In seiner Theorie der sozialen Produktionsfunktionen stellt Esser einen Zusammenhang zwischen drei Nutzenproduktionen her:
(1) Die Produktion von Nutzen (U) durch die Befriedigung der elementaren Bedürfnisse »physisches Wohlbefinden« (PW) und »soziale Wertschätzung« (SW). Die Befriedigung dieser Bedürfnisse sei für den Organismus menschlicher Individuen zuträglich; Formel: $U = f(PW, SW)$.
(2) Die Produktion von sozialer Anerkennung (SW) und physischem Wohlbefinden (PW) durch den Einsatz von primären Zwischengütern (Z) wie Prestige, soziale Position, etc. Über die Zwischengüter treten Organismus und Gesellschaft direkt in Wechselwirkung; Formeln: $PW = g_1(Z)$; $SW = g_2(Z)$.
(3) Die Produktion von primären Zwischengütern (Z), wie Prestige, soziale Position usf., durch indirekte Güter (X) wie Leistungen oder die Er-

füllung von Rollenerwartungen. Der Zusammenhang von primären Zwischengütern und indirekten Gütern ist gesellschaftlich definiert (objektive Definition der sozialen Situation); Formel. $Z = h\,(X, t)$.

Abb. 6 | **Verkupplung der sozialen Produktionsfunktionen**

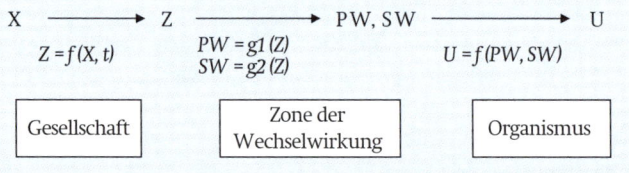

3.3.1.4 | »Willensschwäche« und »endogener Präferenzwandel« (zu Einwand 2)

Soll Rolf mit dem Rauchen aufhören? Soll Cordula standhaft bleiben und nicht mehr dem Charme von Adrian erliegen? Soll Heiner sein Fastengelübde brechen? Ab morgen will Reni ihre Vorliebe für Stracciatellaeis überwinden. Heinz will einfach endlich einschlafen!

Aber Rolf schafft es nicht, mit dem Rauchen aufzuhören, und Cordula ist schon wieder Adrian verfallen. Heiner hat heimlich drei Currywürste verschlungen. Reni träumt nur noch von Stracciatella und Heinz wälzt sich im Bett hin und her – schlaflos in Castrop-Rauxel.

Rolf weiß, dass Raucher früher sterben. Ihm ist dieser erwartbare Negativwert des »Outcomes« der Handlungsalternative Rauchen bekannt. Er folgt dieser Präferenz auch 1 400 Minuten am Tag; nur zwischen halb sieben in der Früh und zehn am Abend wird er alle halbe Stunde für ein bis zwei Minuten schwach und folgt einer anderen Nutzenproduktionsfunktion, in der es eine sehr starke Präferenz für Rauchen gibt.

Mit diesen Beispielen wenden wir uns dem zweiten Einwand zu, den wir im Anschluss an das Beispiel von Sascha, Clara und Friederike als die zeittheoretische Lücke der Wahlhandlungstheorie bezeichnet haben. Eine Kalkulation der mit Handlungsalternativen verbundenen Werterwartungen kann mit jedem Zeitpunkt schwanken. Weiter oben wurde dies damit in Zusammenhang gebracht, dass die Akteure in ihren Orientierungen die in der Gegenwart bestehenden Handlungsalternativen mit ihren möglichen Handlungsergebnissen verknüpfen. Die Handlungsalternative Rauchen kann mit den möglichen Ergebnissen gesundheitliche Schäden und früherer Tod in Verbindung gebracht werden. Daher hat das Rauchen einen erwartbaren negativen Nutzen. Rauchen besitzt jedoch für manche Akteure auch einen positiven Nutzen (der rätselhafte Genuss einer Zigarette), der dem Akteur bei der Wahl der negativen Nutzen vermeidenden Handlungsalternative »Nicht-Rauchen« entgeht. Nun treten bei den in den Beispielen genannten Personen immer wieder Momente auf, in denen eine überwiegend nicht bevorzugte Alternative doch bevorzugt wird.

Aus der Sicht von Jon Elster (1987) zeigen solche das Schwanken von Vorlieben einen unkontrollierten Wechsel der Bevorzugung von Handlungsalternativen: mal längere Zeit nicht rauchen, mal wieder rauchen; mal sich von Adrian trennen, dann wieder mit ihm zusammen sein. Für dieses Problem der schwankenden Präferenzen (= Vorlieben) führt Elster das Konzept der »Willensschwäche« ein. Mit den schwankenden Präferenzen geht aber oftmals ein weiteres Problem einher. Die Akteure wollen eine ihnen im Allgemeinen unliebsam erscheinende Vorliebe (z. B. das Rauchen) loswerden. Sie würden es also für einen großen Nutzen halten, eine solche Vorliebe (Präferenz) wie das Rauchen nicht mehr zu haben. Willensstärke besteht demnach darin, eine Präferenz für einen Präferenzwandel durchzuhalten. Man versucht einen Zustand zu erreichen, in dem eine bestimmte (ehemals gehabte) Vorliebe nicht mehr bevorzugt wird. Rolf möchte erreichen, dass er das Rauchen überhaupt nicht mehr bevorzugt.

Willensschwäche

Elster bezeichnet das mit dem Konzept des »endogenen Präferenzwandels«. Beide Probleme hängen damit zusammen, dass Wille als ein Wunsch »zweiter Ordnung« aufgefasst werden kann. Beim Willen handelt es sich um den »Wunsch zweiter Ordnung«, einen anderen »Wunsch erster Ordnung« haben oder nicht haben zu wollen. So könnte ein Vater auf der Ebene zweiter Ordnung sich wünschen, sich auf der Ebene erster Ordnung häufiger zu wünschen, mit seinem Sohn zu reden. Oder ein Soziologe hat den Wunsch, es häufiger als Wunsch zu empfinden, an einem Einführungsbuch zu arbeiten. Oder ein fettleibiger Mann hat den Wunsch, nicht so oft den Wunsch zu haben, Erdnüsse zu vertilgen. Mit Jon Elsters Konzepten der »Willensschwäche« und des »endogenen Präferenzwandel« lassen sich Handlungsstrategien aufdecken, mit denen Akteure Wünsche zweiter Ordnung bearbeiten.

Endogener Präferenzwandel

Willensschwäche liegt also vor, wenn ein Akteur einen Wunsch zweiter Ordnung (z. B. sich die Vorliebe des Rauchens abgewöhnen wollen) gegenüber dem damit verbundenen Wunsch der ersten Ordnung (ich möchte rauchen) nicht immer zu bevorzugen vermag. Im Fall der Willensschwäche besteht eine Konkurrenz von Handlungsalternativen. Darin scheint sie dem allgemeinen Modell der Wahlhandlungen zu ent-

Wünsche zweiter Ordnung

sprechen. Aber das allgemeine Modell erörtert verschiedene Handlungs-alternativen, die sich auf der gleichen Ordnungsebene von Wünschen befinden. Soll ich Cola oder Mineralwasser trinken? Solange diese Alternative auf der Ebene von Wünschen erster Ordnung betrachtet wird, handelt es sich um eine einfache Geschmacksentscheidung. Bringt man diese Entscheidung aber mit dem Wunsch in Zusammenhang, sich den Konsum zuckerhaltiger Getränke abzugewöhnen, besteht ein hierarchisches Gefälle zwischen den Wünschen. Der Wunsch, Cola zu trinken, widerspricht dem Vorsatz, sich den Wunsch nach zuckerhaltigen Getränken auszutreiben.

Wollen, was man nicht willentlich herbeiführen kann

Nun klingt das zweite von Elster in diesem Zusammenhang vorgeschlagene Konzept des »endogenen Präferenzwandels« so, als müsse der Akteur in sich (endogen) etwas verändern, was quasi zum Verlust der Vorliebe auf der ersten Ordnungsebene der Wünsche führt. Das wäre so etwas wie die Strategie des schlauen Fuchses, dem die Trauben zu sauer sind. Der Akteur könnte sich also sagen: »Cola ist mir zu süß.« Aber diese Strategie ist oft nicht so erfolgreich, auch deshalb, weil sich der Akteur dabei etwas einreden muss, was er eigentlich nicht glaubt. Glauben ist aber ein Zustand, den Akteure laut Elster nicht »absichtlich herbeiführen können.« So diskutiert dieser in dem Buch »Subversion des Wissens« eine Reihe solcher »Zustände, die wesentlich Nebenprodukt sind« (Elster 1987, S. 141–209). An etwas glauben ist in diesem Sinn ein Zustand, der sich als Nebenprodukt weiterer Handlungsbedingungen ergibt, z. B. glaube ich, dass es bald regnen wird, weil am Himmel grauen Wolken aufziehen. Insofern ist auch mein Glaube, wie etwas schmeckt, wesentlich Nebenprodukt des Essens oder Trinkens von etwas. Bezogen auf das Raucherbeispiel bedeutet es, dass Akteure in Situationen geraten, die als Nebenprodukt den Zustand herbeiführen, jetzt mal eine Zigarette rauchen zu wollen. Ein Schriftsteller hat ein Kapitel seines Buches endlich fertig und denkt sich, »jetzt habe ich mir eine Zigarette verdient«. Wie lässt sich nun auf diesen Glauben des Akteurs »sich eine Zigarette verdient zu haben« im Sinne eines endogenen Präferenzwandels reagieren?

Hier wäre die Antwort des Wahlhandlungstheoretikers, dass Willensstärke allein nicht hilft und dass Rauchen auch nicht einfach als Ausdruck einer individuellen Willensschwäche gedeutet werden muss. Der Akteur könnte sich in dem Gefühl bestärken, in einer bestimmten Situation (wie nach dem Fertigstellen eines Buchkapitels) etwas Besonderes verdient zu haben. Aber er müsste sich angewöhnen, dass dieses Besondere in etwas anderem (weniger schädlichem) als einer Zigarette bestehen könnte. Vielleicht sollte er sich der Schriftsteller an seine Vaterrolle erinnern und sich sagen: »Jetzt könnte ich mal wieder meinen

Sohn anrufen. Mal schauen, was der so treibt.« Diese Strategie des »sich von etwas anderem bestimmen Lassen« wird ausführlicher im nächsten Abschnitt erörtert.

Zwischenergebnis

Bezugsprobleme der rationalen Wahl

In diesem Unterkapitel haben wir mit dem Problem befasst, wie sich Entscheidungen von Akteuren erklären lassen. Dabei haben wir uns zunächst das Grundmodell der Werterwartungstheorie angesehen, nach dem sich Akteure immer für die Handlungsalternative entscheiden, von der sie sich in einer gegebenen Situation den größten möglichen Nutzenwert versprechen (→ Kap. 3.3.1.1). Anhand von Beispielen wurden zwei Einwände gegen dieses Modell formuliert: (1) Es könnte sein, dass die Grundannahme der Werterwartungstheorie tautologisch, d. h. empirisch nicht widerlegbar und damit inhaltsleer ist; (2) es scheint eine zeittheoretische Lücke zu geben (→ Kap. 3.3.1.2).

Dem ersten Einwand haben wir anhand von Hartmut Essers Modell der sozialen Produktionsfunktionen ausgeräumt. Dieses Modell ist nicht inhaltsleer, da es spezifische Nutzenarten postuliert, die von Akteuren maximiert werden, genauer: die Grundbedürfnisse nach physischem Wohlbefinden und sozialer Anerkennung. Diese Grundbedürfnisse werden in Form einer komplexen Kuppelproduktion realisiert. Anhand von indirekten Gütern (wie individuelle Leistungen, Erfüllung von gesellschaftlichen Erwartungen) werden primäre Zwischengüter (wie Prestige, soziale Positionen) erlangt, die der Realisierung von physischem Wohlbefinden und sozialer Anerkennung dienlich sind (→ Kap. 3.3.1.3).

Den zweiten Einwand haben wir anhand von Jon Elsters Theorie der Willensschwäche erörtert. Wir haben gesehen, dass es neben einfachen Wünschen auch sogenannte Wünsche (bzw. Präferenzen) zweiter Ordnung gibt. Diese werden vielfach über Umwege bzw. indirekte Strategien maximiert. Es handelt sich um Zustände, die man nicht willentlich herbeiführen kann, sondern die als Nebenprodukte von Handlungen oder Situationen entstehen. So kann man sich die Vorliebe für das Rauchen in der Regel nicht direkt abgewöhnen, aber indirekt, z. B. dadurch, dass man sich in Situationen zu begeben versucht, in denen der Wunsch zu rauchen nicht so leicht aufkommt. (→ Kap. 3.3.1.4).

3.3.2 | Karriere – Rationalität biographischer Entscheidungen

Wir wollen die Theorie der rationalen Wahl nun auf einen weiteren Typus von Entscheidungen beziehen, und zwar auf Entscheidungen, die Selbstfestlegungen mit gesamtbiographischer Reichweite zur Folge haben. Gemeint sind Ereignisse wie die Wahl eines Berufs oder eines Sexualpartners und/oder Ehepartners, der Entschluss, Kinder zu bekommen, ein Haus zu bauen oder ein soziologisches Einführungswerk zu schreiben.

Major life decisions
Bei den genannten Entscheidungen kann man meist zwischen Alternativen wählen. Allerdings sind die mit ihnen verbundenen »Qutcomes« schwer überschaubar, eben weil sie Konsequenzen haben, die sich tendenziell über die gesamte Lebensspanne eines Akteurs erstrecken. Mit Tod S. Sloan (1996) lassen sich die genannten biographischen Wahlereignisse als *major life decisions* bezeichnen..

Sich bestimmen lassen
Der Philosoph Martin Seel (2003) hat in Bezug auf solche Entscheidungen mit gesamtbiographischen Konsequenzen von einer Bestimmung dessen gesprochen, wovon man sich im weiteren Leben bestimmen lässt. Er bezieht sich damit nicht nur auf den Sachverhalt, dass es im Leben vieles gibt, von dem man bestimmt wird, sondern auch darauf, dass man sich mit einer Entscheidung für etwas Bestimmtes zugleich auf die Umstände einlässt, in die man sich aufgrund der Entscheidung begibt. Eine Frau heiratet nicht nur einen Mann, sondern auch dessen Mutter – und natürlich auch den Rest der Verwandtschaft. Zu einer gewählten Handlungsalternative gehören somit immer auch weitere Gegebenheiten des sozialen Kontexts, in den man sich durch eine Entscheidung begeben hat, und die aus dieser Entscheidung resultierenden, nur schwer im Vorhinein überschaubaren mittelfristigen und langfristigen Folgen. Wenn wir also Entscheidungen als Bestimmungen eines Akteurs über seine Handlungsalternativen auffassen, dann kann das Subjekt zwar partiell die »Outcomes« (Ergebnisse, Folgen) seines Handelns bestimmen; es muss sich aber ebenso von den Umständen bestimmen lassen, in die es aufgrund der gewählten Handlungsalternativen hineingerät.

In der Art, wie ich handle, mit dem, was ich mit der Handlung aus den mir offenstehenden Möglichkeiten gewählt habe, liegt eine Bestimmung vor, wie ich bin und wer ich sein will und sein kann. Handeln ist insofern auch Teil der Identität der Person, ihres Verhältnisses zu sich selbst. Gerade die mit Jon Elster diskutierten Beispiele zum Phänomen der »Willensschwäche« und zum Versuch eines »endogenen Präferenzwandels« (→ Kap. 3.3.1) verdeutlichen dies. Wenn ein Suchtkranker rückfällig wird, so hat dies Konsequenzen für die Identität, die er sich selbst zuschreibt und die wir ihm zurechnen.

Bestimmtwerden ex ante, in actu, ex post | 3.3.2.1

Martin Seel unterscheidet in zeitlicher Hinsicht drei Formen des Sich-Be-stimmen-Lassens. Trivial, aber nicht banal ist es, dass eine Reihe von Aspekten des biographisches Handelns bereits in der Vergangenheit festgelegt wurden, also schon lange bevor Akteure in Situation geraten, in denen ihnen (z.B. aufgrund institutionalisierter Lebenslaufmuster; Kohli 1985) *zugemutet oder zugerechnet* wird, Entscheidungen zu treffen bzw. getroffen zu haben. Bereits die Kompetenz, sich in diesen Situationen überhaupt entscheiden zu können, ist abhängig von der kumulierten Bildungs- und Sozialisationsgeschichte eines Akteurs. Seel nennt diese Entscheidungsdimension ein *Bestimmtsein ex ante* und meint damit, dass Akteure bereits im Vorhinein – und zwar aus der Vergangenheit heraus – festgelegt sind.

Hintergrund

Der Lebenslauf als Institution

Lange bevor ein Mensch geboren ist, steht schon fest, wann er in die Schule kommt, wann er sie verlässt, wann er den Führerschein macht, wann er sein erstes eigenes Geld verdient, wann er von zu Hause aus-zieht, wann er heiratet und eine Familie gründet und wann seine Kinder aus dem Haus ziehen. Auch der Eintritt in den Ruhestand lässt sich für die große Mehrzahl der Menschen schon dann ziemlich genau vorher-sagen, wenn sie sich noch im Bauch der Mutter befinden.

Die weitgehende zeitliche Vorherbestimmung einer ganzen Reihe von biographischen Schlüsselereignissen (wie Einschulung, Eintritt auf dem Arbeitsmarkt, Heirat) ist ein Phänomen, das erst im 20. Jahrhundert in den sogenannten Wohlfahrtsgesellschaften (s.a. → Kap. 3.3.4 u. 4.3.2) auftaucht. Martin Kohli hat diese zeitliche Vorherbestimmtheit von Lebensereignissen, die viele mit großer Wahrscheinlichkeit und in ho-her Abhängigkeit von ihrem Lebensalter erfahren werden, als »Institu-tionalisierung des Lebenslauf« bezeichnet. Obwohl wir uns viele Ent-scheidungen in unserem Leben als individuell und autonom zuschreiben, ist der moderne Lebenslauf in Wahrheit eine »Institution«, d.h. ein stark festgelegtes Verhaltensmuster.

Das Bestimmtsein ex ante kann nicht ausschließlich als restriktive Macht gedeutet werden, es stellt vielmehr eine grundlegende Bedingung dafür dar, dass der Einzelne ein selbstbestimmtes Lebens führen kann: ›Wer nicht in vieler Hinsicht bestimmt wäre, könnte selbst nichts bestimmen:

Bestimmtsein ex ante

es wäre nichts da, dem gegenüber eine *eigene* Bestimmung ein Gewicht haben könnte. Bestimmt zu sein ist ein *konstitutiver* Rückhalt von Selbstbestimmung‹ (Seel 2003, S. 288).

Bestimmtwerden in actu   Selbst im kurzen und vergänglichen Augenblick des Handelns liegt noch ein passiver Moment, den Seel als Bestimmtwerden in actu bezeichnet. Kompetenzen wie die Aufnahmefähigkeit einer Person oder ihr Geschick, sich in passenden Situationen zu befinden, bewegen sich in einer handlungstheoretisch eigentümlichen Zwischenlage: Sie können weder schlicht den Handlungspräferenzen noch den Situationsorientierungen oder den Handlungsrestriktionen zugeschlagen werden. Kompetenzen wie Geistesgegenwart, Schlagfertigkeit oder Spielsinn sind daher nicht einfach nur Fähigkeiten des Akteurs, die ihm angeboren sind oder von ihm über Lernprozesse erworben wurden. Sie hängen vielmehr vom »Glück« und »Geschick« der Akteure ab, sich in Situationen zu finden, in denen sie ihre Fähigkeiten (wenn man so will »Bestimmungen«) ausspielen können.

Bestimmtwerden ex post   Die Lebenspraxis lässt sich natürlich nicht nur aus der Vergangenheit und in der Gegenwart bestimmen, sondern die getroffenen Entscheidungen, insbesondere major life decisions (Sloan 1996) gelten vor allem der Zukunft. Man denke an die weiter oben schon genannten Beispiele der Wahl eines Berufes oder des Entschlusses, ein Kind in die Welt zu setzen. Seel zufolge kommt es hier zu einem Bestimmtwerden ex post, indem wir Einfluss darauf nehmen, »wie wir uns weiterhin *bestimmen lassen* wollen« (Seel 2003, S. 289). Es handelt sich um eine Sondierung von Konstellationen, »in denen wir auf eine noch unüberschaubare Weise bestimmt *werden* – und von denen wir, soweit wir sehen können, auch bestimmt werden *wollen*« (ebd.).

Zwischenergebnis

Zeitdimensionen des Sich-Bestimmen-Lassens

Mit Martin Seel können wir das Problem der Entscheidung zeittheoretisch fassen und dabei zugleich eine aktive und passive Seite der Entscheidung erkennen: etwas (aktiv) bestimmen und damit sich zugleich bestimmen lassen (passiv). Gerade am Bestimmtsein ex ante, also an den Voraussetzungen, die wir aus der Vergangenheit mit übernehmen, dem Bestimmtwerden in actu, sprich den Bedingungen, die im Moment des Entscheidungsprozesses auf uns (und das Resultat unserer Entscheidung) einwirken, und dem Bestimmtwerden ex post, mithin der Reflexion der Konsequenzen, auf die wir uns einlassen, zeigen sich die zeitlichen Bezüge des Entscheidens.

Karriere als stabiler subjektiver Erfolg (Karl Mannheim) | 3.3.2.2

Im Folgenden wollen wir das zuvor Dargestellte anhand der Frage, wie Karrieren bereits bestimmt sind, bevor die Akteure selbst durch Entscheidungen in sie aktiv eingreifen können, vertiefen. Karrieren lassen sich dabei mit Esser als soziale Produktionsfunktion auffassen, und zwar als Produktionsfunktion eines primären Zwischenguts. Zugleich kann man innerhalb einer Karriere über bestimmte Karrierealternativen entscheiden (z. B. Musiker oder Lehrer), von deren Wahl man dann jedoch »auf eine noch unüberschaubare Weise bestimmt« werden wird. Wir entwickeln den Karrierebegriff aber zunächst anhand der klassischen Soziologie Karl Mannheims, um darin zu einer Unterscheidung zu gelangen, die sich auf unsere Probleme der Rekonstruktion sozialer Produktionsfunktionen bzw. des Sich-Bestimmen-Lassens bei Entscheidungen mit gesamtbiographischen Folgen zurückbeziehen lassen. Mannheim gelangt zum sozialen Phänomen der Karriere über das Thema des Erfolgs. Im ersten Schritt führt er dazu zwei Differenzierungen ein (s. Abb. 7)

● die Differenzierung zwischen Erfolg und Leistung und
● die Differenzierung zwischen objektivem und subjektivem Erfolg.

Dabei postuliert er, dass sich die Soziologie »mit gesteigertem Interesse den Formen des subjektiven Erfolgs zuwendet, […], weil […] der Mensch nicht unmittelbar der Leistung zuliebe tätig ist, sondern in seinen Motivationen einen Umweg einschlägt und durch das subjektive Erfolgsstreben hindurch erst den Weg zur Leistung findet.« (Mannheim 1964, S. 638). Letztlich interessiert sich Mannheim für die Formen des subjektiven Erfolgs, die sich in der Gesellschaft als »stabil« erweisen, von denen eine die Karriere ist. Aber bevor wir darauf zu sprechen kommen, sollen zunächst die definitorischen Unterscheidungskriterien genauer erläutert werden.

Um Erfolg von Leistung zu unterscheiden, bezieht Mannheim beide Phänomene auf die Oberkategorie der Verwirklichung. Unter Verwirklichung versteht er den Sachverhalt, dass ein »mögliches, vorgestelltes, erstrebtes Resultat« tatsächlich umgesetzt, also zur »Wirklichkeit« wird. Als Beispiel für ein erstrebtes Resultat nennt Mannheim den Bau von Flugzeugen, mit dem der Wunsch des Menschen, fliegen zu können, verwirklicht wird. Wenn so etwas geschieht, handelt es sich um eine »Art der Objektivierung, Verwirklichung in irgendeinem Sachgebiete«; damit ist zugleich der Begriff der Leistung definiert als »Verwirklichung in irgendeinem Sachgebiete« (Mannheim 1964, S. 634). Erfolg ist demgegenüber »eine Art Verwirklichung im Gebiete des Sozialen« (ebd.); genauer besehen besteht diese Art der Verwirklichung im »Sichdurchsetzen«.

Verwirklichung und Leistung

Abb. 7 | **Unterscheidung von Leistung und Erfolgsarten**

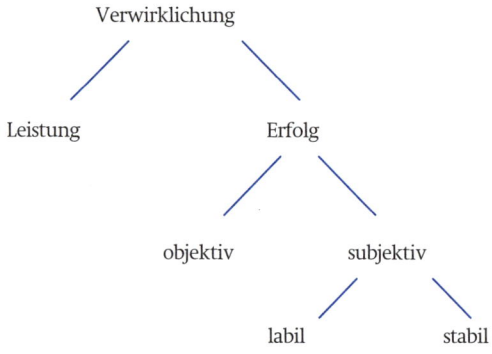

Erfolg   Das »Sichdurchsetzen« wiederum kann als objektive Form, sprich als objektiver Erfolg, vorliegen, als »Sichdurchsetzen der Leistung«. Somit ist es möglich, »dass nur die Leistung sich durchsetzt, aber ihr Träger unterliegt, keinen Erfolg hat«. Das »Sichdurchsetzen des leistungsvollen Subjekts« (ebd., S. 635) bezeichnet Mannheim demgegenüber als »subjektiven Erfolg«.

Hierbei rücken »Leistung und Erfolg [...] zumindest ganz nahe aneinander« (ebd., S. 636). Denn erstens ist Erfolg auch konstitutiv für viele Leistungsarten: »In manchen Gebieten ist das Nichterfolghaben indirekt auch Kriterium für die Wertlosigkeit der Leistung. [...] Für die Bewertung der Leistung eines Heerführers, eines Wirtschaftsführers, eines Pädagogen, eines Predigers ist es nicht ganz irrelevant, ob sie Erfolg haben« (ebd.). Zweitens stellt Mannheim damit das Moment der »Bewertung der Leistung« heraus. So können letztlich sogar objektive Leistungen – wie die in sich schlüssigen und damit an sich richtigen neuen Formeln, die ein Mathematiker entdeckt hat – für die Gesellschaft bedeutungslos bleiben, weil sie einfach nicht beachtet werden und nicht zum subjektiven Erfolg des Mathematikers führen. Dies ist letztlich bedingt durch die »eigensinnige Irrationalität jedes Gesellschaftssystems«, das »verschiedene Leistungssphären verschieden bewertet und in ihnen je verschieden geartete Erfolgschancen eröffnet« (ebd., S. 637).

Zwischenbetrachtung

Castingshows – Leistung, objektiver oder subjektiver Erfolg?

Heutzutage gilt es als umstritten, als was der Erfolg in einer Casting-show – wie z. B. »Germany's next Top Model« gelten soll. Als Leistung würden es wohl die wenigsten ansehen, manche vielleicht als Erfolg. Nach Mannheims Theorie können wir es als alles zusammen auffassen: als Leistung, als objektiven Erfolg und als subjektiven Erfolg. Demnach stehen sich Leistung und Erfolg nicht nur gegenüber, sondern hängen auch miteinander zusammen. Leistung ist nicht nur »Verwirklichung auf einem Sachgebiet«, sondern auch »objektiver Erfolg«, der darin be-steht, dass etwas »Verwirklichtes«, etwas »Vollbrachtes« von der Gesell-schaft anerkannt wurde. Eine junge Frau versteht es, sich und die Klei-dung, die sie trägt, zu präsentieren. Damit besteht aber ihre Leistung nicht nur darin, dass sie etwas verwirklicht (hier: ein Selbstpräsenta-tionshandeln), sondern auch darin, dass dasjenige, was sie verwirklicht, zu einem gewissen Grad auch gesellschaftliche Anerkennung erlangt hat. Castingshows haben offenbar so hohe Einschaltquoten, dass sie sich als Medienprodukt als konkurrenzfähig erweisen.

Nach Mannheim bedeutet dies, dass Castingshows und die darin vor-kommenden Selbstpräsentationen der Models eine objektiv erfolgreiche Leistung sind. Man mag über mehr Bildung verfügen müssen, um Phi-losophietalkrunden im Fernsehen anzubieten. Aber diese Leistung er-fährt im Vergleich zu Castingshows weniger »objektiven Erfolg«. Eine Leistung ist eben erst dadurch objektiv erfolgreich, dass die Gesellschaft das mit der Leistung Erzeugte anerkennt. Subjektiver Erfolg besteht da-rin, dass sich ein Akteur als Person (im Beispiel: ein Model) in der Konkurrenz mit anderen um etwas (Top Model zu sein) durchgesetzt hat. Vorausgesetzt ist dabei, dass die miteinander um Erfolg subjektiv konkurrierenden Individuen etwas vollbringen, ein für andere irgend-wie sichtbar werdendes Handlungsergebnis erzeugen (hier: sich auf dem Laufsteg präsentieren), das eine Minimalform von Leistung enthält. Wenn sich ein Akteur durchgesetzt hat, dann hat die Gesellschaft damit zwei Momente des Erfolgs anerkannt: (1) etwas Verwirklichtes, Erzeugtes hat als Leistung »objektiven Erfolg« (Castingshows als TV-Genre), (2) eine Person hat im Rahmen einer Konkurrenz um diese Leistungen »subjekti-ven Erfolg«.

Beim subjektiven Erfolg lässt sich nach Mannheim noch zwischen »labi-len« und »stabilen« Formen unterscheiden. »Labil« ist ein subjektiver Er-folg dann, »wenn das subjektive Sichdurchsetzen des Leistungsträgers

Labiler und stabiler Erfolg

im Erreichen irgendeiner Art der Anerkennung, in der Zuerteilung eines stets bestimmt gearteten Prestiges besteht« (Mannheim 1964, S. 638). Um demgegenüber die stabilen Formen bestimmen zu können, muss der »strukturelle Sinn dieser Erfolgsformen genauer erfasst und bezeichnet werden« (ebd.) Nach Mannheim handelt es sich bei den stabilen Formen immer nur um »relativ stabilisierten Erfolg«. Er beschreibt dies mit der etwas kompliziert klingenden Formulierung: »wenn der Leistungsträger um der Leistung willen oder in engem Zusammenhange mit dieser Wirkungschancen und Verfügungsgewalten an sich reißt, sich aneignet oder garantiert bekommt«, dann werde damit Erfolg relativ stabilisiert« (ebd.).

Gemeint ist damit, dass Akteure in der Gesellschaft durch subjektiven Erfolg in Positionen gelangen können, die ihnen die Verfügungsgewalt über Mittel (oder Ressourcen) garantieren, die ihnen wiederum höhere Chancen zur Verwirklichung erfolgsrelevanter Leistungen gewähren. Aus der Verfügung über Position, Geld und Besitz ergibt sich zumindest eine Garantie für zukünftigen Erfolg. Anders ausgedrückt: Wer über höhere Positionen (mehr Entscheidungsbefugnis), mehr Geld und mehr Eigentum verfügt, kann vielfältiger in die Verwirklichung seiner Handlungsbeiträge investieren, deren Qualität erhöhen usf. Es handelt sich um *relativ stabilisierten* Erfolg, da die Stabilität des Erfolgs abhängig ist von der Verfügung über Handlungsgrundlagen, die es den Akteuren erleichtern, solche Beiträge zum sozialen Leben zu erzeugen, die in der Gesellschaft höhere Aussichten auf Erfolg besitzen.

Mannheim benennt daher drei gesellschaftliche Felder, auf denen der Zuwachs von weitgehend garantierten Wirkungschancen und Verfügungsgewalten typischerweise aufzutreffen ist: Macht, Wirtschaft und Karriere. Die sozialen Kontexte, in denen diese Formen typischerweise vorherrschen, bezeichnet er darüber hinaus als »kampfentleert«.

3.3.2.3 | Karriereerfolg und Kampfspielraum – Strukturbedingungen

Was bedeutet nun die Bedeutungszunahme der »kampfentleerten« Erfolgsform der Karriere für die Rationalität individual-biographischer Entscheidungen? Die Karriere stellt nach Mannheims Auffassung eine Form des Erfolgs dar, in dem das Moment der Vorausberechenbarkeit am reinsten ausgeprägt ist. »Das Charakteristische der Karriere ist [...], dass in ihr die Erfolgsgrößen a priori rationiert sind.« (Mannheim 1964, S. 650)

Kampfentleerter Raum   Er hat damit Überlegungen vorweggenommen, die wir oben in der aktuell diskutierten These vom »Lebenslauf als Institution« kennengelernt haben. Die Formulierung »a priori rationiert« verweist auf die vorherige (a priori) Festlegung dessen, was einem innerhalb einer Laufbahn zu einem bestimmten Zeitpunkt zuteilwerden kann. Damit ist der Spielraum dessen, worum der Akteur in eine Konkurrenz – in einen Wettkampf – treten kann, von vorneherein beschränkt. Innerhalb der in diesem Sinn kampfentleerten Karriere kann sich die Persönlichkeit nur dadurch zur Geltung bringen, »dass sie vorgegebene Wirkungs- und Verfügungschancen mit ihrem eigenen Geiste erfüllt« (Mannheim 1964, S. 651). Ähnlich wie wir es bei Georg Simmel in Bezug auf den Beruf gesehen haben (→ Kap. 2.3.3), steht für den Akteur eine vordefinierte Stellung (soziale Position) bereit, die er allenfalls mit eigenem Sinn füllen kann.

Die heutigen formal rationalisierten Muster des Personalmanagements entsprechen durch ihre Orientierung an Stellenplänen und Laufbahnprinzipien der Erfolgsstruktur »Karriere«. Die innerhalb des Laufbahnmusters vorbestimmten formal rationalisierten, berechenbaren sozialen Positionsmöglichkeiten sind »wesensmäßig kampfentleert. Apriorische Überschaubarkeit, Kampfentleertheit und Karriere hängen miteinander zusammen.« (Mannheim 1964, S. 652) Es entsteht somit ein domestiziertes, berechenbares Positionsgefüge. Noch deutlicher wird dies, wenn wir die innerhalb einer Karriere von den Personen als kampfentleert erfahrenen sozialen Kontexte mit dem Kontext des labilen Erfolgs vergleichen, in denen man »die Position, die man ausfüllen will, in einem viel weitergehenden Maße selbst modellieren kann« (ebd., S. 651), »dass man seinen Platz mehr oder minder selbst macht« (ebd., S. 650).

In diesen Kontexten, in denen um labile Erfolgsmöglichkeiten konkurriert wird, entsteht die Sphäre des Kampfspielraums. Die labilen Erfolgsformen erfordern von der Person »Erfolgsstreben überhaupt« (ebd.). Oder, um es in einem anderen Bild zu sagen: Es handelt sich um eine Art »nacktes Erfolgstreben«, weil noch nicht feststeht bzw. gesellschaftlich bestimmt ist, worin der Erfolg besteht bzw. ob die Position, um die gerungen wird, überhaupt Chancen eröffnet, als stabile soziale Position etabliert zu werden. Daraus leitet Mannheim die Bedeutung der Unterscheidung von kampfentleerten Raum und Kampfspielraum ab, »weil die Struktur des erreichbaren Erfolgs hier und dort stets anders ist und zu dieser und jener Form des Erfolgs eine stets anders geartete Form des Erfolgsstrebens, damit zusammenhängend ein jeweils anders gearteter Menschentyp und letzten Endes entsprechend anderer Typus von Kultur gehören« (ebd., S. 653).

Kampfspielraum

Kreativität – Kampfspielräume und labiler Erfolg in neuen Berufsfeldern?

Aufgrund des technologischen Erfolgs von Computern und neuer Formen der Telekommunikation (Internet, E-Mail, Handy usf.) sind eine Reihe von neuen Berufsfeldern entstanden, die zum Teil technischer, zum Teil gestalterischer Art sind: Programmierer, Netz-Administratoren, Webdesigner, Online-Redakteure, Graphik- und Werbedesigner usf. Zusammenfassend werden sie auch als »neue Kreativberufe« (Koppetsch 2006) bezeichnet. Sie finden sich in Bereichen des Informationsmanagements, in der Werbe- und Marketingbranche, aber auch in der Unterhaltungsindustrie. Im Unterschied zu den klaren Stellendefinitionen in modernen Großbetrieben, die zu stabilisierten Karrieren geführt haben, fehlen in den neuen Branchen der Kreativwirtschaft häufig klare Stellenprofile. Im Sinne von Karl Mannheim liegt dort also ein Kampfspielraum um die Ausdeutung und Ausgestaltung sozialer Positionen vor. Deshalb lässt sich für Positionen, die im Feld der neuen Kreativberufe erlangt wurden, nicht klar feststellen, ob sie sich als dauerhaft gesichert erweisen. Sich im Kampf um solche, noch ungenau und instabil definierten Positionen durchzusetzen, wäre somit ein labiler Erfolg. Die Stelle selbst und die mit ihr verbundene Leistung müssen sich noch objektiv im Kampf um die gesellschaftliche Anerkennung von sozialen Positionen bewähren.

Vergleich
Mannheim – Seel

Letztlich können wir die von Mannheim entwickelte Unterscheidung von stabilem und labilem Erfolg, von Kampfspielraum und Kampfentleertheit nutzen, um die Formen des Bestimmtseins bzw. Bestimmtwerdens nach Martin Seel von einer anderen Warte aus zu betrachten. Die Karriere als kampfentleerter Raum des Konkurrierens um sozial vordefinierte Positionen in einem relativ festgelegten Laufbahnmuster des Lebens entspricht einer Gesellschaft, die nahezu vollständig ex ante bestimmt ist, also dem Typus des »Bestimmtseins ex ante«. Das hat auch Folgen für die in einer Gegenwart zu treffenden Karriereentscheidungen, die als »Bestimmtwerden in actu« ein »Sich-Nicht-Riskieren-Müssen« implizieren. Da wo Positionen schon stabil festgelegt sind, geht man nicht das Risiko ein, auf das falsche Pferd zu setzen. Es ist relativ sicher abschätzbar, welcher Erfolg mit welcher Position einhergeht. Aus den Folgen der Entscheidung – dem Bestimmtwerden ex post nach Martin Seel – wird dann der damit verbundene »Kulturtyp der Persönlichkeit« ersichtlich. Es handelt sich um einen »Sozialcharakter«, der sich im weiteren Leben von Sicherheit bestimmen lassen will.

Was entscheidet biographische Selbstbestimmung?

1. Biographische Selbstbestimmung ist eine Entscheidung mit langfristigen Folgen.

2. Sie ist nach Martin Seel durch Ereignisse der Vergangenheit (ex ante), durch die Konstellation einer Gegenwart (in actu) und durch zukünftige Folgesituationen (ex post) bestimmt.

3. Trachtet ein Mensch nach Erfolg und versucht er, sich in der Konkurrenz um gesellschaftliche Stellen durchzusetzen, kann er labilen oder stabilen Erfolg erringen.

4. In der modernen Gesellschaft stellen Karrieren als vordefinierte Muster von Laufbahnpositionen stabile Erfolgsmöglichkeiten dar.

5. Unsicherheiten, die mit Kämpfen um Stellendefinitionen verbunden wären, entfallen damit.

6. Bei einem labilen Erfolg treten dagegen Akteure in Kampfspielräume ein und handeln sich damit die höheren Risiken der unsicherer Stellendefinitionen ein.

7. Wenn – wie im Kampfspielraum – Stellen (soziale Positionen) nicht von vorneherein festgelegt sind, muss das Individuum sich und seine biographische Zukunft »selbst riskieren«.

8. Daher bringen die Handlungskontexte »kampfentleerte Karriere« vs. Karriere im »Kampfspielraum freier Markt« unterschiedliche Kulturtypen von Personalität und Subjektivität und damit auch unterschiedliche subjektive Präferenzordnungen hervor.

9. Seels und Mannheims Beschreibungen lassen sich verknüpfen: Mit der Wahl von Karrieren gehen bestimmte Formen des Bestimmtwerdens ex ante, in actu und ex post einher. Ex Ante bestimmt ist das Leben durch die bereits festgelegt Staffelung der Positionen, in actu durch die Form des Sich-Nicht-Riskieren-Müssens, daraus resultiert ex-post ein bestimmter Kulturtyp der Persönlichkeit, z. B. der sicherheitsbedachte Laufbahnmensch.

Entscheidungen in Organisationen – Kontrolle oder System | 3.3.3

Wir haben uns bisher mit Entscheidungen einzelner Akteure beschäftigt. Grundsätzlich könnten wir es dabei belassen, wenn wir – wie der Methodologische Individualismus (→ Kap. 2.2) – postulieren würden, dass man nur in Bezug auf individuelle Akteure von Handeln und Entscheiden sprechen kann. In den Sozialwissenschaften existiert eine bereits lang anhaltende Debatte über die Frage, ob nicht auch kollektive Akteure, insbesondere Organisationen, Entscheidungen treffen. Ein einfaches Beispiel: Nach der Explosion der Öl-Plattform *Deepwater Horizon* im Golf von Mexiko im September 2010 und den missglückten Versuchen der Schadensbehebung wurde gefragt, inwiefern der Konzern BP – also eine Unternehmensorganisation – als Eigentümer der Plattform Verantwortung für die Katastrophe trägt. Verantwortung lässt sich aber nur dann sinnvoll einem Akteur zurechnen, wenn man ihm zuschreibt, gehandelt und entschieden zu haben. Interessanterweise werden Organisationen als »juristische Personen« gehandelt, d. h. man kann sie z. B. verurteilen – etwa zu Entschädigungszahlungen. Welche Konsequenzen hat dies für eine Entscheidungstheorie? Können Organisationen wirklich entscheiden? Oder entscheiden vielmehr Akteure innerhalb von Organisationen?

3.3.3.1 | Modelle von Organisationen

Zur Klärung dieser Fragen wenden wir uns zunächst zwei Organisationsmodellen zu:

a) dem klassischen Organisationsmodell, dem Weberschen Konzept der bürokratischen Organisation,

b) dem Modell der Dienstleistungsorganisation.

Bürokratie Für Weber repräsentiert die Bürokratie die formale Organisation – und im weiteren Sinn sogar »formale Herrschaft« – par excellence. Für sie ist eine bestimmte Art der Handlungsorientierung wesentlich, nämlich die Einhaltung formaler Regelstrukturen, die nach Weber aus folgenden Merkmalen bestehen:

1. Regelgebundenheit der Amtsführung,

2. feste Kompetenzverteilung,

3. Aktenmäßigkeit der Verwaltung,

4. Trennung des Verwaltungsstabs von den Verwaltungsmitteln,

5. besondere Stellung des Beamten:

5.a. Unpersönlichkeit der Amtsführung,

5.b. Fachqualifikation,

5.c. kontraktliche Anstellung und Laufbahnprinzip.

Positives Recht Weber sieht in der bürokratischen Organisation eine Form der »legalen« Herrschaft. Legale Herrschaft beruht auf Regeln, die als »positives Recht«, d. h. als Satzungen, festgelegt wurden. Ein positives Recht ist dann gegeben, wenn Regeln (a) in schriftlicher Form vorliegen, und (b) aus dieser schriftlichen Form eindeutige Anweisungen für die Regelbefolgung hervorgehen. Bürokratische Organisation als ein Herrschaftsprinzip in Organisationen (wie Betrieben, Verwaltungen, Schulen) beruht ebenfalls auf schriftlich niedergelegten (fixierten) Regeln sowie auf Ämtern. Ämter sind schriftlich – also durch Satzungen – festgelegte Positionen in Organisationen. Ebenfalls durch Satzungen definiert sind die Zuständigkeiten (Kompetenzbereich) eines Amtsinhabers.

Der klassische Fall einer Position in der bürokratischen Organisation ist der Beamte. Auch in der heutigen Gesellschaft kommt diese Position noch in tragenden Rollen vor: Polizeibeamter, Standesbeamter, Lehrer, Hochschullehrer, Verwaltungsbeamter usf. Sie sind in ihrem Handeln eindeutig den Regeln der Amtsführung, der Einhaltung der Kompetenzen (Zuständigkeiten) und dem Prinzip der Aktenmäßigkeit unterworfen. Zum Verbot des Regelverstoßes kommen die Verbote der Kompetenzüberschreitung und das Gebot der schriftlichen Dokumentation von Vorgängen hinzu. Außerdem dürfen die Verwaltungsmittel (also z. B. die finanziellen und sachlichen Mittel eines Amtes) nicht in den persönlichen Besitz des Amtsträgers übergehen. Geschäftsleiter sollten z. B. Dienstwagen und Chauffeur nicht im Urlaub nutzen. Zur Besonderheit der Stellung des Beamten gehört die Regel der Unpersönlichkeit der Amtsführung (Entscheidungen unter Absehen von der Person), Fachqualifikation als Einstellungsbedingung sowie die (vertraglich festgelegte) Positionssicherheit und das Laufbahnprinzip als Anreiz. Regelbefolgung wird also mit sicherer Lebensstellung belohnt.

Wieso soll es sich nun bei dieser Form der Organisation um »Herrschaft« handeln? Laut Weber liegt Herrschaft dann vor, wenn innerhalb einer sozialen Beziehung die Chance gegeben ist, dass ein Akteur, der einen »Befehl« erteilt, auf den »Gehorsam« anderer Akteure trifft. Auf Organisationen bezogen bedeutet dies: Wenn ein Vorgesetzter (leitender Beamter) Anweisungen erteilt, geht er von einer hohen Chance aus, dass die ausführenden Angestellten seiner Anweisung folgen. Weber fragt nun nach dem Handlungssinn: Warum erachten die ausführenden Angestellten es als legitim, als rechtmäßig oder gerechtfertigt, dass sie der Anweisung Folge leisten? Als Antwort konstruiert er drei Typen von Herrschaft, die die Handelnden als legitim anerkennen:

- die charismatische Herrschaft,
- die traditionale Herrschaft,
- die legale Herrschaft (mit bürokratischem Verwaltungsstab).

Berufsbeamtentum

Herrschaftstypen

Definition

Legitimität und Herrschaft

→ Der Glaube, dass Herrschaft begründet bzw. legitim ist, beruht beim Typus der **charismatischen Herrschaft** auf der Ausstrahlungskraft der Person des Herrschers bzw. des Anführers. Dies kann der Fußballtrainer sein, der seine Mannschaft dazu motiviert, »alles zu geben«, oder die

Schulleiterin, die das Kollegium und die Schülerschaft »mitreißt«. Typische historische Beispiele sind Anführer von Bewegungen, wie Gandhi oder Martin Luther King, oder religiöse Vorbilder, wie Mutter Teresa, die aufgrund ihrer persönlichen Ausstrahlung in der Lage sind, Gefolgschaft für die von ihnen repräsentierten Ideen zu erlangen.

→ Beim Typus der **traditionalen Herrschaft** basiert die Gefolgschaft auf Gewohnheit. Etwas ist schon seit Generationen so und so gemacht worden und damit »basta«.

→ **Legale Herrschaft** gründet auf Gesetzen und Satzungen. Regeln sind beschlossen, schriftlich fixiert und für alle nachvollziehbar bestimmt worden. Sie gelten in der gleichen unpersönlichen Form für alle. Legale, auf formalen Regeln beruhende Herrschaft gründet auf der Idee der Rechtsgleichheit.

Bürokratische Organisation ist nach Webers Auffassung also im Kern ein Herrschaftsmuster. Wenn diese somit eine bestimmte Regelstruktur aufweist, dann enthält sie nach Weber auch eine bestimmte Entscheidungsrationalität, nämlich dass innerhalb von bürokratischen Organisationen Entscheidungen nach schriftlich fixierten Regeln, nach Aktenlage und aufgrund von Zuständigkeit zu treffen und zu dokumentieren sind. Entscheiden ist dann in erster Linie Verwaltung. Das Spezifische an der Verwaltung ist nämlich die Entscheidung als zuverlässige Umsetzung von vorliegenden Anweisungen; es geht in ihr also nicht um Entscheiden als selbstständige Unternehmung oder schöpferische Gestaltung.

These der rationalsten Form der Herrschaft — Hinzu kommt Webers These, dass es sich bei der bürokratischen Herrschaft um die formal rationalste Form der Herrschaft handelt. Diese These hat in der Soziologie eine lang anhaltende Diskussion ausgelöst, hauptsächlich zwischen sogenannten Weberianern und sogenannten Neofunktionalisten. In dieser Debatte ging es um die Frage, ob eine formal rationale Herrschaft ausreicht, um in Organisationen effiziente Kontrolle auszuüben, und zwar über die Akteure in Organisationen, über die Ergebnisse, die von Organisationen hervorgebracht werden und über die Regelstrukturen der Organisation selbst. Autoren wie Robert K. Merton oder Eugene Litwak haben in vielen Studien nachgewiesen, dass sich formale Organisationen als ineffizient erweisen (zusammenfassend Bader u. a. 1980).

Formale Rationalität ≠ Effizienz — Das Ergebnis der Debatte zeigt, dass im Fall der Bürokratie die formale Regelstruktur, durch deren Befolgung in der Organisation Entscheidungen hervorgebracht werden, und die effiziente Kontrolle der Organisationsergebnisse voneinander abweichen können. Wir wollen das Verhältnis zwischen den Regelstrukturen der Entscheidung und der

Effizienz der Kontrolle von Ergebnissen am Beispiel der Organisation von Schule weiter vertiefen (Lange 2005, S. 131 ff.). Elmar Lange (2005) stellt in seiner Untersuchung Schule als ein Handlungsfeld dar, das sowohl als bürokratische Organisation als auch als Dienstleistungsorganisation beschrieben werden kann.

Lange zeigt, dass sich Schule als bürokratische Organisation und Schule als Dienstleistungsorganisation in ihren Grundprinzipien entgegengesetzt verhalten (s. Tab. 3). Wenn also heute häufig gefordert wird, dass Schulen (und auch Universitäten) sich stärker als Dienstleister gegenüber Kunden (Schülern, Eltern, Studierenden) verhalten sollten, widerspricht dies einer bürokratischen Tradition der Bildungsinstitutionen, die im Fall der Schule besonders gegeben ist, z. B. durch die allgemeine Schulpflicht und der unter anderem damit verbundenen Aufsichtspflicht der Schule.

Wie im Weberschen Modell ist Schule als bürokratische Organisation durch die Festlegung von Kompetenzen geprägt. In ihr herrscht die Autorität von Amts wegen. In der Dienstleistungsorganisation sind dagegen Entscheidungen durch Einsicht in die bestehenden Zusammenhänge zu begründen. Das Entscheiden im bürokratisch organisierten Schulalltag ist durch die Beachtung der formalisierten Regelschemata auf Reduzierung von Komplexität angelegt. Man muss nicht Einsicht in den komplexen Zusammenhang einer Situation gewinnen, sondern kann sich auf die geltenden Regeln zurückziehen. Demgegenüber erweist sich die Anforderung, Entscheidungen durch »Einsicht« in die Zusammenhänge zu begründen, als Steigerung von Komplexität.

Entscheidung und Begründung

Schulbetrieb: Bürokratie vs. Dienstleistungsorganisation		Tab. 3
Dimension	**Bürokratie**	**Dienstleistungsorganisation**
Entscheidungsregel und Begründungspflicht	Kompetenzverteilung, Enthebung von Begründungspflicht	Einsicht in den Zusammenhang, Begründungspflicht
Umgang mit Komplexität	Komplexitätsreduktion durch Formalisierung	Komplexitätszunahme durch Begründungspflicht
Kontrollstruktur und Vorgaben	Hierarchie und einheitliche Vorgaben	Spielräume für der Situation angemessene Entscheidungen
Präferierte Organisationsziele	Kontrollierbarkeit	auf schwer erfassbare Langzeitentwicklungen einwirken
Höchster Wert	perfekte Reglementierung	latente Effekte beeinflussen

Quelle: in Anlehnung an Lange 2005, S. 138.

Gestützt auf die Kompetenzverteilung und die Hierarchie bildet die Schule als bürokratische Organisation eine »Präferenz« für einheitliche Entscheidungsfindungen und für die Kontrolle aller schulischen Prozesse aus. So sind Entscheidungen sowohl in Bezug auf das schulinterne Geschehen (wie Unterricht) als auch hinsichtlich des Ablaufs von schulexternen Prozessen (wie Klassenfahrten) stets nach den vorliegenden Regeln einheitlich zu kontrollieren. Die bürokratische Schule sieht somit den größten Nutzenwert in der perfekten Reglementierung von Abläufen. Damit entspricht sie dem Weberschen Modell der Verwaltung.

Komplementär dazu werden in der dienstleistungsorientierten Schule Spielräume geöffnet, die sowohl starre Hierarchien und Kompetenzen auflöst als auch den Rahmen der Handlungsmöglichkeiten für die Akteure öffnet. Damit soll angemessener auf die Situationszusammenhänge der schulischen Organisationsabläufe reagiert werden. Vor allem besteht eine wesentliche Zielsetzung darin, als Organisation auf schwer erfassbare Langzeitentwicklungen (von Schülern und Schulklassen) einzuwirken. Als hoher Nutzenwert wird dabei angesehen, auch die latenten Effekte (verdeckte Wirkungen der sozialstrukturell bedingten Ungleichbehandlung von Schülern), die bei der Beeinflussung von Langzeitentwicklungen entstehen können, bei der Entscheidungsreflexion zu berücksichtigen.

Konsequenzen für Lehrerhandeln Das hat Konsequenzen für das Handeln der Lehrer (s. Tab. 4). Während diese in der bürokratischen Schule an Satzungen (z. B. Schulrecht, Schulordnungen, Curriculum, Stellenpläne, Befugnisse der Lehrer) orientiert sind und den in ihnen festgelegten Normen zu folgen haben, for-

Tab. 4 | **Auswirkungen auf das Lehrerhandeln**

Handlungsdimensionen	Bürokratische Organisation	Dienstleistungsorganisation
Handlungsorientierung des Lehrers	Orientierung an Recht und Norm	Eigenständigkeit
Entscheidungstyp	Wenn-Dann-Verfahren	Um-Zu-Verfahren
Didaktischer Schwerpunkt	kognitive Didaktiken	projektbezogene Didaktiken
Kontrolltypus und Prüfungsarten	Kontrolle durch standardisierte Prüfungen	Überprüfung in unterschiedlichen Praxissituationen
Förderungsart	Gleichbehandlung	individuelle Förderung
Lernziel	Sachkompetenz	Persönlichkeitsbildung
Beziehung Lehrer – Schüler	affektiv neutral (Distanz)	affektive Zuwendung (Identifikation)
Motivation	außengeleitete Motivation	innengeleitete Motivation

Quelle: in Anlehnung an Lange 2005, S. 138.

dert der Dienstleistungsgedanke sie stärker zu eigenständigem Handeln (und Entscheiden) auf. Der Regelkonformismus im bürokratischen Modell befördert eine Entscheidungsstrategie gemäß einem »Wenn-Dann-Verfahren«. Beispiel: Wenn das Curriculum oder die Schulordnung eine Regel A vorgibt, dann ist der Lehrer in seinem Vorgehen daran gebunden. Der in der Dienstleistungsorganisation geforderten Eigenständigkeit entspricht dagegen ein Denken, das von den zu erreichenden Zielen (Bedürfnisse der Kunden) ausgeht. Beispiel: Was können Lehrer tun, um gemeinsam mit den Schülern ein Lehrziel zu erreichen? Das bezeichnet Lange als Um-Zu-Verfahren.

Die beiden Organisationstypen unterscheiden sich – so Lange – auch in den Didaktiken, die in ihnen zur Anwendung kommen. In der bürokratisch organisierten Schule bevorzugen die Lehrer kognitive Didaktiken (gedanklich vermitteltes Lernen expliziten Wissens), während sie in der Schule als Dienstleistungsorganisation stärker projektförmige Didaktiken (Lernen über die praktische Durchführung anwendungsbezogener Projekte) als Lehrmethode einsetzen.

Während der Lehrer in der bürokratischen Organisation Schüler emotional distanziert (affektiv neutral), sachbezogen und formal gleich behandelt, tendiert er in der Schule als Dienstleistungsorganisation dazu, auf die Persönlichkeitsbildung des Schülers einzuwirken, dessen individuellen Förderbedarf und Entwicklungsmöglichkeiten genauer zu berücksichtigen und durch affektive Signale (Zuspruch, Aufmunterung, Lob) die Begeisterung des Schülers zu wecken. Die Motivation des Lehrers als bürokratischem Beamten ist außengeleitet. Er will negative Sanktionen (Abmahnungen, Zwangsversetzungen oder gar Suspendierungen), die von außen drohen, vermeiden. Er orientiert sich deshalb an Weisungen von oben (Hierarchieprinzip). Da sich der Lehrer in der Dienstleistungsorganisation Schule nicht auf Hierarchien zurückziehen kann, sind ihm Handlungsspielräume eröffnet. Um die Unsicherheiten, die innerhalb dieser Handlungsspielräume entstehen, bewältigen zu können, muss er über hohe innengeleitete Motivation verfügen. Er muss immer wieder Motivation – Antriebskraft und Entscheidungsgründe für sein Handeln – aus sich selbst heraus entwickeln.

Lehrer-Schüler-Beziehung

Entscheidungen von Organisationen?

3.3.3.2

Wie gelangen wir von den beiden skizzierten Modellen der Organisation zurück zu der Frage der Entscheidung in oder von Organisationen? Der Vergleich von Dienstleistungsorganisationen und bürokratisch strukturierten Organisationen hat verdeutlicht, dass es im Hinblick auf die Art und Weise des Entscheidens wesentliche Unterschiede zwischen

Organisation und Entscheidung

diesen Organisationsformen gibt. Wir haben damit auch gesehen, dass verschiedene Organisationsformen auf ihre je eigene Weise auf Probleme, mit denen Organisationen konfrontiert werden, reagieren. Berechtigt dies nun, von Organisationen als eigenen Einheiten zu sprechen, die wie Akteure Entscheidungen treffen und ggf. sogar Verantwortung für ihre Entscheidungen tragen?

Dies wird von manchen Soziologen bejaht, von anderen verneint. Einig sind sie sich vermutlich in der Auffassung, dass die referierten Unterschiede zwischen bürokratischer Organisation und Dienstleistungsorganisation ihren Grund darin haben, dass sie verschiedenen Regelungsmustern folgen. Diese Aussage lässt sich auch in einer akteurstheoretischen Sprache formulieren: Die Akteure in bürokratischen Organisationen folgen anderen Regelungsmustern als Akteure in Dienstleistungsorganisationen. Demzufolge sind es nicht die Organisationen, die unterschiedlich »handeln«, »entscheiden« und »Verantwortung tragen«, sondern die Akteure in Organisationen.

Organisation als Akteursfiktion

Es stellt sich jedoch die Frage, wie es möglich ist, dass die Akteure in den verschiedenen Organisationstypen sich so einhellig an verschiedenen Regelungsmustern orientieren und der Organisation, in der sie handeln, einen spezifischen Regelungscharakter zurechnen. Ein Erklärungsansatz ist der von Schimank (1988), der von »Einheitsfiktionen« oder »Akteursfiktionen« spricht. Gemeint ist damit, dass es den Akteuren so erscheint, als ob es sich bei Organisationen um eine Einheit handelt, die genau wie ein Akteur agiert. Organisationen wären keine wirklichen Akteure (wie menschliche Individuen), aber sie würden in der gesellschaftlichen Praxis so behandelt. Bei Schimanks «fiktionalistischer» Lösung, der Organisation den Status eines «Als-Ob-Akteurs» zuzusprechen, handelt es sich also letztlich um eine handlungstheoretische Lösung.

Funktionalistischer Entscheidungsbegriff

Aus einer funktionalistischen Perspektive kann man jedoch einer handlungstheoretischen Erklärung gegenüber grundsätzlich skeptisch bleiben. Dazu soll ein Hauptvertreter dieses Ansatzes – nämlich Niklas Luhmann (s. a. → Kap. 3.4.3) – zu Wort kommen. Zunächst einmal kritisiert Luhmann am handlungstheoretischen Entscheidungsbegriff, dass dieser einer »inadäquaten alltagsweltlichen Begriffsbildung« (Luhmann 1981, S. 391) folge, die deshalb unangemessen sei, »weil gerade durch Organisationen Entscheidungskomplexe ausdifferenziert werden, denen ein Punkt-für-Punkt-Korrelat im Handeln fehlt« (ebd.).

Wieso kein »Punkt–für–Punkt–Korrelat von Entscheidung und Handlung?

Ein Beispiel: Die Gleichstellungsbeauftragte einer öffentlichen Behörde studiert sehr gründlich einen Antrag für eine Personalmaßnahme. Genauer beschäftigt sie sich mit der Begründung für die Einstellung eines (laut Antragstext) höher qualifizierten Mannes. Anhand des Skripts fertigt sie eine Tabelle an, um die Qualifikationsmerkmale des Mannes und einer weiblichen Mitbewerberin zu vergleichen. Sie findet heraus, dass der Mann Vorteile in zwei eher sekundären Kriterien besitzt und die Frau Vorteile in einem anderen Punkt. Sie überlegt, ob sie dafür votieren soll, das Merkmal, bei dem die Bewerberin Vorteile aufweist, stärker zu gewichten. Sie verzichtet aber darauf, weil sie die Unterstützung einiger Mitglieder der Personalauswahlkommission in einer anderen Angelegenheit benötigt. Deren Kooperationsbereitschaft möchte sie sich nicht verscherzen. Darum schreibt sie als offizielle Stellungnahme nur den Satz: »Die Gleichungsbeauftragte war am Personalauswahlverfahren beteiligt und stimmt der Einstellung von Herrn Meier zu.«

Für Luhmann würde dieses Beispiel das fehlende Punkt-für-Punkt-Korrelat der entscheidungsrelevanten Kommunikation (hier: offizielle Stellungnahme) und der mit ihr verbundenen Handlungen (Lesen, Nachdenken, eigene Rangliste provisorisch erstellen, diese Liste in den Papierkorb werfen, auf ein mögliches Gegenvotum verzichten, Erwägungen im Hinblick auf andere Entscheidungen usf.) demonstrieren. Was immer die Gleichstellungsbeauftragte im Zusammenhang mit ihrer Stellungnahme getan hat, für den weiteren Prozess innerhalb der Organisation wird lediglich auf ihre offizielle Stellungnahme als relevante Entscheidung Bezug genommen. Es wäre dabei auch nebensächlich, ob die Gleichstellungsbeauftragte oder ihre Vertreterin die Stellungnahme verfasst und unterschrieben hätte. Aus Sicht der Systemtheorie Luhmanns reicht es, dass eine entscheidungsrelevante Kommunikation an entsprechender Stelle innerhalb der Organisation dokumentiert wurde – was immer daran beteiligte Akteure im Zusammenhang der Entscheidung sonst noch so getan haben mögen.

Während also die handlungstheoretische Begriffsbildung unterstellt, dass jede Handlung eine Entscheidung (Wahl aus Alternativen) erfordert und umgekehrt jede »Entscheidung eine Durchführungshandlung« (ebd.), widerspricht Luhmann einer solchen engen Kopplung von Handeln und Entscheiden, insbesondere für das Verhältnis von Entscheidung und Organisation. Die Entkopplung von Handlung und Entschei-

Entkopplung von Handlung und Entscheidung

dung vollzieht Luhmann auch in allgemein-soziologischer Hinsicht, in dem er den Entscheidungsbegriff folgendermaßen definiert: »Von Entscheidung soll immer dann gesprochen werden, wenn und soweit die Sinngebung einer Handlung auf eine an sie gerichtete Erwartung reagiert. [...] Entscheidungslagen ergeben sich erst, wenn die Erwartung auf die Handlung oder ihr Unterbleiben zurückgerichtet wird, wenn sie selbst erwartet wird. Dann schafft die Erwartung die Alternative von Konformität oder Abweichung.« (Luhmann 1984, S. 399)

Entscheidung und Erwartung   Beziehen wir uns zum Verständnis des Unterschieds zwischen der Luhmann'schen Herangehensweise und der akteursbezogenen Entscheidungstheorie (→ Kap. 3.3.1) auf ein einfaches Beispiel. Ulla ist nach London geflogen. Von einem akteurstheoretischen Entscheidungskonzept ausgehend könnten nun nachträglich mehrere »Entscheidungen« herausgehoben und analysiert werden. Warum reist Ulla nach London und bleibt nicht zu Hause? Warum London und nicht New York? Warum Flugzeug und nicht Auto? Warum Lufthansa und nicht Eurowings? Nach Luhmann sind solche nachträglichen Fragen zwar aus alltagsweltlicher Perspektive nachvollziehbar, aber sie enthalten eine gewisse Künstlichkeit. Wir können vermuten, dass sich Ulla über all diese Dinge gar keine Gedanken gemacht hat. »Die Sinngebung ihrer Handlung« – um es mit Luhmann zu sagen – muss gar nicht auf eine an sie [die Handlung; M.C.] gerichtete Erwartung reagiert haben. Ulla muss also den Sinn ihres Londonbesuchs gar nicht auf eine Erwartung beziehen, die an ihr Handeln gerichtet wird. Sie fliegt einfach mal so nach London. »Just for the pleasure of doing it.«

Luhmann betont eine Differenz zwischen Handeln aus irgendeinem Sinn heraus und einer Entscheidungslage, die ihrem Sinn nach auf spezifische Erwartungen bezogen ist. Letzteres hat zur Konsequenz, dass die Enttäuschung von Erwartungen eindeutiger als Abweichung oder Unterlassung verstanden werden kann. Als Soziologin und Mitarbeiterin einer Exzellenzuniversität ist Ulla in ihrem Handeln mit der Erwartung konfrontiert, dass sie an einem wichtigen Kongress in London teilnimmt. Bleibt sie diesem fern, könnte dies als Erwartungsenttäuschung, als Abweichung oder als Unterlassung einer bedeutsamen beruflichen Entscheidung ausgelegt werden.

Über die Kopplung der Entscheidungslage an den Erwartungsbegriff wird deutlich, dass es Luhmann nicht um eine nachträgliche Erklärung von Entscheidungen aus der Perspektive des individuellen Akteurs geht; ihn beschäftigt vielmehr die Frage, wie in sozialen Kontexten Entscheidungslagen entstehen können, die Handlungsmöglichkeiten so verdichten, dass Akteuren eine Entscheidung über Tun oder Unterlassen zugerechnet wird.

Und in diesem Duktus definiert Luhmann auch Organisationen. Sie bestehen nämlich aus einer Verkettung von Situationen, in denen Handlungsmöglichkeiten als Entscheidungslagen und Entscheidungsoperationen behandelt werden. Organisationen sind demzufolge »Entscheidungszusammenhänge«, »soziale Systeme, die sich erlauben, menschliches Verhalten so zu behandeln, als ob es ein Entscheiden wäre« (Luhmann 1981, S. 410). Die Einheit »Organisation« ist somit ein System von »Verstärkermechanismen«, in dem, verglichen mit Zufallserwartungen oder der Umwelt, Entscheidungen wahrscheinlicher sind. Es handelt sich dabei um die drei Mechanismen: »Unterstellen von Entscheidungen, [...] die Wahrscheinlichkeit von Entscheidungen, [...] das Entscheiden selbst« (ebd.).

Organisation als Entscheidungszusammenhang

Zwischenergebnis

Organisation und Entscheidung

Voraussetzung dafür, dass sich Organisation über Entscheidungen ausbildet, ist erstens die Unterstellung, dass in einem Handlungskontext »Dinge« zu entscheiden sind. Genau darauf beruht die an bestimmte Akteure gerichtete Erwartung, dass über etwas entschieden wird. Dies macht es zweitens in einem solchen Handlungskontext wahrscheinlicher, dass es auch tatsächlich zu Entscheidungen kommt. Drittens ist davon die Entscheidung als spezifischer Handlungstypus selbst zu unterscheiden.

Dabei stabilisiert sich die Einheit »Organisation« durch vier weitere Unterscheidungen, die in ihr als handlungsleitend berücksichtigt werden:
- **a)** Mitgliedschaft (Unterscheidung von Mitglied/Nicht-Mitglied),
- **b)** die Unterscheidung von Rolle und Person,
- **c)** generalisierter Folgebereitschaft/Anspruchshaltung,
- **d)** Entscheidung/Nicht-Entscheidung als Basisoperation (in Organisationen kann nicht »nicht entschieden« werden).

Die Unterscheidung von Mitgliedern und Nicht-Mitgliedern ist ein wichtiger Aspekt der Unterstellung von Entscheidungen. Aus ihr ergibt sich, an welche Personen die Erwartung der Entscheidung gerichtet werden kann. Mitglieder lassen sich dann – wie bei Weber – über die Bestimmung von Zuständigkeiten weiter differenzieren. Zuständigkeit strukturiert, wer über was in Organisationen zu entscheiden hat. Wenn also Ulla Mitglied eines als exzellent eingestuften wissenschaftlichen Instituts ist, dann werden Handlungen, die das Institut ihr zurechnet, anders behandelt als Handlungen von Nicht-Mitgliedern des Instituts. Aus Organisa-

Organisation und Mitgliedsrolle

tionsperspektive macht es also einen gewaltigen Unterschied aus, ob man Mitglied der Organisation ist oder nicht. An das Handeln von Mitgliedern kann die Organisation nämlich spezifische Rollenerwartungen adressieren, während Nicht-Mitglieder diffus als Personen, die womöglich irgendetwas wollen, beobachtet (wahrgenommen) werden.

Generalisierte Folgebereitschaft

Von den Mitgliedern kann die Organisation also ein bestimmtes Rollenhandeln verlangen – das ist mit der Erwartung generalisierter Folgebereitschaft gemeint. Generalisiert bedeutet, dass ein Mitglied bereit ist, den zunächst ggf. noch nicht genauer definierten Zielen einer Organisation zu folgen. Wenn Ulla Mitglied eines exzellenten Wissenschaftsinstituts ist, dann kann erwartet werden, dass sie z. B. in anerkannten Zeitschriften publiziert, wichtige Kongresse besucht, forscht und sich über den Stand der Forschung hinreichend informiert. Wenn eine Abteilung dann etwa spezifischer entscheidet, dass eine Publikationsoffensive zu starten ist, wird von Ulla als Mitglied der Organisation erwartet, dass sie da »mitzieht«. Wenn sie das nicht tut, lässt sich ihr Handeln als »Entscheidung« gegen die Ziele der Organisation, als Abweichung von der Organisationsrolle verstehen.

Allerdings ist in Organisationen der Fall der Abweichung selten. Häufiger und zugleich schwieriger ist der des »richtigen« Entscheidens. Also: in welcher Zeitschrift publizieren? Worüber forschen? Auf welchen Kongress reisen? Hierbei ist für Luhmann weniger wichtig, welche Bewertungen ein Akteur – z. B. Ulla – hinsichtlich der ihr verfügbaren Handlungsalternativen vornimmt; ihn interessiert vielmehr, wie innerhalb der Einheit »Organisation« das Ulla zugerechnete Handeln in Bezug auf die an sie als Organisationsmitglied gerichteten Erwartungen bewertet wird. Luhmann betrachtet somit nicht das Entscheidungshandeln des Akteurs, sondern die Verkettung von Entscheidungen im Entscheidungszusammenhang Organisation.

Zwischenergebnis

Organisationen sind ein System von Entscheidungen

Bezogen auf unsere Ausgangsfrage, ob Organisationen entscheiden (können), lautete die Antwort Luhmanns, dass Organisationen nichts anderes als ein System von miteinander verketteten Entscheidungen sind. Die Organisation ist ein Handlungskontext, in dem unterstellt wird, dass etwas zu entscheiden ist. Die Erwartung von Entscheidungen macht dann auch (verglichen mit anderen Handlungskontexten) wahrscheinlicher, dass Entscheidungen getroffen werden. Die Entscheidung selbst besteht in spezifischen Erwartungen, die wiederum an bestimmte Akteure als Mitglieder der Organisation gerichtet sind.

Genau genommen lässt sich aber auch mit Luhmann nicht sagen, dass Organisationen entscheiden. Denn Organisationen sind ein Komplex, ein Zusammenhang von Entscheidungen, aus dem heraus sich die Organisation als System selbst aufbaut. Wenn man sagt, dass eine Organisation entscheidet, würde man sich die Organisation als einen Akteur vorstellen. Aber ein solches Akteurskonzept hat Luhmann mit der Kritik an der Vorstellung eines Punkt-für-Punkt-Korrelats zwischen Entscheidung und Handlung ja verworfen.

Staat, soziale Wohlfahrt und kollektive Entscheidungen (Neo-Institutionalismus)

3.3.4

Kommen wir zu einer weiteren sozialen Kategorie, die ebenfalls in der Alltagswelt häufig als Einheit, wie ein Einzelakteur gedacht wird: der Staat. Auch der Staat trifft Entscheidungen, er erlässt z. B. Gesetze oder erhebt Steuer. Die Vorstellung, dass der Staat eine Person ist, findet sich bereits beim englischen Philosophen Thomas Hobbes, der in seinem 1651 erschienenen Werk »Leviathan«, den Staat als ein Einheit beschreibt, in der »alle Einzelnen eine Person« werden und »Staat oder Gemeinwesen« (Hobbes1981, S. 155) heißen. Der Staat, als »Leviathan« aufgefasst, ist »der sterbliche Gott, dem wir […] allein Frieden und Schutz zu verdanken haben« (ebd.). Hobbes entwickelt zudem eine äußerst einflussreiche Definition des Staates: »Staat ist eine Person, deren Handlungen eine große Menge Menschenkraft der gegenseitigen Verträge eines jeden mit einem jeden als ihre eigenen ansehen, auf dass diese nach ihrem Gutdünken die Macht aller zum Frieden und zur gemeinschaftlichen Verteidigung anwende.« (ebd., S. 155 f.) Etwas moderner ausgedrückt finden wir bei Hobbes den Gedanken der Monopolisierung der (physischen) Gewalt in den Händen des Staates, kurz: das staatliche Gewaltmonopol. Das Gewaltmonopol gehört heute zu den Fundamenten des Rechtsstaats und bezieht sich auf die Frage, wer legitimerweise ermächtigt sein kann, explizit Sanktionsgewalt auszuüben. Das Recht zu strafen, wird dabei dem Staat bzw. der sogenannten Staatsgewalt bzw. den betreffenden staatlichen Organen übertragen.

Staat als Akteur

Und genau diese Form der Übertragung der »Macht aller« der »große(n) Menge Menschenkraft« auf den Staat wurde von Thomas Hobbes ausführlich in der Schrift »Leviathan« erörtert. Wie ist es also möglich, fragt Hobbes, dass die einzelnen Menschen ihre individuelle Sanktionsgewalt (etwa in Form von Selbstjustiz) vollständig auf das staatliche Gemeinwe-

Machtübertragung als Entscheidungsproblem

sen übertragen? »Der Staat besitzt die höchste Gewalt.« (Hobbes 1981, S. 156). Zur höchsten Gewalt gelangt er (als institutioneller Staat), »wenn mehrere die höchste Gewalt einem Menschen oder einer Gesellschaft in der Hoffnung, geschützt zu werden, freiwillig übertragen« (ebd.).

Der Zusatz »freiwillig« ist bei der Übertragung nicht ganz unwichtig. Denn Hobbes denkt nicht an eine mafiöse Gesellschaft, die über Androhung von Gewalt »Schutz« erpresst. Allerdings handelt es sich für Hobbes bei der Übertragung der höchsten Gewalt auf den Staat durchaus um eine Art Unterwerfung. Denn Hobbes stellt dem Staat die Bürger als Untertanen entgegen. Es erscheint demnach so, als hätten die Bürger, nachdem sie ihre Sanktionsgewalt an den Staat übertragen haben, zugleich auch alle Kontrollmöglichkeiten über den Staat als höchster Gewalt verwirkt.

Betrachtet man die bisher im Anschluss an Hobbes entwickelte Problematik der Übertragung individueller »Gewalten« auf eine monopolisierte Staatsgewalt, dann stellt sich die Frage, ob und wie diese Übertragung als (individuelle) Entscheidung aufgefasst werden kann. Denn tatsächlich sieht es doch zunächst so aus, als übertrüge quasi jedes einzelne Individuum sein Gewaltpotenzial auf den Staat. Damit würde es freiwillig auf eine Ressource verzichten. Worin aber besteht der individuelle Nutzen eines solchen Verzichts? Was erhält das Individuum im Austausch dafür zurück?

Menschenbild bei Hobbes Auf diese Fragen finden wir bei Hobbes bereits Antworten. Aus seiner Sicht ist der Mensch kein grundsätzlich gutes Wesen, das seinen Artgenossen gegenüber durchweg wohlgesinnt wäre. Von Hobbes stammt der berühmte Ausspruch, dass der Mensch des Menschen Wolf sei. Man sollte diesen Satz allerdings nicht allzu sehr dramatisieren. Hobbes war beeinflusst von der Erfahrung der oft grausam in Morde und Kriege endenden Konflikte der Frühen Neuzeit, so wie sie in Deutschland etwa zwischen 1618 und 1648 im Dreißigjährigen Krieg auf verheerende Weise wüteten. Hobbes Menschenbild ist nicht grundsätzlich negativ. Aber er nimmt Veränderung des Menschenbildes der Antike vor, insbesondere im Vergleich zu Aristoteles und Platon (Münkler 2001).

Die Philosophen befassten sich von der Antike bis in die Aufklärung hinein mit der Frage nach der Natur des Menschen. Für die Antike war die Gedankenfigur einer im Kern (oder im Keim) vorbestimmten Entwicklung von etwas – z. B. der Gesellschaft oder des Menschen – prägend. Insofern mag es unter den Menschen auch »Schlechtes« geben, aber die Entwicklung des Menschen ist im Kern auf das »Gute« hin angelegt bzw. ausgerichtet. Insofern konstruierten die antiken Philosophen Menschen, zumindest Gruppen von Menschen, die zur Einsicht in das Gute befähigt sind (Platon) oder den Menschen als ein von Natur aus sprachbegabtes und zur Politik befähigtes Wesen (*zoon politikoon*, Aristoteles). So kann es in der Gesellschaft zwar zum Widerstreit zwischen »dekadenten« und »idealen« Formen der Polis kommen; am Ende aber setzten sich die zur Einsicht fähigen Bürger gegen die dekadenten Irrwege (*hybris*) durch.

Im Denken der Frühen Neuzeit wird dieser Entwicklungshoffnung jedoch der Boden entzogen. Für Hobbes kann der »Mensch des Menschen Wolf« sein, und zwar auch nur er. Anders gesagt: Für die Denker der Frühen Neuzeit stecken im Menschen auch negative Potenziale.

Hobbes entdeckt im Menschen bspw. eine unstillbare Bedürfnisnatur. Die Bedürfnisse des Menschen seien von seiner Natur aus nicht durch ein einfaches Sättigungsgefühl gestillt. »Der Grund dafür liegt darin, dass es bei den Wünschen der Menschen nicht darauf ankommen darf, dass sie das, was sie sich wünschen, etwa nur einmal und gleichsam für einen Augenblick genießen, sondern dass vielmehr der Genuss auch für die Zukunft sichergestellt werde« (Hobbes 1981, S. 90). Aber nicht nur, dass der Mensch im Hinblick auf seine Bedürftigkeit über die Gegenwart von Genießen und Sättigung hinaus denkt, er folgt zudem höchst unterschiedlichen Neigungen und Leidenschaften und wendet zur Befriedigung dieser vielfältigen Wünsche außerdem noch verschiedenste Mittel an.

(Randnotiz:) Unstillbare Bedürfnisse

In einer so unermesslichen Bedürfnisstruktur sind Konflikte sozusagen vorprogrammiert, »denn dadurch, dass man seinen Mitbewerber tötet, überwindet und auf jede mögliche Art schwächt, bahnt sich der andere Mitbewerber den Weg zur Erreichung seiner eigenen Wünsche« (ebd., S. 91). Der wesentliche Unterschied zwischen Hobbes als Vertreter der politischen Philosophie der Neuzeit und den antiken Denkern liegt aber nicht in der Differenz von gut und böse, sondern in der zwischen den Entwicklungskonzeptionen. In der Antike ist die Richtung vorbestimmt – das Gute setzt sich langfristig durch, während in der Neuzeit ungerichtete und inhaltlich offene Entwicklungsprozesse gedacht werden.

Daraus folgt zunächst einmal, dass sich gemäß dem neuzeitlichen Denken die Menschen die Richtung und die Gesetze ihres Handelns und ihrer Entwicklung selbst geben müssen und dass sie diese Gesetze und Handlungsregeln selbst – aus eigener Kraft – festigen müssen, womöglich in der Figur eines »sterblichen Gottes«, der davon abhängt, dass eine »große Menge Menschenkraft« freiwillig auf das Gebilde eines staatlichen Gemeinwesen übertragen und darin als höchste Gewalt konzentriert wird.

(Randnotiz:) Kollektiver Nutzen der monopolisierten Gewalt

Der kollektive Nutzen dieser Übertragung besteht in der Stabilisierung von Frieden und in gesicherten Regeln der Bedürfnisbefriedigung, die die Akteure vor den unermesslichen Folgen einer auf rein individueller Durchsetzung beruhenden Bedürfnisbefriedigung schützen. Die erwarteten Folgen dieser Handlungsalternative werden also negativer eingeschätzt als die geballte Macht des mit dem Verzicht auf die individuelle Handlungssouveränität verbundenen schützenden Staates.

Trotzdem bleibt ein Problem. Zwar schützt nun der Staat den Einzelnen vor der Willkür anderer Einzelner. Aber wer schützt die Einzelnen vor der potenziellen Willkür des mit der höchsten Gewalt ausgestatteten Staates? Ausgehend von dieser Frage entwickelt die Staatstheorie die Vorstellung, dass die Bürger mit ihrem Verzicht auf die eigene souveräne Gewaltanwendung nicht nur die Gewalt, sondern auch die Aufgabe des Schutzes auf den Staat übertragen, wobei die Aufgabe des Schutzes in der Gewährleistung von Bürgerrechten besteht. Diesen Gedanken finden wir vollständig entwickelt in der Theorie des Wohlfahrtsstaates bei Thomas Humphrey Marshall, die zugleich beansprucht, eine »Soziologie des Wohlfahrtsstaats« (Marshall 1990, S. 33) zu sein. Dieser nimmt sich in seiner soziologischen Rekonstruktion der Geschichte des Wohlfahrtsstaats vor, nachzuzeichnen, wie die Bürger dem neuzeitlichen Staat Schritt um Schritt weitere Dimensionen von Bürgerrechten gleichsam abgerungen haben.

Rechte des Bürgers

Marshall entwickelt also die Figur des Staatsbürgers. Während wir bei Hobbes im 17. Jahrhundert noch ein Schwanken zwischen Untertan und Bürger gesehen haben, hat sich im Laufe der Moderne das Bild vom individuellen Menschen, der einer Übertragung seiner Kontrollmacht, seiner Menschenkraft auf den Staat zustimmen soll, zu dem des Staatsbürgers gewandelt. Marshall versucht in der Figur des Staatsbürgers zugleich die Ungleichheit und Gleichheit der Menschen zu integrieren. Als Staatsbürger kommt allen Akteuren einer (nationalstaatlich gefassten) Gesellschaft der gleiche Status und damit die gleichen Rechte zu. Als Menschen unterscheiden sich die Akteure in verschiedensten Hinsichten; sie können damit im höchsten Ausmaß ungleich sein. Man könnte das Problem, dass für Marshall daraus resultiert, auch in die folgende Frage kleiden: Warum sollen Akteure bereit sein, einem Staat, der es zulässt, dass darin Menschen höchst ungleiche Stellungen einnehmen und höchst ungleiche Lebenschancen erhalten, ihre Handlungsgewalt, Kontrollmacht und Menschenkraft zu übertragen?

Es geht also bei Marshall nicht nur um den Nutzen, den die Individuen durch das staatliche Gewaltmonopol in Form von Schutz vor Willkür erhalten, sondern auch um weitere Chancen und Rechte, die ihnen innerhalb eines Staatswesens in höchst ungleichem Maße gewährt werden können. Marshalls These ist nun, dass die individuellen Akteure bereit sind, Ungleichheiten des konkreten sozialen Status, der Einkünfte und des Ressourcenbesitzes hinzunehmen, wenn ihnen grundsätzlich der gleiche Staatsbürgerstatus mit den gleichen Staatsbürgerrechten gewährt wird.

Die drei Formen der Staatsbürgerrechte (T. H. Marshall 1949)

1. **Bürgerrechte** im engeren Sinn; sie umfassen alle Rechte, die notwendig sind, um die individuelle Freiheit zu sichern: Freiheit der Person, Redefreiheit, Glaubensfreiheit, Freiheit des Eigentums, Vertragsfreiheit.
2. **Politische Rechte** der Bürger; dies sind die Rechte, die die Teilnahme am Gebrauch politischer Macht gewähren: als Wähler oder als Mitglied einer politischen Körperschaft.
3. **Soziale Rechte** der Bürger; sie zielen auf ein Mindestmaß an Teilhabe an gesellschaftlicher Wohlfahrt: gesicherter Lebensstandard, gleiche Bildungschancen und gleicher Anspruch auf soziale Dienste wie Gesundheitsversorgung, Altersicherung u. Ä.

Es bleibt jedoch ein Problem: Wer kümmert sich um die Aufrechterhaltung der bürgerlichen, politischen und sozialen Rechte? Eine erste Antwort könnte lauten: wir alle! Oder: alle Angehörigen einer Gesellschaft, also alle Bürger, die sich gegenseitig diese Rechte (und damit auch gegenseitigen Pflichten) zuerkennen. Mancur Olson (1963) hat diesbezüglich ein schwer lösbares Problem entdeckt und handlungsökonomisch präzise herausgearbeitet: das Problem des kollektiven Handelns.

Problem des kollektiven Handelns

Der Kern dieses Problems besteht darin, dass es sich für den Einzelnen (wenigstens zunächst) lohnt, sich nicht an der Hervorbringung, Kontrolle und Einhaltung der bürgerlichen, politischen und sozialen Rechten zu beteiligen, dass dies zugleich aber kollektiv zu einer Verringerung der in Anspruch nehmbaren Rechte führt. Ganz offensichtlich wird dies bei den »sozialen Rechten«, die Argumentation lässt sich aber auch auf die politischen und bürgerlichen Rechte übertragen.

Grundlegend ist zunächst die Annahme, dass Recht aus Rechtsansprüchen besteht, die faktisch wahrgenommen werden. Die Wahrnehmung von Rechtsansprüchen produziert Kosten bzw. erfordert umgekehrt, dass Leistungen bereitgestellt werden, auf die zurückgegriffen werden kann, für den Fall, dass ein Rechtsanspruch wahrgenommen wird. Einfaches Beispiel: Lohnfortzahlung im Krankheitsfall bei einem jungen Arbeitnehmer. Als Bürger hat auch der junge Arbeitnehmer das (soziale) Recht der Lohnfortzahlung, obwohl er individuell noch nicht viel in die Versicherung, aus der die Lohnfortzahlung finanziert wird, eingezahlt hat. Da aber alle Arbeitnehmer in eine Sozialversicherung –

in Form eines kollektiven Handelns – einzahlen, kann auch der Lohn des jungen Arbeiters im Krankheitsfall fortgezahlt werden. Ähnlich ist es mit dem sozialen Recht auf Bildung. Wenn Bildung kollektiv – z. B. über Steuern – finanziert wird, dann zahlen vor allem die Personen in diese »kollektive Kasse« ein, die selbst gar nicht von der Schulbildung profitieren. Auch hier werden »Leistungen« in Form von Geldeinzahlungen kollektiv erbracht und nach festgelegten sozialen Rechten von einzelnen Bürgern im Bedarfsfall in Anspruch genommen.

Individueller Nutzen der Nicht-Beteiligung   Olson sieht jedoch das Problem, dass es aus Sicht des Einzelnen attraktiv ist, hinsichtlich seiner Beteiligung an der Erbringung der kollektiven Vorleistungen (z. B. Steuerzahlung) eher zurückhaltend zu sein. Er geht von einer einfachen Kosten-Nutzen-Abwägung aus, die sich am Beispiel der gemeinsamen Treppenhausreinigung in einem Mietshaus veranschaulichen lässt. Alle Mieter profitieren davon, dass das Treppenhaus »sauber« ist. Meier verhält sich aber geschickter als die anderen Mieter. Scheinbar großzügig stellt er in Aussicht, während des gesamten Sommers – also während eines Viertel des Jahres – das Treppenhaus zu reinigen, so dass sich die vier anderen Mietparteien Holzer, Müller, Peters und Schmitt in den restlichen Monaten zuständig fühlen müssen.

Nun lässt sich leicht sehen, dass Meier die anderen »reingelegt« hat. Während der Sommerferien sind die anderen Mietparteien für eine gewisse Zeit nicht im Haus, weil sie schulpflichtige Kinder haben. Es entsteht schon allein deshalb kaum Verschmutzung in den sechs Wochen der Schulferien. Außerdem regnet es im Sommer weniger und es schneit nicht. Die Mieter haben keine matschigen Schuhe und verunreinigen somit das Treppenhaus weniger. Zudem wird kein Laub ins Haus getragen – wie im Herbst. Unter dem Strich hat sich Meier geschickt vor einem allzu hohen Beitrag zum kollektiven Gesamtprodukt »sauberes Treppenhaus« gedrückt. Die Theorie der »Logik kollektiven Handelns« fragt also danach, unter welchen Bedingungen Akteure sich dazu entscheiden, Beiträge zu einem gemeinsamen (kollektiven) Handeln zu leisten bzw. umgekehrt, unter welchen Bedingungen sie dies eher unterlassen. Als wichtige Faktoren sehen diese den Grad der Transparenz der Handlungsbeiträge und die Chance, die Beiträge anderer Beteiligter zu kontrollieren.

Dazu ein zweites Beispiel zum Vergleich. Ein Dorf, das überwiegend aus Weinbauern besteht möchte sein alljährliches Erntefest begehen. Dazu soll jeder Weinbauer 20 Liter Wein spendieren. Der Wein der 30 Bauern soll in ein großes Fass von 600 Litern gefüllt werden, denn zum Fest sind auch die Bewohner der drei Nachbardörfer eingeladen worden. Einer der Bauern fährt mit dem Fass auf seinem Anhänger die einzelnen Weingüter ab. Am Ende ist das Fass bis oben gefüllt. Am Tag des Festes warten alle auf den spannenden Moment des Anstichs. Doch was passiert. Aus dem Fass sprudelt klarstes Wasser. Wie konnte das geschehen?

Nach Olson folgten alle Weinbauer demselben individuellen Handlungskalkül. Sie haben sich jeweils gedacht, dass es bei 30 Bauern nicht auffällt, wenn einer statt Wein Wasser in das Fass einfüllt. Denn 580 Liter Wein lassen sich unbemerkt mit 20 Liter Wasser etwas verdünnen. Es wurde also nicht richtig geprüft, was die einzelnen Bauern einfüllten. Bei der Prozedur des Einfüllens in ein gemeinsames Fass ist also nicht transparent (durchsichtig) gewesen, wer welchen Beitrag geleistet hat bzw. ob überhaupt ein Beitrag geleistet wurde. Da nur ein Bauer bei allen Abfüllungen zugegen war, waren auch die Kontrollmöglichkeiten aller Beteiligten nicht sehr groß. In diesen beiden Punkten – Transparenz und Kontrollchancen – ist die oben geschilderte Treppenhausproblematik anders gelagert. Denn grundsätzlich ist es für die Bewohner eines Mietshauses sehr leicht festzustellen, ob die Treppen regelmäßig geputzt werden und wer dies tut. Dort liegt das Problem in der Regelung, die zu sehr ungleichen Belastungen führt.

Problem der Intransparenz

Nach der Logik kollektiven Handelns entstehen also je nach kollektiv vereinbartem Entscheidungsmodus (a) unterschiedliche Chancen, sich den individuell vereinbarten Beiträgen zu entziehen, und (b) eine individuell ungleiche Verteilung der mit den kollektiven Handlungen verbundenen Belastungen.

Zwischenergebnis

Kollektive Entscheidungsprobleme auf der Makroebene

Schon bei der Frage nach Entscheidung in oder von Organisationen haben wir uns mit einer größeren sozialen Einheit und nicht mehr nur mit dem individuellen Akteur als Entscheidungsträger befasst. Im Fall der kollektiven Entscheidung für ein gesellschaftliches Großgebilde (Staat, Sozialstaat) oder des Modus kollektiven Handelns ging es um die Frage, wie es überhaupt zu wechselseitigen Kontrollen von Entscheidungen innerhalb sozialer Gebilde kommen kann. Hier haben wir eher skeptische Antworten aus der klassischen Staatstheorie von Thomas Hobbes oder zur »Logik des kollektiven Handelns« von Mancur Olson gehört.

Lernkontrollfragen

1. Ein junger Lehrer kann sich zwischen zwei Stellenangeboten entscheiden: erstens eine Stelle an einer reformorientierten Modellschule in einem Krisenbezirk der Stadt, wo er rasch in eine Position des Fachleiters aufsteigen könnte, zweitens eine Stelle an einer recht etablierten Schule in dem Stadtviertel, in dem er selbst aufgewachsen ist und wo er noch einige Freunde hat, allerdings mit weniger Aufstiegschancen an der Schule selbst. Wie würde Hartmut Esser diese Entscheidung anhand von sozialen Produktionsfunktionen modellieren?

2. Wie lassen sich an der Entscheidungssituation aus Frage (1) Formen des Bestimmtseins bzw. des Bestimmtwerdens nach Martin Seel erörtern?

3. Wie würde sich Schule als Dienstleistungsorganisation auf das Lehrerhandeln auswirken?

4. In einem mittelständischen Unternehmen geht es um die Frage, ob ein betriebspsychologischer Dienst eingerichtet werden soll. Weshalb sind nach Luhmann in diesem Prozess Handlungen und Entscheidungen voneinander entkoppelt?

5. Erläutern Sie die Situation des Menschen gemäß Hobbes Vorstellung vom Naturzustand der Gesellschaft und erörtern Sie, welche Entscheidungskalküle den Menschen in diesem Zustand dazu bewegen, das Gewaltmonopol auf den Staat zu übertragen.

Literatur

Bader/Berger/Ganßmann/Knesebeck (1980): Einführung in die Gesellschaftstheorie. Gesellschaft, Wirtschaft und Staat bei Marx und Weber, Frankfurt a.M., insb. Kap. 3.

Coleman, James S. (1990): Grundlagen der Sozialtheorie, 3 Bände, München.

Elster, Jon (1987): Subversion der Rationalität, Frankfurt a.M.

Elster, Jon (1990): The Cement of Society, Cambridge.

Esser, Hartmut (2000): Soziologie. Spezielle Grundlagen, Bd. 1., Frankfurt a.M.

Geser, Hans (1990): Organisationen als soziale Akteure, Zeitschrift für Soziologie 19, S. 401–417.

Hobbes, Thomas (1981): Leviathan, Stuttgart (Originalausgabe: Leviathan or The Matter, Forme and Power of a Common Wealth Ecclesiasticall and Civil, 1651).

Kieser, Alfred/Kubicek Herbert (2007): Organisation, Berlin.

Kohli, Martin (1985): Die Institutionalisierung des Lebenslauf, in: Kölner Zeitschrift für Soziologie 37, S. 1–29

Koppetsch, Cornelia (2006) Zwischen Disziplin und Expressivität. Zum Wandel beruflicher Identitäten im Kapitalismus, in: Berliner Journal für Soziologie 16, S. 155–172.

Lange, Elmar (2005): Soziologie des Erziehungswesens, 2. Aufl., Wiesbaden.

Lindenberg, Siegwart (1989): Social Production Functions, Deficits, and Social Revolutions: pre-revolutionary France and Russia, in: Rationality and Society 1, S. 51–77.

Luhmann, Niklas (1981): Organisation und Entscheidung, in: ders. Soziologische Aufklärung, Bd. 3. (hier zitiert nach Neuauflage 1996, Wiesbaden), S. 389–450.

Luhmann, Niklas (1984): Soziale Systeme, Frankfurt a.M.

Mannheim, Karl (1964): Über das Wesen und die Bedeutung des wirtschaftlichen Erfolgsstrebens, in: Heinz Maus/Friedrich Fürstenberg (Hrsg.) Wissenssoziologie, Darmstadt, S. 625–688 (Erstveröffentlichung 1930, in: Archiv für Sozialwissenschaft und Sozialpolitik 63, S. 449–512).

Marshall, Thomas H. (1990): Bürgerrechte und soziale Klassen. Zur Soziologie des Wohlfahrtsstaates, Frankfurt a.M. (engl. Original 1950).

Münkler, Herfried (2001): Thomas Hobbes, Frankfurt a.M.

Olson, Mancur (1963): The Logic of Collective Action, Cambridge/Mass.

Schimank, Uwe (1988): Gesellschaftliche Teilsysteme als Akteursfiktionen, Kölner Zeitschrift für Soziologie und Sozialpsychologie 40, S. 619–639.

Seel, Martin (2003): Sich Bestimmen Lassen, Frankfurt a.M.

Sloan, Tod S. (1996): Life Choices. Understanding Dilemmas and Decisions, Boulder/CO.

Weber, Max (1920): Wirtschaft und Gesellschaft, Frankfurt a.M.

Funktion als Bezugsproblem | 3.4

Übersicht

Wenn in der Wissenschaft von Funktionen die Rede ist, setzt das in der Regel eine Unterscheidung von Teilen und Ganzem voraus. Dies ist z.B. in der Biologie so, wenn etwa von Organen und Organismus die Rede ist. Ähnlich könnte man von Tier- und Pflanzenarten als Teile, die in einer bestimmten Naturwelt vorkommen, sprechen und dieses natürliches Umfeld als Ganzes betrachteten, indem man es etwa als Biotop oder Ökosystem bezeichnet. Funktionalistische Theorien haben somit über die Bezeichnung des Ganzen und aufgrund ihres Anspruchs, die Teile aus ihrem Verhältnis zum Ganzen zu bestimmen, eine Tendenz zu Makroerklärungen.

Wir beschäftigen uns in diesem Unterkapitel zunächst mit allgemeinen Annahmen und Grundbegriffen des Funktionalismus wie System, Umwelt und Anpassung (3.4.1). Im Anschluss daran wenden wir uns zwei sehr prominenten Vertretern des Funktionalismus zu, zum einen Talcott Parsons und seinem »Strukturfunktionalismus« (3.4.2), zum anderen Niklas Luhmann und seinem Entwurf eines »Systemfunktionalismus« (3.4.3).

Wir haben in Abschnitt 3.2 gesehen, dass es funktionalistische Erklärungen für die ungleiche Verteilung von Ressourcen gibt, die um das Moment der Leistung bzw. Leistungsfähigkeit kreisen. Der Funktionalismus unterscheidet sich aber nicht nur in einzelnen Details von anderen Ansätzen, die wir bspw. in 3.2 oder 3.3 kennengelernt haben, sondern behandelt Hauptfragen der Makrosoziologie auf eine ganz spezifische Art und Weise. In makrosoziologischen Analysen geht es jeweils um Versuche, die Gesellschaft als Ganzes zu bestimmen und damit um Fragen der folgenden Art:

- Worin besteht die grundlegende Struktur einer Gesellschaft?
- Worin bestehen die spezifischen (eine Gesellschaft kennzeichnenden) Effekte der Struktur?
- Worin besteht die Dynamik der gesellschaftlichen Entwicklung?
- Welche Rolle spielen Akteure?

3.4.1 | System, Umwelt, Anpassung (Funktionalismus)

Der Funktionalismus fragt nach der Leistungsfähigkeit der Gesellschaft als Ganzer. In dieser Leistungsfähigkeit wird die Funktionalität gesehen. Zugleich muss Gesellschaft als eine Einheit gefasst werden, die funktionale Eigenschaften aufweisen kann. Als einheitliche Struktur (Ganzes) bewirkt die Gesellschaft womöglich Effekte, die auch dysfunktional für sie sein können. Die Funktionalität der Wirkungen einzelner Effekte hängt daher vom System-Umwelt-Verhältnis der Gesellschaft ab. Schon die frühen Funktionalisten (wie Herbert Spencer und Emile Durkheim) arbeiteten mit dem Konzept des Systems.

Definition

Funktion und Funktionssystem

Funktion lässt sich in allgemein sprachlicher Hinsicht zunächst als Aufgabe in einem größeren Zusammenhang bestimmen. Etwas erweist sich als funktional oder besitzt Funktionalität, weil es der Erfüllung einer solchen Aufgabe dienlich ist. Der größere Zusammenhang lässt sich in einem Funktionssystem sehen, also in einer Einheit, die aus der Erfüllung von mehreren Aufgaben entsteht und als Ganzes stabilisiert werden kann. Zum Beispiel kann eine Organisation (→ Kap. 3.3.3) ein zusammenhängendes Ganzes, ein Funktionssystem darstellen, das stabil bleibt, weil bestimmte Aufgaben von Funktionsträgern erfüllt werden.

Innerhalb von Funktionssystemen können Funktionen von unterschiedlichen Funktionsträgern übernommen werden. Funktionsträger sind demnach austauschbar. So kann eine Organisation, die bisher aus fünf Abteilungen bestand, auf drei Abteilungen reduziert werden. Dann müssen die drei Abteilungen die Funktionen, die bisher von den weggefallenen Abteilungen erfüllt wurden, übernehmen.

Das Konzept des Systems beruht also auf einer System-Umwelt-Beziehung. Systeme können von einer Umwelt unterschieden werden, aber zugleich steht ein System in einer Austauschbeziehung zu seiner Umwelt. Je nachdem, wie ein System dieses Umweltverhältnis gestaltet, erzeugt es Effekte, die Rückwirkungen auf das System selbst haben. Die Gesellschaft als System ist somit aus zwei Gründen dynamisch:

1. weil sich die Umwelt ändert und die Gesellschaft sich an diese Umweltveränderungen anpasst (Gedanke der Adaptation);
2. weil die Gesellschaft Effekte auf die Umwelt ausübt, was ggf. Rückwirkungen auf sie selbst hat.

System-Umwelt

Wir wollen uns hier zunächst mit Talcott Parsons auf allgemeine Grundbegriffe einer funktionalistischen Theorie beziehen. In seinem Spätwerk (Parsons 1978) suchte er nach einer universellen Theorie der »conditio humana«, also der Bestimmung der menschlichen Existenzweise; er bemühte sich dabei um eine Integration von Biologie, Psychologie, Soziologie und Kulturwissenschaften. Sein Ausgangspunkt war die menschliche Existenzweise als ein allgemeines, umfassendes Handlungssystem, das im Zusammenspiel folgender vier Systeme entsteht:

Vier grundlegende Systeme

- Verhaltenssystem,
- Persönlichkeitssystem,
- Kultursystem,
- soziales System.

Aber was ist zunächst einmal ein System? Ganz allgemein definieren Ackermann und Parsons in einem Handbuch-Artikel von 1966 System als »geordnetes Aggregat in einer fluktuierenden Umwelt, mit der es interagiert« (Parsons 1976, S. 73).

Wie können wir die einzelnen Aspekte, die in dieser Definition zusammengezogen werden, klarer formulieren? Ein »geordnetes Aggregat« kann als Zusammenhang (oder Verbindung) von Elementen (einzelnen Bestandteilen) begriffen werden. Diese Ordnung der Elemente stabilisiert und reproduziert sich als Einheit gegenüber einer Umwelt. Diese Umwelt wird als »fluktuierend«, also als fließend bzw. veränderlich beschrieben. Zudem interagiert das System mit der Umwelt – damit ist ein Verhältnis der Wechselwirkung bezeichnet.

Nochmals aufgelistet: System kann beschrieben werden als

Eigenschaften von Systemen

- Zusammenhang (oder Verbindung) von Elementen,
- Reproduktion dieses Zusammenhangs von Elementen,
- Einheit in Differenz zur Umwelt,
- Einheit, die sich in der Wechselwirkung mit einer Umwelt bewährt.

Reproduktion

Rein sprachlich bedeutet Reproduktion Wiederherstellung. Der Funktionalismus geht davon aus, dass Systeme ständig mit der Wiederherstellung von einzelnen Funktionen und der systemischen Gesamtfunktion zu tun haben, so wie ein menschlicher Organismus, der im Austausch mit der Umwelt steht, indem er kontinuierlich wichtige Stoffe (wie Sauserstoff, Eiweiß, Kohlenhydrate, usf.) aufnimmt, in sich verarbeitet und in umgewandelter Form wieder ausscheidet (z. B. Luft beim Ein- und Ausatmen). Der menschliche Körper, seine Organe, seine Zellen werden in regelmäßigen Abständen regeneriert, wiederhergestellt. An diese Beispiele knüpft der funktionalistische Begriff der Reproduktion an.

AGIL-Schema　Etwas pointierter formuliert lässt sich System als eine sich selbst organisierende Einheit auffassen. Um sich selbst und in der Wechselwirkung mit einer Umwelt zu organisieren, muss ein System nach Parsons vier grundlegende Funktionen erfüllen:

- Anpassung an die Umwelt (**A**daptation),
- Ziele festlegen, durchsetzen und erreichen (**G**oal Attainment),
- Integration des Zusammenhangs von Systemelementen (**I**ntegration),
- Erhaltung eines einheitlichen Ordnungsmusters (**L**atent Pattern Maintenance).

Damit sich ein System innerhalb einer Umwelt zu reproduzieren vermag, muss es sich nicht nur an die Umwelt anpassen und Ziele festlegen, es bedarf auch einer inneren Abgestimmtheit der Systemelemente aufeinander. Integration heißt also, dass die einzelnen Systemelemente zueinander passen, sich ergänzen und sich nicht gegenseitig blockieren. Insofern vermutet Parsons eine weitere Funktion des Systems, nämlich die Erhaltung eines Ordnungsmusters (auch Strukturmuster genannt), das die verschiedenen Systemebenen einheitlich regelt. Mit »Latent Pattern« meint Parsons so etwas wie eine allgemeine Befehlsstruktur, die oberste Programmstruktur des Systems sozusagen oder der systemische Supercode.

　　In der Soziologie bezeichnet man dies als AGIL-Schema. Erstmalig kam dieses Schema in dem Buch »Economy and Society« von Parsons und Smelser aus dem Jahr 1956 zum Tragen. In einer zusammenfassenden Zwischenbilanz entwickelt Parsons (1976) folgende Zuordnung der Dimensionen menschlichen Handelns zu den von ihm bestimmten vier Grundfunktionen (s. Tab. 5).

Allgemeine Funktionen und dazu korrespondierende Systeme		Tab. 5
Adaption	Verhaltenssystem	
Goal Attainment	Persönlichkeitssystem	
Integration	Sozialsystem	
Latent Pattern Maintenance	Kultursystem	

Auch wenn dies relativ abstrakt und auf einer sehr allgemeinen Ebene gedacht ist, so lässt sich doch an dieser Zuordnung der wesentliche Zug von Parsons Denken zeigen. Der Austauschprozess der **Adaptation** spielt sich an der Grenze von System und Umwelt ab. Es geht darum, über welche Mechanismen das System mit Energie »versorgt« wird. Dafür ist im allgemeinen Handlungssystem das Verhaltenssystem zuständig: Nahrung, Flüssigkeit, Luft zum Atmen – das sind die Stoffe, die das menschliche Handlungssystem aus der Umwelt aufgreift, um sich mit Energie zu versorgen.

Grundfunktionen

Damit verfügt das Handlungssystem aber noch nicht über **Ziele**. Hier spielt das Persönlichkeitssystem eine Rolle. Das Handlungssystem besteht somit nicht nur aus Bedürfnissen des Organismus, auf die das Verhaltenssystem durch Anpassung reagiert, sondern auch aus Handlungszielen, die von der Persönlichkeit des Menschen entwickelt werden (Motivation). Das soziale System sorgt für die **Integration** des Handelns verschiedener Menschen – also für die Koordinierung des Handelns im sozialen Verbund. Hierbei geht es vor allem um die Mobilisierung von gegenseitigem Respekt, von Reziprozität (wechselseitigen Austauschleistungen) und von Solidarität. Für die »letzte« Ordnung des Systems ist das Kultursystem zuständig. Es codiert die zentralen **Wertmuster**, an die menschliches Handeln orientiert wird. Nach Parsons sind diese Muster dem Handelnden nicht unbedingt offensichtlich. Oftmals wirken sie als latente (versteckte) Orientierungsmuster. Kultur hält diese Orientierungsmuster stabil.

Systemische Ausdifferenzierung von Teilfunktionen (Strukturfunktionalismus)

3.4.2

Übertragen auf die Gesellschaft bedeutet dies, dass auch sie (das Sozialsystem) anhand dieser vier Grundfunktionen bestimmt werden muss. Folgerichtig beschreibt und untergliedert Parsons die Gesellschaft in vier Teilsysteme: Wirtschaft (Anpassung bzw. Adaptation); Politik (Zielerreichung); Gemeinschaft (Integration) und Kultur (Wertmustererhaltung).

Teilfunktionen und Systemdifferenzierung

- Die Wirtschaft ist für den Austausch mit der gesellschaftlichen Umwelt und für die Versorgung des Systems mit materiellen Ressourcen zuständig, die in Energie umgesetzt werden können. Die Art und Menge der wirtschaftlich produzierten Ressourcen wird dabei tendenziell gesteigert.
- Die Politik sorgt für die Bestimmung der Maßstäbe und Ziele, nach denen die Menschen in der Gesellschaft leben (wollen).
- Die Gemeinschaft sichert, dass alle Handelnden integriert werden, sodass koordiniertes Handeln, Reziprozität und Solidarität besteht.
- Das Kultursystem behält die Aufgabe der Weitergabe von Wertmustern von Generation zu Generation.

Allerdings geht Parsons nun von der Vorstellung aus, dass sich die gesellschaftlichen Systeme in der modernen Gesellschaft immer weiter differenzieren, d. h. immer schärfer voneinander abgrenzen. Da sie mit unterschiedlichen Funktionsprinzipien (Anpassung, Zielerreichung, Integration, Mustererhaltung) operieren, stehen für sie jeweils auch ganz unterschiedliche Problemlösungen im Vordergrund. Sie bilden somit jeweils eigene Orientierungsformen aus, sodass sie weitgehend unabhängig (losgelöst) voneinander agieren. Worin sieht Parsons dann noch die Chance der Integration, des Zusammenspiels? Sehen wir uns dazu Abbildung 8 an.

Parsons geht davon aus, dass die Leistungsfähigkeit der Teilsysteme durch Spezialisierung und Selbststeuerung erhöht wird. Der Tausch über das Medium Geld belebt die wirtschaftliche Zirkulation und reizt Standardhebung darüber die Produktion an. Dies führt insgesamt zu einer Standardhebung des Austauschs zwischen Gesellschaft und natürlicher Umwelt (kritisch ließe es sich als eine gesteigerte Ausbeutung knapper natürli-

---

Abb. 8 | **Funktionale Effekte der Ausdifferenzierung von gesellschaftlichen Teilsystemen**

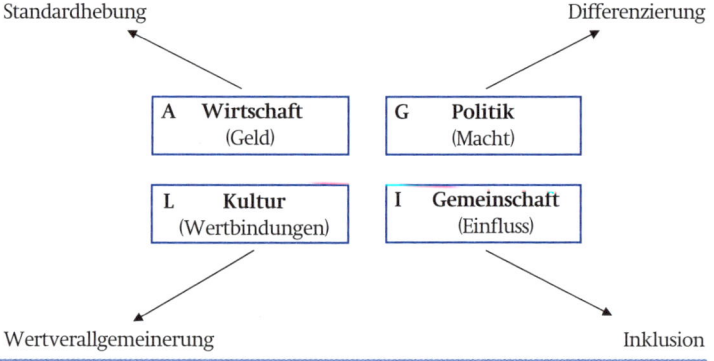

cher Ressourcen lesen). Wenn also der Austausch zwischen System und Umwelt auf einem höheren Niveau erfolgt, hebt die Ausdifferenzierung der Wirtschaft auch den allgemeinen Lebensstandard der Gesellschaft. Konsumgüter sind leichter zu produzieren. Auch die Politik ermöglicht über Spezialisierung auf den Interessensausgleich und der über ihre Verfahren ausgelösten höheren Verteilung und Rotation der Macht (im Sinne der Verfügungsgewalt über Sanktionen und politische Entscheidungen) einen Zuwachs an Differenzierung, z. B. zwischen politischen Gruppen. Es können insofern mehr gesellschaftliche Gruppen am politischen Leben und an Entscheidungen teilhaben. Diese These ist bis in die Gegenwart plausibel – zumindest gemessen an der zunehmenden Ausdifferenzierung politischer Gruppen in den Parlamenten moderner, westlicher Gesellschaften. **Differenzierung**

Parallel dazu kann über das Medium (Vermittlungsprinzip) des Einflusses – nach Parsons (1971, S. 24) die »Fähigkeit andere soziale Einheiten zu gewünschten Entscheidungen zu bringen« – auch der Zusammenhalt der gesellschaftlichen Gemeinschaft zunehmen. Vor allem die Integrationsfähigkeit der Gesellschaft wird erhöht, weil über Einfluss größere Bevölkerungskreise einbezogen werden können als über spezifische Gruppenzugehörigkeit oder über die Solidarität kleiner lokaler, auf persönlicher Bekanntschaft beruhender Einheiten. Die Reichweite der Inklusion der Gesellschaft wird dadurch erhöht. Die Ausdifferenzierung der Kultur schließlich führt zu einer höheren Abstraktion und Generalisierung der gesellschaftlichen Werte, die damit kompatibel bleiben mit der zunehmenden Differenzierung der politischen Kräfte, der über Einfluss vergrößerten Reichweite der als loyale Gemeinschaft integrierten Bevölkerungsteile und der wachsenden Standardhebung der wirtschaftlichen Produktivität. **Inklusion**

Der letzte Punkt, die Wertverallgemeinerung, ist für Parsons der entscheidende Aspekt für die Beantwortung seiner Ausgangsfrage nach der Integration der ausdifferenzierten Systeme. Die Spezialisierung der ausdifferenzierten Teilsysteme erfordert auf der Seite der kulturell tragenden Wertmuster eine stärkere Generalisierung, die sich jedoch auch in den anderen Teilsystemen der Gesellschaft zeigt: Alle Teilsysteme stellen sich darauf ein, durch ein höheres Ausmaß von gesellschaftlicher Komplexität herausgefordert zu werden. **Wertverallgemeinerung**

Funktionale Differenzierung und gesteigerte Leistungsfähigkeit

Parsons strukturfunktionalistische Rekonstruktion der Ausdifferenzierung von gesellschaftlichen Teilsystemen lässt sich modernisierungstheoretisch verstehen. Die moderne Gesellschaft differenziert sich in verschiedene Teilsysteme aus, die jeweils eine der von Parsons als zentral angesehenen Funktionen »Adaptation«, »Zielerreichung«, »Integration« und »Wertmustererhaltung« übernehmen. Darüber steigert sie die Komplexität, die auf jeder Teilsystemebene bearbeitet werden kann. Dem funktional spezialisierten Wirtschaftssystem ist es möglich, mehr Ressourcen aus der physischen Umwelt aufzunehmen und effizient im System weiterzuverarbeiten, das System der Politik ist in der Lage, innerhalb der in viele Interessensgruppen differenzierten Gesellschaft konsensfähige Entscheidungen zu treffen, die gesellschaftliche Gemeinschaft kann über das Medium des Einflusses die Loyalität einer vergrößerten Population sichern, so wie die Kultur über ein verallgemeinertes Wertmuster die verschiedenen gesellschaftlich relevanten Normen zu umfassen vermag.

3.4.3 | Selbstorganisation, Offenheit und Geschlossenheit (Systemfunktionalismus)

Der Bielefelder Soziologe Niklas Luhmann, den wir bereits im Abschnitt zu Organisation und Entscheidung (→ Kap. 3.3.3) kennengelernt haben, hat eine Reihe von bedeutsamen Umstellungen am Ansatz des Funktionalismus vorgenommen. Zentral sind für ihn Unterscheidungen, die in Systemen selbst erzeugt werden. Allgemein ausgedrückt lassen sich mit Luhmann Systeme als Bezugseinheiten der Gesellschaft auffassen. Er wählt diesen etwas ungewöhnlichen Begriff, weil er Systeme weder als Letztelemente im Sinne von grundlegenden oder basalen Einheiten noch als Teileinheiten eines gesellschaftlichen Ganzen versteht. Der Begriff »Bezugseinheit« verweist darauf, dass mit den (sozialen) Systemen Einheiten bzw. Instanzen bestimmt werden, auf die Bezug genommen wird und die vor allem darüber entstehen, dass sie auf sich selbst Bezug nehmen können.

Selbstreferenz und Autopoiesis

Diesen Selbstbezug einer systemischen Einheit bezeichnet Luhmann als Selbstreferenz. Systeme organisieren sich als Einheiten selbst, durch Selbstbezug organisieren sie ihre eigene Struktur. Zudem sind Systeme nicht nur selbstreferentielle und selbstorganisierte Einheiten; sondern sie erzeugen sich auch selbst. Luhmann drückt dies so aus: Systeme erzeugen die Elemente, aus denen sie bestehen, selbst. Es handelt sich um sich selbst erzeugende Systeme. Luhmann spricht von »Autopoiesis« (von alt-gr.: αυτο = selbst und: ποιέω = machen).

Um die von ihm vorausgesetzte Selbsterzeugung der Systeme besser beschreiben zu können, führt Luhmann eine Theoriesprache ein, die den Implikationen der handlungstheoretisch und individualistisch angelegten Alltagssprache und anderer Theoriesprachen der Soziologie zu entgehen vermag. Er beansprucht damit nicht nur die ihm unangemessen erscheinenden Problembestimmungen der individualistischen Ansätze zu überwinden, sondern auch den stärker strukturtheoretisch orientierten Funktionalismus von Talcott Parsons.

System-Umwelt-Differenz und Selbstreferenz 3.4.3.1

Auch Luhmann führt den Begriff des Systems über die System-Umwelt-Unterscheidung ein. Systeme sind Systeme, insofern sie sich von der Umwelt unterscheiden. Unter Umwelt ist dabei nicht nur und nicht immer die natürliche Umwelt bzw. der natürliche Lebensraum zu verstehen. Umwelt ist in einfacher Negation alles, was nicht zum System zählt. Umwelt ist all das, was nicht zum System selbst gehört, worauf aber das System Bezug nimmt. Dabei kann das System auf sich selbst Bezug nehmen (Selbstreferenz) oder auf seine Umwelt (Weltreferenz oder Fremdreferenz). Dies klingt irgendwie banal. Denn bereits Parsons hat Systeme als eigenständige Einheiten bestimmt, die sich analytisch von ihrer Umwelt unterscheiden lassen müssen.

Im Ansatz von Luhmann realisieren Systeme darüber hinaus eine systemeigene Form der Komplexitätsbearbeitung. Allerdings ist Komplexität (wörtliche Bedeutung: Gesamtheit aller Merkmale, Möglichkeiten) nicht nur in der Umwelt der Systeme gegeben. Systeme selbst weisen ebenfalls Komplexität auf. Die Leistung der Systeme besteht aber zunächst in einer Komplexitätsreduktion.

Komplexitätsreduktion

In Bezug auf ihr Verhältnis zur Umwelt charakterisiert Luhmann Systeme zunächst so: »Sie konstituieren und erhalten sich durch Erzeugung und Erhaltung einer Differenz zur Umwelt, und sie benutzen ihre Grenzen zur Regulierung dieser Differenz. […] In diesem Sinn ist Grenzerhaltung Systemerhaltung.« (Luhmann 1984, S. 35) Und in Bezug auf die Komplexitätsproblematik heißt es an späterer Stelle: »Von Reduktion der Komplexität sollte man […] immer dann sprechen, wenn das Relationsgefüge eines komplexen Zusammenhangs durch einen zweiten Zusammenhang mit weniger Relationen rekonstruiert wird. Nur Komplexität kann Komplexität reduzieren. Das kann im Außenverhältnis, kann aber auch im Innenverhältnis des Systems zu sich selbst der Fall sein.« (ebd., S. 49).

Systemkomplexität

Die Umwelt besteht vom System aus betrachtet als »Komplexität« und Systeme verarbeiten Komplexität durch Komplexitätsreduktion. Allerdings setzt dies voraus, dass sie selbst Komplexität erzeugen, nämlich in Form eines »Relationsgefüges« (Innenverhältnis), das die Komplexität eines Zusammenhangs mit höherer Vielfalt (Außenverhältnis) auf wenige Elemente reduziert. Nehmen wir als das Innenverhältnis eines »Relationsgefüges« den Fall einer Heizung an, die über ein Rückkoppelungssystem ihre Temperatur selbst reguliert. Das Außenverhältnis der Komplexität wäre der Raum, den die Heizung mit Wärme versorgt und die Temperaturen, die sich an allen möglichen Stellen des Raums messen ließen. Um sich selbst zu regulieren, ist die Heizung mit einem Thermostat ausgestattet, das die Raumtemperatur an einer einzigen Stelle misst. Wichtig ist für dieses erste Verständnis von Regulation zunächst nur, dass sich die Heizung beim Überschreiten eines bestimmten Messwertes ausschaltet und beim Unterschreiten eines weiteren Wertes wieder anschaltet. Denn bereits damit erzeugt sie eine eigene Systemkomplexität. Eine Heizung kann nicht direkt Informationen (Komplexität) ihrer Umwelt aufnehmen. Sie muss selbst erst ein Element in sich erzeugen (hier: das Thermostat), das sie als Innenverhältnis (Relationsgefüge) über die Komplexität ihres Außenverhältnis informiert. Und solange dies funktioniert, handelt es sich um ein selbstorganisiertes System.

Systemarten

Aus Sicht Luhmann ist dies ein Maschinensystem. Insgesamt bestehen nach seinem Ansatz vier Systeme:

- Maschinensysteme (maschinelle Reproduktion),
- organische Systeme (Reproduktion des Organismus, Leben),
- psychische Systeme,
- soziale Systeme.

Selbstreferenz

Alle diese Systeme verfügen wie das Heizungssystem im Beispiel nicht über unmittelbaren Kontakt zu einer als Außenwelt (Realität) gedachten Umwelt. Umweltkontakt ist Systemen immer nur durch Selbstkontakt möglich. Aus diesem Grund ist die Selbstbezüglichkeit – die »Selbstreferenz von Systemen« – von theoretischer Bedeutung. Denn es geht um den Bezug, den Systeme innerhalb ihres Systemzusammenhangs zu eigenen Elementen (im Beispiel zum Thermostat) herstellen können, um darüber die Komplexität der Umwelt in sich abzubilden. Ein sich selbst regulierendes Heizsystem könnte niemals Wärmewerte seiner Umwelt registrieren. Es registriert lediglich die Messwerte, die von seinem Temperaturfühler erfasst werden. Aber anderes ist zur Selbstregulation des Heizsystems auch nicht nötig.

System-Umwelt-Differenz

Luhmann sucht nach einer allgemeinen Definition von Systemen. Diese bestehen aus einem Zusammenhang von Elementen, die sich selbst von ihrer Umwelt abgrenzen. Umwelt und System sind stets relativ zueinander. Insofern gibt es keine substantielle oder tatsächliche Umwelt für ein System. Für ein System gibt es lediglich eine Systemumwelt, also dasjenige, was ein System als seine Umwelt behandelt, indem es sich von ihr abgrenzt. Eine Welt oder Umwelt jenseits dessen, was in einem System als Umwelt erfasst werden kann, spielt für den Aufbau und für die Selbstorganisation eines Systems keine Rolle. Systeme sind primär selbstbezüglich und selbsterzeugt. Sie verfügen nur über Umweltbezug, insofern sie Fremdreferenz in sich aufzubauen vermögen.

Die Herstellung eines Systemzusammenhangs über die Reproduktion eines eigenen Zusammenhangs von Elementen bezeichnet Luhmann auch als systemeigenes Operieren bzw. als systemeigene Operation. Wichtig ist nun die Unterscheidung zwischen systemeigenen Operationen, die auf Sinn beruhen, und jenen, die das nicht tun. Maschinensysteme oder Organismen (Körpersysteme) bestehen aus sinnfremden Operationen. Maschinensysteme bestehen aus einfachen Regelkreisläufen (Automatiken), organische Systeme beruhen auf der Reproduktion lebender Zellen. Die Operationen von psychischen und sozialen Systemen dagegen nutzen Sinn zur systemeigenen Komplexitätsreduktion. Luhmann knüpft damit an einen traditionellen soziologischen Grundbegriff an, den wir z. B. schon bei Weber (→ Kap. 2.2), Mannheim (→ Kap. 2.3) oder Mead (→ Kap. 3.1.3) kennengelernt haben, integriert ihn aber in seine systemfunktionalistische Begrifflichkeit. *(Systeme ohne und mit Sinnoperationen)*

Demnach fragt er sich, ob er den Begriff Sinn in seiner traditionellen Bedeutung aufrechterhalten kann. Problematisch am traditionellen Sinnbegriff dürfte aus Luhmanns Sicht sowohl die individualtheoretische Rückbindung an Akteure als auch die Verknüpfung mit Handlungsabsichten sein. Sinn bestimmt Luhmann daher ohne Rekurs auf Akteure als Verhältnis von Möglichkeitshorizont (Komplexität) und Aktualisierung (Reduktion). Man könnte also auch vom Verhältnis von Sinnhorizont und Sinnselektion sprechen. Situationen wären demnach für psychische wie für soziale Systeme gleichermaßen dadurch gekennzeichnet, dass sie einen offenen Horizont möglicher Sinnbezüge bieten. Dieser Sinnhorizont wird dann durch die Sinnselektionen des psychischen bzw. sozialen Systems »reduziert«. *(Sinnoperationen)*

Sinn als Sinnoperation

Um Sinn unabhängig von individuellen Akteuren und Handlungsentwürfen zu bestimmen, spricht Luhmann von Sinnoperation. Demnach besteht Sinn in der selektiven Aktualisierung von Sinnkomplexität, also der in einer Systemgegenwart als Möglichkeitshorizont verfügbaren Menge an Sinnbezügen. Damit schließt Luhmann an den phänomenologischen Sinnbegriff bei Edmund Husserl (1913) an. Dort wird Sinn ebenfalls aus einem Verhältnis heraus bestimmt, nämlich aus der Relation des Verweisungszusammenhangs zwischen einer Situation (Struktur) und dem darin realisierten Zuwendungsakt (Ereignis). Dieser Zusammenhang ist auch von zeittheoretischer Bedeutung, weil sich darüber die Perspektiven von Vergangenheit, Gegenwart und Zukunft erschließen lassen (→ Kap. 4.4.2)

Das psychische System wird dabei als Bewusstseinszusammenhang aufgefasst, der sich als ein Nacheinander der Sinnoperationen des Denkens bzw. der Gedanken selbst erzeugt. Würde das psychische System aufhören, eigene Sinnoperationen in Form von Gedanken oder anderen kognitiven Ereignissen zu erzeugen, wäre es auch als System nicht mehr gegeben. Man könnte vielleicht das psychische System auch etwas offener definieren als das Nacheinander psychischer Ereignisse wie Gedanken, Empfindungen, Erlebnisinhalte.

Kommunikation Soziale Systeme stellen demgegenüber einen Kommunikationszusammenhang dar. Er besteht zwar ebenfalls aus einem Nacheinander von sozialen Sinnoperationen, diese sind aber nicht als gleichartige »Kommunikationen« oder »Kommunikationsbeiträge«, sondern als »Synthese dreier Selektionen, als Einheit aus Information, Mitteilung und Verstehen« (Luhmann 1984, S. 203) zu denken.

- Die *Information* besteht im Neuigkeitscharakter des ausgewählten Sinns.
- Die *Mitteilung* ist der Umstand, dass Sinn an weitere Teilnehmer der Kommunikation adressiert wird.
- Das *Verstehen* liegt darin, dass an die Mitteilung weitere Beiträge im Kommunikationsprozess anschließen, dass die Kommunikation also weiterläuft.

Das Hauptproblem der Systeme – und damit auch des sozialen Systems, das aus Kommunikation besteht – sieht Luhmann in der Anschlussfähigkeit der sozialen Sinnoperationen, in der Kontinuität der systemeigenen Operationen der Kommunikation als Nacheinander von Information, Mitteilung und Verstehen.

Innerhalb einer Kommunikation wird aus einer möglichen Menge   **Information**
von Sinnbezügen eine Information ausgewählt bzw. – wie Luhmann sagen würde – selegiert. »Information ist nach heute geläufigem Verständnis eine Selektion aus einem (bekannten oder unbekannten) Repertoire
an Möglichkeiten [...] wie immer minimal der Neuigkeitswert [...] gehalten werden kann.« (Luhmann 1984, S. 195) Die Bestimmungen des Infor-
mationsbegriffs, die er hier vornimmt, ist etwas verwirrend. Denn abgesehen von dem in einer Nebenbemerkung fallenden Hinweis auf den
»Neuigkeitswert« der Information bleibt der Begriff definitorisch unpräzise. Schon der Komplexitätsbegriff und der Sinnbegriff wurden als »Selektionen aus Möglichkeiten« bezeichnet und die Hinzufügung des Wortes Repertoire macht nicht klarer, was nun Informationen anderes sein
sollen als Systemoperationen oder Sinnoperationen, die ja ebenfalls »Selektionen aus Möglichkeiten« sind.

Womöglich hilft eine ergänzende Unterscheidung von Luhmann
hier weiter: »Im Unterschied zu bloßer Wahrnehmung von informati-
ven Ereignissen kommt Kommunikation nur dadurch zustande, dass
Ego zwei Selektionen unterscheiden und diese Differenz seinerseits
handhaben kann.« (Luhmann 1984, S. 198) Wir können uns also im Rahmen eines psychischen Systems vorstellen, dass dieses lediglich ein informatives Ereignis wahrnimmt; etwa: Die Tochter verlässt das Haus.

Kommunikation und damit ein soziales System entsteht dann, wenn   **Mitteilung**
eine Information in eine Mitteilung gekleidet wird, wenn sie von einer
Kommunikationsposition A (Sender) an eine Kommunikationsposition
E (Empfänger) adressiert wird; Wenn also ein Vater zur Mutter sagen
würde: »Anna ist grade raus gegangen.« Dieser Beitrag könnte deshalb
als Kommunikation gewertet werden, weil jemandem ein informatives
Ereignis (die Tochter Anna verlässt das Haus) mitgeteilt wird, in diesem
Fall der Mutter vom Vater. Für Luhmann heißt das: Im mehrfach selektiven Prozess der Kommunikation teilt jemand aus der Alter-Position als
Absender (hier: der Vater) ein wahrgenommenes informatives Ereignis
einer Ego-Position als Adressaten bzw. Empfänger der Kommunikation
mit (hier: der Mutter).

Definition

Ego und Alter

Die Positionen von Ego und Alter werden nicht aus der Perspektive des
handelnden Individuums oder der Personalpronomina der Sprache bezeichnet. Es geht also nicht um eine Ich-Perspektive oder eine Ego-Position der ersten Person im Unterschied zu einer Fremdperspektive oder
Alter-Position der zweiten bzw. dritten Person. Ego und Alter sind nach

dem Modell Mitteilender-Adressat bzw. Absender-Empfänger konzipiert. Mit Alter ist dabei – etwas ungewöhnlich – die Position des Absenders bzw. Mitteilenden bezeichnet, mit Ego die Position des Adressaten bzw. Empfängers.

Verstehen als kommunikativer Anschluss

Die Mutter könnte nun mit einem »Na, und?« die Mitteilung aufnehmen und damit wäre die dreifache Selektion aus Information, Mitteilung und Verstehen abgeschlossen. Denn Verstehen bedeutet in Luhmanns Ansatz lediglich das Auftreten einer Anschlusskommunikation. Ego setzt die an ihn adressierte Mitteilung durch einen kommunikativen Anschlussbeitrag fort; damit arbeitet die Kommunikation des sozialen Systems weiter. Welcher Beitrag darauf folgt, d. h., welche Information im Anschluss daran mitgeteilt wird, ist völlig unerheblich. Die Mutter könnte auch mit einem »Warum hat sie mir denn nicht Tschüss gesagt?!« oder »Wo geht sie denn hin?« die Kommunikation fortsetzen. Selbst ein »Was hast du gesagt?« wäre noch ein Zeichen des Verstehens – da Egos Anschlussbeitrag auf den Mitteilungscharakter von Alters Beitrag Bezug genommen hat. Also auch die absurde Gesprächsfolge: »Komm, wir gehen!« – »Wir können nicht.« – »Warum nicht?« – »Wir warten auf Godot!« – »Ach ja – Bist du sicher, dass es hier ist.«, spräche nicht für einen Zusammenbruch des sozialen Systems Kommunikation, da hier die dreifache Selektion aus Information, Mitteilung und Verstehen weiterläuft.

Zwischenergebnis

Operative Differenz psychischer und sozialer Systeme

Im Unterschied etwa zu Georg Simmel (→ Kap. 2.3) geht Niklas Luhmann nicht von einer direkten Wechselwirkung von Individuum und Gesellschaft aus. Individuen als psychisches System und Gesellschaft als soziales System bilden jeweils voneinander losgelöste Systeme, die beide selbstbezüglich und selbsterzeugt sind. Daher stellen soziale und psychische Systeme füreinander Umwelten dar, die nicht in direktem Kontakt miteinander stehen. Psychische Systeme bestehen aus systemeigenen Operationen der aufeinanderfolgenden Gedanken und bilden darüber das Bewusstsein aus; das soziale Systeme besteht aus der dreifachen Selektion von Information, Mitteilung und Verstehen, die im Aneinanderanschließen von Kommunikationsbeiträgen sichtbar wird. Kommunikation kann nicht direkt in die Gedankenwelt des Subjekts eindringen, so wie die Gedanken des Subjekts nicht direkt in den Fluss der Kommunikation gelangen können.

Kommunikationsmedien, Codes und funktionale Differenzierung | 3.4.3.2

Aus Luhmanns Sicht führt das Problem der Erwartung einer Anschluss-selektion, also die dritte Selektion der Kommunikation, zu weiteren Aus-differenzierungen sozialer Systeme in spezifische Kommunikations-sphären: In Gang gesetzt wird dies durch

- die Sprache, die das Verstehen, die Annahme von Mitteilungen, sichert und,
- darüber Kommunikation aus konkreten Wahrnehmungskontexten auszudifferenzieren vermag,
- die Unterscheidung von Beiträgen und Themen der Kommunikation und vor allem
- die Generierung sogenannter symbolisch generalisierter Kommunikationsmedien.

Um dies besser zu verstehen, muss man sich zunächst noch einmal vor Augen führen, dass aus Luhmanns Sicht Kommunikation grundlegend unwahrscheinlich ist (s. Tab. 6). Denn selbst die von ihm als kognitiv relativ anspruchslos vorausgesetzte Anschlussoperation des Verstehens könnte immer auch ausbleiben und damit die Kommunikation versiegen. Er nennt drei spezifische Gründe für ein Ausbleiben kommunikativer Anschlussoperationen:

1. aufgrund der »Individualisierung des Bewusstseins« bzw. des psychischen Systems, das Kommunikation missverstehen kann – dass also Ego als Adressat der Kommunikation nicht bemerkt, dass es sich bei Alters Verhalten um eine Kommunikationsofferte handelt);
2. aufgrund der Nicht-Erreichbarkeit des Adressaten;
3. aufgrund der Unwahrscheinlichkeit des Kommunikationserfolgs.

Die Sprache erhöht jedoch die Wahrscheinlichkeit der Kommunikation, weil sie Strukturen bereitstellt, die es Ego erleichtern, Alters Mitteilungen zu verstehen. Für Luhmann wäre Kommunikation auch ohne Sprache denkbar. Der Vater könnte die Mutter z. B. anschubsen und mit ausgestreckter Hand auf die zurückkommende Tochter zeigen. Derartige

Sprache

Kommunikation – Ebenen von Anschlussproblemen		Tab. 6
Anschlussselektion	Funktionsproblem	Vermittlungsinstanz (Medium)
Anschluss an Mitteilung	Verstehen	Sprache
Erreichen des Adressaten	Verbreitung	technische Verbreitungsmedien
Anschluss von Beiträgen	Thema	Semantik
Annahme einer Handlungs- oder Erlebensselektion	Erfolg	symbolisch generalisierte Medien

non-verbale Kommunikationsversuche bleiben aber an die Ko-Präsenz (gemeinsame Anwesenheit) der Akteure gebunden und scheitern selbst dort sehr leicht. Wenn also die operative Form der Kommunikation in der dreifachen Selektion aus Information, Mitteilung und Verstehen besteht, dann erleichtert das Medium Sprache die Decodierung eines Verhaltens, das ansonsten als ein unartikulierter Laut vorbeirauschen würde, als Mitteilung. Das Medium Sprache macht also die Verstehens-selektion wahrscheinlicher.

Verbreitungsmedien   Daneben führt die Entwicklung technischer Verbreitungsmedien der Kommunikation (wie Schrift, Buchdruck, aber auch Ton- und Bildträger, Rundfunk, Fernsehen und Internet) zu einer deutlich erhöhten Wahrscheinlichkeit, Adressaten zu erreichen. Sobald Sprache und Schrift ausgebildet sind, tritt ein weiteres Anschlussproblem der Kommunikation hinzu. Denn von nun ab lassen sich kommunikative Beiträge genauer identifizieren und es kann innerhalb der Kommunikation beobachtet werden, ob ein Beitrag noch an einen vorigen Beitrag anschließt. Es liegt bei dieser Anschlussproblematik die Erwartung vor, dass Beiträge thematisch passen müssen. Hierzu helfen nach Luhmann »Semantiken« weiter. Semantiken legen fest, was innerhalb eines kommunikativen Kontexts überhaupt zum Thema werden kann, sodass nicht Beiträge zu allen möglichen Themen geleistet werden. Im Gebiet der Chemie geht es um die Frage, ob ein bestimmter Stoff wasserlöslich ist oder nicht. Ein Beitrag zur Frage, wer im Haushalt des Chemikers die Wäsche aufhängt, knüpft dann semantisch nicht an dieses Thema an.

Aber erst die symbolisch generalisierten Kommunikationsmedien bedingen die erhöhte Wahrscheinlichkeit, dass die mit einer Kommunikation verbundenen Selektionen des Erlebens und Handelns »erfolgreich« sind und nicht abgelehnt werden.

Dass die mit kommunikativen Beiträgen verbundenen handlungs-bzw. erlebnisrelevanten Selektionen abgelehnt werden können, führt »bei aller Kommunikation [zu] einer mehr oder weniger großen Verlustquote.« (Luhmann 1984, S. 216 f) Die symbolisch generalisierten Kommunikationsmedien helfen, die aus dem Misserfolg, der Ablehnung von Kommunikationsselektionen entstehenden »Schwellen der Entmutigung« zu überwinden.

Symbolische
generalisierte Medien   Hier ist nun genauer zu fragen, worin eigentlich die Ablehnung von kommunikativen Selektionen bestehen soll. Denn auch ein kommunikativer Beitrag, dem widersprochen wird, wäre ja im Luhmannschen Verständnis eine Mitteilung, der eine Anschlusskommunikation gefolgt wäre. Der Kommunikationsprozess selbst würde davon nicht beschädigt. Allerdings bezieht sich Luhmann in der Frage des Kommunikationserfolgs nochmals spezifischer auf die Positionen von Ego und Alter im

Kommunikationsprozess sowie auf die Zurechnung von Erleben und Handeln darin. Schließlich ist es nach Luhmanns theoretischer Auffassung von einem sozialen System nicht so, dass die Akteure etwas erleben oder handeln; sie treten dort lediglich in Form von kommunikativen Positionen auf, denen zugerechnet wird, für die Selektivität einer als Handlung bzw. Erleben zugeordneten kommunikativen Operation verantwortlich zu sein. Der Kommunikationsprozess weist somit selektive Ereignisse innerhalb seiner selbst als Handlung bzw. Erleben aus und rechnet diese den Positionen von Ego oder Alter zu (s. Tab. 7).

Daraus lassen sich grundsätzlich vier Konstellationen ableiten: Die   Macht
erste besteht in einer Folge von Beiträgen, die sowohl Ego als auch Alter zurechnen zu handeln. Ego schließt also mit einer Handlung an eine Handlung Alters an. Man könnte genauer formulieren. Alter nimmt eine Handlungsselektion Egos in seine Handlungsselektion auf. In diesem Fall bewegen sich Ego und Alter im symbolisch generalisierten Kommunikationsmedium der Macht. Alter als Absenderposition in der Kommunikation teilt eine Anweisung (Fritz, hol die Wäsche aus dem Keller) mit, die von der Egoposition nicht nur empfangen wird, sondern ihrerseits durch eine kommunikative Selektion beantwortet wird, die im Kommunikationsprozess als Handlung decodiert wird. Einfacher gesprochen: Alters Mitteilung besteht in der Anweisung, die von Ego in Form einer Handlungsbefolgung empfangen wird (Fritz geht in den Keller und hängt die Wäsche ab).

Erika als Alter hätte auch eine andere Handlungsselektion treffen können: »Ach, Fritz, lass uns doch eine gemütliche Tasse Kaffee trinken. Ich hab' grad welchen gekocht.« Fritz und Erika setzen sich daraufhin an den Küchentisch. Und auch wenn Fritz keine Zeit hätte, mit Erika Kaffee zu trinken, bewegten sie sich noch im Medium der Macht. Nur das Fritz nun ablehnen müsste und mit Erikas Sanktionen zu rechnen hätte. Worauf immer die Macht in solchen Konstellationen gründen mag, als Medium macht sie es wahrscheinlicher, dass Ego in seiner Handlungsselek-

Symbolisch generalisierte Kommunikationsmedien		Tab. 7
Alter	**Ego**	
	Erlebt	*Handelt*
Erlebt	Wahrheit $A_e \rightarrow E_e$	Liebe $A_e \rightarrow E_h$
Handelt	Geld $A_h \rightarrow E_e$	Macht $A_h \rightarrow E_h$

Quelle: Luhmann 1982, S. 27.

tion Alters Handlungsselektion Folge leistet. Insofern wäre auch für Luhmann die Macht amorph (wie für Weber). Sie beruht auf einer diffusen Chance der Durchsetzung einer Handlungsselektion.

Liebe　Etwas genau anderes wäre es, wenn Fritz Erikas Einladung zum Kaffee im Medium der Liebe annehmen oder ablehnen würde. In diesem Fall würde Erika in der Alterposition etwas in der Welt auf bestimmte Weise erleben (z. B. gerne mit Fritz beim Kaffee zusammensitzen) und allein dies würde im Kommunikationsmedium Liebe schon von Fritz auf der Egoposition als Mitteilungsverhalten Alters beobachtet und durch eine Handlung beantwortet werden, die Alters Erleben bestätigt, z. B. indem Fritz zuvorkommend fragen würde: »Na, Erika, hast du uns wieder einen leckeren Kaffee gekocht?« Liebe macht es wahrscheinlicher, dass Ego das Welterleben des Anderen (Alter) durch seine Handlungsweise immer wieder bestätigt.

Geld　In einer weiteren Konstellation können wir uns den Fall denken, dass Ego erleben (können) muss, dass Alter mit seinem Handeln eine kommunikative Selektion verantwortet. Dies ist aus der Egoperspektive eine möglicherweise schwer hinnehmbare Situation. Denken Sie einfach, Ego sitzt im Zugabteil und ihm gegenüber neckt sich ein Liebespaar. Ego muss das Handeln des Liebespaares in der Alterposition erleben können, und zwar unter der Bedingung, dass er genau von der gerade durch das Paar in der Alterposition ausgeübten Handlungsweise ausgeschlossen ist. Noch eindeutiger ist das Erleben-Können-Müssen im Kontext wirtschaftlichen Handelns, speziell in der Frage von Eigentum. Hier muss der kommunikative Beitrag auf der Egoposition erleben können, dass auf der Alterposition gehandelt wird, indem sich jemand etwas aneignet, z. B. das letzte Schokocroissant beim Bäcker oder einen teuren Sportwagen. Auch hier müssen wir anerkennen können, dass Alters Handeln uns von Handlungsmöglichkeiten ausschließt und wir dies bloß durch eine Selektion des Erlebens beantworten können. Wenn Alter Geld eingesetzt, wenn er zahlt, dann ist für uns die Handlung der Aneignung, die wir als Ausschluss erleben, leichter zu akzeptieren. Geld als symbolisch generalisiertes Kommunikationsmedium macht für Ego erlebbar, dass Alter sich etwas angeeignet hat – z. B. einen schönen Sportwagen.

Wahrheit　Und zu guter Letzt kann Ego erleben, dass Alter das Gleiche erlebt wie er, dass sie übereinstimmende Wahrnehmungen erlebt haben. Dies geschieht im Medium der Wahrheit. Und insofern ist die Feststellung der Wahrheit auch daran gebunden, dass Ego erleben kann, was auch Alter erlebt oder schon erlebt hat. Wenn auf der Egoposition die Erlebnisselektion Alters nicht durch ein gleichartiges Erlebnis angeschlossen werden kann, gilt das – innerhalb wissenschaftlicher Kommunikation – als ein Hinweis, dass auf der Alterposition ein Irrtum vorliegen könnte.

Mit der Ausbildung der symbolisch generalisierten Kommunikationsmedien gehen nach Luhmann in der modernen Gesellschaft die Ausdifferenzierungen der funktionalen Teilsysteme der Gesellschaft einher: Politik über das Medium der Macht; Wirtschaft über das Medium Geld, die auf zwei Generationen verkleinerte Kernfamilie aus Vater, Mutter, Kind(ern) über das Medium Liebe und die Wissenschaft über das Medium Wahrheit. Aber über die Medien hinaus teilen die ausdifferenzierten Funktionssysteme operative Differenzen, die als zentrale systemspezifische Unterscheidungen der Kommunikation fungieren (s. Tab. 8).

Operative Differenzen

- Das Funktionssystem Politik operiert anhand der zentralen Unterscheidung des Innehabens oder Nicht-Innehabens von Positionen mit politischer Entscheidungsgewalt. Dieser Unterschied macht die entscheidende operative Differenz im Politiksystem aus.
- In der Wirtschaft ist die Unterscheidung von Zahlen und Nicht-Zahlen bzw. zahlungsfähig sein oder nicht die entscheidende operative Differenz.
- In der Familie orientiert sich die Kommunikation an der operativen Differenz aus Verstehen und Nicht-Verstehen.
- In der Wissenschaft richtet sich die Kommunikation an der Differenz wahr/falsch, an (empirisch) belegten vs. unbelegten Behauptungen aus.

Im Unterschied zu Parsons sieht Luhmann die Menge der Funktionssysteme bzw. die Anzahl der Medien nicht auf vier begrenzt, auch wenn es über die Kombination der Handlungs- bzw. Erlebenszurechnung mit den Positionen von Alter und Ego nur vier Möglichkeiten gibt. Die Schematisierung bestimmter Sequenzmuster des Erlebens und Handelns auf den Positionen von Alter und Ego kann in Variationen erfolgen. So muss auf der Egoposition auch erlebt werden, dass Alter einen bestimmten Stoff – z. B. mit einem Instrument oder einer Stimme erzeugte Klänge und Töne – in einer bestimmten Weise gestaltet. Diese Gestaltung der Welt wird als Handlungsselektion der Alterposition zugerechnet. Wenn es für Ego schön klingt, wie Alter singt, dann kann Egos Erleben an Alters Handeln im Medium der Kunst anschließen.

Funktionssysteme, Medien und operative Differenzen | Tab. 8

Funktionssystem	Medium	Operative Differenz
Politik	Macht	Innehaben/Nicht-Innehaben
Wirtschaft	Geld	Zahlen/Nicht-Zahlen
Familie/Intime Dyade	Liebe	Verstehen/Nicht-Verstehen
Wissenschaft	Wahrheit	wahr/falsch; belegt/unbelegt

Systeme als Aneinander-Anschließen selbstbezüglicher Operationen

Der funktionalistische Ansatz von Niklas Luhmann zeichnet sich dadurch aus, dass er auf sehr konsequente Weise versucht, ein systemtheoretisches Theoriemodell zu entwickeln, das nicht an gängigen, auch im alltagssprachlichen Denken weit verbreiteten, handlungstheoretischen und individualistischen Annahmen anknüpft, sondern diese sogar systematisch vermeidet.

Schon seine Idee der Selbstbezüglichkeit und der Selbsterzeugung von Systemen soll den Gedanken ausschließen, dass Systeme durch die Handlungen individueller Akteure hervorgebracht werden. Den gleichen Anspruch verfolgt Luhmann auch mit der strikten Trennung psychischer (Individuum) und sozialer Systeme (Gesellschaft). Systeme reproduzieren sich demnach durch die Wiederholung bzw. Wiederherstellung systemspezifischer Operationen. Durch diese systemischen Operationen grenzt sich das System von der Umwelt ab.

Zugleich ist das System aber in der Lage mit Hilfe seiner Grundoperationen Umweltinformationen zu verarbeiten. Psychische und soziale Systeme operieren auf der Grundlage von Sinnselektionen: Gedanken bzw. mentale Ereignisse im Fall des psychischen Systems; Kommunikationen im Fall des sozialen Systems. Kommunikation wird dabei als ein komplexeres, aus den drei Selektionen »Information, Mitteilung und Verstehen« bestehendes Sequenzmuster aufgefasst. Um die vielfältigen, innerhalb eines so komplexen Musters möglichen Selektionen so zu strukturieren, dass sie in anschließenden Selektionen erfolgreich aufgenommen werden, entstehen »Medien«. Insbesondere symbolisch generalisierte Kommunikationsmedien wie Geld, Macht, Liebe oder Wahrheit sichern erfolgreiche Übernahmen von Selektionen.

Lernkontrollfragen

1. Erläutern Sie die vier Grundfunktionen eines Systems nach Parsons und skizzieren Sie, wie er die vier Funktionen auf das allgemeine Sozialsystem überträgt.

2. Was erklärt nach Talcott Parsons, dass moderne Gesellschaften trotz ihrer hohen Differenzierung integrierbar sind?

3. Erläutern Sie anhand von Luhmanns Kommunikationsbegriff dessen Vorstellung eines sich selbsterzeugenden und selbstreproduzierenden Systems aus Sinnoperationen. (Worin unterscheidet sich dabei sein Sinnbegriff von traditionellen Sinnbegriffen der Soziologie?)

4. Neben dem allgemeinen Medium der Sprache und den technischen Verbreitungsmedien (wie Buchdruck, Rundfunk, Fernsehen) spricht Luhmann von symbolisch generalisierten Kommunikationsmedien. Welche Funktion erfüllen diese? Erläutern Sie dies, indem Sie ein symbolisches Medium genauer charakterisieren.

5. Luhmann geht von der operativen Geschlossenheit funktionaler Teilsysteme aus. Welche Konsequenzen hat diese für die Bewältigung gesellschaftlicher Probleme (wie ökologische Gefährdung oder soziale Ungleichheit), die in mehreren Funktionssystemen als Umweltirritationen auftreten können?

Literatur

Luhmann, Niklas (1975): Soziologische Aufklärung, Bd. 2: Aufsätze zur Theorie der Gesellschaft, Opladen.
Luhmann, Niklas (1982): Liebe als Passion, Frankfurt a.M.
Luhmann, Niklas (1984): Soziale Systeme, Frankfurt a.M.
Nassehi, Armin (2003): Geschlossenheit und Offenheit, Frankfurt a.M.
Parsons, Talcott (1951): The Social System, Glencoe.
Parsons, Talcott (1976): Zur Theorie sozialer Systeme, Opladen, hrsg. von Stefan Jensen.
Parsons, Talcott (1978): Action Theory and the Human Condition, New York.
Parsons, Talcott (2003): Das System moderner Gesellschaften, Weinheim (engl. Original 1971).
Parsons, Talcott/Smelser, Neil (1956): Economy and Society, Glencoe.

Kultur als Bezugsproblem | 3.5

> **Übersicht**

In diesem Kapitel geht es um die Frage, inwiefern sich Kultur als ein grundlegendes System für gesellschaftliche Beziehungen, Verhältnisse und soziales Handeln konzeptualisieren lässt. Inwiefern ist Kultur also grundlegend – konstitutiv – für die Gesellschaft? Vorgestellt werden vier Ansätze, die auf diese Frage unterschiedlich antworten.

Die Strukturanthropologie sucht nach grundlegenden Kulturmustern, nach Strukturen der Klassifikation, des Rituals, des Tabus, des religiösen Systems, die sich in allen menschlichen Gesellschaften nachweisen lassen. (3.5.1). Die phänomenologische Soziologie rekonstruiert die kulturellen Überzeugungen, das kulturelle Wissen und die Hintergrunderfahrungen, die wir für gegeben halten. (3.5.2). In der neueren Kultursoziologie finden wir vor allem in Frankreich Konzeptionen, in denen Strukturen und Phänomene stärker zusammengedacht werden. Zwei Vertreter dieser Richtung werden hier vorgestellt: erstens Michel

Foucault mit seinen diskurstheoretischen Untersuchungen zu Klassifikationen, Denksystemen, Körperzurichtungen und Raumanordnungen sowie zu der Frage ob, wann und wie Diskurse im historischen Prozess auftauchen (3.5.3); zweitens Bruno Latour mit seiner radikalen Infragestellung der Unterscheidung des modernen Klassifikationsschemas von Kultur und Natur. Latour geht so weit zu bezweifeln, dass wir jemals modern gewesen sind (3.5.4).

3.5.1 | Religion, Ritual, Tabu (Strukturanthropologie)

Die Frage nach den Gesetzmäßigkeiten der Kultur ähnelt der Vermessung von Wolken. An den symbolischen Erscheinungen ist die Kultur in ihrer ganzen Verspieltheit sichtbar wie die vorüberziehenden Figuren am Himmel. Aber wer die Phänomene zu (be-)greifen versucht, langt ins Leere. Daher erscheint es zunächst plausibel, nach stabilen Mustern Ausschau zu halten, die sich in allen Kulturen wiederfinden lassen. Und damit gelangen wir zur Grundfrage der Strukturanthropologie.

Wenn über Kultur geredet wird, dann denkt man an Theaterbesuch, Romane, Malerei, an Fotografie und Film oder vielleicht auch an Kleidermode und Architektur. Lassen sich derlei Erscheinungen auch in fremden Gesellschaften beobachten? Die Ethnologie, die im englischsprachigen Raum auch unter den Stichworten Sozialanthropologie oder Kulturanthropologie firmiert, untersucht Gesellschaften, die sich weitgehend von unserer modernen Gesellschaft unterscheiden, z.B. sogenannte einfache oder primitive Gesellschaften. Auch in der klassischen Soziologie finden wir die Beschäftigung mit ethnologischen Studien, etwa bei Emile Durkheim oder seinem Schüler Marcel Mauss.

3.5.1.1 | Klassifikationsmuster – Schemata der Einteilung

Durkheim und Mauss untersuchten in einer frühen Arbeit 1901/02 die elementaren Klassifikationsmuster in Stammesgesellschaften. Gegenstand ihrer Studie waren Einteilungssysteme für Dinge und Erscheinungen bei einigen australischen Gruppen, Zuñi-Indianern (Sioux) und chinesischen Gruppen. Aus Sicht der Autoren ging es um eine Geschichte der Logik, die sowohl systematisch als auch empirisch verstanden werden kann. Tatsächlich sprechen Durkheim/Mauss noch von »quelques formes primitives de classification«, weil es sich dabei aus ihre Sicht um einfachste und demnach historisch früheste Formen der Klassifikation, der logisch-systematischen Einteilung von Dingen, handeln musste. Anders gesagt: Das, was Durkheim und Mauss als Klassifikationssysteme be-

zeichneten, waren Unterteilungen von Dingen und anderen Erscheinungen in der Welt, die auf sehr einfachen Einteilungsschemata beruh-
ten (s. weiter unten z. B. Tab. 9).

Aber die Einfachheit der Einteilung war für die Autoren kein Beleg   Primitive Klassifikation
für eine etwaige Primitivität des Denkens oder kognitiver Strukturen.
Das Denken war aus ihrer Sicht nämlich gerade nicht die Quelle der Einfachheit, sondern die Struktur der Gesellschaft stand für sie am Anfang:
»Die Gesellschaft war nicht nur ein Modell, dem das klassifikatorische
Denken folgte: es waren ihre eigenen Unterteilungen, die als Vorlage für
das Klassifikationssystem dienten. [...] Weil Menschen gruppiert wurden
und sie sich selbst in Gestalt von Gruppen dachten, kam es dazu, dass sie
andere Dinge in ihrem Kopf ebenfalls gruppierten.« (Durkheim/Mauss
1901/02, S. 7)

Den Ursprung der einfachen Klassifikationen in den Einteilungen
der Gruppen zu suchen und nicht in der kognitiven bzw. logischen
Struktur selbst – dieses Vorgehen war nicht nur typisch für das Durk-
heimsche Bemühen, die Phänomene auf soziale Tatsachen zurückzuführen (→ Kap. 2.1), sondern es übte zudem einen äußerst großen Einfluss auf
die ethnologische Forschung aus. Wir können im Rahmen dieses Ein-
führungswerks jedoch nicht die Rekonstruktion der originären Argumentation zu den australischen, indianischen und chinesischen Gruppen nachvollziehen – dies wäre zu umständlich. Zudem müsste dabei
auch einigen Einwänden von Durkheims Nachfolgern nachgegangen
werden (vgl. Needham 1967). In der Folge sind aber in der Ethnologie
einfache Klassifikationsschemata untersucht worden, die sich auf die
grundlegende Problematik der Rückführung von logischen Mustern
auf Gruppeneinteilungen beziehen lassen. Einschlägig wie einfach ist
dabei die Untersuchung der Links-Rechts-Unterscheidung der Hände
durch den Durkheim-Schüler Robert Hertz (1909), die eine Fülle von
Nachfolgestudien zur »Vorherrschaft der rechten Hand« in der Kultur
nach sich gezogen hat. Hertz Argumentation beruht auf drei Elementen.

Beispiel einer Rechts-Links-Schematik bei den Nuern (Evans-Pritchard 1940) | Tab. 9

Links	Rechts
Frau	Mann
schwach	stark
Frau auf rechter Hüttenseite = Unglück	Speer (Verlängerung der rechten männl. Hand)
Frau schläft links in der Hütte.	Mann schläft rechts.
linke Hand bewusst deformiert	rechte Hand im ständigen Gebrauch

Rechts-Links-Schematismus

Erstens lässt sich der am Beispiel der Hand nachvollziehbare Rechts-Links-Schematismus in anderen Bereichen wiederfinden: stark – schwach, aktiv – passiv, verfeinert – einfach, Mann – Frau, gekocht – roh, oben – unten, Aristokrat – Plebejer usf. Eine Vielzahl von Ethnologen hat derartige Ketten verfolgt: Rechts ist in vielen untersuchten Gesellschaft mit Stärke, Aktivität, Männlichkeit und Herrschen verknüpft; links mit Schwäche, Passivität, Weiblichkeit und Dienen. Zwar fanden Needham (1960, 1967) und Makarius/Makarius (1973) auch Gegenbeispiele einer Dominanz der linken Hand, die meisten Studien legen aber eine wenn nicht universelle, dann doch zumindest dichte Verbreitung dieses Schematismus nahe. Nennen wir die erste Eigenschaft des Rechts-Links-Schemas daher die Parallelität mit anderen binären, d. h. aus zwei Werten bestehenden, Schemata.

Zweitens sind die beiden Pole der Differenz – rechts und links – nicht gleichberechtigt. Eine Seite überwiegt bzw. wird als vorherrschend anerkannt. Das ist insofern interessant, als auch in den umgekehrten Fällen, in denen in bestimmten Gruppen – z. B. bei Schamanen oder Wahrsagern (Needham 1967) – die linke Hand dominiert, kein Gleichgewicht zwischen den unterschiedenen Polen besteht. Nennen wir die zweite Eigenschaft des Rechts-Links-Schemas die Vorherrschaft einer Seite im binären Schema.

Drittens führt Hertz die Vorherrschaft der rechten Hand auf eine »leichte organische Asymmetrie« zurück: »Le privelège de la main droite se trouverait fondé sur la structure asymetrique des centres nerveux, dont la cause, quelle qu'elle soit, est évidemment organique. Il n'est pas douteux qu'une corrélation régulière existe entre la prédominance de la main droite et le développement supérieur du cerveau gauche.« (Hertz 1909, S. 54).

Die Bevorzugung der rechten Hand – so sagt das Zitat frei übersetzt – ist durch eine Struktur des Nervensystems begründet, einer offensichtlich organischen Ursache. Außerdem behauptet Hertz in dem Zitat einen zweifelsfreien Zusammenhang der Vorherrschaft der rechten Hand mit der Entwicklung der linken Hirnhälfte.

Kleine organische Unterschiede

Kleine »organische« oder natürliche Unterschiede werden somit als Klassifikationsprinzip von Gruppen genutzt (z. B. Frauen vs. Männer; s. Tab. 9), um die über die organische Asymmetrie angezeigte Differenz in weitere Unterscheidungen der sozialen Gruppen hineinzuverlängern. Und auch wenn in der modernen Kultur aufgrund des Diskriminierungsverbots eine Tendenz gegen eine binäre Schematisierung von zugeschriebenen (askriptiven) Merkmalen (→ Kap. 3.2.1) besteht, finden wir auch hier eine Vorherrschaft bspw. der rechten Hand oder auch Schematisierungen von Persönlichkeitseigenschaften auf der Grundlage des

Dualismus von Mann/Frau. Somit fragt sich, ob die von Hertz beobachteten kleinen organischen Asymmetrien nicht eine Quelle der sozialen Konstruktion von Ungleichheit sind, die universell auftritt.

Zwischenergebnis

Klassifikationsmuster, Gruppeneinteilung und kleine organische Unterschiede
Klassifikationsmuster wurden als Schemata der Einteilungen von Erscheinungen (materielle Dinge, geistige Phänomene, Menschen) schon in einfachen Gesellschaften genutzt. Durkheim und Mauss führten die Einfachheit dieser Schemata nicht auf kognitive Defizite der Menschen in frühen Gesellschaften zurück, sondern auf die Einfachheit der Gliederung der Stammesgesellschaften in Gruppen. Robert Hertz weist in einer Studie zudem auf die Nutzung kleiner organischer Unterschiede (wie rechte/linke Hand; Mann/Frau) bei der Entstehung sozialer Ungleichbehandlung hin.

Der Kollektivrausch und die heiligen Embleme | 3.5.1.2

Trotzdem ließe sich fragen, wieso eine derart belanglose Differenz (links/rechts) solche weitreichenden Folgen der Unterscheidung tätigen soll. Eine wichtige argumentative Brücke findet sich bei Emile Durkheim. Bei der Verfestigung symbolischer Klassifikationen scheint eine religiöse Dimension hineinzuspielen, die zum einen in der Aufwertung bestimmter Symbole zum Heiligen (Sakralisierung), zum anderen in einer Tabuisierung bestimmter Symbole (Tabuisierung) besteht.

Durkheim untersuchte dazu elementare Formen des religiösen Lebens bei australischen Stammesgruppen. Das Sakrale entstehe dort aus spezifischen Erfahrungen kollektiver Ekstase, indem bestimmten Totemfiguren eine heilige Kraft zugesprochen werde, die das Kollektiv im Ekstaseritual erlebe. Aber die den Totems zugeschriebene Magie beruht eben nicht auf den Gegenständen selbst, sondern wird ihnen von der Gruppe zugeschrieben. Lange gemeinsame Zeremonien, Tänze und Gesänge in der Nacht, die durch die Einnahme von Stimulanzien zu einer veränderten Bewusstseinslage führen, bewirken die Entstehung eines kollektiven Rauschgefühls, das Durkheim als »effervescence collective« (kollektive Wallung) bezeichnet. Das aus dem Gruppenritual entstandene Rauschgefühl wird jedoch nicht der sozialen Einheit selbst, sondern einer äußeren, magisch oder heilig empfundenen Kraft – dem »mana« – zugeschrieben. Durkheim bezeichnet dies als »Exteriorisierung«.

Ritual und Sakrales

Exteriorisierung   Die Exteriorität beruht aber nicht bloß auf kollektiven Glaubensvorstellungen, sondern auch darauf, dass die heiligen Dinge – die Totemwappen, Totemtiere und Totempflanzen oder Tätowierungen – als Symbole im Ritual und im Alltag sichtbar sind. Diese sind im Unterschied zu den kollektiv erfahrenen Leidenschaften im Ritual von Dauer: »Die wilden Leidenschaften, die im Schoß der Masse entflammt sind, fallen in sich zusammen. [...] Aber wenn die Bewegungen, durch die sich die Gefühle ausgedrückt haben, mit Dingen verbunden sind, die dauern, dann werden sie selbst dauerhaft. Diese Dinge graben diese Gefühle unablässig ins Gedächtnis ein und halten sie ständig wach; es ist, als ob die ursprüngliche Ursache, die sie hervorgebracht hat, weiterwirkte.« (Durkheim 1912, S. 16)

Durkheim sieht also dieses Wechselspiel zwischen der Verbindung des Heiligen mit bestimmten Emblemen, wie Wappentiere, Totemzeichen oder Tätowierungen, und den kollektiven Rauschritualen, in denen die Embleme verwendet und mit der Ekstase in Verbindung gebracht werden, als Entstehungsort des Heiligen. Von den mit dem Heiligen verbundenen Werten wird man in diesen Zusammenhängen erfasst (z. B. von der Reinheit eines Totemtiers) und die mit ihnen verbundenen symbolischen Klassifikationen werden erlernt, ins Gedächtnis eingeprägt und im Alltag reaktiviert.

Gabentausch   Mit einem anderen durchaus auch ritualhaften Phänomen hat sich Durkheims Neffe und Schüler Marcel Mauss in seinem »Essai sur le don« (1925) genauer beschäftigt: der Gabe. Mauss entwirft seine Analyse zwar im Sinne einer Theorie der Verpflichtung, versteht den Gabentausch allerdings anders als in nutzenökonomischen Tauschtheorien. Für ihn ist die Gabe ein »soziales Totalphänomen«. Damit soll ausgedrückt werden, dass die Gabe als soziale Erscheinung in allen wesentlichen Dimensionen des Gesellschaftlichen zugleich wirksam ist, als religiöses, moralisches, politisches, ästhetisches, rechtliches und auch ökonomisches Kraftfeld in einem. Er spricht auch von einer »totalen Leistung von agonistischem Typ« (Mauss 1990, S. 17). Agonistisch besagt dabei, dass die Akteure zwar einerseits zur Wechselseitigkeit verpflichtet sind, dass diese Wechselseitigkeit aber andererseits das Motiv enthält, sich gegenseitig beim Schenken übertreffen zu wollen. Prototypisch kommt dies im Beispiel des Potlatch zur Geltung, ein Geschenkverteilungsfest von Indianern an der Nordwestküste Nordamerikas. Bemerkenswert ist für Mauss, dass der Potlatch – ähnlich wie die von Durkheim untersuchten Ekstaserituale – von Erfahrungen des Ergriffenseins und der Selbstüberschreitung begleitet ist. Es scheint also Weihnachten durchaus ähnlich zu sein. Auch beim Potlatch geht vom Schenken und Beschenktwerden eine eigenartige Magie aus, die den alltäglichen Erfahrungsraum überbietet.

Potlatch

Ein Potlatch ist ein Fest der amerikanischen Indianer der nordwestlichen Pazifikküste, das übersetzt werden kann als »Fest des Schenkens«. Bei ihm werden in ritueller Weise Geschenke verteilt oder ausgetauscht. Je wertvoller und erlesener die gereichten Gaben ausfallen, desto bedeutender gilt die Position und Abstammungslinie desjenigen, der die Geschenke vergeben hat. Daher tendieren die Beteiligten im Rahmen des Rituals dazu, sich bei der Erwiderung des Schenkens gegenseitig zu überbieten.

Der einfachen Reziprozitätsvorstellung der ökonomischen Austauschtheorie, die im Geben und Nehmen besteht, fügt Mauss das Erwidern als dritten Pol hinzu. In diesem Erwidern zeigt sich, dass eine Gabe nicht einfach nur so möglich ist. Auch die »erste« Gabe einer Person an einen andere muss auf etwas erwidern. So könnte eine neue Hausbewohnerin die anderen Mieter in den ersten Wochen nach dem Einzug zu Kaffee und Kuchen einladen, z. B. um dafür zu danken, dass die anderen Mieter das ganze Umzugs-Tohuwabohu mit Bohr- und Hammergeräuschen so ganz ohne Murren hingenommen haben. Man könnte auch sagen, dass sich in diesem zusätzlichen Moment des Erwiderns ein Respekt vor der Reziprozität ausdrückt, der im bloßen Aufrechnen des Geben und Nehmens untergehen würde. Das Erwidern hebt die Gegenseitigkeit im Geben und Nehmen hervor. Es verleiht dem gegenseitig Aufeinanderverwiesensein einen eigenen symbolischen Status.

Hinzu kommt, dass die Gabe etwas von der Eigenart des Gebenden in sich aufnimmt, das auf die annehmende Person übertragen wird. Vielleicht ist es dieses Moment, das es so schwer macht, ein Geschenk in den Müll zu werfen, selbst dann, wenn man überhaupt nichts damit anzufangen weiß. Schließlich hatte es mir meine Großmutter geschenkt. Und wahrscheinlich bewirkt genau der Umstand, dass mir der geschenkte Gegenstand fremd geblieben ist, die Übertragung der Eigenart der Gebenden auf mich als Annehmenden. Denn von da ab erinnere ich mich aufgrund des angenommenen Geschenks an die Eigenart des Schenkenden.

Reziprozität
als Erwiderung

3.5.2 | Lebenswelt, Erfahrung, Wissen (Phänomenologische Soziologie)

Eine andere Tradition der Betrachtung von Kultur ist die der phänomenologisch inspirierten Wissenssoziologie, die an Edmund Husserls Lebensweltbegriff anknüpft und diesen auf die soziale Welt zu übertragen versucht. Dieses Unterfangen ist vor allem mit den Namen Alfred Schütz und Thomas Luckmann verbunden. Erstmalig tritt das Projekt einer phänomenologischen Soziologie mit dem Buch »Der sinnhafte Aufbau der sozialen Welt« von Alfred Schütz aus dem Jahr 1932 in Erscheinung. Schütz, im letzten Jahr des 19. Jahrhunderts geboren, legte es im Alter von 33 vor. Danach verfasste er eine Vielzahl von einzelnen Aufsätzen; sein Vorhaben in einer zweiten Monographie seinen Ansatz der Gesellschaftsanalyse systematisch zusammenzufassen, setzte er jedoch nicht mehr um. Nach seinem Tod gab sein Schüler Thomas Luckmann die »Strukturen der Lebenswelt« heraus.

Schütz hat sich nicht mit einzelnen Phänomenen der Kultur beschäftigt, obwohl die Rede von einem Projekt der phänomenologischen Soziologie dies nahelegt. Er war vielmehr an der Haltung, am Blick, am Wissen der alltäglichen Praktiken und Lebensweise interessiert. Dies soll an zwei seiner Grundbegriffe erläutert werden, die ähnlich scheinen, aber doch wichtige Unterschiede enthalten: »Common Sense« und »Lebenswelt«.

3.5.2.1 | Common Sense

Was hat es mit diesem Common Sense auf sich? Warum soll er für die Wissenschaften vom Menschen und für die Soziologie im Engeren von Relevanz sein? Üblicherweise wird das englische Wort *common sense* als gesunder Menschenverstand übersetzt. Es ist der Sinn, der uns allen – den Menschen – gemein ist. Das Bedeutungsfeld des Begriffs beinhaltet also all das, was jeder weiß, was allen geläufig ist – aber auch das Wissen und das Gespür, das uns im gemeinsamen Zusammenleben weiter trägt. Aber das Wissen und die Haltung des Common Sense (im Sinne des gesunden Menschenverstands) und die Wissenschaft und ihrer Methodik werden im endenden 19. und beginnenden 20. Jahrhundert als Gegensatz gesehen. Die Gesetze der Wissenschaft, an strenger methodischer Beweisführung bewährt, lassen sich abstrahieren und verallgemeinern; das Wissen des Common Sense ist hingegen allenfalls partikular und mit Skepsis zu beäugen.

Konstruiertheit   Schütz widerspricht dieser Zweiteilung. Anschließend an den Mathematiker, Physiker und Philosophen Alfred North Whitehead stellt er fest, dass nicht nur die Wissenschaft, sondern auch der Common Sense über

Abstraktionen und Generalisierungen verfügt:»Unser gesamtes Wissen von der Welt, sei es im wissenschaftlichen oder alltäglichen Denken, enthält Konstruktionen, das heißt einen Verbund von Abstraktionen, Generalisierungen, Formalisierungen und Idealisierungen, die der jeweiligen Stufe gedanklicher Organisation gemäß sind. Genau genommen gibt es nirgends so etwas wie reine und einfache Tatsachen.« (Schütz 2004, S. 158).

Zwischenergebnis

Common Sense und Wissenschaft

Üblicherweise fassen wir den Common Sense – also das Alltagsdenken bzw. den gesunden Menschenverstand – als etwas von der Wissenschaft Verschiedenes auf. Meist verstehen wir unter Common Sense so etwas wie die vorherrschende Alltagsmeinung, die von Vorurteilen und voreiligen Typisierungen geprägt ist. Schütz betont dagegen, dass nicht nur der Common Sense, sondern auch die Wissenschaft auf der Konstruktion von Typisierungen beruht. Daher ist es aus seiner Sicht nötig, genauer der Frage nachzugehen, worin die Unterschiede zwischen den alltäglichen Konstruktionen des Common Sense und den Konstruktionen (Vorannahmen) der Wissenschaften bestehen.

Worauf zielt Schütz mit dieser Feststellung? Wie lässt sich der Umstand, dass Wissenschaft wie Alltagsdenken (Common Sense) auf Konstruktionen gründen, bei der Beantwortung der Frage nach der Interpretation des menschlichen Handelns weiterdenken?

Schütz zweigt an dieser Stelle seiner Argumentation ab – indem er die Form der unhintergehbaren Konstruktionsabhängigkeit für die Sozialwissenschaften reflektiert. Diese unterscheidet sich nämlich von denen der anderen Wissenschaften:»Die gedanklichen Gegenstände, die von Sozialwissenschaftlern gebildet werden, beziehen und gründen sich auf gedanklichen Gegenständen, die durch das Common-Sense-Denken des im Alltag unter seinen Mitmenschen lebenden Menschen gebildet werden. Die Konstruktionen, die der Sozialwissenschaftler benutzt, sind daher sozusagen Konstruktionen zweiten Grades: es sind Konstruktionen jener Konstruktionen, die im Sozialfeld von den Handelnden gebildet werden.« (Schütz 2004, S. 159)

Der Common Sense besteht also aus gesellschaftlichen Konstruktionen erster Ordnung. Und deshalb vereinigt er zwei wesentliche Eigenschaften:

Konstruktionen
1. und 2. Ordnung

1. Er basiert auf Typisierungen.
2. Er ist grundlegend intersubjektiver Art.

Anhand dieser beiden Eigenschaften führt Schütz zwei seiner zentralen Konzepte ein: das der Sinnrelevanz – denn Typisierungen beruhen auf der Relevanzsetzung, d. h. der Hervorhebung der Wichtigkeit spezifischer Sinnelemente – und das der Intersubjektivität, der wechselseitigen Bezugnahme von Menschen aufeinander im Handeln miteinander.

Typiken Der Common Sense besteht darin, dass über Typisierungen im Alltag Einzelerscheinungen verarbeitet, d. h. eingeordnet und anderen mitgeteilt werden können. So gibt es etwa eine Reihe von individuell ganz verschiedenen Objekten, die wir als Stuhl typisieren, oder Einzelwesen, die wir als Hund, Beamter oder Chef in unsere Welt einordnen. Wenn wir eine Person bspw. als Chef einordnen, dann setzen wir bestimmte Eigenschaften dieser Person als sinnrelevant voraus – etwa, dass sie Anweisungen geben kann. Wenn wir typisieren, dann interessiert uns unter bestimmten Umständen das »p-Sein von S« (vgl. Schütz 2004), also etwa das Stuhlsein eines Möbelstücks oder das Beamter-Sein einer Person. Typiken befinden sich demzufolge in einem offenen Horizont. »Ein Wechsel meines verfügbaren Zieles und des damit verbundenen Relevanzsystems, also ein Wechsel des ›Zusammenhanges‹, in dem S mir interessant erscheint, kann mich dazu führen, dass ich mich nunmehr mit dem q-Sein von S befasse, während es irrelevant geworden ist, dass S zudem noch p ist.« (ebd., S. 163)

Intersubjektivität des Common Sense Ein Gegenstand S verfügt somit über einen ganzen Möglichkeitshorizont von Sinnrelevanzen, von denen Akteure in einer spezifischen Situation lediglich das darin relevante p-Sein oder q-Sein von S auswählen (selegieren). Die Heraushebung von Typen setzt Intersubjektivität voraus. Diesen Sachverhalt bestimmt Schütz über drei Merkmale:

a) die *Reziprozität der Perspektiven*; sie besagt, dass Akteure im Alltag die (zumindest hypothetische) Möglichkeit besitzen, Standpunkte zu tauschen. Das Kind kann sich bspw. in die Rolle der Mutter versetzen, der Käufer die Perspektive des Verkäufers einnehmen. Wir halten diese unterschiedlichen Perspektiven innerhalb unserer Relevanzsysteme für deckungsgleich (kongruent). Es erscheint uns selbstverständlich und mit dem Aufbau unserer Welt vereinbar, dass andere Akteure andere Lebenswege gegangen sind, sich in anderen Lebenslagen befinden und damit verbunden auch andere Lebensanschauungen besitzen;

b) den sozialen Ursprung des Common-Sense-Wissens; dies bedeutet, dass es schon vor uns entstanden und längst bekannt ist, bevor es andere (Eltern, Lehrern, Kollegen) an uns weitervermittelt haben;

c) die soziale Verteilung des Alltagswissens; das Alltagswissen ist zwischen verschiedenen Gruppen nicht gleich verteilt. Der Arzt nutzt in seinem Alltag ein anderes Wissen als der Handwerker und mein

Nachbar weiß vieles über die Leute in seinem Haus, was ich nicht weiß. Aber ich kann den Arzt konsultieren, den Rechtsanwalt um einen juristischen Rat bitten oder mir den Klatsch über die Leute im Nebenhaus von meinem Nachbarn erzählen lassen. Insofern überschneidet sich das zwischen Gruppen und Personen ungleich verteilte Wissen und lässt sich wenigstens bis zu einem gewissen Grad vermitteln.

Alfred Schütz' eigentliches Ziel – und damit das seiner Version einer Wissenssoziologie – ist es letztlich, die Konstruktionsweise des Common Sense rational zu rekonstruieren.

Rationale Rekonstruktion als Ziel

Zwischenergebnis

Common Sense, Typisierung und Intersubjektivität

In seiner Arbeit über den Common Sense stellt Alfred Schütz Übereinstimmungen zwischen Wissenschaft und Alltagsdenken heraus. Beides beruht auf Typisierungen als intersubjektiv hergestellten Konstruktionen. Typisierungen beruhen auf intersubjektiv geteilten Generalisierungen (Verallgemeinerungen) von Merkmalseigenschaften. Es geht nicht um die Feststellung besonderer Eigenschaften, sondern um die Einordnung eines Dings oder eines Sachverhalts aufgrund des Vorliegens eines Hauptmerkmals und einer typischen Eigenschaft, dem S-Sein von X. Der Common Sense besteht aus Typisierungen als sozialen Konstruktionsleistungen erster Ordnung, die Wissenschaft bemüht sich im Form einer rationalen Rekonstruktion um Konstruktionsleistungen zweiter Ordnung.

Lebenswelt

3.5.2.2

Alfred Schütz und Thomas Luckmann verfolgen das Ziel den phänomenologischen Lebensweltbegriff (nach Edmund Husserl) in die Soziologie zu übersetzen. Entscheidend wird dabei die Vorstellung von der »Lebenswelt« als dem »fraglos Gegebenen« in unserer »natürlichen Weltanschauung« (Schütz/Luckmann 1979, S. 5–37). Die Lebenswelt ist in dieser Konzeptualisierung mehr als der Common Sense. Sie ist eine Weltanschauung, die die Akteure in ihren Orientierungen voraussetzen, ohne sie weiter begründen zu können. Es bleibt lediglich die Möglichkeit, sie über Umwege wieder zu erschließen (rekonstruieren).

Im ersten Band der »Strukturen der Lebenswelt« ist Lebenswelt zunächst das in der »natürlichen Einstellung« »fraglos Gegebene«. Wenn ich mich in Situationen des Handelns befinde, so halte ich in ihnen Bestimmtes für gegeben – und zwar in dem Sinne, dass ich die Gegebenhei-

Das fraglos Gegebene

ten einfach hinnehme, ohne sie weiter zu hinterfragen. Vor mir steht eine mit Kaffee gefüllte Tasse. Ich ergreife sie und trinke daraus. In dieser Handlungssituation stelle ich mir in der Regel keine Fragen wie: Handelt es sich wirklich um Kaffee? Ist es in Wahrheit eine Tasse, aus der ich trinke, oder bilde ich mir dies nur ein? Wenn ich auf meine Hand sehe, dann weiß ich unmittelbar: Das ist meine Hand und sie kann etwas, das sich in unmittelbarer Nähe meines Körpers befindet – wie die Kaffeetasse –, ohne Weiteres ergreifen.

Wissensvorrat   Solche fraglosen Gegebenheiten, die ich ohne großes Nachdenken oder Zweifeln einfach unterstelle und akzeptiere, machen für Schütz den »Wissensvorrat der Lebenswelt« aus: »Der Wissensvorrat des lebensweltlichen Denkens ist nicht zu verstehen als ein in seiner Gesamtheit durchsichtiger Zusammenhang, sondern vielmehr als eine Totalität der von Situation zu Situation wechselnden Selbstverständlichkeiten, jeweils abgehoben von einem Hintergrund der Unbestimmtheit. Diese Totalität ist nicht als solche erfassbar, ist aber, als ein sicherer, vertrauter Boden jeglicher situationsbedingter Auslegung erlebt, im Erfahrungsablauf mitgegeben.« (Schütz/Luckmann 1984, S. 1)

Schütz beschreibt damit eine Konstellation des »Sowohl-als-auch« – Situationen enthalten Vertrautes und Unbestimmtes zugleich. Wenn die Kaffeetasse ausgetrunken ist, muss ich mir eine neue holen oder sogar neuen Kaffee kochen. Aber wer weiß, ob noch genug Kaffeepulver im Haus ist. Aber auch hier ist mir wieder zumindest vertraut, dass man Wasser und Kaffeepulver zum Kaffeekochen benötigt.

Definition

Lebensweltlicher Wissensvorrat

Die Lebenswelt besteht aus dem Wissen, das Menschen für fraglos gegeben halten. Sie hinterfragen, die Annahmen, die diesem Wissen zugrunde liegen, nicht weiter. Sie setzen das, was sie wissen, einfach als gegeben voraus und nehmen das ihnen als gegeben Erscheinende einfach hin.

Schütz interessiert sich im Weiteren für drei Aspekte des lebensweltlichen Wissensvorrats:

a) die Aufschichtung der Lebenswelt in räumlicher, zeitlicher und sozialer Hinsicht;

b) die wesentlichen Merkmale des lebensweltlichen Wissens und

c) das Zusammenspiel von Gesellschaft und Subjekten bei der Entstehung des gesellschaftlichen Wissensvorrats.

Wenn wir uns auf das im Wachzustand verfügbare Wissen beschränken, dann besteht eine erste Aufschichtung der Lebenswelt in räumlicher Hinsicht (vgl. Schütz/Luckmann 1984, S. 2–72). Die Welt befindet sich in meiner aktuellen oder potentiellen Reichweite und ich kann die Zone des Wirkens meiner Handlungen erahnen. Die Kaffeetasse steht vor mir, in meiner unmittelbaren Reichweite. Wenn sie leer getrunken ist, dann liegt der Kaffee in potenzieller Reichweite. Ich müsste in die Küche gehen und die Tasse wieder füllen. Schütz bezeichnet dies als wiederherstellbare Reichweite. Die Kaffeebohnen im Rohzustand sind in einer anderen Art von potenzieller Reichweite. Ich müsste, um sie zu sehen, die Plantagen in tropischen Ländern aufsuchen. Dieser Raum ist von mir »erlangbar«. Wichtig sind diese Differenzen auch im Hinblick auf das Verständnis der Wirkzonen. In die Welt der aktuellen Reichweite kann ich unmittelbar eingreifen. Schütz spricht von »primärer Wirkzone«. Diese primäre Wirkzone ist jedoch meist schon durch »sekundäre Wirkungen« bestimmt. Die Tasse wurde in einer Porzellanfabrik gefertigt, der Kaffee geröstet usf. Der Stand der jeweiligen Technologie beschreibt insofern den »Ausdehnungsfaktor« einer Gesellschaft; er bestimmt die »für typische Personen im täglichen Leben typisch verwendeten und erreichbaren Ausdehnungsfaktor des Wirkens (und der Reichweite)« (Schütz/Luckmann 1984, S. 2).

In zeitlicher Hinsicht bestimmen die Differenzen von Fortdauer und Endlichkeit, von Dringlichkeit und Verschiebbarkeit unsere Vorstellung von Weltzeit (Schütz/Luckmann 1984, S. 73–80), so wie das Zeiterleben im Bewusstseinsstrom und das biographische Gedächtnis die subjektive Zeit markieren (ebd., S. 80 ff.). Bestimmend für die zeitliche Aufschichtung der Lebenswelt ist somit die Vorher-Nacher-Erfahrung, die aus der Erfahrung der Endlichkeit bzw. Vergänglichkeit von Dingen und Ereignissen herrührt. Ich erfahre jederzeit irgendetwas als jetzt existierend. Das bringt die Vorstellung von einer Gegenwart hervor. Einiges von dem, was in einem Jetzt als existierend erfahren wird, vergeht, anderes bleibt bestehen. Dass etwas vergeht, zeigt mir die Endlichkeit, dass etwas bestehen bleibt, zeigt mir die Fortdauer der Welt. In unserer Lebenswelt folgen wir somit fraglos einer Gegenüberstellung von vergänglichem Ereignis und der Fortdauer der Welt (→ Kap. 4.5.1).

In sozialer Hinsicht ist uns die zeitliche Vorgegebenheit der Gesellschaft fraglos gegeben. Sie besteht bereits, bevor wir in sie hineingeboren werden. Fraglos erscheint uns ebenso die unmittelbaren Begegnungen mit dem und den anderen, mit denen wir in Du- und Wir-Beziehungen (Schütz/Luckmann 1984, S. 87–98) stehen. Erst die mittelbare Sozialwelt außerhalb des »Hier und Jetzt« kennt unpersönliche Begegnungen und Konstruktionen unparteilicher Standpunkte, die all-

Räumliche Aufschichtung

Zeitliche Aufschichtung

Soziale Aufschichtung

gemeine Typisierungen – von sozialen Rollen etwa – implizieren. Und in zeitlicher Hinsicht unterscheidet die natürliche Einstellung der Lebenswelt die »Zeitgenossen«, die »Vorfahren« und die »Nachfahren« und konstruiert darüber die Abfolge der Generationen (ebd., S. 115–124).

Erst auf der Grundlage der dargestellten »Aufschichtungen der Lebenswelt« wenden sich Schütz/Luckmann den Eigenschaften des Wissensvorrats selbst zu. Und hier spielen wieder die Merkmale eine Rolle, die wir bereits im Zusammenhang mit der Rekonstruktion des Common Sense behandelt haben: »Situationsbezogenheit« des Wissens, »Relevanz« und »Typik«. Mit den Differenzierungen von Situation, Relevanz und Typik brauchen wir uns hier nicht eingehender beschäftigen, da im Kern die schon oben erläuterte Argumentation bestehen bleibt. Wichtig sind allerdings die Erläuterungen zur »Struktur des Wissensvorrats«, da diese weitere Präzisierungen im Hinblick auf die »lebensweltliche Einstellung« erlauben.

Begrenztheit
der Situation

Die »lebensweltliche Einstellung« lässt sich aus den Grundelementen des Wissensvorrats und dessen Struktur rekonstruieren. Nach Schütz/Luckmann ist die »Begrenztheit der Situation« ein erstes »Grundelement«. Sie ist bedingt durch die mit den »Aufschichtungen der Lebenswelt« einhergehenden räumlichen, zeitlichen und sozialen Gliederungen der Erfahrung. Die Autoren sprechen in Bezug auf diese Merkmale auch von »Grundgegebenheiten« (z. B. Schütz/Luckmann 1984, S. 35). Davon zu unterscheiden ist der Wissensvorrat, der durch die »Sedimentierung« der Erfahrung entsteht. Unter die Grundgegebenheiten werden Wissensbestände gefasst wie die der zeitlichen Irreversibilität (was vorbei ist, ist vorbei) oder der Körperbezogenheit einer Situation (man kann nicht an zwei Plätzen zugleich sein). Derartige Grunderfahrungen von Zeit und Raum sind den Menschen »auferlegt«. Wir erleben sie als etwas elementar Gegebenes, als grundlegende Eigenschaft der uns umgebenden Welt. Den als Grundgegebenheiten erfahrenen Wissensbeständen stellen die Autoren eine andere Art von Wissensinhalten gegenüber, nämlich diejenigen, die aufgrund von subjektiven Erfahrungen zustande gekommen sind. Diese sind spezifisch, konkret und variabel (vgl. ebd., S. 137 f.).

Gewohnheitswissen
und Routinen

Zwischen den Grundgegebenheiten erfahrenen Wissensbeständen und den variablen »Sedimentierungen« des Wissensvorrats besteht noch das »Gewohnheitswissen«, das über »Routinen« generiert wird. Bestimmte Fertigkeiten, bestimmtes Gebrauchswissen und Rezeptwissen ist in dem Maße praktisch eingelebt worden, dass es zu den Routinen gehört. »[…] [D)]ie Grundelemente des Wissensvorrats als auch das Gewohnheitswissen nehmen demnach eine Sonderstellung ein. Sie sind immer vorhanden, nicht bloß von Fall zu Fall zuhanden wie die Inhalte des Wissensvorrats. Sie sind ›automatisch‹ mitgegeben, nicht als Erfahrungsthemen artikuliert. Sie sind so selbstverständlich ›vertraut‹, dass man sie nicht mehr in die Gliederung des Wissensvorrats nach Vertrautheitsstufen einordnen möchte.« (Schütz/Luckmann 1984, S. 74)

Zwischenergebnis

Phänomenologische Soziologie

Die phänomenologische Rekonstruktion der Kultur sucht über die Konzepte der Lebenswelt und des Wissensvorrats nach einer doppelten Erklärung. Zum einen kann sie über die Grundelemente ähnlich wie die Strukturanthropologie universelle Eigenschaften der Kultur aufspüren. Zum anderen sucht sie über das Gewohnheitswissen und die als spezifische Inhalte sedimentierten Wissensbestände nach historisch variablen Mustern der Kultur.

Jenseits von Phänomen und Struktur: Diskursanalyse | 3.5.3

Ähnlich wie Pierre Bourdieu entwickelte der französische Sozialphilosoph Michel Foucault einen Analyseansatz, der sich auf die Gesellschaft als kulturelle Ordnung bezieht und sowohl die phänomenologische als auch die strukturalistische Vorgehensweise zu überwinden sucht. Der Kernbegriff seiner Analyse ist die Kategorie des »Diskurses«. Aber auch diesen Begriff muss Foucault von einer Tradition abgrenzen, die von Diskurs bereits in anderer Form gesprochen hat, und zwar vom Diskurs als ausschließlich wissenschaftlich-philosophische Abhandlung – von der etwa in der neuzeitlichen Philosophie René Descartes (»Discours de la mèthode«) die Rede war – und vom sprach- und konversationswissenschaftlichen Gebrauch des Begriffs, wie er etwa in der Sprachwissenschaft vorkommt.

Unter Diskurs versteht Foucault eine Menge von Aussagen. Dabei sollte man aber »Aussage« nicht im Sinne ihrer grammatischen, logischen oder sprachpragmatischen Definitionen verstehen. Es geht in seiner Analyse nicht um die grammatische Korrektheit der Aussage, nicht um die logische Folgebeziehung zwischen Aussagen und auch nicht um die Art und Weise, wie in der Handlungspraxis mit Aussagen im Sinne von Sprechakten (s. dazu auch die Abschnitte zu Searle; → Kap. 4.1.1) Geltungsansprüche erhoben werden. Foucault interessiert sich für das historische Auftreten einer bestimmten Art von Aussagen, nämlich für diejenigen, die in einem gesellschaftlich-historischen Kontext als ernst zu nehmende (seriöse) Aussagen gelten. Diese Möglichkeit des Auftretens

Definition Diskurs

als seriöse Aussage hänge von einer »diskursiven Formation« (Foucault 1973, S. 48 ff.) ab, die einen historischen Zeitraum beherrscht: »Die Aussageanalyse ist [..]. eine historische Analyse, die sich aber außerhalb jeder Interpretation hält: sie fragt die gesagten Dinge nicht nach dem, was sie verbergen [...] Sondern umgekehrt, auf welche Weise sie existieren, was es für sie heißt, erschienen zu sein – und dass keine anderen an ihrer Stelle erschienen sind.« (ebd., S. 159)

Zwischenbetrachtung

Als was lassen sich Aussagen untersuchen?

Aussage als

a) grammatischer Sachverhalt → Regelförmigkeit des Satzes (Zeichenfolge),

b) logischer Sachverhalt → Wahrheit, Schlüssigkeit des behaupteten Aussagegehalts,

c) sprachpragmatischer Sachverhalt → möglicher Akt im Kontext des Sprechhandelns,

d) diskursiver Sachverhalt → im kommunikativen Austausch ernst genommener Beitrag.

Foucault spricht also von bestimmten kulturellen Phänomenen, den Aussagen innerhalb historisch formierter Diskurse. In welchem Sinn aber wird die Analyse der formierten Diskurse »außerhalb jeder Interpretation« vollzogen. Klingt es nicht zunächst so, als sei mit den formierten Diskursen so etwas wie Muster und Formen der Auseinandersetzung über kulturelle Weltanschauungen gemeint? Vielleicht, aber genau deshalb weist Foucault Begriffe wie Sinn, Interpretation, Bedeutung zunächst einmal zurück. Sie verdeutlichen nicht, wie Aussagen oder Diskurse existieren.

Äußerlichkeit Kultur existiert aus Sicht Foucaults nicht primär im Geist, in den Sinnorientierungen und Bedeutungszuschreibungen. Kultur im Sinne von tatsächlich auftretenden Aussagen innerhalb von Diskursen müssen zunächst danach befragt werden, »auf welche Weise sie existieren, was es für sie heißt, erschienen zu sein – und dass keine anderen an ihrer Stelle erschienen sind« (Foucault 1973, S. 159). Foucault spricht in diesem Zusammenhang auch von den methodischen Einstellungen der »Äußerlichkeit, der Seltenheit und der Häufung.« (ebd., S. 172 ff.). Eine Aussage soll untersucht werden, unabhängig davon, wer spricht: »egal, wer spricht« (ebd., S. 178). Das meint das *erste Untersuchungsprinzip* der »*Äußerlichkeit*«. Die Analyse einer diskursiven Formation zielt nicht auf die Absichten von individuellen Sprechern, nicht auf die Kompositions- oder Stiltechniken einzelner Autoren. Es geht um die Ermittlung einer »Aussagefunktion«, eines Mechanismus, Aussagen hervorzubringen.

Aus Foucaults Sicht sind somit Aussagen »äußerlich« präsent; sie liegen als »Materialität des Diskurses« vor. Für Foucault sind die Aussagen nicht nur Zeichen, die sich auf Dinge, auf Gegenstände beziehen. »Zwar bestehen diese Diskurse aus Zeichen; aber sie benutzen diese Zeichen für mehr als nur zur Bezeichnung von Sachen.« (Foucault 1973, S. 74) Dieses Mehr weist aus seiner Sicht auf die »Formation der Gegenstände« und deren Regeln. »Diese Regeln definieren keineswegs die stumme Existenz einer Realität, keinesfalls den kanonischen Gebrauch eines Wortschatzes, sondern die Beherrschung der Gegenstände.« (ebd.)

Die Äußerlichkeit besteht ebenso in Modalitäten – in der Art und Weise – von Äußerungen. Hierbei ist aber nicht die Individualität eines Äußerungsstils zu charakterisieren, sondern es geht um die »institutionellen Plätze«, von denen aus gesprochen werden kann, um den Status, den ein möglicher Sprecher benötigt, um das Wort ergreifen zu können; also nicht um individuelle und innerpsychische Eigenschaften eines Subjekts, sondern um die gesellschaftliche Position, von der aus gesprochen wird. Diese Modalität der Äußerung ist wiederum äußerlich fassbar.

Als *zweites methodisches Prinzip* benennt Foucault das der *Häufung*. Es ersetzt die Vorstellung von einer logisch ableitbaren Folgerichtigkeit der Aussagen innerhalb eines Diskurses. Foucault interessiert sich für die empirische Formation der Begriffe, also dafür, in welcher tatsächlichen Anordnung, Anhäufung und in welchem Zusammenhang Begriffe (miteinander) auftreten. Die Begriffe der Diskurse zählen somit nicht in ihrer Wohldefiniertheit, ihrer Widerspruchsfreiheit oder Präzision; entscheidend ist vielmehr, wie sie in den öffentlichen und wissenschaftlichen Auseinandersetzungen tatsächlich aufeinanderfolgen, wie sie nebeneinander bestehen können und welche Formen des Umgangs mit oder der Einwirkung auf Begriffe in einem Diskurs nicht nur für möglich gehalten werden, sondern in der wirklichen »Formation der Begriffe« (Foucault 1973, S. 83 ff.) tatsächlich vorkommen.

Häufung

Von ebenso großer Bedeutung ist das *dritte methodische Prinzip* der *Seltenheit*. Die Seltenheit verweist darauf, dass in Diskursen potenziell immer viel mehr gesagt werden kann, als tatsächlich gesagt wurde (gesagt wird). Seltenheit »beruht auf dem Prinzip, das nie alles gesagt worden ist« (Foucault 1973, S. 173). Daher sollen Aussagen untersucht werden »an der Grenze, die sie von dem Nicht-Gesagten trennt, in der Instanz, die sie beim Ausschluss all der anderen auftauchen lässt« (ebd.). Über die Trennung zwischen Gesagtem und Nicht-Gesagtem lässt sich die »Formation der Strategien« des Diskurses erschließen. Diese Strategien sind »regu-

Seltenheit

lierte Weisen (und auch als solche beschreibbar), Diskursmöglichkeiten anzuwenden« (ebd., S. 102). Daher wäre es auch analytisch unangemessen, die Selektivität der Menge tatsächlicher Aussagen innerhalb eines Diskurses schlicht auf eine Wahlhandlung zurückzuführen (vgl. ebd., S. 101 f.), auch sei sie nicht »Ausdruck einer Weltsicht« oder die »heuchlerische Übersetzung eines Interesses« (Foucault 1973, S. 102).

Die Geburt der Klinik als diskursives Ereignis

Michel Foucault hat die Diskursanalyse vor allem an der Entstehung neuzeitlicher Wissenschaftsgebiete entwickelt. So hat er in der Studie zur »Geburt der Klinik« gezeigt, dass die Medizin nicht nur als ein bestimmtes Wissensgebiet mit einer spezifischen Begrifflichkeit entstanden ist, sondern dass die Durchsetzung der Medizin mit der Etablierung bestimmter Praktiken (z. B. Hygiene, Sezieren von Leichen), bestimmter sozial-räumlicher Anordnungen (Architektur der Spitäler), Untersuchungsmethoden sowie der Ausbildung einer praktischen Haltung (z. B. dem »ärztlichen Blick«) einhergeht. Der medizinische Diskurs ist also mehr als nur eine Anhäufung von Wissen.

Historisches Apriori · Die innerhalb einer Diskursformation tatsächlich auftauchende Menge an Aussagen darf nicht als Resultat einer »idealen Taxonomie« aufgefasst werden. Es handelt sich eher um die faktische Taxonomie eines »historischen Aprioris«. Damit spricht Foucault etwas Ähnliches an, wie wir be-

Tab. 10	**Ideale und realhistorische Diskurse**	
Diskursebene	**Idealer Diskurs**	**Realhistorischer Diskurs**
Gegenstände	Wörter getrennt von Sachen	unauflöslicher Zusammenhang von Sprache und Dingwelt
Äußerungsmodalitäten	reine Erkenntnis, psychologisches Subjekt	Positionen des Sprechens oder der Artikulation unabhängig davon, wer spricht
Strategien	theoretisch bzw. kognitiv begründete Auswahl	durch Vormachtstellung sich durchsetzende Optionen aus einem Raum von möglichen Strategien
Begrifflichkeiten	ideale Ordnungsprinzipien wie Widerspruchsfreiheit, Präzision, Klarheit	tatsächliche Anordnung, die ggf. auch widersprüchlich, ungenau und unklar ist

reits an den Klassifikationsmustern gesehen haben, die Emile Durkheim, Robert Hertz oder Edward E. Evans-Pritchard in einfachen Stammesgesellschaften untersucht haben (→ Kap. 3.5.1). Taxonomien, wissenschaftliche und andere Klassifikationssysteme, sollen nicht nur im Hinblick auf die logischen Muster untersucht werden, anhand derer sie die Dinge und Erscheinungen der Welt anordnen; jenseits der logischen Folgerichtigkeit von Systematisierungen interessieren mehr noch die konkreten Anordnungen von Begriffen und Dingen, die sich in einem Diskurs tatsächlich durchgesetzt haben. »Ebenso wie man die Formation der Gegenstände weder auf die Wörter noch auf die Sachen, die der Äußerungen weder auf die reine Form der Erkenntnis noch auf das psychologische Subjekt, die der Begriffe weder auf die Struktur der Idealität noch auf die Abfolge der Ideen beziehen durfte, darf man die Formation der theoretischen Auswahl [der Strategien; M.C.] nicht auf ein fundamentales Vorhaben, noch auf das sekundäre Spiel der Meinungen beziehen.« (Foucault 1973, S. 103)

Foucault möchte also Diskurse nicht als ideale, sondern als reale Ausprägungen kultureller Praktiken verstehen und beschreiben. Untersuchungsmethodisch hat er deshalb Umstellungen in der Diskursanalyse von kulturellen Praktiken vorgeschlagen, die in Tabelle 10 nochmals festgehalten sind.

Wenn man also die historische Entstehung des Diskurses der Soziologie untersuchen wollte, dürften die Wörter und Aussagesysteme der Soziologie nicht als analytisch trennbar vom Gegenstandsbereich der Gesellschaft oder sozialen Sachverhalte angesehen werden. Vielmehr gilt: Als realer Diskurs konstituieren die Wörter die Gegenstände immer zugleich mit. Die Gesellschaft ändert sich bspw. schon dadurch, dass sie als Handlungen von Individuen oder als verselbständigtes Operieren von Systemmechanismen beschrieben wird. Auch die materiellen Möglichkeiten (Meßmethoden, Beobachtungstechniken), die soziologische Wissenschaftler zu einem historischen Zeitpunkt nutzen können, verändern das, was sie als Gegenstand der Gesellschaft zu fassen vermögen. *Gegenstandsbereich*

In Bezug auf die Äußerungsmodalitäten geht es dann weniger um die Soziologen als psychologisches Subjekt, also nicht um die Innenwelt oder die Denkweise konkreter Persönlichkeiten wie Max Weber, Emile Durkheim usf., sondern um die Positionen, aus denen heraus sie sprachen, etwa, dass Max Weber von Geschichtswissenschaften, Jurisprudenz und Nationalökonomie beeinflusst war und Emile Durkheim stärker von der Pädagogik, der Völkerkunde und der Philosophie aus bestimmt wurde. Man würde also unabhängig von der individuellen Person danach fragen: Aus welcher sozialen Schicht stammen die Autoren, die die Soziologie begründeten, welchen fachlichen Hintergrund *Äußerungsmodalitäten* brachten sie mit, welche familiären oder öffentlichen Positionierungen hatten Einfluss auf ihr Schaffen.

Strategien   Genau deshalb darf man die von ihnen gewählten Strategien der Etablierung der Soziologie als Fach nicht nur als Ausdruck eines bewusst gewählten methodischen und/oder theoretischen Verfahrens begreifen, sondern als Vorgehensweisen, die sich gegen die vorherrschenden wissenschaftlichen Regeln durchsetzen konnten. Weber bspw. hat sich also nicht so ausgiebig mit dem Verstehensproblem auseinandergesetzt, weil nur Verstehen als soziologische Methode begründbar gewesen wäre, sondern weil er an eine in Deutschland bereits diskursiv etablierte Tradition der Hermeneutik als Verfahren des Verstehens anknüpfen konnte und auch musste.

Begriffe   Dementsprechend sind die in einem soziologischen Theoriesystem gewählten Begriffe nicht nur Ausdruck einer so und nicht anders möglichen Ableitung von grundbegrifflichen Entscheidungen, sondern auch Effekte der zu einem geschichtlichen Zeitpunkt vorherrschenden Schlagwörter. Wenn heute in Trenddiagnosen bspw. Begriffe wie »Beschleunigung«, »Erlebnisgesellschaft« oder »Globalisierung« zentral werden, dann nicht nur wegen ihrer logischen einwandfreien Begründbarkeit, sondern auch weil sie dominanten Wahrnehmungen und Alltagsverwendungen von Begriffen entsprechen.

Zwischenergebnis

Historische Vormacht diskursiver Praktiken

Mit Michel Foucault haben wir gesehen, dass das Auftreten kultureller Phänomene – von Foucault als »Aussagen« bestimmt – abhängig ist von der historischen Vormachtstellung diskursiver Praxisformen. Der historisch vorherrschende Diskurskontext bestimmt die Möglichkeit des Auftretens und des Sich-Durchsetzens kultureller (symbolischer) Beiträge.

3.5.4   Kultur vs. Natur als primitives Klassifikationssystem der vermeintlichen Moderne

An die Diskursanalyse Foucaults knüpft in gewisser Weise der gegenwärtig stark diskutierte französische Sozialtheoretiker Bruno Latour an, wenn er für ein »Parlament der Dinge« plädiert, in dem die Unterscheidung und die Verbindung von Natur und Kultur anders zu denken ist. Das Denken in Kultur und Natur beruht – so argumentiert er – auf einem politisch überholten »Zweikammersystem«, das Natur und Kultur je eigene Sphären zuweist.

Zunächst beschäftigt sich Latour mit diskursiven Unschärfen des Naturbegriffs, der in drei Bedeutungsvarianten verwendet wird. Aus diesen drei Varianten ergibt sich die Möglichkeit von »Neuverteilungen« (der Rollen von Natur und Kultur).

Der erste Ansatzpunkt der Unterscheidung von Natur und Kultur besteht in der Zurechnung von Subjektivität und Objektivität. Natur gilt uns im traditionell modernen Verständnis als objektiv gegebene Substanz, als das, was schon vorkommt, auch ohne den Menschen. Mit der Kultur verbinden wir demgegenüber die subjektive, geschaffene und mit Sinn verbundene Welt. Das Reich der Natur ist von Notwendigkeit »durchherrscht« (Latour, 2001, S. 103), die Kultur mit ihrer Konstitution durch menschliche Subjektivität bildet dazu den Gegenpol.

Subjektiv/objektiv

In einem zweiten Schritt werden eine nichtsoziale und eine soziale Natur voneinander abgegrenzt. Die nichtsoziale Natur ist die Welt in einem von Menschen völlig unberührten Zustand. Eine solche Welt kennen wir allerdings nicht, denn die Natur wird von Menschen und den sozialen Entwicklungen beeinflusst. Wir kennen Natur nur als »soziale Natur«, als eine von Gesellschaft und Kultur überformte Welt. Nach Latour tritt mit der zweiten Unterscheidung eine Komplikation ein. Durch die Sozialisierung und Kulturalisierung der Natur verliert sich die Eindeutigkeit der Unterscheidung von Natur und Kultur. Natur besteht aus nichtsozialer und aus sozialer Natur.

Nichtsoziale/ soziale Natur

Drittens kann sogar diese Unterscheidung von sozialer und nichtsozialer Natur auf zweierlei Weise verstanden werden. Die Entstehung dieser Unterscheidung kann auf die »Ordnung der Natur« oder auf die »Gesellschaftsordnung« zurückgeführt werden. Innerhalb unserer modernen Auffassung neigen wir dazu, die Unterscheidung einer sozialen und nichtsozialen Natur als gesellschaftliche Konstruktion oder Konvention anzusehen. Aber auch das wird nach Latour unklar. Denn in der Unterscheidung nichtsozialer und sozialer Natur ist die Gesellschaftsordnung, in der die Unterscheidung getroffen wurde, in die »nichtsoziale« Natur eingebettet oder zumindest von ihr umgeben. Von welchen Gesetzmäßigkeiten wird also die Unterscheidung von sozialer und nichtsozialer Natur hervorgebracht: von den Naturgesetzen oder von den sozialen Gesetzen?

Gesellschaftsordnung – Ordnung der Natur

Hintergrund

Warum ist die Reflexion der Natur-Kultur-Unterscheidung wichtig?

Latour analysiert die Natur-Kultur-Unterscheidung als eine Form der primitiven Klassifikation, ähnlich dem magischen Denken in einfachen Stammesgesellschaften (→ Kap. 3.5.1). Wenn dies zutreffend ist, dann sind

»wir niemals modern gewesen«. Das Denken im Dualismus von Kultur und Natur führt in wichtigen Fragen in die Irre. In einem Aufsatz diskutiert Latour (1998) dies am Beispiel des Schusswaffengesetzes. Soll man den privaten Besitz von Schusswaffen verbieten oder nicht? Wenn wir davon ausgehen, dass der Besitz von Schusswaffen Tötungsdelikte bei Menschen steigert, dann ist ein solches Verbot sinnvoll. Wie in einem Naturgesetz determiniert der Besitz von Schusswaffen als Ursache unser Verhalten als Wirkung. Wenn privater Schusswaffenbesitz erlaubt ist, dann steigt die Wahrscheinlichkeit von Tötungsdelikten. Dagegen lässt sich handlungstheoretisch argumentieren. Letztlich besitzen doch viele Menschen Schusswaffen (z. B. zur Ausübung von Schießsport), ohne dass sie gleich morden. Der Umgang mit einer gefährlichen Waffe liegt doch beim Menschen selbst. Die Waffe selbst hat keinen Willen und ihr kann auch keine Verantwortung zugerechnet werden.

Latour hält diese Art von Auseinandersetzungen für verfehlt. Durch die Natur-Kultur-Unterscheidung entsteht in unserem Denken eine unsinnige Entgegensetzung. Das eigentlich Interessante ist, dass im Beispiel des Schusswaffenbesitzes menschliche Wesen (hier der Waffenbesitzer) und nichtmenschliche Wesen (Schusswaffe) eine hybride Assoziation eingehen. Beide lassen sich auch als Aktanten auffassen, die in einem Verhältnis (Relation) der Vernetztheit stehen.

Erst die aus dieser Relation hervorgehende Dynamik erklärt die Veränderung, die von einem privaten Schusswaffenbesitz ausgeht. Es ist weder die Waffe selbst, die ein Verhalten des Waffenbesitzers determiniert, noch die Willensstärke des Waffenbesitzers allein, die sein Handeln leitet, sondern die Handlungsergebnisse sind Resultat einer Kreuzung mehrerer Relationen in einem Netzwerk zwischen Aktanten. So kommt neben dem Schusswaffenbesitz vielleicht die intensive Beschäftigung mit »Ballerspielen« am PC in der Freizeit hinzu und eine isolierte Lebensweise ohne Freunde – erst ein bestimmter Komplex solcher Aktanten-Netzwerk-Relationen erklärt etwa das Ereignis eines Amoklaufs.

Kollektive   Latour sieht einen Ausweg darin, die Elemente der sozialen und nichtsozialen Natur als Kollektiv aufzufassen und plädiert dafür, nach politischen Strategien zu suchen, dieses Kollektiv »einzuberufen«. Dem scheinen zunächst die drei oben genannten Unterscheidungen entgegenzustehen. Wenn der »nichtsozialen Natur« Subjektivität abgesprochen wird, dann kann sie nicht als Teil eines Kollektivs gelten – so zumindest die gängige Auffassung. Ein Kollektiv der sozialen und nichtsozialen Elemente der Natur zu versammeln, wäre damit von einer

Asymmetrie bedroht. Soziale Wesen, Kultur, vielleicht auch soziale Natur könnten für sich sprechen – die nichtsoziale Natur müsste von Sprecher vertreten werden, die eben der »anderen Seite« dem Sozialen, Subjektiven oder Kulturellen angehören.

Latour versucht diesen traditionellen Einwand zu entkräften, indem er auch im Fall des Sozialen, Subjektiven oder Kulturellen daran zweifelt, dass Sprecher (nur) für sich sprechen, d. h. sich selbst (voll und ganz) zu vertreten vermögen. Um für sich zu sprechen, bedürften sie spezifischer Bedingungen, die jedoch aus der Wechselwirkung von sozialen und nichtsozialen, subjektiven und nichtsubjektiven, kulturellen und nichtkulturellen Elementen erst entstehen. Die Idee des Sprechers, der sich selbst vertritt, folgte somit einer bezweifelbaren Vorstellung von der Unabhängigkeit des Sprechers.

Unterstützt durch die Artikulation dieses Zweifels unternimmt Latour einen zweiten argumentativen Schritt – er generalisiert die Vorstellung von »Wesen«, die in Versammlungen assoziiert werden können. Er hält eine Assoziation von »menschlichen und nichtmenschlichen Wesen« für denkbar – ohne dabei die Unterschiede der beiden »Wesen« nivellieren zu wollen, die in der traditionellen Auffassung überbetont wären. Menschliche Wesen handeln auf der Grundlage von Freiheit und Willen. Nichtmenschlichen Wesen lässt sich dies nicht unterstellen. Aber auch der freie Willen der menschlichen Wesen könne bezweifelt werden. Ist das menschliche Handeln tatsächlich unabhängig oder lässt sich nicht vielmehr davon sprechen, dass z. B. in einem Laboratorium eine Assoziation von menschlichen und nichtmenschlichen Wesen (z. B. Wissenschaftler und Apparatur) handelt. »Anstatt dass Ihnen also ein Subjekt oder Objekt an den Kopf geworfen wird, auf das Sie reagieren müssen, werden Ihnen in ziviler Weise Assoziationen von Menschen und nichtmenschlichen Wesen im Zustand der Ungewissheit präsentiert.« (Latour 2001, S. 108)

Nun folgt ein dritter Schritt: Was macht die Wirklichkeit von Akteuren aus? Ist die Wirklichkeit durch die Gesetze der Kausalität (Natur) oder durch die von Akteuren geschaffenen Kreationen (Kultur) belegt? Latour bestimmt Wirklichkeit demgegenüber durch »Widerständigkeit«: »Einfacher ausgedrückt: Menschliche und nichtmenschliche Akteure erscheinen zunächst als Störenfriede. Ihr Handeln lässt sich vor allem durch den Begriff der Widerspenstigkeit definieren. Wer glaubt, die nichtmenschlichen Wesen definierten sich vor allem durch das strenge Befolgen der Gesetze der Kausalität, hat nie dem langsamen Aufbau eines Experiments im Labor beigewohnt. Wer umgekehrt glaubt, dass die Menschen sich von vornherein durch die Freiheit definieren, hat die Leichtigkeit übersehen, mit der sie schweigen und gehorchen, oder das

Versammlungen

Widerständigkeit

heimliche Einverständnis, mit dem sie die Rolle des Objekts übernehmen, auf die man sie so oft reduzieren will.« (Latour 2001, S. 125)

Zwischenergebnis

Was wäre, wenn wir niemals modern gewesen wären?

Latour fasst das Verhältnis von Kultur und Natur, von Mensch und Ding
politisch auf. Er experimentiert mit dem Gedanken, dass wir »niemals
modern gewesen« sind. Über die Unterscheidung willentlich/unwillent-
lich wird in der modernen Weltauffassung ein Dualismus von Natur
und Kultur betont. Bruno Latour kritisiert an der polaren Entgegensetzung von Natur und Kultur, dass sie auf ein »Zweikammersystem«, auf
ein »primitives Klassifikationsschema« der Moderne hinausläuft. Der aus
diesem Dualismus entstandene Zwang, die Verursachung von Ereignissen und Entwicklungen einer der beiden Seiten (Natur oder Kultur) zurechnen zu müssen, macht blind für die komplexen Vermittlungen, die
zwischen Natur, Kultur und Technik bestehen. Diese Vermittlungen lassen sich an der Vernetzung von Hybridwesen, zu denen menschliche
und nichtmenschliche Wesen gleichermaßen gehören, aufzeigen.

Lernkontrollfragen

1. Recherchieren Sie im Internet oder in der Presse nach Artikeln über
   Ballsportler, die als Linkshänder (z. B. Tischtennis) oder Linksfüßler
   (Fußball) gelten und versuchen Sie dabei mögliche Klassifikationsmuster der Berichterstatter zu entdecken!
2. Recherchieren Sie die Bedeutungsgeschichte des Wortes »Rave« und
   reflektieren Sie die Praxis des Raves anhand Durkheims Religions-
   soziologie!
3. Erläutern Sie die Vorstellung des »Fraglos Gegebenen«!
4. Seit etwa 2001 wird in Deutschland sehr vehement über die Ergebnisse der PISA-Studien (internationale Vergleichstests von Schüler-
   leistungen) diskutiert. Wie ließe sich dies mit Foucaults Diskursthe-
   orie analysieren?
5. Inwiefern beruht die Moderne nach Bruno Latour auf einem primitiven Klassifikationsschema?

Literatur

Dreyfus, Hubert L./Rabinow, Paul (1982): Jenseits von Phänomenologie und Strukturalismus, Frankfurt a.M.

Durkheim, Emile (1984): Die elementaren Formen des religiösen Lebens, Frankfurt a.M. (franz. Original 1912)

Foucault, Michel (1973): Archäologie des Wissens, Frankfurt a.M.

Foucault, Michel (1977): Ordnung des Diskurses, Frankfurt a.M.

Hertz, Robert (1909): La Prééminence de la main droite. Étude sur la polarité religieuse, in: Revue philosophique 68, S. 553–580.

Kauppert, Michael (2008): Claude Levi-Strauss, Konstanz

Latour, Bruno (1998): Über technische Vermittlung. In: Rammert, Werner (Hg.) Technik und Sozialtheorie. Frankfurt/M., S. 29–82.

Latour, Bruno (2001): Das Parlament der Dinge, Frankfurt a.M.

Levi-Strauss, Claude (2008): Mythologica, 4 Bde., Frankfurt a.M. (franz. Original 1965).

Makarius, R./Makarius, L. (1973): Structuralisme ou ethnologie, Paris.

Mauss, Marcel (1990): Die Gabe, Frankfurt a.M. (franz. Original 1925).

Moebius, Stephan (2009): Kultur, Bielefeld.

Needham, Rodney (1960): The Left Hand of the Mugwe: An Analytical Note on the Structure of Meru Symbolism, in: Africa 30, S. 20–33

Needham, Rodney (1967): Right and Left in Nyoro Symbolic Classification, in: Africa 37, S. 425–452

Schütz, Alfred (2004): Common Sense und die wissenschaftliche Interpretation des menschlichen Handelns, in Jörg Strübing/Bernt Schnettler (Hrsg.): Methodologie interpretativer Sozialforschung, Konstanz, S. 157–197 (englisches Original 1953)

Schütz, Alfred/Luckmann, Thomas (1984): Strukturen der Lebenswelt, 2 Bde., Frankfurt a.M.

Begriffspaare | 4

Inhalt

In diesem Kapitel beschäftigen wir uns mit einer Argumentationsform, die man in der Soziologie häufig vorfindet: Die Erörterung von Bezugsproblemen anhand von Begriffspaaren, die in Form von Oppositionen auftreten. Wir betrachten die Gegensatzpaare: Realität vs. Konstruktion (4.1), Gemeinschaft vs. Gesellschaft (4.2) Kapital vs. Arbeit (4.3) und Struktur vs. Prozess (4.4).

Wir haben bereits binäre Schematisierungen als Formen der Klassifikation kennengelernt, bei denen allerdings jeweils eine Seite der Begriffsgegensätze als vorherrschend ausgewiesen wird: rechts vs. links, sakral vs. profan, aktiv vs. passiv usf. (→ Kap. 3.5.1) In diesem Kapitel geht es dagegen um Gegensatzpaare, bei denen nicht von vorneherein offensichtlich ist, welche Seite der Unterscheidung vorzuziehen ist. Es handelt sich um Dualismen mit gleichwertigen Polen. Sie stellen Rätsel dar, genauer rätselhafte Gegensätze. Daher werden in der Darstellung Positionen zu Wort kommen, die sich als gegensätzlich erweisen, und es werden Positionen auftreten, bei denen es grundsätzlicher um die Frage nach der Angemessenheit bzw. Unangemessenheit einer Unterscheidung bzw. des begrifflichen Gegensatzes geht.

Mit allen hier behandelten Begriffspaaren sind wieder Bezugsprobleme und Grundfragen der Soziologie verbunden. Das Problem des Zugangs zur Wirklichkeit oder wie Wirklichkeit überhaupt zu fassen ist; das Problem der Integration; das Problem des Konflikts (und die Frage nach gesellschaftlichen Krisen) und das Problem der Zeit bzw. der Geschichtlichkeit der Gesellschaft.

4.1 | Realität vs. Konstruktion: Weltbezug als Bezugsproblem

Übersicht

In diesem Unterkapitel steht die Grundfrage, ob letztlich jedwede Wirklichkeit sozial konstruiert ist oder ob es neben den sozialen Wirklichkeiten noch eine »Welt da draußen« im Sinne einer externen Realität gibt, zur Debatte. Sie wird in drei Schritten erörtert. Begonnen wird mit einer Zusammenstellung von sechs Auffassungen, die John Searle in seinem Buch The Construction of Social Reality als typisch für die moderne Weltsicht auflistet (4.1.1). Der damit verbundenen Frage nach der externen Realität und der Gesellschafts- bzw. Kulturabhängigkeit von Erkenntnis wird anhand einer dreifachen Unterscheidung von Berger und Luckmann nachgegangen: der zwischen Welt, Wirklichkeiten und Alltagswirklichkeit (4.1.2). Mit dem Gegensatz von Realität und Konstruktion wird das Bezugsproblems des Zugangs zur Wirklichkeit behandelt. Hier spielt die Frage nach den Möglichkeiten einer Soziologie als empirischer Wissenschaft sowie die Art und Weise, wie sie als solche zu konstruieren wäre, eine wichtige Rolle (4.1.3).

Gesellschaftliche Konstruktion der Wirklichkeit

In der Soziologie und Sozialphilosophie finden wir mindestens zwei Bücher, die die Frage nach der Realität oder Konstruktion der Welt oder spezieller der gesellschaftlichen Welt im Titel annoncieren: das 1966 erschienene Buch »Die gesellschaftliche Konstruktion der Wirklichkeit« von Peter L. Berger und Thomas Luckmann und das 1995 von John R. Searle verfasste Werk »Die Konstruktion der gesellschaftlichen Wirklichkeit«. Die Titel der beiden Bücher sind auch insofern aufschlussreich, als sie eine Differenz enthalten, auf die bereits Helmuth Plessner in seinem Vorwort zur deutschen Ausgabe des Buches von Berger und Luckmann hingewiesen hat: »›Die gesellschaftliche Konstruktion der Wirklichkeit‹ nennen die beiden Autoren das vorliegende Buch, nicht etwa ›Die Konstruktion der gesellschaftlichen Wirklichkeit‹, was durchaus nicht auf das gleiche hinausliefe, da in solcher Fassung die soziale Welt als gegeben vorausgesetzt wäre und man es mit einem der vielen Versuche ihrer theoretischen Bewältigung zu tun hätte. So möchte das Buch nicht verstanden werden. Sein Thema ist die Wirklichkeit schlechthin, und es nähert sich ihr mit einem Ordnungsprinzip gesellschaftlicher Natur, dem die Überzeugung zugrunde liegt, dass die Kriterien jeder Art von Wirklichkeit sozialen Charakter haben.« (Plessner, in: Berger Luckmann 1969, S. IX).

Eine steile These – besagt sie doch, dass jedweder Wirklichkeitsbezug, dass jedwede Wirklichkeit letztlich sozial konstruiert ist. Demgegenüber halten jedoch eine Reihe von Philosophen, Erkenntnistheoretikern, Wissenschaftslogikern und nicht zuletzt auch Soziologen allenfalls einige der uns bekannten Wirklichkeiten für sozial konstruiert. So fragt der kanadische Sozialphilosoph Ian Hacking (1996) nach der »social construction of what?«

Die Voraussetzung der Welt als Wirklichkeit

4.1.1

Die Frage nach dem Verhältnis von Realität und Konstruktion, danach, ob jedwede Wirklichkeit letztlich immer gesellschaftlich konstruiert ist oder ob es von den Konstruktionen der Menschen unabhängige Wirklichkeiten als *brute facts* gibt, ist von so grundsätzlicher Art, dass unklar ist, wie und wo bei dieser Frage angesetzt werden kann. Searle löst dieses Problem, indem er nach den Merkmalen der modernen Weltsicht fragt.

Hintergrund

Brute Facts – unser modernes Bild von den »nackten Tatsachen«

In der neuzeitlichen Philosophie entsteht ab dem 16. Jahrhundert ein Standpunkt, der sich als empirisch oder empiristisch bezeichnet. Gemeint ist damit eine Weltauffassung, die von den Tatsachen ausgehen soll. Aussagen, Annahmen über die Welt sollen an Tatsachen geprüft werden. Aus dem Englischen ist dabei der Begriff »brute fact« geläufig, übersetzt die »rohe« Tatsache, im Deutschen wird in einem ähnlichen Bild auch von den »nackten« Tatsachen gesprochen. Die Bilder im Englischen und im Deutschen suggerieren die Existenz zweier Arten von Tatsachen, solche in einem unbearbeiteten (rohen) oder unbekleideten (nackten) Zustand gegenüber anderen Tatsachen, die irgendwie ver- oder bearbeitet sind. Damit einher geht eine Vorstellung, nach der die Welt in einer Weise existiert, die von unseren Wahrnehmungen noch unbearbeitet, noch unverzerrt oder unverkleidet ist.

Sechs Merkmale der modernen Weltauffassung

4.1.1.1

Welche Auffassungen in Bezug auf allgemeine Eigenschaften der Welt sind wir – die Bewohner der modernen Welt – geneigt zu teilen? Searle (1995, S. 150 f.) beschreibt die moderne Weltauffassung in Form von sechs Thesen:

Sechs Grundannahmen

1. Die Welt besteht unabhängig von uns bzw. unseren Vorstellungen von der Welt.

2. Menschliche Wesen haben Zugang zur Welt und sind imstande die Eigenschaften der Welt durch Vorstellungen oder Aussagen zu repräsentieren (im Sinne von wiedergeben bzw. abbilden).

3. Einige Vorstellungen der Menschen über die Welt beziehen sich darauf, *wie* die Dinge in der Welt sind. Sie treffen Aussagen über die Welt und ihre Eigenschaften. Daher können sie wahr oder falsch sein, je nachdem, ob die Aussagen mit den (beobachteten) Eigenschaften der Welt übereinstimmen oder nicht. (An diese Vorstellung knüpft die Korrespondenztheorie der Wahrheit (s. w. u.) an.)

4. Die Vorstellungsmuster, mit denen sich die Akteure auf die Welt beziehen, sind menschliche Erzeugnisse und deshalb zu einem bestimmten Grad arbiträr (willkürlich und deutungsabhängig), d. h. von den Menschen gesetzt.

5. Daher sind die menschlichen Bemühungen um »wahre« Vorstellungen bzw. Aussagen zu einem bestimmten Grad von kulturellen, ökonomischen, politischen oder psychischen Bedingungen und Faktoren beeinflusst. (Daraus ergibt sich für Searle die Problematik bzw. Skepsis gegenüber »vollständiger epistemischer Objektivität«, da jede Untersuchung, jedes Wissen von einem bestimmten kulturellen, ökonomischen, politischen, psychischen oder nicht zuletzt gesellschaftlichen Standpunkt aus erfolgt.)

6. Wissen ist objektiv im epistemischen Sinn. (Dies ergänzt Searle trotz These 5.)

Hintergrund

Epistemisch objektiv?

Mit Epistemologie bezeichnen Philosophen die Lehre von der Erkenntnis. Epistemisch lässt sich also wörtlich als »erkenntnismäßig«, »erkenntnisbezogen«, »erkenntnisbedingt« übersetzen, je nachdem welcher Aspekt des Erkennens damit hervorgehoben werden soll. Ungewöhnlich erscheint uns sofort die Kombination eines Begriffs, der etwas auf Erkenntnis Bezogenes bezeichnen soll, mit dem Wort objektiv, das äußerlich oder standpunktunabhängig bedeutet. Denn das Gewinnen oder Haben von Erkenntnissen schreiben wir in der Regel einzelnen Menschen, den Subjekten zu. Wie kann es dann Erkenntnis unabhängig von ihnen geben? Searle will mit dem Adjektiv »epistemisch objektiv« wohl ausdrücken, dass bestimmte Erkenntnisse von allen erlangt werden können, also unabhängig vom jeweiligen Standpunkt des erkennenden Subjekts.

So wie Searle die sechs Auffassungen der modernen Weltsicht formuliert, wird schnell deutlich, dass und worin sie widersprüchlich sind. Die Spannung entsteht zwischen der Betonung der »externen Realität« in der ersten These und der Arbitrarität der Erkenntnis, des Wissens über die Welt in der fünften These. Es geht dabei nicht darum, dass wir uns gelegentlich irren, sondern um solche Abweichungen in den Vorstellungen, wie die Welt ist, die systematisch von unseren kulturellen, historischen oder sozialen Standpunkt abhängen. Als Vertreter der Religion in der frühen Neuzeit glaube ich noch an die Erde als Scheibe, als Sternenkundler schon nicht mehr. Das meint die Frage nach der epistemischen Objektivität des Wissens. Wird die Wirklichkeit da draußen unabhängig und unbeeinflusst vom Erkenntnisstandpunkt erkannt? Über was in der Welt – z. B. Schnee auf dem Mount Everest – lässt sich unabhängig vom Erkenntnisstandpunkt des Betrachters behaupten, dass es existiert?

Die These 6 vom epistemisch objektiven Wissen setzt nicht nur voraus, dass es eine Welt da draußen gibt (externer Realismus), sondern dass zudem das menschliche Erkennen der Welt so geartet ist, dass die Entscheidung über wahre oder falsche Aussagen von der Welt (Vorstellungen über die Welt) objektiv – d. h. unabhängig vom Standpunkt eines Beobachters – möglich ist. Dem widerspricht aber These 5, die besagt, dass alle menschliche Erkenntnis bis zu einem gewissen Grad von Einflüssen abhängig bleibt, die durch die kulturellen, politischen, ökonomischen, gesellschaftlichen Standorte des Erkennenden bedingt sind.

Deshalb lässt sich auch die Korrespondenztheorie der Wahrheit (also die Auffassung, dass Aussagen dann wahr sind, wenn sie mit der Wirklichkeit übereinstimmen) in Zweifel ziehen. Wenn die Aussagen über die Welt standortabhängig sind, dann ist auch die Entscheidung über eine mögliche Übereinstimmung von Aussagen über die Welt mit den tatsächlichen Sachverhalten in der Welt standortabhängig. Und daher rührt unser Zweifel, vollständige epistemische Objektivität zu erlangen. Aber wenn dem so wäre: Was könnte denn eine unvollständige epistemische Objektivität sein? Lässt sich diese überhaupt denken?

Standpunktunabhängige Repräsentation möglich?

Externer Realismus

Zwischenergebnis

Die Paradoxie der modernen realistischen Weltauffassung

Der moderne Realismus besteht in der Vorstellung, dass die Welt außerhalb und unabhängig von uns existiert. Aber lässt sie sich auch als äußere, von uns unabhängige Welt erkennen? Dazu müssten wir annehmen, dass es Erkenntnisse über die Welt geben kann, so wie sie ist. Wenn aber nun die Erkenntnis der Welt davon abhängig ist, dass jemand Erkenntnisse hat oder erlangt, dann hängen Erkenntnisse von den Bedingungen ab, unter denen ein Mensch (oder Menschen) diese gewinnt. Deshalb kann fraglich werden, (a) ob Erkenntnisbedingungen vorliegen, unter denen sich die Welt so zeigt wie sie (als externe, unabhängige Welt) ist, und (b) ob standpunktunabhängige Erkenntnisse von standpunktabhängigen Wahrnehmungen, Beobachtungen usf. unterschieden werden können.

Die moderne Weltauffassung mündet in der widersprüchlichen Behauptung, dass die Welt als eine Welt an sich existiert und zugleich als Welt, die den Akteuren letztlich unzugänglich ist, da für die erkennenden Subjekte die Welt immer nur die Welt für sie sein kann.

Soziologische Relevanz des Wirklichkeitsproblems

Bevor wir uns diesen Fragen widmen, wollen wir nochmals einen Schritt zurückgehen. Warum ist das Erkenntnisproblem auch für die Soziologie wichtig? Zunächst einmal kann darauf geantwortet werden, dass es sich um die grundsätzliche Frage nach der Möglichkeit wissenschaftlicher Erkenntnis handelt. Und damit ist es selbstverständlich auch bedeutsam für die soziologische Wissenschaft. Und weil das Erkenntnisproblem auch mit der gesellschaftlichen Standortabhängigkeit des Wissens zusammenhängt, dürfte es für die Soziologie eine zusätzliche Relevanz besitzen.

4.1.1.2 | »Ontologie« und »Epistemologie«

Doch zunächst widmen wir uns noch einmal genauer dem Unterschied von ontologischen und epistemologischen Fragen. Von Ontologie haben wir bereits im zweiten Kapitel (→ Kap. 2.4) gehört. Dort wurde Ontologie im Anschluss an Karl Mannheim als die Frage nach der »Gegebenheitsweise« von etwas bestimmt. Wörtlich heißt Ontologie »Lehre vom Sein«. Es geht also darum zu bestimmen, wie die Dinge, die Sachverhalte der Welt sind, welche Eigenschaften sie besitzen. Epistemologische Fragen richten sich demgegenüber auf die Problematik, wie etwas erkannt werden kann, wie Menschen zu Erkenntnissen über die Welt gelangen. Worin besteht nun die Vermischung ontologischer und epistemologischer Vorstellungen innerhalb einer Weltauffassung, z. B. der modernen?

Ein Beispiel

Existieren verlorene Schlüssel noch?

Worin besteht die Vermischung zwischen ontologischen und epistemologischen Fragen? Nehmen wir den Fall, dass Jan seinen Haustürschlüssel verloren hat. Er findet den Schlüssel nicht wieder. Nun würden wir in ontologischer Hinsicht nicht vermuten, dass sich der Schlüssel »in Luft aufgelöst« hat. Unser ontologisches Wissen über die Eigenschaften von Schlüsseln sagt uns, dass sie aus Metall bestehen. Daher folgern wir, dass Schlüssel sich nur in sehr seltenen Fällen vollständig auflösen. Vielleicht ist er in ein Loch gefallen. Auch das wäre eine ontologische Annahme. Sie würde sich auf den Sachverhalt der räumlichen Position beziehen, an der sich der Schlüssel befindet. Jan hat ihn vielleicht einfach verlegt. Eines Tages findet er ihn in einer Manteltasche wieder. Wir gehen in diesem Fall ontologisch davon aus, dass der Schlüssel auch in der Zeit existiert hat, in der Jan (und niemand sonst) den Haustürschlüssel finden konnte. Der Schlüssel ist irgendwo da (existent), auch wenn Jan nicht erkennt wo.

Das Wissen vom Ort des Schlüssels ist eine epistemologische Frage. Es geht darum, ob Jan weiß, wo der Schlüssel ist, und darum, wie er das wissen kann. Ontologisch setzen wir also voraus, dass der Schlüssel unabhängig von konkreten Wahrnehmungen des Schlüssels existiert. Jan verfügt in der Situation aber nicht über die nötigen Erkenntnismittel, um den Schlüssel zu finden.

Die Antwort lautet: In die ontologische These von einer unabhängig von uns existierenden Realität geht eine erkenntnistheoretische Voraussetzung ein. Den Umstand, dass wir etwas Bestimmtes über die Welt nicht wissen, aber entdecken können, weil es in ontologischer Hinsicht gegeben ist, fassen wir als Bestätigung für unsere Annahme einer externen, außerhalb und unabhängig von uns existierenden Realität auf. *Wissensunabhängiges Gegebensein*

Wenden wir uns einem weiteren Fall zu: der Existenz von Elektrizität. *Entdeckungen* Hat die Elektrizität schon existiert, bevor sie von Wissenschaftlern entdeckt wurde? Diese Frage könnten wir mit Ja und mit Nein beantworten. Wie das? Nun, wir könnten sagen, dass Elektrizität in bestimmter Form unabhängig von der Entdeckung von Menschen existiert – etwa, wenn wir an Blitze denken. Wir könnten aber auch behaupten, dass Elektrizität in anderen Formen – z. B. im Fall von funktionierenden Glühbirnen – davon abhängig ist, dass Menschen sie erkannt haben. Und hier könnte man noch hinzufügen: Zwar muss nicht jeder Schlüssel ständig von irgendjemandem gesehen werden, damit er existiert, aber er muss wenigstens von Menschen »erfunden« worden sein, ähnlich wie die Glühbirne. Aber von einem Apfel würden wir vermuten, dass er gefunden wurde, weil er schon unabhängig vom Menschen existierte.

Hier könnte nun ein erster Disput entstehen. Es ließe sich behaupten, dass auch im Fall der Glühbirne Elektrizität unabhängig von Menschen existiert. Die Glühbirne, der Strom aus der Steckdose, wird vom Menschen lediglich deshalb produziert, weil er die unabhängig von ihm existierenden Gesetzmäßigkeiten der Elektrizität durchschaut hat. Jetzt haben wir es mit einem anderen Fall zu tun. Wir sagen nicht mehr einfach, dass ein Ding – wie der Schlüssel oder der Apfel – existiert, sondern dass Gesetze existieren. Wir lassen uns dabei von der Vorstellung leiten, dass wir die Wirklichkeit entdecken. So hat das Gesetz der Schwerkraft existiert, bevor Newton es entdeckte – auch wenn wir dies streng genommen weder beweisen noch widerlegen können, da wir nicht in die Zeit vor der Entdeckung der Schwerkraft zurückgehen können, um zu überprüfen, ob diese damals auch schon bestand (→ Kap. 4.4). Aber als Gesetz würde es keinen Sinn ergeben (oder in sich widersprüchlich sein), wenn behauptet würde, dass die Elektrizität erst wirke, seitdem William Gilbert um 1600 erste Thesen zu elektrischen Wirkungen formuliert hat, oder immer nur dann, wenn wir sehen, dass sie gerade wirkt (wie bei einem Blitz).

Gesetze

4.1.1.3 | Soziale Ontologie – soziale Epistemologie

Wie verhält es sich nun bei sozialen Sachverhalten und sozialen Gesetzen? Können diese unabhängig von Menschen existieren? Das ist die Frage nach der sozialen Ontologie. Und unter welchen Umständen und in welcher Weise wird unser Erkennen durch soziale Sachverhalte, Bedingungen und Gesetze beeinflusst oder gar bestimmt? Dies ist die Frage nach der sozialen Epistemologie.

Soziale Ontologie

Beginnen wir mit dem Problem der sozialen Ontologie. Zunächst scheinen auch soziale Sachverhalte unabhängig von uns zu existieren, bspw. die Zuschreibung einer Rolle. Denn auch wenn jemand den Mann in der grünen Uniform nicht als Polizisten (an)erkennen würde, bliebe die Rolle des Polizisten gewahrt. Wie bei der Existenz des Schlüssels hängt auch die Existenz des Polizisten nicht von einer einzelnen Anerkennung bzw. Aberkennung der Rolle ab. Denn mit Durkheim haben wir gesehen, dass soziale Sachverhalte und ihre Gesetzmäßigkeiten überindividuell gelten und somit Ergebnis des Zusammenlebens von Menschen sind.

Dabei lässt sich an eine Unterscheidung anknüpfen, die wir bereits in einer Argumentation von Wolfgang Detel (→ Kap. 3.11) kennengelernt haben, nämlich der zwischen Verhaltensregularitäten und Handlungsregeln. Verhaltensregularitäten können unabhängig von ihrer Anerkennung durch Menschen existieren, aber nicht unabhängig von Menschen, während Handlungsregeln abhängig von ihrer Anerkennung durch Menschen sind. Soziale Sachverhalte und darauf bezogene

»Gesetze« können nur dann vorhanden sein, wenn mindestens zwei Menschen existieren und zwischen ihnen irgendeine Form von Beziehung besteht.

Nach Searle und Detel haben wir es dabei nicht notwendigerweise mit einer epistemologischen Frage zu tun. Um von Gesellschaft reden zu können, müssen wir Menschen und ihre Beziehung lediglich in ontologischer Hinsicht annehmen. Wir müssen nicht voraussetzen, dass die miteinander handelnden Menschen erkannt haben, dass ihr Zusammenhandeln ein »sozialer Sachverhalt«, ein Fall von Gesellschaft ist. Akteure können miteinander handeln, ohne zu wissen, dass sie gesellschaftlichen Regeln oder sozialen Verhaltensregularitäten folgen. In diesem Sinn kann Gesellschaft in Form einer »rohen Tatsache« existieren, so wie Schnee auf dem Dachstein oder Wasser im Wolfgangsee.

Definition

Zwei Arten sozialer Gesetze

Wichtig ist dabei die Unterscheidung von zwei Arten von sozialen Gesetzen (Detel 2006, Searle 1995):
1. die Gesetze, die menschliche Verhaltenregelmäßigkeiten bedingen – etwa im Fall einer Panik – und die von Menschen weder erkannt noch gar willentlich herbeigeführt werden;
2. die Gesetze – z. B. die Grundrechte der europäischen Verfassung –, die Menschen erkennen und als Regelungen willentlich herbeigeführt haben.

Können Soziologen auch soziale Gesetze »entdecken«? Bedeutsam ist die Unterscheidung von zwei Arten von Gesetzen (s. Kasten), die verschiedene Arten von sozialen Sachverhalten voraussetzen. Im Fall der Verhaltensregelmäßigkeiten als **soziales Faktum** – wie der Panik – ist ihre Gegebenheit unabhängig von ihrer »Erkenntnis« durch Menschen. Die Beteiligten an einer Massenhysterie müssen im Augenblick ihres hektischen Durcheinanderrennens nicht erkennen, dass sie gerade Teil einer Massenhysterie sind. Sie befinden sich einfach in einer Panik. Im Fall eines **institutionellen Faktums** – der Befolgung einer ausdrücklich eingeführten Regel (wie den Grundrechten) – ist das Bestehen dieses sozialen Sachverhalts jedoch abhängig von der Erkenntnis durch die Beteiligten. In ontologischer Hinsicht gibt es insofern soziale Sachverhalte, die an epistemische Voraussetzungen gebunden sind, und solche, bei denen dies nicht der Fall ist. Die Betrachtung der ontologischen Besonderheit hat somit Folgen für unser Verständnis von Kausalität. In ontologischer Hin-

Soziale Fakten – institutionelle Fakten

sicht sind Verhaltensregularitäten kausal unabhängig, Regeln dagegen kausal abhängig von epistemischen Bedingungen. Der zweite Fall ist für die Debatte um den sozialen Konstruktivismus von Bedeutung. Nach Searle sind »institutionelle Fakten« abhängig von der Anerkennung innerhalb eines sozialen Kontexts, also von der Anerkennung durch Akteure.

4.1.1.4 | Die Realität sozialer Konstruktionen

Realismus als ontologische Theorie

Searle bestimmt Realismus auf eine andere Weise. Für ihn ist dieser lediglich eine »ontologische Theorie«: »It says that there exists something really totally independent of our representations.« (Searle 1995, S. 155) Der Realismus besteht in der Annahme, »that there is a way things are that is logically independent of all human representations. Realism does not say how things are, but only that there is a way that they are.« (ebd.) Diese Bestimmung des Realismus ist äußerst weitreichend. Aus ihr folgt unter anderem, dass selbst kognitive Sachverhalte wie etwa Vorstellungen unabhängig von ihrer Repräsentation durch Menschen vorhanden sind, nämlich in dem Sinne, dass ein Mensch eine Vorstellung haben kann, ganz unabhängig davon, ob er sich in dem Moment darüber im Klaren (er sich bewusst) ist, dass er gerade eine Vorstellung hat. Insofern ist für Searle der Realismus auch nicht notwendigerweise an materielle Dinge oder an eine materialistische Weltauffassung gebunden. Seine Auffassung ist schlicht die, dass die Wirklichkeit »wirklich« da ist. Wenn Jan einen Gedanken hat, dann ist dies der Fall. Wenn Rouen Amelie beim Kofferpacken hilft, ist dies der Fall – so wie es der Fall ist, dass Sie gerade diesen Satz lesen oder es draußen regnet.

Wirklichkeit sozialer Konstruktionen

Für die Auffassung, die Searle herauszuarbeiten versucht, ist lediglich wichtig, dass all diese Fälle existieren, unabhängig davon, ob jemand erkennt oder sich gerade vorstellt, dass sie existieren. Und in diesem Sinn ist es Searle wichtig zu sagen, dass es soziale Konstruktionen wirklich gibt. Das heißt, wenn wir Papierscheine als Geld anerkennen oder einen Mann zum Richter ernennen, dann handelt es sich einerseits um soziale Konstruktionen – wir stellen diese Fakten dadurch her, dass wir sie als Fakten anerkennen. Aber dieser Anerkennungsprozess findet trotzdem als wirklicher und wirksamer Vorgang in der Welt statt. Denn wir haben uns nicht bloß vorgestellt, dass wir Geld anerkennen (könnten, würden), sondern haben diese Papierscheine tatsächlich als Geld anerkannt, z. B. indem wir sie im Tausch gegen etwas anderes (eine CD, ein soziologisches Buch) eingesetzt haben.

Realismus – Materialismus

In der Moderne ist neben dem Realismus auch der Materialismus eine verbreitete Weltauffassung. Materialismus und Realismus wären prinzipiell miteinander verträgliche Positionen – allerdings setzen sie sich nicht notwendigerweise gegenseitig voraus. Ich kann z. B. der Auffassung sein, dass die Welt nicht ausschließlich aus Materie besteht, dies aber für eine realistische Annahme halten; z. B. wenn ich davon ausgehe, dass Gedanken mehr sind als Hirnströme oder dass Kommunikationen mehr sind als das Aufeinanderfolgen von akustischen Signalen (Schallwellen). In ontologischer Hinsicht würde dann ein realistischer Kommunikationstheoretiker nur behaupten, dass es Kommunikation gibt – unabhängig davon, ob sich zeigt, dass Kommunikation letztlich nur aus Schallwellen besteht.

Umgekehrt kann ich Materialist sein, ohne Realist sein zu müssen. Ein analytischer Materialist könnte z. B. behaupten, dass man nicht wissen könne, ob es wirklich Materie gibt, aber die Annahme, dass alles aus Materie besteht, sei aus analytischen Gründen die bisher Schlüssigste von allen Weltauffassungen.

Genau das versteht Searle unter institutionellen Fakten. Es handelt sich um Tatsachen, die erst zu Tatsachen werden, indem wir sie als Tatsachen anerkennen. An einem Geldschein lassen sich verschiedene Merkmale betrachten, z. B. die physische Eigenschaft, dass er aus Papier ist, oder die ästhetische Eigenschaft, dass auf ihm die Zeichnung eines beindruckenden Bauwerks zu finden ist. Dass der Geldschein aus Papier ist, dass uns die Zeichnung beeindruckt, wäre für Searle noch kein institutionelles Faktum – sondern eine einfache Tatsache, ein *brute fact*. Aber indem wir den Geldschein als Zahlungsmittel benutzen, verleihen wir ihm einen neuen Status. Diesen Status bringen wir hervor (konstruieren wir), indem wir den Schein innerhalb der sozialen Praxis des Zahlens benutzen. Und diese Praxis des Zahlens wäre nicht möglich, wenn wir die Papierscheine nicht als Geld anerkennen würden. Die Praxis des Geldtauschs hängt somit von unserer Anerkennung ab, indem wir den Geldtausch vollziehen, findet etwas in der Wirklichkeit statt, das diesen Tausch »wahr macht«. Genau in dieser Überlegung zeigt sich eine Parallele zwischen Searles Vorstellung von »institutionellen Fakten« und dem Thomas-Theorem: »If men define their situations as real they are real in its consequences.« Situationsdefinitionen beruhen auf kollektiven Anerkennungen, auf gemeinsamen Konstruktionen der Situation; indem

Institutionelle Fakten

diese eine Handlungspraxis bestimmen, bestätigen sie sich als wahr, als gegeben.

Die Realität der sozialen Konstruktion von institutionellen Fakten

1. Searles Argumentation läuft darauf hinaus, dass epistemologische Fragen strikt von ontologischen Fragen unterschieden werden können. In diesem Sinne ist etwas an den Dingen, an den Sachverhalten, an den Fällen in der Welt gegeben, das logisch unabhängig davon ist, dass wir die Dinge und/oder ihre Eigenschaften (angemessen) erkannt haben.

2. Über die strikte Unterscheidung von ontologischen und epistemologischen Fragen kann eine Reihe von Missverständnissen und unnötigen Folgerungen vermieden werden. Eine realistische Ontologie ist nicht darauf angewiesen, dass eine Korrespondenztheorie der Wahrheit stimmig ist oder materialistische Weltauffassungen Überprüfungen standhalten.

3. Eine realistische Ontologie kann sich auf alle Arten von »Dingen«, auch auf soziale Sachverhalte beziehen. Bei sozialen Konstruktionen ist es ebenfalls wichtig, ob jemand etwa als Richter anerkannt wird oder nicht.

4. Die realistische Ontologie besitzt allerdings Implikationen für die Auffassung von Kausalität – über die allerdings noch eigens zu sprechen sein wird (→ Kap. 4.1.3).

4.1.2 | Die gesellschaftliche Konstruktion der Wirklichkeit

4.1.2.1 | »Wissen« und »Wirklichkeit« – nur in Anführungszeichen?

»Als gewissenhafte Soziologen müssten wir die Wörter ›Wirklichkeit‹ und ›Wissen‹ immer in einem Rahmen aus Anführungszeichen stellen.« (Berger/Luckmann 1969, S. 1) Die Rede von der »Wirklichkeit« ist die Ausdrucksweise des Mannes auf der Straße, der sich »normalerweise nicht darum [kümmert], was wirklich für ihn ist und was er weiß, es sei denn, er stieße auf einschlägige Schwierigkeiten. Er ist seiner ›Wirklichkeit‹ und seines ›Wissens‹ gewiss. Der Soziologe kann sich solche Unbekümmertheit nicht erlauben.« (ebd., S. 2) Die Aufgabe der Soziologie ist daher, »sich mit allem zu beschäftigen [...], was in einer Gesellschaft als ›Wissen‹ gilt, ohne Ansehen seiner absoluten Gültigkeit oder Ungültigkeit. Insofern nämlich alles menschliche ›Wissen‹ sich schließlich in gesellschaftlichen Situationen entwickelt, vermittelt und bewahrt wird, muss die Wissenssoziologie zu ergründen versuchen, wie es vor sich geht, dass gesellschaftlich entwickeltes, vermitteltes und bewahrtes Wissen für den Mann auf der Straße zu außer Frage stehender ›Wirklichkeit‹ gerinnt. Mit anderen Worten behaupten wir: *Die Wissenssoziologie hat die Aufgabe, die gesellschaftliche Konstruktion der Wirklichkeit zu analysieren.*« (Berger/Luckmann 1969, S. 3).

Wenn man der Argumentation von Berger/Luckmann bis hierher folgt, scheint es so, als wäre der Realismus, die Rede vom sicheren Wissen über die Wirklichkeit, eine bloße Sache des Alltagsverstands, nicht aber der Wissenschaft. »Als gewissenhafte Soziologen« sollen wir nicht von der Wirklichkeit als solcher reden. Die »Wirklichkeit« ist immer schon »in gesellschaftlichen Situationen entwickelt, vermittelt und bewahrt«. Ganz unabhängig davon, ob wir diesen Standpunkt teilen und wie wir die Aussage verstehen sollen, dass die »Wirklichkeit« – von der eigentlich nur in Anführungszeichen geredet werden kann – dann doch »entwickelt, vermittelt und bewahrt wird«, sollten wir uns zunächst damit beschäftigen, welche Art des Fragens für die von Berger/Luckmann entwickelte Position kennzeichnend ist. Denn sie fragen danach, wie es möglich ist, dass der Mensch in seinem Alltagsdenken etwas wissen kann, und wie dieses Wissen in gesellschaftlichen Situationen entwickelt, vermittelt und bewahrt wird. Sie fragen somit nicht nach der Ontologie des Sozialen, sondern nach der sozialen Epistemologie, nach der gesellschaftlichen Bedingtheit des Erkennens.

Phänomenologische Einklammerung

Der Standpunkt, den Berger/Luckmann einnehmen, ist stark von der soziologischen Phänomenologie Alfred Schütz' beeinflusst. Eine Reihe seiner Argumente haben wir bereits bei der Erörterung der »Strukturen der Lebenswelt« kennengelernt (→ Kap. 3.5.1). Zu beachten sind jedoch »kleine« Unterschiede. So steht bei Berger/Luckmann der Begriff der Alltagswirklichkeit, der alltäglichen Auffassung von der Welt, das alltagsweltliche Wissen im Vordergrund. Der Begriff »Lebenswelt« dagegen wird nicht systematisch verwendet.

Lebenswelt – Alltagswelt

Weshalb steht die Alltagswirklichkeit und nicht der lebensweltliche Hintergrund im Mittelpunkt? Mehrfach ist bereits in der Einleitung davon die Rede, dass sich »die Wissenssoziologie damit beschäftigen [muss], was in der Gesellschaft als ›Wissen‹ gilt.« (Berger/Luckmann 1969, S. 16, auch S. 2) Aber im Unterschied zu anderen wissenssoziologischen Ansätzen (genannt werden: Mannheim, Scheler; auch Dilthey, Marx und Hegel) sollen weniger die »theoretischen Gedanken, ›Ideen‹, Weltanschauungen« im Vordergrund der Analyse stehen, da sie »so wichtig nicht in der Gesellschaft« (ebd., S. 16) sind. »[W]enige befassen sich mit der theoretischen Interpretation der Welt, aber alle leben in einer Welt.« (ebd.)

Dem »Allerweltswissen, nicht ›Ideen‹ gebührt das Hauptinteresse der Wissenssoziologie« (ebd.).

Allerweltswissen und Alltagswirklichkeit

Die Wissenssoziologie fragt also bspw. nicht nach der gesellschaftlichen Bedingtheit philosophischer Theorien, will also etwa nicht ergründen, welche soziale Gruppe eher zum Idealismus und welche Gruppe eher zum Materialismus als philosophischer Haltung tendiert. Berger und Luckmann meinen, dass sich Menschen in ihrem Alltag nicht mit solchen Fragen beschäftigen. Auch die sozialen Voraussetzungen der Entdeckung wissenschaftlicher Theorien – wie dem Gesetz der Schwerkraft oder der Relativitätstheorie – fallen damit als Gegenstand für die wissenssoziologische Betrachtung bei Berger/Luckmann aus. Aber worin besteht nun das Allerweltswissen genau, mit dem sich die Wissenssoziologie befassen soll?

Dem bisher Gesagten lassen sich zwei Antworten entnehmen. Erstens muss es sich um Wissensbestände handeln, die allen verfügbar sind. Zweitens fügt sich dieses Wissen zu einer Alltagswelt zusammen, denn es wurde von den Autoren betont, dass »alle in einer Welt leben«. Diese eine Welt ist im Engeren die »Wirklichkeit der Alltagswelt« (Berger/ Luckmann 1969, S. 21 ff.). Von der »Alltagswirklichkeit« ist im Singular die Rede. Die Alltagswirklichkeit nimmt somit den Status einer alle verbindenden Welt ein. Die Vorgehensweise von Berger/Luckmann kann nun in zwei Richtungen befragt werden:

a) in Bezug auf das allen bekannte Wissen: Gibt es das tatsächlich? Worin besteht es? Wie lässt sich das Jedermanns-Wissen als solches erkennen?;

b) in Bezug auf die Alltagswirklichkeit, als die eine Welt, in der wir alle leben: Tun wir das tatsächlich? Oder leben wir nicht auch in unserem Alltag in verschiedenen Wirklichkeiten? Sind also die Alltagswirklichkeiten aller »Jederfrauen« und »Jedermänner« gleich? Oder unterscheidet sich nicht vielleicht schon die Alltagswirklichkeit der Frauen von denen der Männer?

Absicht: keine philosophischen Fragen

Den Einwänden, die sich daraus weiter entfalten ließen, wird hier nicht weiter nachgegangen. Denn selbst wenn wir anerkennen würden, dass es einen allen bekannten Wissensbestand gäbe, der die Alltagswirklichkeit ausmacht, in der wir alle leben, bliebe ein weiteres Problem bestehen. Welche Art von Aussagen treffen Berger und Luckmann, wenn sie von Alltagswirklichkeit und Alltagswelt sprechen? An vielen Stellen betonen sie, dass sie sich bewusst ontologischer und epistemologischer Annahmen enthalten; sie verweisen diese in den Bereich der Philosophie. Es geht ihnen nicht um die Frage, ob die »Wirklichkeit« tatsächlich oder unabhängig von uns »gegeben« ist (oder nicht), auch nicht um methodologische oder erkenntnislogische Probleme. »In unserer ganzen Studie haben wir jede erkenntnistheoretische oder methodologische Frage nach den Möglichkeiten soziologischer Analyse entschlossen unterlassen. [...] Wir betrachten die Wissenssoziologie als ein Teilgebiet der empirischen Wissenschaft Soziologie.« (Berger/Luckmann 1969, S. 15)

Philosophie – Expertenwissen – Alltagswissen

Berger und Luckmann unterscheiden mindestens drei Arten von Wissen: Philosophie – Expertenwissen – Alltagswissen.
Philosophie besteht eher aus (meist ungeklärten) Fragen als aus Wissen. Wir können auch sagen. Philosophie besteht aus dem Wissen, das sich beim Versuch der Beschäftigung mit schwer zu klärenden Fragen ergeben hat.
Expertenwissen ist ein Sonderwissen der Personen, die sich mit einem speziellen Gebiet eingehend beschäftigt haben. In ihrem Spezialgebiet wissen die Experten deutlich mehr als »Jedermann«.
Das Alltagswissen ist das »Jedermann-Wissen«. Der Umstand, dass alle das Alltagswissen teilen, bedingt, dass sich alle in der Welt des Alltags oder der Alltagswirklichkeit auskennen.

Die Argumentation von Berger/Luckmann soll also das Gebiet der Wissenssoziologie eingrenzen. Zuerst weisen sie das Wissen aus den »theoretischen Wirklichkeiten« der Weltanschauungen und Philosophien als sekundär zurück und beschränken ihren Gegenstand der empirischen Wissenschaft Soziologie auf das Wissen, mit dem jedermann die Wirklichkeit seiner Alltagswelt konstruiert. Zudem enthalten sie sich methodologischen Fragen im Hinblick auf die Verwendung von »Kategorien, die [...], historisch bedingt« (Berger/Luckmann 1969, S. 15) sein könnten. Auch diese Art von Fragen sei per definitionem kein Gegenstand der Soziologie, sondern Sache der Philosophie. Präziser müsste der Titel des Buches von Berger und Luckmann also lauten: die gesellschaftliche Konstruktion der Wirklichkeit der Alltagswelt.

Nun bleibt aber zu klären, wie sich die Soziologie als empirische Wissenschaft abgrenzen lässt. Und darin ist die wissenschaftslogische Frage enthalten, ob die Konstruktion einer empirischen Wissenschaft ganz ohne ontologische Aussagen auskommen kann. Und tatsächlich kommen die Autoren an einer anderen Stellen ihrer Argumentation auf dieses Problem zu sprechen: »Die Alltagswelt breitet sich vor uns aus als Wirklichkeit, die von Menschen begriffen und gedeutet wird und ihnen subjektiv sinnhaft erscheint. Im Rahmen der Soziologie als empirischer

Philosophisches Restproblem

Wissenschaft wäre es durchaus möglich, diese Wirklichkeit als gegeben und ihre speziellen Gegebenheiten ebenfalls als gegeben anzunehmen, ohne nach ihren Grundlagen zu fragen. Dies wäre Sache der Philosophie. Bei unserem speziellen Vorhaben können wir das philosophische Problem jedoch nicht ganz beiseite lassen.« (Berger/Luckmann 1969, S. 21)

Alltagswelt als Forschungsproblem Wieso lässt sich die Frage nach der Wirklichkeit der Alltagswelt nicht der Soziologie als empirische Forschungsaufgabe übertragen? Offenbar kann es bei der phänomenologischen Analyse nicht einfach um die Menge der subjektiven Wissensbestände gehen, die wir in der Gesamtgruppe aller Personen (der Gesamtbevölkerung) antreffen würden, wenn wir sie bspw. in einem Interview danach befragten. Denn aus dieser Menge aller Wissensbestände müssten ja noch die herausgefiltert werden, die in Form des »Jedermann-Wissens« über die eine Welt, in der wir alle leben, allen verfügbar wären. Wie lässt sich also ein Wissen mit diesen beiden Eigenschaften (allen verfügbar zu sein und sich auf eine Welt zu beziehen) empirisch ermitteln? Es könnte sein, dass in einer Umfrage der Wissensbestand A bei allen befragten Personen angetroffen wird. Wie kann sich der empirische Soziologe nun sicher sein, dass es sich beim Wissen von A um das besagte Jedermann-Wissen über die eine Welt bzw. einen Teil davon handelt? An dieser Stelle wäre der Empiriebegriff der Phänomenologie zu klären (dazu → Kap. 4.1.3). Denn nicht alles Wissen, das ein jeder hat, ist Gegenstand der phänomenologischen Wissenssoziologie. Es geht um »jedermanns Interpretationen seiner Wirklichkeit« und um den »Charakter der ›Gewissheit‹ von jedermanns Wirklichkeit [...], wenngleich in phänomenologischen ›Klammern‹« (Berger/Luckmann 1969, S. 23).

Der Hinweis der Autoren auf die »phänomenologischen Klammern« hilft hier auch nicht weiter. Zunächst einmal müssen wir klären, wie Wissen und Gewissheit aufzufassen sind. Dabei gibt es Probleme folgender Art. Wissen muss nicht immer zur richtigen Aktivierung des Wissens führen. Auch routinisiertes Allerweltswissen kann gelegentlich vergessen werden. »He, du hast beim Rechtsabbiegen nicht geblinkt!« Neben dem Vergessen kann es auch zu einem bewussten Unterlassen von alltäglichen Handlungsschemata kommen. Der Onkel weiß, dass er den Neffen wegen seiner Zeugnisnoten zu loben hat, aber nachdem die Tante dies schon so ausgiebig getan hat, sträubt er sich irgendwie dagegen und schweigt. Und manche Gewissheiten sind so selbstverständlich, dass man Menschen gar nicht danach fragen kann; z.B.: »Wie viel Mehl hast du in den Kuchenteig getan? – Och, so nach Gefühl!«

Objektivation

Zu Beginn des Abschnitts 4.1.2.1 haben wir im Zitat von Berger/Luckmann gelesen, dass »entwickeltes, vermitteltes und bewahrtes Wissen für den Mann auf der Straße zu außer Frage stehender Wirklichkeit gerinnt.« Was ist mit diesem »Gerinnungsprozess« des Alltagswissens zu einer Alltagswirklichkeit gemeint? Offensichtlich steht am Anfang eine Art Tun. Wissen wird (vom Mann auf der Straße) entwickelt, vermittelt, bewahrt. Aus dieser Aktivität wird dann aber etwas »Festes« – »Wirklichkeit«. Dieser Übergang von einer praktischen Aktivität zu einer feststehenden Wirklichkeit analysieren Berger und Luckmann als »Objektivation«.

Bedeutsam ist dabei der Umstand, dass die Wissensbestände der Alltagsmenschen sich einem Prozess verdanken, den Berger/Luckmann als »Objektivationen subjektiv sinnvoller Vorgänge« (Berger/Luckmann 1969, S. 22) bezeichnen. Für Objektivationen nennen sie Beispiele, die ungefähr zu der Menge von Sachverhalten gehören, die wir bei Mannheim unter dem Begriff »Kulturgebilde« (→ Kap. 2.3) kennengelernt haben: Büchsenöffner, Sportwagen, Schachfiguren, aber vor allem zusammenhängende Kulturerscheinungen wie die Sprache oder »das Geflecht menschlicher Beziehungen«, in dem »jedermann« lebt.

    Objektivationen

Diese Objektivationen treten dem Bewusstsein des Jedermanns gegenüber, sie ergeben eine Wirklichkeitsordnung – ein Vor-Arrangement nach Mustern, die sich »gewissermaßen über meine Erfahrung von ihnen [gemeint sind die Phänomene; M.C.] legen« (Berger/Luckmann 1969, S. 22). Zwar sind auch die Objektivationen Erzeugnisse menschlichen Handelns und menschlicher Sinnzuweisungen, aber sie werden als schon vorgefundene Muster des Handelns erfahren, die zudem außerhalb des Akteurs zu bestehen scheinen. Dass Frauen z. B. bei der Hochzeit ein weißes Kleid tragen, ist ein seit Langem verbreitetes Handlungsmuster, das Frauen in der Gesellschaft bereits vorfinden und das damit außerhalb von ihnen zu bestehen scheint.

    Externalisierung – Internalisierung

Nicht jede Frau muss dieses Muster für sich annehmen, trotzdem ist es in der Gesellschaft einfach schon da. Damit lässt es sich der Außenwelt des Akteurs zurechnen – das meint Externalisierung – und erscheint als unabhängig von ihm gegeben (als Objektivation). Es bleibt aber Erzeugnis von Handlungen, die zu einem früheren Zeitpunkt stattfanden –, nehmen wir nochmals das Beispiel Brautkleid – zur Einführung und zum Fortbestand des Brauchs geführt haben. Die Erzeugnisse des Handelns – wie der Brauch – werden damit objektiviert. Und die daran anschließende Verweisung der objektivierten Erzeugnisse des Handelns ins Außen des Bewusstseins bezeichnen Berger und Luckmann als Externalisierung.

Aber damit ist der Prozess der sozialen Konstruktion der Wirklichkeit (des Alltagslebens) noch nicht zu Ende. Die den Akteuren als externe Objektivationen erscheinenden Sachverhalte – wie Bräuche, Rollen, Statuszuschreibungen usf. – können über Sozialisationsprozesse auch noch internalisiert werden. So kann sich eine Frau besonders mit der Farbe weiß identifizieren und den damit verbundenen Wert der Reinheit verinnerlichen, eben internalisieren. Damit hätte sich das gesellschaftlich gegebene Muster als Wertvorstellung in sie eingeschrieben. Objektivation, Externalisierung und Internalisierung beschreiben demnach drei dialektisch miteinander verbundene Prozesse: »Gesellschaft ist ein menschliches Produkt« (Externalisierung). »Gesellschaft ist eine objektive Wirklichkeit« (Objektivation). »Der Mensch ist ein gesellschaftliches Produkt« (Internalisierung). (Berger/Luckmann 1969, S. 65)

Zwischenergebnis

Sozialer Konstruktivismus

Was besagt die Rekonstruktion der drei miteinander verschachtelten Prozesse der Externalisierung (Entäußerung), Objektivation und Internalisierung in Bezug auf unser Ausgangsproblem der Konstruktion von Wirklichkeiten bzw. des Gegensatzpaares Realität und Konstruktion? Und worin besteht die Besonderheit des Vorschlags von Berger und Luckmann? Diese verlangen zunächst einmal eine Enthaltsamkeit gegenüber philosophischen Aussagen, sowohl gegenüber ontologischen als auch gegenüber epistemologischen. Alltagswirklichkeit ist ein empirisch analysierbares Wissen und als solches eine menschliche Konstruktion. Über Sprache und andere Kulturerzeugnisse wird diese Erfahrung der Wirklichkeit objektiviert. Und die als externalisierte Objektivationen den Akteuren gegenübertretende Wirklichkeit trifft auf Individuen, die über Sozialisationsprozesse bereits bestehende Schemata der Welterfahrung erworben haben.

Insofern lässt sich das wesentliche Argument von Berger/Luckmann so zusammenfassen: Auch wenn uns die Fragen nach der Ontologie unüberwindbar strittig erscheinen und wir uns in Bezug darauf besser in Enthaltsamkeit üben sollten, so lässt sich der dreifache Prozess aus Externalisierung – Objektivation – Internalisierung als gesellschaftliche Konstruktion der Wirklichkeit rational rekonstruieren. Unabhängig davon für wie real man die Realität (für wie wirklich die Wirklichkeit) hält, dass die Schemata, in denen Welt erfahren wird, gesellschaftlich konstruiert sind – dies erscheint unabweisbar.

Fragen an den sozialen Konstruktivismus 4.1.2.2

Setzen wir einmal die Triftigkeit der Analyse von Berger und Luckmann voraus. Folgt dann aus der gesellschaftlichen Konstruktion der Wirklichkeit nicht wenigstens die Wirklichkeit gesellschaftlicher Konstruktionen? Muss man die gesellschaftlichen Konstruktionen – die Prozesse der Externalisierung, der Objektivation und der Internalisierung – nicht als wirklich gegebenes Geschehen voraussetzen? Über diese Fragen gelangen wir zurück zur Empirie. Berger und Luckmann legen in vielen Aussagen Wert darauf, dass ihre Analyse den Anspruch einer empirischen Soziologie erfüllen soll. Die »phänomenologische Analyse«, der sie sich bedienen, sei »ein rein deskriptives Verfahren und als solches zwar ›empirisch‹, aber nicht ›wissenschaftlich‹ – jedenfalls nur in dem Sinne wissenschaftlich, in dem auch wir das Wesen einer empirischen Wissenschaft verstehen« (Berger/Luckmann 1969, S. 22).

Empirie

Aber diese Charakterisierung wirft nun eine neue Frage auf? Was kann es heißen, dass ein Verfahren ›empirisch‹, aber nicht ›wissenschaftlich‹ oder nur ›wissenschaftlich‹ in einem bestimmten Verständnis von Wissenschaft sein soll?

Empirie – Konstruktion oder Dokumentation von Wirklichkeit? 4.1.3

In der 11. Auflage des Buches »Empirische Sozialforschung« von Helmut Kromrey finden wir die Aussage: »Empirische Wissenschaft verfolgt das Ziel, gesicherte Erkenntnisse über die ›Wirklichkeit‹ zu gewinnen. Sie setzt also die Existenz einer realen, einer tatsächlichen Welt (Gegenstände, Ereignisse, Beziehungen zwischen Gegenständen oder Ereignissen) unabhängig von ihrer Wahrnehmung durch einen Beobachter voraus. […] Denn nur wenn im Prinzip die Chance besteht, mit den Wahrnehmungssinnen und/oder mit Hilfe unterstützender Beobachtungs- und Messinstrumente die außerhalb des beobachtenden Subjekts existierende Realität zu erfahren, sind sinnvolle Aussagen über die Realität formulierbar und ›empirisch‹ in der Realität überprüfbar.« (Kromrey 2007, S. 24) In Bezug auf das in Anführungszeichen gesetzte »empirisch« verweist Kromrey auf die griechische Herkunft des Wortes, das in etwa »Sinneserfahrung« bedeutet habe.

Empirische Wissenschaft

Die empirische Sozialforschung folgt somit einem anderen Verständnis von Empirie als Berger und Luckmann in ihrer »phänomenologischen Analyse«. In der empirischen Sozialwissenschaft ist die wissenschaftliche Erfahrung in systematischer Unterscheidung von der Alltagserfahrung zu gewinnen – genauer: Sinneserfahrung muss in methodisch kontrollierter Form erworben werden.

Wissenschaftliche   Ähnlich drücken sich Götz Rohwer und Ulrich Pötter in ihrem
Konstruktionen   »Grundlagentext« zu »Methoden sozialwissenschaftlicher Datenkonstruktion« aus. Auch sie übersetzen »Empirie« mit »Erfahrung« und diese wiederum mit »Wahrnehmung«. Allerdings stellen sie dabei für die Sozialwissenschaften ein Problem fest. Sie gehen davon aus, dass bei der sozialwissenschaftlichen Datensammlung in der Regel »Sachverhalte« anhand von Befragungsdaten konstruiert und seltener durch Beobachtungen oder gar Experimente gewonnen werden. Insbesondere – so führen sie an – kann es nicht darum gehen, »Erfahrungen mit gesellschaftlichen Verhältnissen« (Rohwer/Pötter 2002, S. 12) zu machen. »Wenn man diese Bemerkung positiv lesen will, kann man sie so verstehen, dass ein Verständnis gesellschaftlicher Verhältnisse nicht ohne weiteres aus Erfahrungen mit sozialen Situationen gewonnen werden kann, sondern explizit konstruiert werden muss.« (ebd., S. 13)

Zweifel an der   Kromrey sowie Rohwer und Pötter misstrauen der Alltagserfahrung.
Alltagserfahrung   Nehmen wir einmal an, ein Forscher würde seine Theorie über die Familie an der Erfahrung seines eigenen Ehelebens überprüfen. Dann wären seine Erfahrungen stark von seiner Beteiligung an der sozialen Wirklichkeit des Familienlebens beeinflusst. Als beteiligter Akteur mangelt es ihm jedoch an der Fähigkeit, sich von den konkreten Erfahrungen seiner Ehe so zu distanzieren, dass ihm die in allgemeiner Hinsicht bedeutsamen Zusammenhänge von familiären Verhältnissen oder Beziehungsmustern klar vor Augen treten würden. Denn die Erfahrungen, die Akteure als Beteiligte in sozialen Zusammenhängen machen, sind oftmals verzerrt. Würden sich Forscher nun über ihre Alltagserfahrung auf soziale Situationen beziehen, könnten sie davon kaum den Grad der Verzerrung abziehen, der dabei im Spiel ist. Daher muss der Sozialforscher seine Beobachtungen der sozialen Situationen methodisch kontrollieren.

Die empirische Sozialforschung, die mit der Unterstellung der Gegebenheit einer »Wirklichkeit« beginnt, gelangt also zu der Feststellung, dass ein »Verständnis gesellschaftlicher Verhältnisse […] explizit konstruiert werden muss«. Und ein Verständnis gesellschaftlicher Verhältnisse kann gerade nicht über »Erfahrungen« gewonnen werden, zumindest nicht anhand von Erfahrungen, die Leute auf der Straße gelegentlich so machen.

Rohwer/Pötter schließen allerdings nicht aus, dass sich Forscher ausgehend von Erfahrungen »dennoch Vorstellungen machen« können; die »Bildung« dieser Vorstellungen sollte man dann aber als einen »Konstruktionsprozess reflektieren«. Wichtig ist dabei, dass man zu einem Begriff gesellschaftlicher Verhältnisse gelangt, »der nicht in metaphorischen Verallgemeinerungen der Lebenswelt« (Rohwer/Pötter 2002, S. 14) – sprich wie bei den Leuten auf der Straße, die sich alles Mögliche einbilden können – besteht. Die Autoren heben hervor, dass in der Sozialforschung die Annahme verbreitet ist, dass »der primäre Realitätsbezug durch statistische Variablen« (ebd.) hergestellt werden kann. Die Forscher verfügen somit über Methoden der Datengewinnung und Datenauswertung, mit denen sie ein Verständnis gesellschaftlicher Verhältnisse konstruieren. Aber auch wenn man sich nicht an statistische Daten halten möchte, bleibt jeder Versuch der methodisch kontrollierten Datengewinnung an Konstruktionen gebunden, die Forscher vorgenommen haben. Also, selbst wenn man von der Annahme einer gegebenen sozialen Wirklichkeit ausgeht, registriert man an einer bestimmten Stelle des Argumentationsgangs die Problematik der »Konstruktionen«, die Folge einer epistemologischen Grundfrage ist. Diese lautet: Inwieweit können wir unseren Alltagswahrnehmungen vertrauen? Inwiefern taugen sie dazu, verallgemeinerungsfähige Aussagen über die Wirklichkeit zu prüfen bzw. zu fundieren? Dies stellt in den Sozialwissenschaften ein besonderes Problem dar, weil die Alltagswahrnehmungen sozialer Situationen vielfach durch lokale Standpunktabhängigkeiten gefärbt, verzerrt und mit Vorurteilen behaftet sind.

Um dies zu vermeiden, beginnen die empirischen Sozialforscher mit theoretischen Annahmen über Zusammenhänge zwischen Merkmalen der sozialen Wirklichkeit, z. B. über den Zusammenhang von Bildungsabschluss und Einkommen. Diese Zusammenhangsannahme wird in zwei Schritten weiterverfolgt: zunächst in Form einer theoretischen Ableitung der Aussagen, die im logischen Sinn aus ihr folgen, anschließend auf einem empirischen Weg durch die kontrollierte Beobachtung von Indikatoren (Anzeichen in der sozialen Wirklichkeit), die die Annahmen bestätigen könnten (s. Abb. 9).

Wir betrachten die beiden Wege je für sich. Zeitlich steht der theoretisch-logische Weg am Anfang. Die Forscher müssen sich zunächst ein theoretisches Gesetz überlegen, aus dem der interessierende Zusammenhang folgen könnte. Wenn etwa ein möglicher Zusammenhang zwischen Einkommen und Bildung untersucht werden soll, stellt sich die Frage, ob dieser als Schlussfolgerung aus einem theoretischen Gesetz abgeleitet werden kann. Dazu müssten Bildung und Einkommen begrifflich genau bestimmt (also definiert) werden. Der Forscher kann sich

Reflektierte Konstruktion von Erfahrung

Logische Ableitungen

Abb. 9 | **Logische und empirische Linie des Forschungsprozesses**

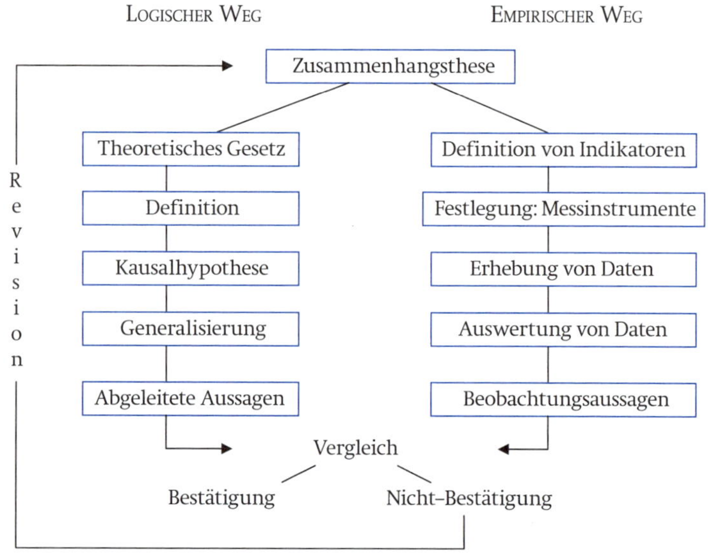

LOGISCHER WEG · EMPIRISCHER WEG

Zusammenhangsthese

| Theoretisches Gesetz | Definition von Indikatoren |

R
e
v
i
s
i
o
n

| Definition | Festlegung: Messinstrumente |

| Kausalhypothese | Erhebung von Daten |

| Generalisierung | Auswertung von Daten |

| Abgeleitete Aussagen | Beobachtungsaussagen |

Vergleich

Bestätigung · Nicht–Bestätigung

---

nicht einfach an möglicherweise »schwammigen« Begriffen der Alltagssprache orientieren. Bildung könnte darin Verschiedenes heißen: dass jemand viele Bücher gelesen oder lange die Schule besucht hat. Aber was macht das theoretisch Entscheidende an der Bildung aus? Was das Entscheidende am Einkommen?

Nehmen wir einmal an, die Forscher entscheiden sich, definitorisch die Begriffe »Niveau des Bildungsverlaufs« und »Erwerbsposition« festzulegen. Dabei interessiert sie am Bildungsverlauf, dass man unterschiedlich hoch bewertete Bildungsinstitutionen (wie Schulen, Berufsschulen, Hochschulen) besuchen und absolvieren kann, und an der Erwerbsposition, dass man eine berufliche Stellung mit unterschiedlichen Einkommenschancen erlangen kann. Daran anschließend können die Forscher eine Kausalhypothese festlegen: Das »Niveau des Bildungsverlauf« bestimmt das Niveau der mit einer Erwerbsposition verbundenen Chancenlage.« »Niveau des Bildungsverlauf« wäre dabei das ursächliche Merkmal (oft unabhängiges Merkmal/Variable genannt), »Niveau der Erwerbsposition« das bewirkte Merkmal (auch abhängiges Merkmal/Variable genannt). Die Kausalhypothese wird dann generalisiert, d. h. als Allaussage formuliert: »Für alle Fälle gilt: Immer dann, wenn ein bestimmtes Niveau des Bildungsverlaufs gegeben ist, dann bewirkt dies die

Chancenlage einer spezifischen Erwerbsniveaus.« Da man nicht alle Fälle prüfen kann, wählt man einzelne Fälle als Test aus, etwa Absolventen von allgemeinbildenden Schulen in Deutschland des Jahres 1995. Dann formuliert man eine aus dem theoretischen Gesetz (Allaussage) für den konkreten Fall abgeleitete Aussage: »Das Niveau des Bildungsverlaufs der Absolventen von allgemeinbildenden Schulen in Deutschland im Jahr 1995 bestimmt ihr späteres Niveau der Erwerbsposition.«

Das Ziel ist nun, diese theoretisch abgeleitete Aussage mit einer Beobachtungsaussage zu vergleichen, die auf empirischem Weg gewonnen wurde. In diesem Vergleich soll festgestellt werden, ob die theoretisch abgeleitete Aussage und die Beobachtungsaussage miteinander verträglich sind. Die Beobachtungsaussage wird in drei Schritten gewonnen.

Operationalisierung der empirischen Bearbeitung

Als Erstes werden Indikatoren festgelegt, mit denen das »Niveau des Bildungsverlaufs« und das »Niveau der Erwerbsposition« beobachtet werden können. Wir nehmen an, dass die Forscher hierfür einfache Indikatoren wählen: für das Niveau des Bildungsverlaufs den allgemeinen Schulabschluss als dessen Resultat (in dem Sinn, dass Abitur höher eingeschätzt wird als Mittlere Reife oder Hauptschulabschluss), für das Niveau der Erwerbsposition die Höhe des Einkommens im Jahr 2005.

Datenerhebung

Im nächsten Schritt führen die Forscher eine Bevölkerungsbefragung durch, bei der 2000 Absolventen aus dem Jahr 1995 telefonisch nach ihrem Einkommen in 2005 befragen werden. Das Messinstrument ist die Befragung und die konkrete Erhebung der Daten erfolgt über ein telefonisches Kurzinterview aus drei Fragen: (1) Haben Sie 1995 ihren höchsten Schulabschluss erreicht? (2) Wie lautet ihr damaliger Schulabschluss?« (3) »Wie hoch war ihr durchschnittliches monatliches Nettoverdienst im Jahr 2005?« Falls die erste Frage mit »Nein« beantwortet wird, fällt die Person für die weitere Befragung aus. Im Fall eines »Ja« werden die beiden anderen Informationen erhoben. Die Forscher erlangen darüber einen Datensatz mit den gewünschten 2000 Personen, die im Jahr 1995 die allgemeinbildende Schule absolvierten.

Datenauswertung

Für den dritten Schritt – die Datenauswertung – werden die befragten Personen in drei Klassen eingeteilt (Absolventen von Hauptschule, Realschule, Gymnasium) und für jede der Absolventenklassen ein durchschnittliches Einkommen ermittelt. Danach verfügen Hauptschulabsolventen durchschnittlich über € 1440, Realschulabsolventen über € 1570 und Gymnasiasten über € 2120. Damit entspricht das Niveau des gemessenen Einkommens dem Niveau des Bildungsabschlusses. Diese Beobachtungsaussage ist verträglich mit der zuvor auf theoretischem Weg abgeleiteten Aussage. Die Untersuchung kann das vermutete theoretische Gesetz bestätigen.

Was folgt aus diesem Beispiel? Rohwer und Pötter verlangen für die empirische Methode eine systematische Abgrenzung von wissenschaftlichen und alltagstheoretischen Konstruktionen. Der im Beispiel gezeigte Verfahrensweg entspricht einer solchen wissenschaftlichen Konstruktion. Aus ihm können wir drei Eigenschaften dieser Art von empirischer Sozialforschung ableiten. Erstens beruhen die Konstruktionen auf einem methodisch kontrollierten Weg der Erzeugung von theoretischen und empirischen Aussagen. Zweitens erweisen sich die methodischen Konstruktionen als nominalistisch; die für sie grundlegenden Begriffe werden definitorisch gesetzt. Die Forscher legen nach Maßgabe ihrer theoretischen Vorüberlegungen die weitere Verwendung von Begriffen fest (im Beispiel die etwas sperrigen Ausdrücke »Niveaus des Bildungsverlaufs« oder »Niveau der Erwerbschancen«). Daher stehen die theoretisch festgelegten Begriffe in keinem zwingenden Bezug zu den Bedeutungskonstruktionen der Begriffe in der Alltagswirklichkeit.

Drittens lässt sich zeigen, dass die im Rahmen der empirischen Sozialforschung gewonnenen theoretischen Aussagen und Beobachtungssätze epistemisch objektiv im Sinne von Searle (→ Kap. 4.1.1) sind. Epistemisch objektiv sind die nominalistisch eingeführten Definitionen und Verfahrensvorschläge der Empiriker deshalb, weil diese ihre Erkenntnisgrundlagen nicht von den Subjektivitäten der Forscher oder der Alltagsmenschen abhängig machen (wollen) und stattdessen nach methodischen Operationen suchen, die sich von anderen Forschern auf die genau gleiche Weise wiederholen lassen. Epistemische Objektivität wird also über methodische Intersubjektivität erreicht. Die Wissenschaftler sind somit lediglich an einen methodischen Konstruktivismus gebunden. Sie konstruieren Indikatoren, die sie als Anhaltspunkte einer extern gegebenen Realität, einer wirklichen Welt da draußen auffassen.

Die »konstruktivistische« phänomenologische Analyse und die »realistische« empirische Sozialforschung sind somit beide skeptisch gegenüber der Vorurteilsstruktur der Alltagserfahrung. Allerdings sucht die phänomenologische Analyse nach einer »rationalen Rekonstruktion« der Konstruktionen des Alltagsverständnisses, während die empirische Sozialforschung sich der eigenen wissenschaftlichen Konstruktion der Erfahrungsdaten reflexiv bewusst werden will. Sie zielt also auf Explikation der eigenen Verfahrensschritte, während die phänomenologische Analyse eine Re-Explikation der alltäglichen Verfahren und Erfahrungen anstrebt.

Zwischenergebnis

Nominalistischer Empirismus – jenseits von Realismus und Phänomenologie?

Die phänomenologische Analyse des Alltagswissens unterscheidet Konstruktionen erster Ordnung und zweiter Ordnung. Die Jedermann-Akteure des Alltags befinden sich in einer »ersten Ordnung« der Wirklichkeitskonstruktion. Die phänomenologischen Analytiker rekonstruieren die Konstruktionen des Alltags – sie betreiben also Konstruktionen von Konstruktionen und befinden sich damit auf der Konstruktionsebene zweiter Ordnung.

Diese Vorgehensweise löst aus Sicht des empirischen Sozialforschers jedoch nicht das Problem der epistemischen Objektivität – der Frage nach standpunktunabhängigen Erkenntnissen. Für ihn bleibt die Existenz der Welt eine schwer überprüfbare Annahme. Aber es lassen sich Beobachtungsoperationen so kontrollieren, dass wir in übereinstimmender Weise Aussagen über die soziale Wirklichkeit methodisch-empirisch prüfen. Unklar bleibt aber, ob die methodischen Verfahren den Dingen (und Menschen) in der Welt angemessen sind. Der Methodiker spricht hier vom Validitätsproblem. Misst das Messinstrument wirklich das, was es messen soll? Können wir überhaupt zu einer Vorstellung von der Welt da draußen gelangen, die uns vorschreiben könnte, wie die Welt als Welt selbst zu beobachten ist?

Genau auf diese Fragen zielen der Standpunkt des Realisten und sein Postulat einer Ontologie. Sie soll Vorstellungen über die Welt da draußen liefern, an denen sich die Methodiker bei der Konstruktion ihrer Beobachtungsverfahren abzuarbeiten haben. Ein Beobachtungsverfahren lässt sich nicht beliebig einführen, es muss – so die Auffassung der Ontologen – den Gegenständen der Welt »gerecht« werden. Interessanterweise aber führen die sozialen Konstruktivisten auch solche ontologischen Überlegungen (letztlich Vorschriften) in ihre Methodik ein. Denn die Rede von den Konstruktionen zweiter Ordnung beruht schließlich auf einer ontologischen Voraussetzung: nämlich dass die Konstruktionen von Alltagswelt in den Wissens- und Handlungsmustern der Alltagsmenschen gegeben sind.

Diese Voraussetzung ist aber nur dann plausibel, wenn es zutrifft, dass wir (als Forscher) Zugang zu diesen alltagsweltlichen Konstruktionen besitzen. Hier führen die sozialen Konstruktivisten das Argument ein, dass auch die Forscher selbst Teil dieser Alltagswirklichkeit sind, dass sie also über Sprache und Kulturverständnis Zugang zum Alltagswissen besitzen. Damit begreifen sie das Alltagswissen aber als ontologische Größe im Sinne der Realisten, als etwas, das in der Welt vorkommt.

1. Erörtern Sie anhand des Ansatzes von Searle, inwiefern es sich bei den Münzen in ihrer Geldbörse wirklich um Geld handelt.
2. Erläutern Sie das Beispiel des Geldes mit Hilfe des Begriffs der »Alltagswirklichkeit«.
3. Wie würden empirische Sozialforscher den Umgang mit Geld untersuchen?

Literatur

Berger, Peter L./Luckmann, Thomas (1969): Die gesellschaftliche Konstruktion der Wirklichkeit, Frankfurt a.M.
Hacking, Ian (1996): The Social Construction of What?, Harvard.
Kromrey, Helmut (2006): Empirische Sozialforschung, Stuttgart.
Rohwer, Götz/Pötter, Ulrich (2002): Methoden sozialwissenschaftlicher Datenkonstruktion, Weinheim.
Searle, John (1995): The Construction of Social Reality, New York.

4.2 | Gemeinschaft und Gesellschaft – Integration als Bezugsproblem

Was hält die Gesellschaft zusammen? Ist es ein Gefühl der Gemeinschaft, das wir aus engen sozialen Beziehungen wie Familie oder Nachbarschaften kleiner Dörfer kennen? Oder lassen sich auch größere soziale Einheiten – vielleicht sogar Märkte integrieren? In diesem Abschnitt wird die Unterscheidung von Gemeinschaft und Gesellschaft zunächst erläutert (4.2.1) und anschließend am Beispiel der Integrationsformen Familie (4.2.2) und Markt (4.2.3) genauer betrachtet.

4.2.1 | Der Dualismus von Gemeinschaft und Gesellschaft

Ein Problem, das erheblich mit dazu beigetragen hat, dass sich die Soziologie Ende des 19. Jahrhunderts als eigenständige Wissenschaft ausbildete, ist das der Integration; Wilhelm Heitmeyer spitzt es auf die beiden Fragen zu: »Was treibt Gesellschaft auseinander?« und »Was hält Gesellschaft zusammen?«

Das Problem der Integration

Die Soziologie ist seit Anbeginn der Auffassung, dass sich das Problem der Integration in modernen Gesellschaften auf besondere Weise stellt. Überhaupt lässt sich die moderne Gesellschaft von ihren geschichtlichen Vorläufern dadurch unterscheiden, dass sich für sie das Problem der Integration anders stellt. Die Klassiker der Soziologie haben dafür Unterscheidungen erfunden, die heute noch als zentral gelten. Von Ferdinand Tönnies stammt die Unterscheidung von Gemeinschaft und Gesellschaft, die bei Max Weber ganz ähnlich »Vergemeinschaftung« und »Vergesellschaftung« lautet und sich in analoger Fassung bei Emile Durkheim in der Differenzierung zwischen »mechanischer« und »organischer« Solidarität findet.

Was meint das Prinzip der »Vergemeinschaftung« im Unterschied zu dem der »Vergesellschaftung«? Lesen wir dazu die wegweisenden Definitionen von Max Weber. »›Vergemeinschaftung‹ soll eine soziale Beziehung heißen, wenn und soweit die Einstellung des sozialen Handelns – im Einzelfall oder im Durchschnitt oder im reinen Typus – auf subjektiv gefühlter (affektueller oder traditionaler) Zusammengehörigkeit der Beteiligten beruht.« (Weber 1980, S. 12) ›Traditional‹ ist ein Handeln dann, wenn es »durch eingelebte Gewohnheit« bestimmt ist, affektuell, »insbesondere emotional« ist es, wenn es »durch aktuelle Affekte oder Gefühlslagen« (ebd., S. 21) charakterisiert ist.

Vergemeinschaftung

Der erste Unterschied zwischen Vergesellschaftung und Vergemeinschaftung besteht dann darin, dass die Integration der Beteiligten nicht mehr auf »gefühlter Zusammengehörigkeit« beruht. »›Vergesellschaftung‹ soll eine soziale Beziehung heißen, wenn und soweit die Einstellung des sozialen Handelns auf rational (wert- oder zweckrational) motiviertem Interessensausgleich oder auf ebenso motivierter Interessenverbindung beruht.« (ebd., S. 22)

Vergesellschaftung

Für Emile Durkheim basiert die auf traditionaler und/oder affektueller Zugehörigkeit beruhende Gemeinschaft auf einer »mechanischen Solidarität«, die sich auf die Ähnlichkeit der miteinander verbundenen Segmente (Einzelgruppen) zurückführen lässt. Die moderne Vergesellschaftung ist dagegen eine Solidarität qua Arbeitsteilung, beruht also – so kann man mit Weber hinzufügen – auf der Kooperation von ungleichen Gruppen, die ungleiche Interessenslagen ausbilden. Für eine segmentäre Gemeinschaft, die auf der Ähnlichkeit der Gruppen und auf gefühlter Zusammengehörigkeit basiert, besteht das Integrationsproblem somit nur im Unterschied zwischen Konformität oder Abweichung. In einer arbeitsteiligen, auf unterschiedlichen Interessenlagen beruhenden organischen Solidarität tritt das Problem des Interessensausgleichs bzw. der Interessensverbindung hinzu. Akteure können sich mit Gruppen, mit denen sie sich nicht in einer Gemeinschaft befinden, trotzdem arrangieren, indem sie bei verschiedenen Interessenlagen einen Ausgleich finden oder sich bei gleicher Interessenlage mit ihnen

Mechanische vs. organische Solidarität

verbünden. Generell müssen die Akteure aushalten können, dass sie nicht nur keine Unterstützung von anderen erwarten können, sondern auch mit deren Gegnerschaft rechnen müssen.

Im Hinblick auf das Integrationsproblem, sprich auf die Frage, wie Akteure in die Gesellschaft eingebunden sind, ist die Unterscheidung von Gemeinschaft und Gesellschaft (bzw. mechanischer/organischer Solidarität) folgenreich. Die Kenntnis dieser Unterscheidungsmöglichkeit durchdringt die Handlungsorientierung der Akteure auf vielfältige Weise. Und das ist nicht zufälligerweise so. Was daran nicht nur zufälligerweise »so« ist, wollen wir zunächst anhand einer ebenfalls klassischen Unterscheidung von Talcott Parsons herausarbeiten. Parsons hat in »The Social System«, eine geschlossene Systematik der Wertmusteranalyse erstellt (s. Tab. 11).

Folgt man Parsons, dann bestehen Wertorientierungen nicht nur in einzelnen Wertbezügen (z. B. Gerechtigkeit, Freiheit), sondern in einer Kombination von Merkmalen, die mit der Bewertung einer Situation zusammenhängen. Wertmuster bestehen dann weniger im Eintritt für bestimmte Wertvorstellungen, sondern betreffen die Art und Weise, wie sich jemand in einer Situation orientiert. Uns ist z. B. intuitiv einleuchtend, dass wir uns in sozialen Nahbeziehungen wie der Familie anders orientieren als bei einer Begegnung mit einer/m Unbekannten auf der Straße. Aber worin bestehen die Unterschiede der Rahmenorientierungen genau?

Pattern Variables

Parsons identifiziert diese anhand von fünf Merkmalen (er spricht auch von »Variablen«). Soziale Begegnungen und Beziehungen sind jeweils von der Ausprägung dieser Merkmale bestimmt, und zwar vor allem durch die Kombination dieser Ausprägungen. Nach Parsons hat jede Situation, jede Begegnung, jede Beziehung einen Bezug zur Emotionalität, eine inhaltliche (Parsons nennt es thematische) Begrenzung, ein Kriterium für die Wertschätzung der beteiligten Akteure sowie einen Fo-

Tab. 11	Kombinationen von Wertmusterausprägungen	
	Soziale Nahbeziehungen	**Anonyme Rollenbeziehungen**
Emotionale Bedeutung	affektiv	affektiv neutral
Themenbegrenzung	diffus	spezifisch
Anerkennungsprinzip	unbedingt	leistungsbedingt
Orientierungsfokus	kollektivistisch	individualistisch
Reichweite	partikular	universell

Quelle: in Anlehnung an Parsons 1951, S. 67.

kus der Motivationsorientierung; sie ist zudem im Hinblick auf die Geltung der Beziehung unterschiedlich weit gefasst. Tabelle 11 zeigt, wie sich familiäre Beziehungen und anonyme Begegnungen voneinander unterscheiden.

Parsons behauptet allerdings nicht, dass die Handlungspraxis in der Familie (oder umgekehrt in der anonymen Begegnung) immer genau nach diesem Schema abläuft. Er fasst die Wertmuster als eine Grundeinstellung auf, mit der wir in der Regel auf familiäre Beziehungen bzw. auf anonyme Begegnungen zusteuern. Im konkreten Fall können immer situativ besondere Bedingungen auftreten, die uns zur Abweichung vom allgemeinen Schema der Wertorientierung drängen.

Zwischenergebnis

Gemeinschaft und Gesellschaft

Die Unterscheidung zwischen Gemeinschaft und Gesellschaft wurde von Ferdinand Tönnies eingeführt. Er schreibt den einander gegenüberstehenden Sozialformen einen unterschiedlichen Grad der Integration zu. Gemeinschaften als kleine Einheiten beruhen auf dichten Beziehungen und einem Gefühl der Verbundenheit, Gesellschaften als größere Einheiten basieren auf einer losen Integration über Interessenslagen. Talcott Parsons hat die Differenz von Gemeinschaft und Gesellschaft über die unterschiedliche Ausprägung von fünf Merkmalsmustern in der Handlungsorientierung der Akteure ausgedrückt (s. Tab. 11)

Familiäre Nahbeziehungen als primäre Gemeinschaftserfahrung | 4.2.2

Der klassische Begriff der Sozialisation bezeichnet Einflüsse der Gesellschaft, die (a) die dauerhafte Struktur der Persönlichkeit formen, sich etwa auf den Habitus (→ Kap. 3.2.3) des Akteurs auswirken und (b) die Fähigkeit des Individuums, an sozialen Prozessen in spezifischen Kontexten teilzunehmen, stärken.

Genauer eingegrenzt meint Sozialisation die »Vergesellschaftung des Individuums«, also die Prozesse, die einen Akteur zu einem »gesellschaftsfähigen« Akteur machen. Daraus folgt jedoch auch, dass es vorrangige Sozialisationsinstanzen gibt, und hier werden in der Regel primäre, sekundäre und tertiäre Sozialisationsinstanzen (gelegentlich auch Sozialisationsagenturen genannt) unterschieden.

- Die primäre Sozialisation betrifft vor allem die (frühe) Kindheit und die Sozialisation in der Herkunftsfamilie,

- Die sekundäre Sozialisation umfasst die Phase der Jugend im Kontext von Schule und Peer-Group (die Nahgruppe aus Gleichaltrigen) bis hin zur Berufswahl,.
- Die tertiäre Sozialisation fasst die »Vergesellschaftung des Individuums« im Erwachsenenalter.

In der klassischen Konzeption von Sozialisationsprozessen ist es deshalb notwendig, sich mit den Strukturen, also mit der Geregeltheit (Regulation) und dem Aufbau, von Sozialisationsinstanzen zu beschäftigen. Wir befassen uns hier mit der Familie, die traditionellerweise als primäre Sozialisationsagentur angesehen wird.

4.2.2.1 Die Wertmusterausprägung in der Familie

Bezug auf Emotionalität

Wenn sich Akteure im Kontext ihrer Familie bewegen, dann sind sie in ihrer Handlungsorientierung darauf eingestellt, dass die Gefühlsebene der Beziehung wichtig ist. In der Familie bin ich eher bereit, die Gefühle des anderen zu berücksichtigen. Umgekehrt verhält es sich in anonymen Begegnungen. Gegenüber dem sogenannten Mann auf der Straße kann ich eine affektive Neutralität einhalten. Ich muss mit der Wahrung eines emotionalen Abstands rechnen. Wir laufen nicht auf wildfremde Menschen zu mit den Worten: »Das freut mich aber dich zu sehen.« Insofern gestattet es uns die affektive Neutralität, nicht jedem gegenüber Emotionen zeigen und aushalten zu müssen. Umgekehrt haben familiäre Beziehungen zur Folge, dass die Gefühle miteinander geteilt, aber damit auch miteinander »ertragen« werden müssen.

Inhaltliche/ Thematische Reichweite

Hinzu kommt, dass wir in Familien thematisch (inhaltlich) diffus orientiert sind. Gemeint ist damit, dass in Familien alles jederzeit zum Thema werden kann, frei nach dem Motto: »Da fällt mir grade ein…« Einen Unbekannten auf der Straße können wir nicht mit allem, was uns einfällt, behelligen. Wenn hier das sozialen Handeln routinehaft abläuft, gibt es sogar überhaupt keinen thematischen (inhaltlichen) Grund, einen Unbekannten ansprechen. Das Thema zwischen Unbekannten im öffentlichen Raum ist die (meist alltäglich kleine) Krise. Ich irre in einer mir fremden Stadt umher und frage eine Polizistin: »Wo finde ich den Marienburger Platz?« Während also in der Familie der Inhalt keine Grenze kennt, ist er in der Begegnung von Unbekannten durch die Spezifik der Situation begrenzt. Als Polizist habe ich eine spezifische Rolle und deshalb fragt mich ein Unbekannter nach dem Weg. Er wird mich jedoch nicht zum Bier einladen wollen.

Grund der personalen Wertschätzung

Ein weiterer wichtiger Aspekt ist der Grund für die gegenseitige Wertschätzung. In Familien gilt unbedingte Anerkennung – im Grunde ein anderes Wort für Liebe. Auch wenn jemand aus der Familie einen schweren Fehler (z. B. ein Verbrechen) begeht, ändert dies nichts an der Liebe, an der gefühlsmäßigen Wertschätzung, die das Familienmitglied erhält. Diese drei Aspekte – affektive Bedeutsamkeit, Diffusion und Unbedingtheit der Anerkennung – machen Familien zu einer spannungsreichen, höchst konfliktgeladenen Sozialform. Denn neben harmonischen Gefühlen gibt es – gerade wenn alles Thema sein kann – immer wieder Grund zu Ärger. Liebe und Spannungen, die bis zum Hass führen können, stehen nebeneinander und schaukeln sich hoch. Nicht wenige Gewalttaten sind daher sogenannte Beziehungstaten.

In anonymen, rollenförmig begründeten Begegnungen ist die Anerkennung des anderen dagegen leistungsbezogen. Ich danke der Frau am Infoschalter der Deutschen Post, die mir gerade erklärt hat, was ein Einschreiben per Einwurf im Unterschied zum Einschreiben per Rückschrift bedeutet. Sie hat ihre Rolle gut erfüllt und damit etwas geleistet. Tut ein Akteur das nicht, kann ihm in anonymen Beziehungen auch die Wertschätzung aberkannt werden. Die Studierenden haben den Eindruck in der Veranstaltung nichts Neues zu lernen und wechseln in ein anderes Seminar.

Genau diese »letzte« Möglichkeit der Nicht-Anerkennung des Beitrags einer anderen Person, die im anonymen oder rollenmäßigen Sozialbezug denkbar ist, besteht in Familien nicht. Man kann sich über das Verhalten der Schwester, der Mutter, des Vaters ärgern – aber man kann eine Familie nicht wie einen Hochschulkurs wechseln. Und: die Güte der geleisteten Beiträge ist nicht entscheidend. So sehr sich der ältere Sohn auch bemüht, den Vater durch großartige Leistungen im Medizinstudium zu beeindrucken, der Vater liebt ihn nicht mehr als den jüngeren Bruder, der als Kunstschmied wenig Erfolg findet. In der Familie gebührt allen Angehörigen die gleiche Aufmerksamkeit und Zuwendung.

Aus den bisher genannten Merkmalen scheint fast automatisch zu folgen, dass der Einzelne in der Familie nicht wie in anonymen Rollenbeziehungen individualistisch, sondern kollektiv-solidarisch orientiert ist. Eben weil jedem die gleiche Aufmerksamkeit gebührt, weil niemand sich durch individuelle Leistungen in den Vordergrund spielen (darf/kann), erwarten wir hier auch keine individualistische Orientierung. Die Familie ist eben primär die Familie. Und wer Familiensinn hat, der denkt nicht in erster Linie an sich selbst.

Fokus der Handlungsmotivation

Aus dem zuvor Gesagten folgt auch mehr oder weniger bereits, dass Beziehungsformen, die affektiv und diffus orientiert sind, unbedingte Anerkennung erfordern und solidarisch fokussiert sind, in ihrer Geltung auf partikulare Gruppen begrenzt sind. In größeren sozialen Einheiten oder gar als universelles Prinzip, das jedem gegenüber einzuhal-

Reichweite der Geltung

ten wäre, ließe sich ein solches Handlungsmuster nicht durchhalten. Die Akteure könnten die Erwartung, ständig jeder Person gegenüber affektiv in jeder Hinsicht solidarisch zu handeln, nicht erfüllen. Sie wäre viel zu belastend. Insofern tendieren Verhältnisse mit universeller Reichweite zu einer affektiven Neutralisierung des Handelns und der Beziehung, zu einer spezifischen Eingrenzung des Handlungsinhalts (Themas), zu einer Wertschätzung, die sich daran orientiert, welche Leistung über einen Handlungsbeitrag erbracht wird, und sie neigen auch eher zu einer individualistischen Handlungsmotivation. Denn die Perspektive der individualistischen (egozentrierten) Handlungsmotivation wird man jedem Akteur unterstellen können. An die Verpflichtung gegenüber bestimmten Gruppennormen lässt sich zumeist nur dann appellieren, wenn man der gleichen Gruppe angehört. Dies muss jedoch in der anonymen Begegnung nicht der Fall sein.

Zwischenergebnis

Die Werte der Familie

Für Parsons stellt die Familie keinen eigenen Wert dar, sondern ein Muster der Handlungsorientierung, das aus einer spezifischen Kombination von Werten besteht. In der Familie unterhalten die Akteure gefühlsmäßige Beziehungen zueinander, verhalten sich solidarisch, gehen diffus auf alle auftretenden Probleme und Fragen der Angehörigen ein und halten unbedingt an der Familienbeziehung fest. Damit bleiben die gegenseitigen Orientierungen und Abstimmungen innerhalb der Familie jedoch von partikularer Geltung. Sie sind nur innerhalb der Familie, d. h. nur gegenüber den eigenen Familienmitgliedern verbindlich.

4.2.2.2 | Formale Bedingungen der Vergesellschaftung

Die moderne Familie ist – neben ihrer Ausprägung als spezifisches Wertmuster im Sinne Parsons – noch durch weitere Strukturen bestimmt, insbesondere durch ihre Größe. Georg Simmel hat von der »quantitativen Bestimmtheit der Gruppe« gesprochen. Diese quantitative Bestimmtheit war vor allem Grund für die Ausprägung spezifischer formaler Eigenschaften von Beziehungen, die gerade innerhalb der Familie bedeutsam sind. Von Georg Simmel stammt die folgende Unterscheidung numerisch einfachster Bestimmtheiten sozialer Gruppen:

Numerische
Bestimmtheiten

- Einheit
- Zweiheit
- Dreiheit

Wenn wir vom Problem der Sozialisation als der »Vergesellschaftung des Individuums« ausgehen, ist nicht verwunderlich, dass für Georg Simmel die Einheit, eben der Einzelmensch, die in quantitativer Hinsicht einfachste gesellschaftliche Erscheinung darstellt. Nur: Warum ist »der isolierte Einzelmensch« nicht Gegenstand der Psychologie? Was soll am isolierten Leben des Einzelnen sozial sein?

Einheit

Um diese Frage zu beantworten, befasst sich Georg Simmel mit den Phänomenen der »Einsamkeit« und der »Freiheit«. Dabei begreift er die Erfahrung der Einsamkeit als eine »Fernwirkung der Gesellschaft«. Einsamkeit wird nicht verspürt, weil Menschen allein, im quantitativen Sinn bloß für sich da sind. Das Problem der Einsamkeit besteht darin, dass die Abwesenheit der anderen als Mangel empfunden wird. Die Erfahrung der Einsamkeit beruht auf der Möglichkeit, den anderen als Bereicherung, z. B. als Gesprächspartner, als Freund, als denkbaren Horizont der eigenen Existenz zu kennen, aber eben auch zu vermissen. Einsamkeit kann sich zudem paradox einstellen, gerade in der gedrängten Erfahrung von anderen Akteuren, etwa das Erleben von Einsamkeit in der anonymen Masse. An einem Ort befinden sich zwar neben mir noch unzählige andere Menschen, aber ich kann mit ihnen nichts anfangen, ich fühle mich allein. Einsamkeit ist somit ein Zurückgeworfensein auf sich selbst, das die Möglichkeit, mit anderen zusammen zu sein, voraussetzt.

Ganz ähnlich verhält es sich mit der Freiheit: »Der Freie bildet eben nicht mit andern zusammen eine Einheit, sondern ist eine solche für sich selbst.« (Simmel 1983, S. 254). Freiheit entsteht für Simmel also dadurch, dass ein Akteur von der Einheit, die er mit anderen bildet, abzusehen vermag. Freiheit ist in diesem Sinn eine Form der Selbststärke. Der Akteur vermag an sich wahrzunehmen, dass er selbst eine eigenständige Handlungseinheit darstellt. Aber in der Erfahrung der Freiheit steckt die Negation der anderen, die ja in gewisser Hinsicht eine Übertreibung ist. Schließlich können wir nicht ganz von den anderen absehen und wir bleiben in unserem Handeln immer von ihnen abhängig. Doch die Freiheit beruht auf den Momenten der Negation: Hier kann ich eigene Wege gehen, meine Prioritäten setzen.

Bemerkenswert an Simmels weiteren Überlegungen ist, dass die nächst größeren Formen – also Zweiheit und Dreiheit – jeweils Verbindungen zu den vorangehenden, nächst kleineren Formen aufweisen. Zur Zweiheit, die heute zumeist als Dyade bezeichnet wird, erläutert er Folgendes: Die »Abhängigkeit der Zweiergruppen von der reinen Individualität des einzelnen Gliedes lässt die Vorstellung ihrer Existenz in näherer und fühlbarer Weise von der ihres Endes begleitet sein, als es bei andern Vereinigungen der Fall ist, von denen jegliches Mitglied weiß,

Zweiheit

dass sie nach seinem Ausscheiden oder seinem Tode weiterexistieren können.« (Simmel 1983, S. 255).

Diese Aussage von Simmel klingt für unsere heutigen Ohren etwas ungewöhnlich. Versuchen wir sie zu übersetzen. Es ist also von Zweierbeziehungen, von Dyaden die Rede. Nun heißt es, dass die Zweierbeziehung von jedem einzelnen Glied, also von jedem beteiligten Individuum – der nächst kleineren numerischen Form – abhängig ist. Umgekehrt bedeutet das: Wenn nur ein Individuum fehlt, ist das soziale Gebilde der Zweierbeziehung zerstört. Die Anwesenheit oder Abwesenheit einer Person in der Zweierbeziehung wird somit zum zentralen Kriterium. Ist die geliebte andere Person nicht da, tritt unweigerlich das Gefühl der Einsamkeit ein. Es ist eben jener Reflex auf die Fernwirkung der gewünschten Zweiheit, der das Leiden der voneinander getrennten Liebenden verursacht. In der Dyade sind die beiden beteiligten Individuen zudem unmittelbar aufeinander bezogen (s. Abb. 10).

Diese Gruppenbeziehung ermöglicht daher die intensivste Form der Aufmerksamkeit, die das jeweils beteiligte Individuum erfahren kann. In der Zweierbeziehung konzentriert sich die eine Person voll und ganz auf das Erleben der anderen Person und umgekehrt. Dieses Verhältnis der gegenseitig gespendeten höchstpersönlichen Aufmerksamkeit wird nun in triadischen Sozialverhältnissen, in sogenannten Dreieckbeziehungen aufgelöst (s. Abb. 11).

Dreiheit »Wo drei Elemente A, B, C eine Gemeinschaft bilden, kommt zu der unmittelbaren Beziehung, die [...] zwischen A und B besteht, die mittelbare hinzu, die sie durch gemeinsames Verhältnis zu C gewinnen. Dies ist eine formal soziologische Bereicherung, außer durch die gerade und

---

Abb. 10 │ **Direkte Beziehung der Dyade**

A ●━━━━━━━● B

Abb. 11 │ **Indirekte Beziehungen der Triade**

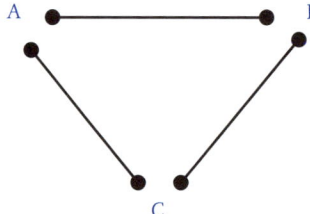

Familiäre Triade

Abb. 12

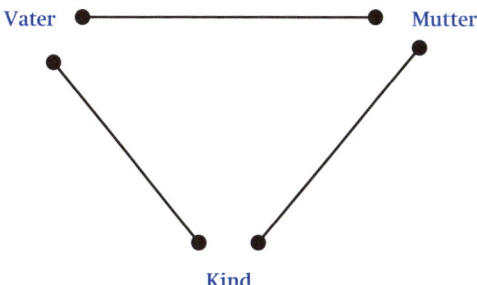

kürzeste Linie werden hier je zwei Elemente auch noch durch eine gebrochene verbunden [...].« (Simmel 1983, S. 258)

Die Triade (A-B-C) besteht somit aus drei miteinander potenziell konkurrierenden Dyaden (A-B, B-C, A-C). Triaden haben also die Möglichkeit, sich in andere soziale Einheiten aufzulösen. Zugleich eröffnet die Triade dem sogenannten Dritten vielfach eine besondere Position, z.B. als lachendem Dritten (wenn zwei sich streiten...), als unparteiischem Dritten usf.

Der durchschnittliche Normalfall der modernen Familie ist der der »Kernfamilie«. Gemeint ist damit die Zwei-Generationen-Familie bestehend aus Vater, Mutter und meist ein bis zwei Kindern. Haushalte, die drei oder mehr Generationen beherbergen, oder kinderreiche Familien sind seit Mitte des 20. Jahrhunderts mehr und mehr zum Ausnahmefall geworden.

Daher lässt sich die moderne Familie als triadisches System auffassen, das auf zwei Differenzen aufbaut: der Geschlechterdifferenz des Elternpaars und der Generationsdifferenz zwischen Eltern und Kindern (s. Abb. 12).

Insofern enthält auch die moderne Kleinfamilie die für eine Triade typischen Widersprüche, die sich aus der möglichen Konkurrenz von drei Dyaden ergeben: Vater-Mutter, Mutter-Kind, Vater-Kind.

Zwischenergebnis

Einsam – Zweisam – Dreisam

Die Zahl der Gruppe hat nach Georg Simmel eine strukturelle Bedeutung. Das kleinste soziale Gebilde ist für ihn die Einheit – die gesellschaftliche Bestimmtheit des Individuums. Die Einsamkeit wird dabei als eine Fernwirkung der Gesellschaft gedeutet. Dies ist auch für die nächst größere Gruppe – der Zweierbeziehung – von Relevanz. Die Abwesenheit einer geliebten Person in einer Paarbeziehung löst ebenfalls eine solche Fernwirkung aus und macht damit die Prekarität dieser Beziehungsform deutlich. Allerdings ermöglicht die Anwesenheit zweier Personen als Dyade die intensivste Form der gegenseitigen Bezugnahme. Diese direkte Form der Bezugnahme wird in der Dreierbeziehung – der Triade – unterbrochen. Hier können sich Personen einander zuwenden und voneinander abwenden und darüber eine Konkurrenz innerhalb der Beziehung erzeugen, ohne dass diese dadurch zerstört wird.

4.2.2.3 | Struktureigenschaften der modernen Kernfamilie

Bevor die Dynamik, die sich aus dem Spannungspotential der Familienstruktur entwickelt, genauer untersucht wird, wird in einem Zwischenschritt die beziehungsstrukturelle Analyse Simmels mit der Wertmusteranalyse Parsons verknüpft. Diese Verbindung wird in der heutigen Familiensoziologie von Autoren wie Ulrich Oevermann (2001) oder Bruno Hildenbrand (2000) vertreten. Der Kerngedanke dieser Verbindung ist bereits in einem Aufsatz von Talcott Parsons (1954) angelegt, in dem dieser sich mit der Bedeutung des Inzesttabus, das sich in den Familienstrukturen nahezu aller Gesellschaften vorfinden lässt, für die Struktur der modernen Familie beschäftigt.

Die gegenwärtigen Ansätze der Familiensoziologie sprechen der modernen Kernfamilie fünf Struktureigenschaften zu:

1. Paarbeziehung und Eltern-Kind-Beziehung (Familie = zwei Beziehungsperspektiven),
2. Unkündbarkeit der Personen,
3. Nicht-Austauschbarkeit des Personals,
4. affektive Solidarität,
5. Körperbasis der Paar- (und eingeschränkt) der Eltern-Kind-Beziehung.

Kombination von Geschlechter- und Generationsdifferenz

In der modernen Kernfamilie gibt es auf der einen Seite eine symmetrisch (egalitäre) Paarbeziehung, die im normativen Grundverständnis eine gegengeschlechtliche Beziehung ist. Es bilden sich somit geschlechtsspezifische Pole des Paares in den Rollen der Ehefrau und des Ehemannes aus. Die Geschlechterdifferenz zwischen Mann und Frau bezieht sich nicht (mehr) primär auf die Frage der Verortung im Haus oder außerhalb des Hauses, wie dies in der traditionellen oder klassisch modernen Variante des männlichen Alleinernährermodells vorherrschend war. Auf diesen Punkt kommen wir weiter unten nochmals zurück. Zur Geschlechterdifferenz tritt die Generationsdifferenz. Aus der Kinderperspektive werden durch die Kombination von Geschlechts- und Generationsdifferenz Vater und Mutter als unterscheidbare Sozialfiguren erfahrbar. Die Generationsdifferenz markiert zudem ein asymmetrisches Beziehungsverhältnis.

Die Debatten um die aktuelle Familienstruktur ergeben sich aus der Frage, ob eine Kombination beider Differenzen zwingend erforderlich ist oder ob nicht etwa die Ausbildung einer Geschlechterdifferenz im Elternpaar verzichtbar ist. Schließlich kennen wir empirische Fälle alleinerziehender Eltern oder auch homosexueller Paare mit Kindern. Soziologen wie Oevermann oder Hildenbrand tendieren in dieser Frage zu der These, dass auch in alleinerziehenden Familien und in Familien mit homosexuellen Paaren (zumindest aus der Kinderperspektive, möglicherweise auch innerhalb der Gattenperspektive) die Geschlechterdifferenz ausgebildet wird oder die Kinder in ihrem sozialen Umfeld nach Ersatzvätern oder Ersatzmüttern suchen. Für Kinder erscheint somit die Unterscheidbarkeit eines mütterlichen und eines väterlichen Pols in der Familie wichtig zu sein.

Auch bei den Struktureigenschaften zwei und drei könnten wir aufgrund aktueller Familienentwicklungen etwas verwundert sein. Wie sollen wir die Merkmale »Unkündbarkeit« und »Nicht-Austauschbarkeit« verstehen? Zum Beispiel im Fall von Scheidungen oder wenn Elternteile aus Scheidungsfamilien erneut heiraten und sie und ihre Kinder dort wiederum auf Kinder und Eltern aus geschiedenen Familien treffen. Aus Sicht von Oevermann und Hildenbrand sprechen konkrete Trennungen oder Scheidungen nicht gegen die Orientierung der Familie an der Unkündbarkeit der Familienangehörigkeit und an der Nicht-Austauschbarkeit des »Personals«. Zunächst einmal wollen sie verdeutlichen (und darin folgen sie Überlegungen von Parsons), dass die Frage der Trennung und der Bedeutung des Einzelnen in der Familie von Formen des Umgangs mit einer Person im Wirtschaftsleben zu unterscheiden ist.

Unkündbarkeit (Dauer) und Nicht-Austauschbarkeit

Die Logiken des Tausches, speziell des Austauschens und der Kündigung kennen wir primär aus der Wirtschaft. Dabei gelten die Regeln des Tauschs und Austauschs in erster Linie für Sachen und nicht für Menschen. Wir können Brot gegen Stoff, Milch gegen Holz usf. tauschen. Auch können wir Glühbirnen in Lampen austauschen, etwa hellere gegen eine dunklere, oder wir ersetzen Glühbirnen durch Leuchtstoffröhren. Wir können ein defektes Verbindungskabel gegen ein neues austauschen usf. In bestimmten sozialen Zusammenhängen, insbesondere in betrieblichen Organisationen, haben wir uns angewöhnt, ebenfalls von der Austauschbarkeit oder Ersetzbarkeit einer Person auszugehen. Tatsächlich handeln Unternehmen ja oft auch so, dass sie weniger leistungsfähige Personen durch leistungsstärkere ersetzen.

Hier ist es nun wichtig, sich an das einleitende Argument von Parsons zu erinnern. Die Kombination der Wertmuster führt nicht zu einer Aussage über alle tatsächlichen Familien. Sie ist ein Leitmuster, ein von den Akteuren selbstverständlich vorausgesetzter Orientierungsrahmen. Innerhalb der Familie geht man nicht davon aus, dass Eltern nach der Geburt ihr Kind bei Nicht-Gefallen umtauschen können. Ähnlich wird der Schritt zu einer ehelichen Bindung angesehen. Wenn sich Frau und Mann entscheiden, zusammenzuleben und gemeinsam Kinder zu bekommen, wäre es verwunderlich, wenn sie im Kleingedruckten des Ehevertrags eine Umtauschgarantieklausel einbauen wollten. In der Familie gehen wir davon aus, dass jeder Angehörige des engeren Familienkreises (Vater, Mutter, Kind) innerhalb dieser Familie als individuelle Person nicht zu ersetzen – eben unersetzlich – ist. Genau das meint Parsons mit dem Kriterium der unbedingten Anerkennung. Während wir es uns also beim Einkaufen oder bei der Wahl des Berufs oder des Arbeitsplatzes immer wieder auch anders überlegen können, besteht diese Option in Bezug auf unsere Familienmitglieder nicht. Sie lassen sich nicht austauschen und ihnen kann nicht gekündigt werden.

Vokabular des Tauschs Vielleicht wäre es präziser, wenn wir es so ausdrücken würden: Auf Familienverhältnisse lässt sich das Vokabular der Kündigung und des Tausches nicht ohne weiteres anwenden. So wie es ein Kategorienfehler (und damit ein Witz) wäre, mit seinem Büro oder seiner Arbeit verheiratet zu sein, kann man die Eltern nicht umtauschen. Trennungen sind zwar auch innerhalb der Familie möglich, aber sie sind anders begründet. Warum aber sind diese Erfahrungen der Unkündbarkeit und der Nicht-Austauschbarkeit wichtig für den Sozialisationsprozess?

Aufbau einer Vertrauensbasis Zu Anfang wurde davon gesprochen, dass die Familie die primäre Sozialisationsinstanz ist. Das Kind macht hier seine ersten Erfahrungen mit der Gesellschaft. Wenn es nun richtig ist, dass sich hinter den Regeln der Nicht-Austauschbarkeit (aktuell) und der Nicht-Kündbarkeit (in Zukunft) der Orientierungsrahmen einer unbedingten Anerkennung verbergen, dann wird dem Kind damit eine basale Sicherheit, ein grundsätzliches Vertrauen in seine primäre gesellschaftliche Umwelt gespendet.

Affektive Solidarität und Körperbasiertheit Wenn in Familien über die selbstverständliche Annahme der Unkündbarkeit und Nicht-Austauschbarkeit ein Vertrauen hergestellt wird und jedes einzelne Familienmitglied als individuell einzigartige Person darüber die Anerkennung der Nicht-Ersetzbarkeit erfährt, sodass die Familie die Grundvoraussetzungen für ein Vertrauen in die soziale Umwelt und für ein »gesundes« Selbstvertrauen schafft, dann folgt daraus, dass innerhalb der Familie eine Basis affektiver Solidarität zwischen den einzelnen Angehörigen geschaffen wurde.

Allerdings entsteht die affektive Basis dieser Solidarbeziehungen vor verschiedenen Hintergründen. Für die Paarbeziehung der Gatten steht die körperbasierte Attraktivität, das gegenseitige Begehren am Anfang, während die Eltern-Kind-Beziehung aus der Kinderperspektive mit der affektiven Erfahrung von Geborgenheit beginnt. So geht die struktura-listische Familienforschung davon aus, dass für die Familie insgesamt die Basis der affektiven Solidarität gilt, dass aber die körperliche Basis der affektiven Solidarität unterschiedliche Quellen – nämlich sexuelle Attraktivität bzw. Geborgenheit – besitzt.

Von dieser Unterscheidung können wir zu der Problematik der Kom-bination der doppelten Differenz von Geschlechter- und Generations-unterschieden zurückkehren. Die strukturale Analyse hält es für (funk-tional) erforderlich, dass sich die Triade der modernen Kernfamilie über die Kette von drei möglichen Dyaden (Vater-Mutter, Mutter-Kind, Vater-Kind) ausbildet. Entscheidend ist dabei die Nicht-Ersetzbarkeit der dya-dischen Positionen. Genau deshalb kommt es zum Inzesttabu. Das Kind kann nicht die Position von Mutter oder Vater in der Vater-Mutter-Dyade einnehmen, so wie bspw. die Mutter nicht die Rolle des Kindes in der Vater-Kind-Dyade einnehmen kann.

Aber nicht vergessen: Auch wenn behauptet wird, dass dies »struk-turell« nicht möglich sei, heißt das nicht, dass es nicht faktisch gesche-hen kann. Denken wir uns ein Beispiel aus, eine Handwerkerfamilie (s. Kasten).

Ein Beispiel

Frühe Verantwortung

Ein Elektromeister besitzt einen kleinen Laden. Seine Ehefrau ist mithel-fende Familienangehörige. Sie haben zwei Kinder, eine Tochter (11 Jahre), ein Sohn (5 Jahre). Kurz vor der Einschulung des Sohnes entwickelt die Mutter eine manifeste Depression und begeht einen appellativen Selbst-mordversuch (ein Versuch, die Umwelt auf den hohen Leidensdruck, der mit einer gegebenen eigenen Situation verbunden ist, hinzuweisen). In den nächsten Jahren folgen weitere appellative Selbstmordversuche der Mutter. Der Vater reicht die Scheidung ein. Die Tochter übernimmt mehr und mehr die Mutterrolle für den kleinen Bruder und hilft wie ihre Mutter im Familienbetrieb mit. Noch an dem Tag, an dem sie voll-jährig wird, zieht die Tochter aus der elterlichen Wohnung aus. Heute lebt sie im Alter von Ende 40 unverheiratet in einer Land-WG und arbei-tet Teilzeit in einem hoch qualifizierten akademischen Beruf.

Aus einer strukturalen Sicht fallen drei Dynamiken in dem Beispiel auf: erstens der Versuch der Mutter durch die appellativen Suizidversuche in die Rolle des schutzbedürftigen Kindes zu schlüpfen; zweitens die zwangsweise »Beförderung« der noch im Schulkindalter befindlichen Tochter in die Verantwortung der Mutterrolle; drittens ein eskapistischer (fluchtartiger) Ablösungsprozess der Tochter vom Elternhaus.

Substitution der mütterlichen Rolle

Warum kann man an diesem Fall sehen, dass strukturell betrachtet die Positionen in den Dyaden nicht vertauschbar sind? Parsons ursprüngliches Argument besagt, dass das Inzesttabu dafür sorgt, dass sich die Kinder von der Herkunftsfamilie ablösen, weil es für sie keine Position in der Elterngeneration geben kann. Die Elternposition können sie nur in einer selbst gegründeten Familie einnehmen. Daher geht vom Inzesttabu – also vom Verbot des Austauschs von Dyadenpositionen – ein Autonomisierungsdruck auf die Kindergeneration aus. Im geschilderten Beispiel misslingt der autonome Aufbau einer eigenen Familie. Die Tochter löst sich nicht selbstsicher von ihrer Herkunftsfamilie, sondern flieht aus ihr. Ihre Ehelosigkeit und ihr reserviertes berufliches Engagement sind Ausdruck eines risikoaversen Lebensstils.

Das Beispiel zeigt sicherlich die Bedeutung der Nicht-Auswechselbarkeit der Generationspositionen auf. Aber folgt aus ihm auch die Nicht-Auswechselbarkeit der Geschlechterpositionen bzw. umgekehrt die Notwendigkeit, die Geschlechterdifferenzen in der Familie deutlich zu markieren? Das Beispiel veranschaulicht, dass es wichtig ist, dass die Elterngeneration als Paar markiert wird, das aus zwei nicht austauschbaren Positionen besteht. Denn die Möglichkeit, eine Position im Elternpaar zu ersetzen, würde für die Kinder die Strategie eröffnen, eine Erwachsenenposition innerhalb der Familie einzunehmen. Genau dies soll aber in der Rahmenstruktur der modernen Kernfamilie vermieden werden: Die Kinder müssen irgendwann aus dem Haus! Ihnen darf somit keine Gelegenheit geschaffen werden, eine lebenszeitlich dauerhafte Position in der Familie zu erlangen. Unklar bleibt aber, ob die Anzeige der Geschlechterdifferenz in gleicher Weise erforderlich ist wie die mit dem Inzesttabu markierte Generationsdifferenz. Ein Argument für die Konstruktion von Geschlechterdifferenzen könnte sein, dass zur Konstruktion einer Paaridentität die Differenz der Partner symbolisch markiert werden muss, sodass sich im Grunde auch wieder in homosexuellen Paarbeziehungen Substitute von Geschlechterdifferenzierungen ausbilden würden (weiterführend zur Debatte um Paaridentität im Vergleich homosexueller und heterosexueller Paarbeziehungen s. Maier 2008).

Strukturmerkmale der modernen Kernfamilie

Nach Oevermann und Hildenbrand ist die moderne Kernfamilie durch die Spannung zwischen zwei Differenzziehungen geprägt: der Geschlechterdifferenz und der Generationsdifferenz. Beide Differenzen durchkreuzen sich innerhalb der möglichen Beziehungen zwischen Vater – Mutter, Vater – Sohn, Mutter – Tochter, Vater – Tochter und Mutter – Sohn. Dabei versichern die Strukturmerkmale der Unkündbarkeit und Nicht-Austauschbarkeit die basale Erfahrung von Vertrauen. Diese Erfahrung ist im Hinblick auf die kindliche Entwicklung bedeutsam, da sie generelles Vertrauen in soziale Beziehungen zu vermitteln vermag. Die Vertrauensbasis wird zudem durch das Merkmal der affektiven Solidarität innerhalb der Familie unterstützt. Die eingeschränkte Körperbasiertheit der Eltern-Kind-Beziehung (Inzesttabu) hat neben der Bedeutung für die Vertrauensbasis (Missbrauchsverbot) zwischen Kindern und Eltern auch die Funktion der Autonomisierung. Im Jugendalter und als junge Erwachsene suchen die Kinder nach Sexualpartnern und orientieren sich damit außerhalb des Elternhauses. Der Ablösungsprozess von den Eltern wird somit über das Inzestverbot gesichert. Dabei kann das Inzesttabu auch in übertragenem Sinn verstanden werden. Eltern, die ihre Kinder zu lange umsorgen und ihnen darüber Selbstverantwortung vorenthalten, rücken sie in ein quasi-inzestuöses Verhältnis – »sie lassen sie nicht los«. Umgekehrt kann eine Übernahme elterlicher Rollen durch Kinder Spannungen hervorrufen, die in der weiteren Entwicklung der Kinder ungelöst bleiben.

System und Lebenswelt – zur Verselbstständigung der Marktverhältnisse | 4.2.3

Wir haben uns bisher bei der Frage nach der Integration auf der Ebene eines sozialen Mikrosystems – der Familie – bewegt. Das Problem der gesellschaftlichen Integration – so wie es uns aus der klassischen Soziologie überliefert ist – umfasst aber die gesamte Gesellschaft, es stellt sich also auch die Frage nach der Integration auf der Makroebene. Sie ist zudem mit der Dynamik des sozialen Wandels verkoppelt. Die Veränderung der gesellschaftlichen Integrationsform verweist auf sozialen Wandel, aber die mangelnde Integration kann ebenfalls zu sozialem Wandel führen. Eine Frage, die sich somit an die Formen der anonymen Vergesellschaftung aus Interessenslagen, an die »organische Solidarität« richten lässt, lautete demnach: Worauf kann die Stabilität systemischer

Stabilität systemischer Integration

Integration beruhen? Darauf kann es theoretisch mindestens zwei – gegensätzliche – Antworten geben

1. Die Systemintegration ist aus sich selbst heraus stabil.
2. Die Systemintegration wird durch »Überbleibsel« einer Sozialintegration gestützt.

Die Frage nach einer möglichen Bedeutung des Verhältnisses von Sozialintegration und Systemintegration wurde in den 1960er Jahren von dem britischen Soziologen David Lockwood erörtert. Er versuchte aufzuzeigen, dass es nicht nur auf der Ebene der sozialen Integration (zwischen Akteursgruppen, z. B. Klassen) zu Störungen oder gar Krisen kommen kann, sondern auch auf der Ebene der Systemintegration. Ein System kann demnach aus sich selbst heraus instabil sein. Lockwood sieht eine Instabilität dann als gegeben an, wenn sich eine Tendenz zu sozialem Wandel »aus dem funktionalen Widerspruch zwischen einer institutionellen Ordnung und ihrer materiellen Basis ergibt« (Lockwood 1971, 135).

Funktionale Widersprüche

Lockwood leitet diese Vorstellung von funktionalen Widersprüchen aus der Marx'schen Analyse von Produktionskrisen (→ Kap. 4.3.1) ab. Er sieht aber derartige Krisen nicht auf die kapitalistische Gesellschaft beschränkt. Auch hält er in allgemeinerer Form Widersprüche zwischen einer politisch institutionalisierten Ordnung und deren sozioökonomischer Basis für möglich und diskutiert diesen Fall an Legitimationskrisen der sowjetischen Gesellschaft. Im Fall der von einer politischen Zentrale (Zentralkomitee der KPdSU) aus gesteuerten Gesellschaft lässt sich vom »Standpunkt des ›herrschenden‹ politischen Systems aus die Wirtschaft insgesamt als die ›materielle Basis‹ […] betrachten« (Lockwood 1971, 132).

Definition

Sozialintegration – Systemintegration (David Lockwood)

→ Unter Sozialintegration versteht Lockwood den Zusammenhalt zwischen Akteuren bzw. Gruppen, Gemeinschaften oder Klassen von Akteuren. Akteure können bspw. verschiedene Interessenlagen besitzen und dadurch in Widerspruch oder Konflikt miteinander geraten. Innerhalb einer Gruppe oder Gemeinschaft von Akteuren kann es einen starken oder schwachen Zusammenhalt geben. Die Sozialintegration beruht somit immer auf den Motiven und Orientierungen der Akteure (als Gruppen-, Gemeinschafts- oder Klassenverband).

→ Systemintegration bezeichnet hingegen die Eigenschaft von sozialen Mechanismen oder Strukturverhältnissen. Über welche Mechanismen werden die wirtschaftlichen Kreisläufe von Gesellschaften in Gang gehalten? Wie eng oder lose sind sie gekoppelt? Kann es innerhalb solcher Kreisläufe zu Krisen kommen? Wie sind gesellschaftli-

che Einheiten (z. B. Politik und Wirtschaft) strukturell miteinander
verbunden? Kann es zu Störungen dieser Kopplung kommen?

Es kann in dieser Einführung nicht darum gehen, die einzelnen Beispiele, die Lockwood als Probleme oder Widersprüche der funktionalen Systemintegration diskutiert, zu rekapitulieren und zu überprüfen. Wir
wollen uns vielmehr einem systematischen Problem zuwenden, das Jürgen Habermas im zweiten Band seiner »Theorie des kommunikativen
Handelns« hinsichtlich der Möglichkeit einer Systemintegration aufgeworfen hat. Für Habermas ist ein Problemaufriss, wie Lockwood ihn
vorgibt, vergleichbar mit der Hobbes'schen Einführung des Staates als
absoluten Souveräns (→ Kap. 3.3.4).

Nach Hobbes entsteht eine absolute Staatsgewalt, indem die Akteure **Hobbes Staats-**
in ihrem Sicherheitsbedürfnis die eigene Verfügung über Gewaltmittel **vertragstheorie**
an den Staat abgeben. Habermas hält die Hobbes'sche Antwort auf
die Frage, wie soziale Ordnung entsteht – also im Grunde die Frage nach
der Möglichkeit einer Systemintegration auf der gesellschaftlichen
Makroebene – für ungenügend: »Die Lösung, die Hobbes für dieses Problem in Form eines Herrschaftsvertrags mit unbedingter Unterwerfung
aller unter die absolute Gewalt eines einzigen vorschlägt, setzt freilich
eine Situation voraus, in der die zweckrational handelnden Subjekte
schon bereit sind, die für einen Vertragsabschluss notwendigen Bedingungen zu erfüllen.« Aber »(d)as Modell zweckrationalen Handelns [das
Hobbes voraussetzt; M.C.] kann nicht erklären, wie Aktoren eine Vereinbarung treffen können, die vernünftig ist, d. h. die Interessen aller Beteiligten berücksichtigt.« (Habermas 1981, II, S. 315 f.)

Habermas bindet die Vorstellung von Systemintegration daran, dass **Systemtheoretische**
innerhalb des systemischen Prozesses wenigstens in irgendeiner Form **Erklärungslücke**
symbolisiert wird, dass und wie die beteiligten Akteure eine Vereinbarung getroffen haben. Demnach folgt er einer alternativen These,
nämlich der, dass Systemintegration letztlich an Überbleibseln, Resi-
duen oder Folgeprodukten der Sozialintegration gekoppelt ist. Demgegenüber sieht der neuere Systemfunktionalismus – zuerst Talcott Parsons und ihm folgend Niklas Luhmann (→ Kap. 3.4.3) – die Möglichkeit,
dass eine vermittelnde Akzeptanz der Gesellschaft innerhalb des Systems symbolisiert wird – hier über die »symbolisch generalisierten
Kommunikationsmedien«. Sie – so Luhmann – ermöglichen die höchst
unwahrscheinliche Selektion der »Annahme kommunikativer Selektionen«. Auf je eigene Weise postulieren Parsons und Luhmann Erscheinungen wie »Geld«, »Macht«, »Wahrheit«, »Einfluss« oder »Wertbindung«
als derartige Kommunikationsmedien. Habermas ist nun im Unter-

schied zu Parsons und Luhmann einer integrativen Kraft der Systeme gegenüber eher skeptisch. Ausführlich diskutiert er die Schwierigkeiten der Medientheorie von Talcott Parsons (Habermas 1981, S. 297–419).

Deshalb versucht er nachzuweisen, dass es in der Parsons'schen Theorie eine Bruchstelle zwischen Handlungs- und Systembegriff gibt. Diese Bruchstelle zeigt sich – so Habermas – in der Art und Weise wie die neuere Systemtheorie die »symbolisch generalisierten« Steuerungsmedien versteht. Ihre Aufgabe wäre es nämlich, zu klären, in welcher Weise von einer Verallgemeinerung der »Symbole« innerhalb der systemischen Kommunikation gesprochen werden kann. Zunächst einmal lässt sich symbolische Interaktion – wie am Beispiel des Sprechhandelns – als elementare Praxis, als Handlungsvollzug auffassen. Damit bewegt sich eine Analyse auf der Ebene der sozialen Integration (Mikro- oder Mesoebene). Um von einer Systemintegration sprechen zu können, muss somit aufgewiesen werden, wie sich die Medien über eine symbolische Generalisierung und eine damit verbundene Abkürzung der symbolischen Prozesse von der mikrosozialen Ebene abzulösen vermögen. Der paradigmatische Fall an dem eine solche Ablösung – übrigens bereits bei Marx – durchgespielt wurde, ist der des Geldes. Daher rekapituliert Habermas das Modell der Systemintegration an Parsons' Analyse des Geldes als symbolisch generalisiertem Medium.

Geld als verselbständigtes Systemmedium?

Zunächst einmal geht Habermas davon aus, dass das »Medium Geld [...] sprachliche Kommunikation in bestimmten Situationen und in bestimmten Hinsichten« (Habermas 1981, II, S. 391) ersetzen soll. Unter funktionalen Gesichtspunkten soll Geld »den Aufwand an Interpretationsleistungen wie auch das Risiko eines Scheiterns der Verständigung« (ebd., S. 392) verringern. Wir haben diese Funktion der kommunikativen Akzeptanzverstärkung durch symbolische Medien in Kapitel 3.4.3 bei der Erörterung von Luhmanns Medientheorie bereits kennengelernt. Habermas bezeichnet diesen Vorgang – durchaus in Anlehnung an Luhmann – als »Technisierung der Lebenswelt« (ebd., S. 394). Wenn aber Steuerungsmedien in Form einer Technisierung die lebensweltliche Praxis der sprachlichen Kommunikation ersetzen sollen, dann wäre »der Frage nachzugehen, wie ein Steuerungsmedium beschaffen sein muss, wenn die Umstellung des kommunikativen Handelns auf mediengesteuerte Interaktion die Lebenswelt in dem Sinne technisieren soll« (ebd., S. 395). Mit Parsons hebt Habermas dazu vier Gruppen von Merkmalen hervor:

a) »strukturelle Merkmale«,

b) »qualitative Merkmale«,

c) die »Struktur von Anspruch und Einlösung« und

d) den »systembildenden Effekt« (ebd.).

Habermas stellt sich den Zusammenhang der vier Merkmalsgruppen ungefähr so vor. Strukturelle und qualitative Merkmale unterstützen sich gegenseitig. Unter die strukturellen Merkmale fallen bestimmte Funktionseigenschaften, die Geld im wirtschaftlichen Tauschprozess annimmt. Geld hat erstens die Funktion der Verallgemeinerung von Wert. Nicht jedes Gut muss individuell auf der Basis seiner konkreten Eigenschaften beurteilt werden, sondern es erhält durch den Preis einen generalisierten Wert. Dies vereinfacht zweitens die Stellungnahmen der Akteure (Kaufen vs. Nicht-Kaufen, Verkaufen vs. Nicht-Verkaufen) und kann drittens über die Rentabilitätsberechnung einen Vergleichsmaßstab des Handelns etablieren. Der Akteur kann entscheiden, ob er ein Gut zu einem bestimmten Preis kauft, und er kann berechnen, ob sich ein solcher Kauf gegebenenfalls auch lohnt, ob sich durch eine Investition ein späterer Gewinn erzielen lässt. Strukturelle Merkmale

Diese strukturellen Eigenschaften kann Geld aufgrund seiner »qualitativen Merkmale« erfüllen. Geld »muss so beschaffen sein, dass es gemessen, in beliebigen Größenordnungen veräußert und gespeichert werden kann« (Habermas 1981, II, S. 396). Geld in einer monetarisierten Wirtschaft schafft damit »grundsätzlich vier Optionen, nämlich Geldbesitz entweder zu horten oder zu verausgaben, zu sparen oder anzulegen« (ebd., S. 397). Qualitative Merkmale

Das Verhältnis von Anspruch und Einlösung wird in der potenziellen Gegenüberstellung von Nominalwerten und Realwerten sichtbar. So wird einem Arbeiter Lohn in einer bestimmten Geldhöhe ausgezahlt, was den Nominalwert seines Lohns darstellt. Demgegenüber löst erst der Einsatz dieses Lohns im Kauf von Gütern den Realwert ein. Den in Form von Geldsummen repräsentierten Nominalwerten stehen Gütermengen als Realwerte gegenüber. Eine Währung ist durch Reserven anderer Art, Gold oder Ziehungsrechte der Weltbank gedeckt. Anspruch und Einlösung

Der systembildende Effekt des Geldes besteht letztlich darin, dass es einen wirtschaftlichen Kreislauf zu etablieren vermag. Dieser Kreislauf kann stabil sein, indem sich die Zahlungsströme aus Kaufen und Verkaufen ausgleichen. Es kann aber auch zu krisenhaften Schwankungen kommen, z. B. im Fall der Inflation. Wenn der Nominalwert des Gelds entwertet wird, weil man mit dem aus Verkäufen gewonnenen Geld weniger Güter als zuvor kaufen kann, produziert der Umgang mit Geld selbst eine eigene Veränderungsdynamik. Darüber hinaus können aus dem Kreislauf des Geldes weitere Marktformen (wie der Geldmarkt als ausschließlicher Handel mit Geld oder der Kapitalmarkt als Handel mit Wertpapieren und Aktien) hervorgehen. Das symbolische Medium Geld bewirkt also weitere Ausdifferenzierungen über spezielle Systembildungen. Systembildende Effekte

Differenz Geld/Sprache

Für Habermas gibt es allerdings einen zentralen Unterschied zwischen der systemischen Integration über Geld und der lebensweltlichen (sozialen) Integration über Sprache (Kommunikation). Geld stellt ein Medium dar, »das nicht schon durch sein bloßes Funktionieren hinreichendes Systemvertrauen weckt, sondern einer institutionellen Verankerung bedarf. Diese kommt über die privatrechtlichen Institute des Eigentums und des Vertrages zustande.« (Habermas 1981, II, S. 398) Die Integration über systemische Steuerungsmedien wirft somit eine spezifische Vertrauensproblematik auf. Medien kann man misstrauen – Geld kann der Inflation unterliegen. Der eigenen Sprache (Habermas: »Muttersprache«) könnten die Akteure – abgesehen von Grenzfällen – »nicht misstrauen. Denn über das Medium sprachlicher Konsensbildung laufen kulturelle Überlieferung und Sozialisation ebenso wie die gesellschaftliche Integration, wobei kommunikatives Handeln stets in lebensweltliche Kontexte eingebettet ist.« (ebd., S. 398)

Förmliche Rückkoppelung

Weil aber im Falle der Systemintegration die Möglichkeit eines grundsätzlichen Misstrauens gegenüber dem Steuerungsmedium gegeben ist, bleiben »symbolisch generalisierte Kommunikationsmedien« notwendig an eine »förmliche Rückkoppelung [...] an die Lebenswelt« gebunden (ebd.). Systemische Integrationsmechanismen entfalten daher nicht die gleiche fraglose Selbstverständlichkeit des Gegebenen wie die Lebenswelt.

Zwischenergebnis

Wie viel Sozialintegration setzt Systemintegration voraus?

Unter Systemintegration wird die Ablösung systemischer Regulationsmechanismen von den Leistungen sozialer Integration verstanden. So kann sich z. B. über das symbolische Medium Geld ein Wirtschaftskreislauf von der Gesellschaft abspalten. Doch kann diese systemische Integration ganz auf Elemente verzichten, die letztlich auf soziale Integration zurückgehen? Habermas versucht am Beispiel des Geldkreislaufes aufzuzeigen, dass akteursabhängige Institutionen wie Verträge oder Eigentum eine grundlegende Rolle im Prozess der Wirtschaft spielen. Solche Institutionen beruhen auf der Zustimmung der Akteursgruppen innerhalb einer Gesellschaft – etwa zu einem bestimmten Eigentums- oder Vertragsrecht. Daher funktioniert das Medium Geld nicht als völlig von sozialer Integration losgelöster systemischer Kreislauf.

Lernkontrollfragen

1) Verdeutlichen Sie das Wertmuster der modernen Familie anhand der »Pattern Variables« von Talcott Parsons.

2) Erläutern Sie die Unterschiede der Dyade und Triade als Beziehungskonstellation nach Georg Simmel.

3) Erläutern Sie die in Familien bestehende Orientierungsregel der »unbedingten Solidarität«; vergleichen Sie »unbedingte Solidarität« mit einer »bedingten Kooperation« und reflektieren Sie, was ›unbedingte Solidarität‹ in der Familie und in der kindlichen Entwicklung fördert.

4) Erläutern Sie, weshalb die Form und die wesentlichen Struktureigenschaften der Kernfamilie innerhalb der modernen Gesellschaft funktional sein können.

5) Wie erfolgt Systemintegration über das symbolische Kommunikationsmedium Geld? Inwiefern ist es nach Habermas noch an Überbleibsel der Sozialintegration gebunden?

Literatur

Habermas, Jürgen (1981): Theorie des kommunikativen Handelns, Bd. 2: Zur Kritik der funktionalistischen Vernunft, Frankfurt a.M.

Hildenbrand, Bruno (2000): Fallrekonstruktive Familienforschung, Opladen.

Maier, Maja S. (2008): Paaridentitäten, Weinheim.

Oevermann, U. (2001): Die Soziologie der Generationsbeziehungen und der historischen Generationen aus strukturalistischer Sicht und ihre Bedeutung für die Schulpädagogik, in: Rolf-Torsten Kramer/ Wernder Helsper/Susann Busse (Hrsg.): Pädagogische Generationsbeziehungen, Opladen 2001, S. 78–128.

Parsons, Talcott (1951): The Social System, Glencoe

Parsons, Talcott (1968): Das Inzesttabu in seiner Beziehung zur Sozialstruktur und zur Sozialisierung des Kindes; in: ders. Soziologische Theorie, Darmstadt, S. 109–135 (Erstveröffentlichung 1954)

Simmel, Georg (1983): Die quantitative Bestimmtheit der Gruppe, in: ders.: Schriften zur Soziologie, Frankfurt a.M., S. 243–263 (Erstveröffentlichung 1908).

Tönnies, Ferdinand (2005): Gemeinschaft und Gesellschaft, 8. Aufl., Darmstadt (Erstveröffentlichung 1935).

Weber, Max (1980): Wirtschaft und Gesellschaft. Grundriß der verstehenden Soziologie,. 5. rev. Auflage, Tübingen (Erstveröffentlichung 1922).

4.3 | Kapital und Arbeit – Konflikt als Bezugsproblem

Übersicht

Wie das Gegensatzpaar Gemeinschaft-Gesellschaft so gehört auch der Dualismus von Kapital und Arbeit zum klassischen Bestand der Soziologie. Ausgehend von der Beobachtung der Verelendung der Arbeiterklasse im 19. Jahrhundert entstand die soziale Frage. Marx führte die Ursachen der Verelendung der arbeitenden Massen auf den Gegensatz von Kapital und Arbeit zurück. In der kapitalistischen Produktionsweise sei dieser Widerspruch bereits angelegt. Im Laufe der Entwicklung – so glaubte Marx – würde sich der Konflikt zuspitzen und über Klassenkämpfe in einer Veränderung der Gesellschaft münden (4.3.1.). Diese Entwicklung trat jedoch nicht ein, sondern es entstanden verschiedene Ausprägungen eines kapitalistischen Wohlfahrtsstaates (Esping-Andersen). Der Konflikt konnte befriedet werden und die einkommensschwächsten Schichten der Gesellschaft wurden materiell abgesichert (4.3.2). Aber auch der aus der Befriedung des Gegensatzes von Kapital und Arbeit entstandene Wohlfahrtsstaat ist in die Krise geraten und wurde von einem finanzmarktdominierten Kapitalismus abgelöst (4.3.3).

Gesamtgesellschaftliche Erklärungen besitzen in der Gesellschaftstheorie – und damit in der Soziologie als Lehre von der Gesellschaft – spätestens seit Marx eine Tradition. Die Marx'sche Theorie ist zwar als gesellschaftshistorisches Projekt realiter in den sozialistischen Gesellschaften Osteuropas gescheitert, trotzdem kann sie als beispielhafte Komposition einer gesamtgesellschaftlichen Analyse klassischen Typs gelten. Sie vollzieht eine vollständige Kausalkette (s. Abb. 13), die mit der gesamtgesellschaftlichen Struktur und ihrem Reproduktionsmechanismus beginnt. Letzterer beinhaltet eine Tendenz zur Ausbildung sozialer Ungleichheit, die gesellschaftliche Konflikte hervorruft, welche Krisen und Spannungen auslösen, die schließlich Kräfte in Richtung gesellschaftlicher Veränderung freisetzen.

| Abb. 13 | **Kausalkette einer gesamtgesellschaftlichen Erklärung von Ungleichheit** |

Gesellschafts-struktur ⟶ Ungleichheit ⟶ Konflikt ⟶ Wandel

Geschichte als Geschichte von Klassenkämpfen (Karl Marx) | 4.3.1

In der Marx'schen Theorie wird somit nicht nur soziale Ungleichheit festgestellt (→ Kap. 3.2), sondern – ausgehend von Ungleichheit – auch eine gesellschaftliche Konfliktdynamik identifiziert, von der aus eine Tendenz zum sozialen Wandel ausgeht.

Karl Marx beschreibt die Geschichte ganz allgemein als eine Geschichte von Klassenkämpfen. Der soziale Wandel im Verlauf der Geschichte wird somit von den Auseinandersetzungen zwischen sozialen Gruppen, Schichten, oder wie Marx es ausdrückt: Klassen, bestimmt. Marx nimmt also im Hinblick auf die Ungleichheiten nicht nur Unterschiede auf gleicher Ebene (horizontale Differenzen), sondern auch auf ungleicher Ebene (vertikale Differenzen zwischen oben und unten) an. Er behauptet zudem, dass die vertikalen »Oben-Unten-Unterschiede« ein Herrschafts- bzw. Machtmoment in sich tragen – es handelt sich nicht nur um Privilegierte und De-Privilegierte, sondern um Unterdrücker und Unterdrückte. Das Verhältnis zwischen den Klassen ist somit durch ein Moment von Repression gekennzeichnet.

Klassenkämpfe

Marx verfolgt damit einen weitreichenden Erklärungsanspruch. Er will Ungleichheit nicht nur feststellen, sondern er will diese auch auf ein gesellschaftliches Produktions- und Reproduktionsprinzip zurückführen, die Folgen der Konflikte aufzeigen und daraus Gesetzmäßigkeiten der gesellschaftlichen Entwicklung ableiten. Der theoretische Anspruch besteht also in folgenden Aspekten:

Konflikttheoretische Sicht der Geschichte

- Strukturdeskription: Gesellschaft als Klassenstruktur;
- Kausalerklärung: Klassenstruktur ergibt sich aus der Produktionsweise;
- Entwicklungsgesetz: Widersprüche der Klassenstruktur und in der Produktionsweise treiben die gesellschaftsgeschichtliche Dynamik an;
- Identifikation sozialer Trägerschichten: über die Klassenwidersprüche können gesellschaftliche Gruppierungen (Klassen) identifiziert werden, die den geschichtlichen Fortschritt als kollektive Akteure vorantreiben;
- empirische Widerlegbarkeit.

Der Anspruch, eine vollständige gesamtgesellschaftliche Erklärung zu bieten, macht die Marx'sche Theorie im hohen Maße scheiternsanfällig. Sie kann sich in jedem Detail ihrer Erklärung als unzutreffend erweisen. Umgekehrt zeigt sich darin, dass die Theorie hochgradig anmaßend ist. Marx erkühnt sich, nicht nur die gesamte Gesellschaft zu einem bestimmten Zeitpunkt, sondern auch die gesellschaftliche Entwicklung erklären zu wollen. Wie löst seine Theorie diesen Anspruch ein?

| Abb. 14 | Konkretisierung der gesamtgesellschaftlichen Erklärung von Ungleichheit |

Gesellschafts-struktur	→ Ungleichheit	→ Konflikt	→ Wandel
Produktions-verhältnis	Klassen	Klassen-gegensätze	Krise
Kapitalistische Verwertung (Mehrwert und Profit)	Arbeiter, Kapitalisten	Arbeiter-bewegung	Profit-Krise

Produktionsverhältnis   Marx bestimmt zunächst (s. Abb. 14) die Gesellschaft über das in ihr vorherrschende ökonomische Produktionsverhältnis. Im Fall der Gesellschaft des 19. Jahrhunderts, die Marx analysiert, handelt es sich um eine Ökonomie, die nach Marx (aber auch nach anderen Autoren der sogenannten klassischen »Politischen Ökonomie«, wie Adam Smith oder David Ricardo) durch das Prinzip der »kapitalistischen Verwertung« bestimmt ist. Der Kapitalismus oder das Prinzip des Kapitals besteht – so Marx – in der »Selbstverwertung von Wert«. Gemeint ist damit, dass ein (in Form von Geld) vorhandener ökonomischer Wert zur Erzeugung von weiterem ökonomischen Wert eingesetzt wird (s. Abb. 15). In diesem ökonomischen Verwertungsprinzip ist aber zugleich der Gegensatz von zwei Akteurstypen angelegt: Arbeiter und Kapitalisten. Aus Marx' Sicht bestimmen sie das ökonomische Prinzip der kapitalistischen Verwertung und gehen aus ihm hervor. Die Akteursklassen der Arbeiter und Kapitalisten stehen sich dabei gegenüber.

Aus dieser Gegenüberstellung, aus diesem Konflikt entsteht eine soziale Bewegung, historisch konkret: die Arbeiterbewegung. Zudem gibt es immanente (dem ökonomischen Prinzip des Kapitalismus innewohnende) Krisen, die sich aus dem Prinzip der Profitmaximierung ergeben, sich aber zugleich auf die Chancen der Profitmaximierung auswirken. Marx beobachtet z. B. Überproduktionskrisen oder ein »Gesetz des tendenziellen Falls der Profitrate«, den er aufgrund des zunehmenden Einsatzes von technischer Ausstattung im Produktionsprozess (bei Verzicht auf Arbeitskraft) kommen sieht.

Verwertungslogik   Worin genau besteht die kapitalistische Verwertungslogik? Um diese Frage beantworten zu können, müssen wir uns in die Gesellschaft des 18. und 19. Jahrhunderts zurückversetzen. Auch Max Weber hat in seiner Studie zur Bedeutung der »Protestantischen Ethik« für die Entstehung eines »kapitalistischen Geistes« gezeigt, dass seit dem 16. Jahrhundert Veränderungstendenzen in Richtung »Moderne« erkennbar sind. Neue Regionen wurden entdeckt und durch Fern- und – wohl mehr – durch Kolonialhandel erschlossen. Man könnte auch sagen: Die Reichtümer dieser Regionen wurden ausgebeutet und teilweise sogar restlos geplündert. Dadurch wuchs der ökonomische Reichtum der europäischen Kolonialmächte, insbesondere Portugals, der Niederlande, Spaniens und Englands, wobei die frühen Kolonialmächte – Portugal und Spanien – von den Niederlanden, dann England – abgelöst wurden. Über den Kolonialhandel entstand Reichtum, insbesondere Gold- und Geldvermögen. Marx bezeichnet dies als die ursprüngliche Akkumulation. Ursprünglich deshalb, weil es sich um eine »erste«, der Investition von Geld in Fabriken (Industriebetriebe) notwendig vorausgehende Anhäufung von Vermögen handelt. Mit dem angehäuften (akkumulierten) Vermögen konnten Industriebetriebe gegründet werden, es konnte also in die kapitalistische Produktion investiert werden.

Ursprüngliche Akkumulation

Der Kapitalist häuft Geld an; er besitzt damit am entwicklungslogischen Startpunkt, Zeitpunkt t1, ein bestimmtes Geldvermögen. Für dieses Geldvermögen kauft er Waren – Arbeiter und Produktionsmittel. Diese Waren setzt er ein, um selbst im Zeitraum t2 Waren zu produzieren, die er dann im Zeitraum t3 verkauft, um eine neue Geldmenge G' zu erlangen. Seine Erwartung ist dabei, dass sich die zum Zeitpunkt t1 bestehende Geldmenge G zum Zeitpunkt t3 erhöht hat, d. h., die zum Zeitpunkt t3 bestehende Geldmenge G' soll höher sein als die Geldmenge, die über den Kauf von Arbeitern und Produktionsmitteln als Geldmenge G eingesetzt (investiert) wurde. Schematisch ist dies in Abbildung 16 dargestellt.

Arithmetisch lässt sich das Ganze auch so darstellen:

$$G' = G + m; \text{ wobei: } G = v + c = W \text{ und } G' = m + v + c$$

Metamorphose von Geld in Kapital: G – W – G' | **Abb. 15**

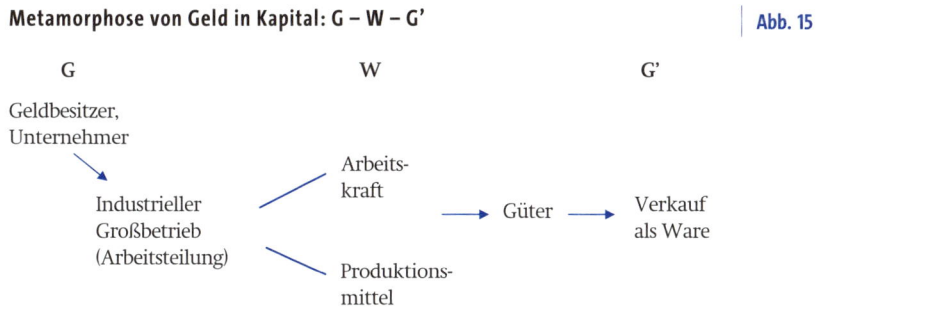

Dabei bedeuten: G die Geldmenge zum Startpunkt t1 und G' die Geldmenge zum Endpunkt t3; v + c stehen für variables Kapital (Arbeitskraft) und konstantes Kapital (Maschinen, Werkzeug, sonstige Sachmittel, c von englisch »constant«), also für die gekauften Waren (W). Worüber kommt nun das »m« – von Marx als »Mehrwert« bezeichnet – zustande?

Wert der Waren

Zur Beantwortung dieser Frage bemüht Marx die zu seiner Zeit im Rahmen der klassischen »Politischen Ökonomie« vertretenen (wirtschaftswissenschaftlichen) Theorie des Wertes von Waren. Für die klassischen Ökonomen waren nämlich Preise nur »Oberflächenerscheinungen« des Marktes, sodass der eigentliche Wert der Ware nochmals unabhängig zu bestimmen war. Grundlage dazu war die damals vorherrschende Arbeitswertlehre, die sowohl von Adam Smith (»Wealth of Nations«) als auch von David Ricardo – dem eigentlichen Begründer der Mehrwerttheorie –vertreten wurde. Der gemäß der Arbeitswertlehre in der zu ihrer Herstellung gesellschaftlich notwendigen Arbeitszeit, der **Wert der Ware Arbeitskraft** in der Arbeitszeit, die zur Produktion und Reproduktion der für den Träger der Arbeitskraft (und seinem Haushalt) notwendigen Lebensmittel erforderlich ist (z. B. pro Tag).

Der **Mehrwert** bestimmt sich über den Vergleich der Arbeitszeit, die zur Produktion der für einen Arbeiter notwendigen Lebensmittel pro Tag erforderlich ist, mit der Zeit, die er pro Tag tatsächlich im Betrieb eingesetzt wird. Marx vergleicht somit den Tauschwert der Arbeit, oberflächlich ausgedrückt im Preis der Arbeit (Lohn), mit dem Wert der innerhalb der Arbeitszeit vom Arbeiter hergestellten Güter, ausgedrückt im Preis des Arbeitsprodukts. Wenn der Wert (Preis) des von einem Arbeiter an einem Tag hergestellten Arbeitsprodukts den Tauschwert der Arbeit übersteigt, dann entsteht daraus der Mehrwert. Der **absolute Mehrwert** ergibt sich aus der Differenz des Wertes der von einer Arbeitskraft an einem Arbeitstag erzeugten Waren (PwA) und des Tauschwerts (Tw) der Arbeitskraft (A), der sich aus dem Wert der Waren ergibt, die zur Reproduktion der Ware Arbeitskraft eingesetzt werden müssen. Zur Ermittlung des **relativen Mehrwerts** wird der von einer Arbeitskraft erzeugten Wert (PwA) durch den Tauschwert der Arbeit (TwA), dem Lohn, geteilt. Beim **Profit** (p) handelt es sich um das Verhältnis des Mehrwerts (m) zur Basis der Summe aus variablem (Lohn) und konstantem Kapital (Sachmittel).

Zwischenbetrachtung

Zwei Herrschaftsformen des Fabriksystems

Die unterschiedlichen Formen der Produktion von Mehrwert stehen nach Marx für zwei Prinzipien der Arbeitskontrolle und Ausbeutung der Arbeiter im Fabriksystem. Die Produktion des absoluten Mehrwerts führt zu einer Arbeitsorganisation, die auf der Ausdehnung der täglichen Arbeitszeit beruht. Der Arbeiter muss einfach pro Tag mehr Stunden arbeiten, damit die Differenz zwischen seinem Arbeitsprodukt (Warenwert) und seinem Arbeitslohn möglichst groß ist. Dieses Arbeitssystem hat aber tendenziell eine natürliche Grenze. Der Tag hat nur 24 Stunden und die Belastbarkeit des Menschen ist begrenzt. Daher bietet sich die Produktion von relativem Mehrwert als »fortschrittlichere« Alternative an. Durch effiziente Kombination von Arbeitskraft und Maschinen kann der Mehrwert im Verhältnis zu dem Wert des eingesetzten variablen und konstanten Kapitals erhöht werden. Rentabilität der Produktion wird zum entscheidenden Maßstab.

Marx ging von der Annahme aus – und genau das sollen diese arithmetischen Spielereien zeigen –, dass der Mehrwert nur auf die »Ausbeutung« des »v«, des variablen Kapitals, zurückgeführt werden kann. Eine Mehrwertproduktion auf der Grundlage von konstantem Kapital (c), der Maschinen, Produktionsanlagen und sonstigen Sachmittel, war für ihn nicht denkbar.

Paul Roemer, ein neuerer marxistischer Theoretiker, hat allerdings mit relativ einfachen Modellen gezeigt, dass sich auch durch den ausschließlichen Einsatz von Maschinen Mehrwert erzeugen lässt, d. h., dass auch Maschinen ausgebeutet werden können – zumindest auf der Basis der Arbeitswertlehre. Das bedeutet: Auch für die Produktion von Maschinen ist in einer bestimmten Gesellschaft ein bestimmtes Arbeitsquantum, gemessen in Arbeitsstunden, nötig. Die Maschinen können allerdings in weit längerem Maße für die Produktion von Gütern eingesetzt werden. Also wird auch die Leistung von Maschinen ausgebeutet. *Mehrwert durch Maschinen?*

Allerdings würde wohl kaum jemand für die Rechte der ausgebeuteten Maschinen eintreten, wohingegen etwa das Verhältnis von Kapital und Arbeit durchaus zu sozialen Kämpfen geführt hat, vor allem um die Länge des Arbeitstags, die Versicherung gegen Arbeitsausfall (durch Krankheit oder Arbeitslosigkeit), die Lohnhöhe und die Versicherung nach Beendigung des Arbeitslebens. Die heute noch am stärksten spürbaren Folgen des gesellschaftlichen Wandels, die aus dem Konflikt zwischen Kapital und Arbeit resultieren, sind die Sozialversicherung sowie die Lohn- und Arbeitspolitik betreibenden Tarifparteien (Gewerkschaften und Unternehmerverbände).

Wichtig für uns ist vor allem das Erklärungsmuster der Marx'schen Theorie. Marx strebte eine Theorie des gesamtgesellschaftlichen Kreis- *Konflikttheoretisches Erklärungsmuster*

laufes an, der sich aus dem Zusammenhang von vier Momenten nachvollziehen lässt:

1. **Gesellschaftsstruktur:** Marx gibt ein Produktionsverhältnis an, das sich
   nicht nur historisch im 19. Jahrhundert durchsetzt, sondern als sozio-
   ökonomisches Regulationsprinzip die Struktur der Gesamtgesell-
   schaft bestimmt. Das Regulationsprinzip der kapitalistischen Verwertung reproduziert sich dann selbst.
2. **Ungleichheit:** Mit dem Regulationsprinzip werden nicht alle Teile der
   Gesellschaft, demzufolge auch nicht alle Akteure gleich behandelt.
   Das Produktionsverhältnis setzt ja gerade Ungleichheit – Kapitalbesitzer und Arbeiter – voraus. Marx kann außerdem zeigen, dass dieses Verhältnis in der Zeit fortbesteht, dass also im Rahmen der kapitalistischen Ökonomie kein Ausgleich geschaffen wird. Heute – das ist
   aber nicht mehr Marx, sondern aktuelle Realität, die sich historisch
   aus dem von Marx beschriebenen Konflikt ergeben hat – findet dieser Ausgleich über sozialstaatliche Regulation (→ Kap. 4.4.2) und über
   politische Auseinandersetzungen zwischen kollektiven Akteuren –
   Arbeiterbewegung und Unternehmerverbänden – statt.
3. **Konflikt:** Marx sah in der Ungleichheit die Quelle eines gesellschaftlichen Konflikts zwischen Klassen. Aus seiner Sicht ist dieser Konflikt
   innerhalb des Kapitalismus nicht überwindbar. Daher tendiert nach
   seiner Auffassung der Konflikt zwischen Kapitalbesitzern und Arbeitern zu einem gesellschaftlichen Strukturwandel, also dazu, die »Fes-
   seln der Produktionsverhältnisse« zu lösen. (Hier lag Marx historisch
   falsch: Bisher haben sich in entwickelten kapitalistischen Gesellschaften alle Konflikte zwischen Kapital und Arbeit integrativ – also im
   Rahmen der kapitalistischen Gesellschaft – lösen lassen).
4. **Wandel:** Der gesellschaftliche Wandel ist bei Marx ein Strukturwandel.
   Zwar konnte sich Marx auch Entwicklungen im Rahmen der kapitalistischen Produktionsweise vorstellen, aber den eigentlichen historischen Wandel sah er in der Ablösung von Produktionsverhältnissen.
   Er ging davon aus, dass sich die Gegensätze zwischen Kapitalbesitzern
   und Arbeitern historisch immer mehr zuspitzen würden, dass dabei
   die soziale Bewegung der Arbeiter zunehmend stärker würde und
   gleichzeitig sich die immanenten ökonomischen Krisen des Kapitalismus verschärfen würden. Etwas flapsig formuliert wird der historische Moment, der den Strukturwandel hervorbringt, als die Situation
   beschrieben, »wo die oben nicht mehr können und die unten nicht
   mehr wollen«.

Klassenkonflikte als Quelle gesellschaftlicher Entwicklung

Marx hat nicht nur eine Ungleichheitstheorie ausgearbeitet, sondern auch eine konflikttheoretische Erklärung der gesellschaftlichen Entwicklung vorgelegt. Den Konflikt zwischen Arbeitern und Unternehmern sah er in der grundlegenden Produktionsstruktur der Gesellschaft – in dem Widerspruch von Kapital und Arbeit – begründet. Das Kapital verwertet sich nämlich nicht selbst als Wert, sondern erzeugt Mehrwert über die Ausbeutung der Ware Arbeitskraft. Aus Marxens Sicht hätte es zu einer grundlegenden Veränderung des Kapitalismus kommen müssen, um diesen Grundwiderspruch historisch aufzulösen.

Die befriedeten Konfliktarenen wohlfahrtskapitalistischer Gesellschaften | 4.3.2

Ökonomisch bedingte Ungleichheiten haben in unserer Gesellschaft nicht unbedingt abgenommen. Aber das Niveau des Lebensstandards der einfachen Schichten in der Gesellschaft, wie der Arbeiterklasse, ist qualitativ gestiegen. Daher lässt sich aus Teilen der Marx'schen Theorie sogar erklären, weshalb der »große Konflikt« und der von Marx vorausgesagte Strukturwandel ausgeblieben sind. Über die Arbeiterbewegung und die arbeitspolitischen Auseinandersetzungen ist die Menge der Güter, die als notwendig für die Reproduktion der Ware Arbeitskraft betrachtet wird, kontinuierlich ausgeweitet worden. Daher kam es einfach nicht zu der Situation, dass »die unten nicht mehr wollten«. Die von der Ungleichheit am meisten benachteiligten Gruppen haben aufgrund eines politisch erkämpften Ausgleichsmechanismus (etwa sichtbar in den heutigen Sozialleistungen) die grundsätzlich im kapitalistischen Produktionsverhältnis bestehende Ungleichheit akzeptiert. Insofern lässt sich sogar behaupten, dass das konflikttheoretische Raster der Marx'schen Theorie analytisch brauchbar ist – nur dass man innerhalb dieses Rasters nicht zu den Schlüssen kommen muss, die Marx daraus gezogen hat.

Aus den vier Dimensionen des Erklärungsmusters der Marx'schen Theorie: Gesellschaftsstruktur, Ungleichheit, Konflikt und Wandel, lässt sich ein Frageraster entwickeln, mit dem alternative makrosoziologische Ansätze kontrastiert werden können. Dieses Frageraster ist der Kern einer konflikttheoretischen Makrosoziologie, die ihren Ausgang bei Ungleichheiten nimmt. Sie stellt folgende Fragen:

Allgemeine konflikttheoretische Fragen

- **Gesellschaftsstruktur**: Worin besteht das in einer Gesellschaft insgesamt vorherrschende Regulationsprinzip? Wie werden soziale Gruppen (Schichten, Klassen, Milieus) innerhalb dieses Regulationsprinzips behandelt? Wie werden sie über das Regulationsprinzip sozial positioniert? Welcher Rang, Status usf. wird ihnen darüber zugeschrieben?
- **Ungleichheit**: Worin besteht die innerhalb einer Gesellschaftsstruktur vorherrschende Ungleichheit? Welche Schichten, Klassen oder Milieus gehen aus ihr hervor? Ist die vorherrschende Ungleichheit symmetrisch oder asymmetrisch, werden durch sie also einige Gruppen bevorteilt und andere benachteiligt?
- **Konflikt**: Führt die Ungleichheit zu gesellschaftlichen Spannungen oder gar zu Konflikten? Kommt es im Rahmen dieser Konflikte zu gesellschaftlichen Veränderungen (bspw. Reformen), die bestehenden Ungleichheiten entgegenwirken und sie abmildern? Oder verschärfen sich die Konflikte zunehmend? Erweisen sie sich innerhalb der sie produzierenden Gesellschaftsstruktur letztlich gar als unüberwindbar?
- **Wandel**: Welche Folgen haben die Ungleichheit und die aus ihr resultierenden Konflikte für gesellschaftlichen Wandel? Wird die Gesellschaftsstruktur immanent durch Reformen oder andere Ausgleichsbewegungen immer wieder modifiziert und entwickelt sich darüber weiter? Oder lassen sich die sich verschärfenden Konflikte nicht mehr lösen und es kommt es zu einer grundsätzlichen Ablösung der Gesellschaftsform?

Kapitalistischer Wohlfahrtsstaat

Von dem dänischen Soziologen Gøsta Esping-Andersen stammt die These, dass sich die moderne Gesellschaft als wohlfahrtskapitalistischer Staat beschreiben lässt. Die entwickelten westlichen Gesellschaften sind in ihrer ökonomischen Regulierung nicht nur durch den Markt bestimmt, sondern der Staat greift als »Wohlfahrtsstaat« in die Ökonomie ein. Demnach ist die ökonomische Produktion nicht nur privatwirtschaftlich organisiert, sondern bestimmte Leistungen (z. B. öffentliche Verkehrsmittel, Schulen, Universitäten etc.) werden kollektiv erbracht. Und auch die Verteilung des erwirtschafteten Reichtums ist nicht ausschließlich über die Marktverhältnisse von Angebot und Nachfrage, sprich: Preisen, reguliert. Bestimmte Güter (z. B. Leistungen des Gesundheitswesens, Schulbesuch) werden kollektiv nach Bedürftigkeit verteilt.

Umverteilungsmechanismen

Esping-Andersen interpretiert dies so, dass über bestimmte Teile des kapitalistisch produzierten Mehrwerts politisch zwischen gesellschaftlichen Interessensgruppen verhandelt wird. Das Ergebnis dieser Verhandlungen sind Umverteilungsmechanismen, vor allem in Form von Steuern und kollektiven Versicherungssystemen, in die auf bestimmte Weise »eingezahlt« wird. Darüber entsteht ein kollektiv verfügbarer

Mehrwert. Aus Sicht von Esping-Andersen ist jetzt von Bedeutung, welche Konstellation von Interessensgruppen – wie Unternehmer, Arbeiter, Politik – sich innerhalb einer kapitalistisch produzierenden Gesellschaft geschichtlich herausgebildet hat und welche Gruppe darin eine Vormachtstellung gewinnen konnte. Die soziale Frage der Klassenungleichheit und die darin angelegte Konfliktdynamik werden also in verschiedenen Gesellschaften unterschiedlich befriedet. Esping-Andersen unterscheidet drei Welten des Wohlfahrtskapitalismus: die liberal-angelsächsische Welt, die konservativ-kontinentale Welt und die sozialdemokratisch geprägte Welt des skandinavischen Wohlfahrtsstaates.

Tabelle 12 zeigt, wie die von Esping-Andersen unterschiedenen wohlfahrtsstaatlichen Modelle in verschiedenen Dimensionen ausgeprägt sind. Je nachdem, ob Markt, Staat oder Verbände zentral für die Regulation der Verteilung des gesellschaftlichen Mehrwerts sind, ergeben sich unterschiedliche Anrechte, Sicherungsformen, Umverteilungsgrade, Schichtungsgrade, Anteile privater Ausgaben an Vorsorgeleistungen und Rollen des Staates im ökonomischen Strukturwandel.

Im sozialdemokratischen Modell, in dem der Staat über die Verteilungsregulation direkten Einfluss nehmen kann, können wohlfahrtsstaatliche Leistungen über Anrechte aus dem allgemeinen Bürgerstatus erworben werden. Der skandinavische Wohlfahrtsstaat hat also die Idee der Bürgerrechte nach T. H. Marshall (→ Kap. 3.3.4) am weitgehendsten ausgebildet. Hier ist der Umverteilungsgrad bezogen auf den gesellschaftlich produzierten Mehrwert sehr hoch, was zur Verringerung der sozioökonomischen Schichtung und einen niedrigen Anteil von pri-

Sozialdemokratisches Modell

Vergleich von wohlfahrtsstaatlichen Modellen (nach Esping-Andersen)			Tab. 12
Modell	**Liberal**	**Sozialdemokratisch**	**Konservativ**
Sicherung	Eigenvorsorge	Bürgerversorgung	Status und Beitrag
Anrechtserwerb	Bedürftigkeit	Bürgerstatus	Erwerbstätigkeit
Zielrichtung	Armutsbekämpfung	Gleichheitspolitik	Statuserhalt
Zentral	Markt	Staat	Familie, Verbände
Umverteilung	schwach	stark	mittel
Schichtung	stark	niedrig	mittel
Anteil privater Ausgaben	hoch	niedrig	niedrig
Staat im Strukturwandel	Aktivierer	Arbeitgeber	Kompensierer
Beispiel	Großbritannien	Schweden	Deutschland

Quelle: in Anlehnung an Mau/Verwiebe 2009, S. 57

vater Vorsorge an der sozialen Sicherung (für Krankheit, Arbeitslosigkeit oder Alter) führt. Der Staat kann sogar im größeren Ausmaß selbst als Arbeitgeber auftreten, um ökonomischen Strukturwandel zu überbrücken.

Konservatives Modell

In den kontinental-europäischen Gesellschaften (z. B. Frankreich, Deutschland) haben sich dagegen tendenziell konservative Lösungen durchgesetzt. Sie sehen vor, dass die sozialen Klassen über Stellvertretergruppen (Verbände) paritätisch an Verhandlungen über die Umverteilung eines gesellschaftlichen Mehrwerts beteiligt sind. Als prototypisch kann das deutsche System der Tarifparteien und Tarifauseinandersetzungen bezeichnet werden. Die Umverteilung des Sozialprodukts wird über verbandliche Auseinandersetzungen hergestellt. Dies hat ein »Einzahlungssystem« zur Folge, an dem alle gesellschaftlichen Gruppen gleichermaßen beteiligt sind. Dadurch ist das konservative Modell statusorientiert, es orientiert sich vor allem am Erwerbsstatus der Person. Anrechte sind beitrags- bzw. leistungsbezogen. Es kommt zu einem mittleren Ausmaß an Umverteilung und einem mittleren Grad von Schichtdifferenzen. Der Anteil privater Vorsorge kann gering gehalten werden. Dem Staat obliegt es, im Fall eines ökonomischen Strukturwandels für Kompensation zu sorgen.

Liberales Modell

Im liberalen Modell bleibt der Markt als Regulationsprinzip zentral. Es kommt kaum zu einer Umverteilung, der Anteil der privaten Vorsorge ist daher hoch und die Schichtdifferenzen innerhalb der Gesellschaft bleiben groß. Anrechte auf soziale Leistungen bestehen bei Bedürftigkeit. Das Ziel der Wohlfahrtspolitik ist vor allem die Armutsbekämpfung und nicht Gleichheit, wie im skandinavischen Modell, oder Statuserhalt, wie im kontinentalen Modell.

Zwischenergebnis

Befriedung von Ungleichheitskonflikten durch den Wohlfahrtsstaat

Unterstützt durch eine lang anhaltende Prosperität der westlichen Ökonomien nach dem Zweiten Weltkrieg und dem Modell der auf Massenproduktion beruhenden Beteiligung der Bevölkerung am gesellschaftlichen Wohlstand konnten sich drei Varianten der wohlfahrtsstaatlichen Befriedung der kapitalistischen Klassenkonflikte etablieren: das liberale, sozialdemokratische und konservative Modell des Wohlfahrtsstaats.

Die unsichtbaren Konfliktdynamiken des Finanzmarktkapitalismus

4.3.3

Spätestens seit dem 15. September 2008, dem Tag der Insolvenz des US-amerikanischen Bankhauses Lehman Brothers ist der Glaube an einen finanzmarktregulierten Kapitalismus erschüttert. Erstaunlichste Erklärungen für die Erschütterung des Finanzmarktes infolge der durch die Insolvenz der Lehman Brothers weltweit ausgelösten Bankenkrise machten die Runde. Wenig Erklärung indes gibt es für das Phänomen, dass die Finanzmärkte seit den 1980er Jahren immer größere Bedeutung für die ökonomische Regulation gewonnen haben und dabei weitgehend gesellschaftliche Akzeptanz erfuhren. Gerade aber aus soziologischer Sicht gilt es nachzuvollziehen, wie es möglich wurde, dass immer mehr soziale Gruppen sich am Finanzmarkt beteiligen, sodass sich die dort umgeschlagenen Geldsummen innerhalb von wenigen Jahrzehnten geradezu multiplizierten.

In Kapitel 4.2.4 wurde eine interessante Überlegung von Habermas zu den Entscheidungsalternativen, die in einem über das Medium Geld gesteuerten System bestehen, vorgestellt: horten oder ausgeben; sparen oder anlegen. Die ökonomische Situation seit den 1980er Jahren war dadurch gekennzeichnet, dass verhältnismäßig immer weniger Geld gehortet, ausgegeben oder gespart wurde; es wurde tendenziell angelegt! Wie kann man die gesellschaftlich gestiegene Motivation, Geld anzulegen, erklären? Auf diese Frage hat der Tübinger Soziologe Christoph Deutschmann (2008) eine sozialstrukturelle Antwort gegeben. Er spricht vom »Buddenbrooks-Effekt«. Ausgangspunkt dieses Effekts ist ein sozialhistorischer Wandel der Gesellschaftsstruktur in den westlichen Ländern nach dem Zweiten Weltkrieg. Dieser zeigte sich nicht nur in einem Wohlstandsschub, sondern vor allem auch in einer massiven Bildungsexpansion und, damit verbunden, einem Bildungsaufstieg eines bedeutenden Teils der Unterschichten.

Anlagekapital

Deutschmann untersucht die Dynamik dieser neuen Konstellation mithilfe eines Modells der Mikro-Makro-Erklärung, das er aus dem handlungsökonomischen Ansatz von Hartmut Esser übernommen hat. Esser unterscheidet in diesem Erklärungsmodell drei Logiken:

Mikro-Makro-Erklärung

- die Logik der Situation,
- die Logik der Selektion,
- die Logik der Aggregation.

Ziel dieses Modells ist aufzuzeigen, dass allgemeine, auf der Makroebene sichtbar werdende Veränderungen – wie der Bildungsaufstieg eines bedeutenden Teils der Bevölkerung oder der andere Umgang mit Geld in weiten Teilen der Population – auch auf die Entscheidungskalküle der individuellen Akteure zurückgeführt werden können. Esser spricht auch von einer Mikrofundierung der Erklärung von Veränderungsprozessen auf der gesellschaftlichen Makroebene. Die grundsätzliche Idee eines solchen Modells lässt sich schon in der Sozialtheorie des US-amerikanischen Soziologen James S. Coleman finden. Er beschreibt das Modell mit dem Bild einer Badewanne (s. Abb. 16).

Logik der Situation Das allgemeine Modell der »Badewanne« betrachtet im ersten Analyseschritt, wie soziale Rahmenbedingungen auf Akteure einwirken. Esser bezeichnet diesen Zusammenhang von Bedingungen und Akteur als die »**Logik der Situation**«. Welche Rahmenbedingungen sind vorgegeben? Welche Möglichkeiten, die Situation zu bestimmen (Definition der Situation), ergeben sich daraus für den Akteur? Wie kann der Akteur seine Situation und sich selbst in dieser Konstellation verstehen?

Logik der Selektion Für den Akteur bildet die Logik der Situation, also die Hervorbringung einer Situationsdefinition, den Hintergrund seiner Handlungswahl, der Entscheidung. Diesen Schritt bezeichnet Esser als die »**Logik der Selektion**«. Worin besteht das Handlungskalkül des Akteurs? Was versucht er zu erreichen? Welche Ziele erscheinen ihm als wertvoll? Wie schätzt er den Mitteleinsatz und die Erfolgschancen seines Tuns ein? Mit welcher Wahrscheinlichkeit kann er eine Handlungsalternative realisieren? Diese Überlegungen bedingen die Entscheidungen des Akteurs, die sich letztlich zu einer bestimmten Handlungsweise (Wiederholung eines Entscheidungstyps) stabilisieren.

Logik der Aggregation Nun wird von der Betrachtung der individuellen Handlung wieder zur Analyse der kollektiven Dimension des Handels übergegangen. Was passiert, wenn eine individuell rekonstruierte Handlungsweise (Entscheidungstyp) von mehreren Akteuren gewählt wird, wenn sie in der Gesellschaft in einem bestimmten Ausmaß vorkommt? Welche Folgen hat das relativ häufige Auftreten eines bestimmten Entscheidungstyps? Diese Fragen zielen auf die »**Logik der Aggregation**«, auf die Effekte, die dadurch entstehen, dass ein gehäuft auftretendes Entscheidungsverhalten sich zu einer sozialen Wirkung bündelt und insofern Veränderungen auf der Makroebene der Gesellschaft bedingen kann.

Abb. 16 | **Das Badewannen-Modell der Mikro-Makro-Erklärung**

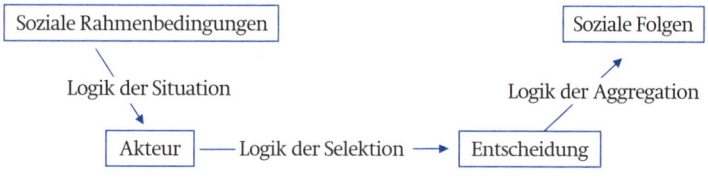

Quelle: In Anlehnung an Esser 1993.

Dieses grundlagentheoretische Modell überträgt Deutschmann auf die Erklärung des Wandels des Entscheidungsverhaltens beim privaten Umgang mit Geld (s. Abb. 17). Er bestimmt dazu als Erstes die Rahmenbedingungen, aus denen sich die Logik der Situation ableiten lässt. Darüber entdeckt er einen bestimmten, neuen Akteurstyp, der mit einer neuartigen Logik der Selektion auf die Problematik des Umgangs mit Geld reagiert. Taucht dieser neue Umgang mit Geld vermehrt auf, hat dies Auswirkungen auf die Logik der Aggregation.

Die soziale Rahmenbedingung bildet die Bildungsexpansion, die sich in den 1980er Jahren in den westlichen Industriegesellschaften parallel zum Wohlstandswachstum vollzogen hat. In sozialstruktureller Hinsicht haben wir es also vermehrt mit der Figur des Bildungsaufsteigers zu tun. Worin besteht nun (a) die Logik der Situation für den Bildungsaufsteiger und (b) welche Form des Entscheidens wird für ihn im Sinne einer Logik der Selektion attraktiv?

Aus der Sicht von Deutschmann begreift der Bildungsaufsteiger seine neue Situation als einen Erfolg, den er der eigenen Leistungsfähigkeit, seiner Begabung oder seinem Geschick zurechnen kann. Er hat die Chance der Bildung wahrgenommen, etwas aus sich gemacht und es geschafft. Er hat gewissermaßen die sozialen Bedingungen (und auch andere Akteure) übertrumpft. Insofern geht Deutschmann davon aus, dass der Bildungsaufsteiger sich nicht an dem Ziel der Statusabsicherung orientieren wird, sondern die Perspektive des »Übertrumpfens«, der Aufstiegsorientierung, beibehält. Es war nicht Sicherheitsdenken, das ihn in die neue soziale Lage versetzt hat, sondern Spekulation und Wagemut. Dementsprechend nimmt Deutschmann an, dass sich diese Orientierung auch in seine Logik der Selektion übersetzt. Er kann die Unsicherheit des Eintritts wünschenswerter Ereignisse akzeptieren, wenn damit ein hoch bewertetes Ziel (Nutzen) erreicht werden kann.

Zugleich verfügt der Bildungsaufsteiger über zusätzliches ökonomisches Vermögen. Deutschmann erscheint es daher folgerichtig anzuneh-

Selektionslogik der Bildungsaufsteiger

Badewannenerklärung der Finanzmarktdominanz | **Abb. 17**

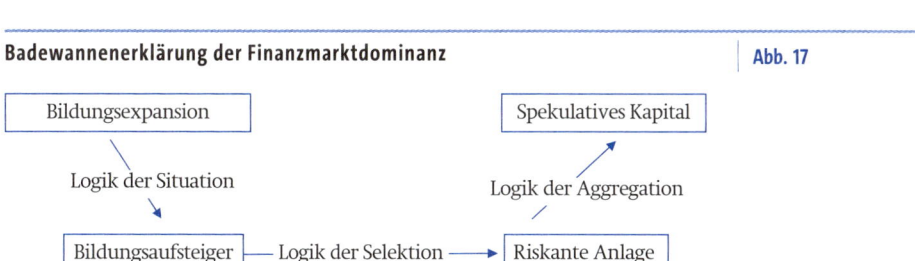

Quelle: in Anlehnung an Deutschmann 2008.

men, dass dieser das zusätzliche Vermögen in Form von riskanten Anlagen einsetzt. Tritt dieses Entscheidungsmuster häufiger auf – was bei einer relativen Zunahme der Gruppe der Bildungsaufsteiger erwartbar ist – dann werden dadurch auch Effekte im Aggregat erzeugt. Die in spekulative Finanzanlagen investierte Geldsumme nimmt zu, das Regulationsprinzip der hochspekulativen Kapitalformen dominiert im gesellschaftlichen Investitionsverhalten und bringt die ökonomische Struktur des Finanzmarktkapitalismus hervor.

Insofern finden wir in Deutschmanns Erklärung des Wandels des kapitalistischen Produktionssystems zu einem Finanzmarktkapitalismus eine Dynamik, die ohne sichtbaren Konflikt erfolgt ist. Der »befriedete« und durch veränderte Mobilitätsformen (Bildungsaufstieg) geprägte Wohlfahrtskapitalismus bringt damit »evolutionäre« Formen des sozialen Wandels hervor. Damit sind wir bei der Thematik des nächsten Kapitels (→ Kap. 4.4) angelangt: Der Frage nach der gesellschaftlichen Entwicklung, dem Verhältnis von Struktur und Zeit und der soziologischen Bezugnahme auf Geschichte.

Zwischenergebnis

Eine soziologische Erklärung der Finanzkrise

Aus der Sicht von Christoph Deutschmann war die Finanzkrise von 2008 nicht einfach eine Folge verantwortungsloser Spekulation. Soziologisch muss vielmehr gefragt werden, wie sich eine gesellschaftliche Schicht ausbilden konnte, die bereit ist, riskante Anlageformen als Strategie der Verbesserung der eigenen ökonomischen Lage zu wählen. Diese Schicht bilden nach Deutschmann die Bildungsaufsteiger. Deren Erfahrung mit Aufstiegsinvestitionen – zunächst in das eigene Bildungskapital – waren positiv. Insofern besitzen die Bildungsaufsteiger auf der einen Seite Vertrauen in die Erfolgsmöglichkeiten riskanter Strategien, zum anderen wollen sie sich nicht mit der Absicherung von Positionen (Einkommenschancen) zufriedengeben.

Lernkontrollfragen

1. Erläutern Sie die konflikttheoretische Erklärung, die sich dem Marx'schen Ansatz entnehmen lässt, an einem aktuellen Beispiel.
2. Erörtern Sie, inwiefern die wohlfahrtsstaatliche Entwicklung den Widerspruch zwischen Kapital und Arbeit abmildert.
3. Welche unintendierten Folgen hat nach Deutschmann die Bildungsexpansion in modernen westlichen Gesellschaften?

Literatur

Bader, Veit-Michael/Berger, Johannes u. a. (1975): Krise und Kapitalismus bei Marx, 2 Bde., Frankfurt a.M.

Deutschmann, Christoph (2008): Kapitalistische Dynamik, Wiesbaden.

Esser, Hartmut (1993): Soziologie. Allgemeine Grundlagen, Frankfurt a.M.

Esping-Andersen, Gøsta (1996): The Three Worlds of Welfare Capitalism, Oxford.

Marx, Karl (1979): Das Kapital. Kritik der politischen Ökonomie, Bd. 1.: Der Produktionsprozess des Kapitals, MEW 23, Berlin (Ost) (Erstveröffentlichung 1867).

Marx, Karl/Engels, Friedrich (1848): Manifest der Kommunistischen Partei, 2. Ausgabe, in: »Office der ›Bildungs-Gesellschaft für Arbeiter‹ von J. E. Burghard«, London.

Mau, Steffen/Verwiebe, Roland (2009): Die Sozialstruktur Europas, Konstanz.

Windolf, Paul (2009): Zehn Thesen zur Finanzmarktkrise, in: Leviathan 37, S. 186–197.

Struktur und Zeit – gesellschaftliche Entwicklung und Geschichte als Bezugsproblem | 4.4

Übersicht

Wenn nichts bleibt, wie es ist – was wird dann aus dem Anspruch der Sozialwissenschaft, etwas Verallgemeinerungsfähiges über gesellschaftliche Strukturen und Prozesse auszusagen? Führen die Einzigartigkeit und Vergänglichkeit sozialer Begegnungen, Ereignisse und Verhältnisse zum Relativitätspostulat eines sozialen Situationismus? Was bedeutet es, dass jeder Fall von Gesellschaft historisch relativ ist? Muss diese Aussage darauf hinauslaufen, dass man darauf verzichtet, soziale Gesetze und – noch weitgehender – »soziale Entwicklungsgesetze« zu formulieren? Diese Fragen werden hier in drei Schritten behandelt: Zunächst wird der Gegensatz von Vergänglichkeit und Dauer als Zeitlichkeit sozialer Ereignisse erläutert (4.4.1.). Anschließend werden die Folgen dieser Zeitlichkeit für die Möglichkeit von Geschichtsschreibung (4.4.2) betrachtet, um von da aus auf die Problematik möglicher Bewegungsgesetze in der Gesellschaftsgeschichte einzugehen (4.4.3).

Vergänglichkeit und Dauer: die Zeitlichkeit sozialer Ereignisse | 4.4.1

In welchem Sinn bestehen Gesellschaften aus Ereignissen? Wir haben bereits verschiedene Grundbegriffe kennengelernt, die elementare Phänomene des gesellschaftlichen Zusammenlebens charakterisieren sollen. Einige davon sind von vornherein so konzipiert, dass sie den Charakter eines Ereignisses haben. Zum Beispiel lässt sich Webers Vorstellung vom sozialen Handeln so einschätzen (→ Kap. 2.2). Die Handlung ist ein Ereignis. Sie besitzt keine Dauer. Sie vergeht gleich wieder mit ihrer Ausführung. Jemand kauft etwas und dann ist es bereits geschehen. Das nächste Ereignis tritt ein. Soziale Praxis kann ein Aufeinanderfolgen von einzelnen Ereignissen sein, etwas gerade tun, etwas gerade erleben, etwas mitteilen usf.

Vergänglichkeit Vieles im gesellschaftlichen Geschehen ist also von kurzer Dauer. Aber auch die Dauer ist zeitlich begrenzt. Mit dem ereignishaften Auftauchen und Verschwinden der Bestandteile der Gesellschaft ist neben der Vergänglichkeit eine zweite Idee verbunden: die Einzigartigkeit sozialer Ereignisse. Eine spätere Handlung ist – auch wenn sie der früheren im Typ gleicht – nie dieselbe. Der Morgengruß an meinen Nachbarn heute ist nicht der von gestern. Auf der Zeitachse betrachtet geschehen alle sozialen Handlungen, Kommunikationen, Erlebnisse, Deutungen einmalig; sie sind damit einzigartig.

Einzigartigkeit Aber stiftet die Rede von der Vergänglichkeit, Einmaligkeit und Einzigartigkeit nicht auch Verwirrung? Ist das Ereignis, nur weil es in der Zeit nur einmal auftauchen kann, auch einzigartig? Kann man dann von einer »Art« reden, die einzig ist, also nur einmal vorkommt? Oder ist es nicht doch denkbar, dass Ereignisse gleicher Art (Grußhandlungen, Hilferufe, Zahlungen) immer wieder auftreten? Als einzelnes Ereignis kämen sie dann zwar immer nur einmalig vor, aber als Art des Handelns, Erlebens, Kommunizierens doch wiederholt. Und ist mit der Wiederherstellung der Art einer Handlung, eines Erlebnisses, einer Kommunikation nicht eine Struktur – im Sinne der wiederholten Befolgung eines geregelten Tuns oder Erlebens – aufgebaut worden? Wir finden in verschiedenen soziologischen Ansätzen Konzeptualisierungen der hier genannten Zeitproblematiken der Vergänglichkeit und Einmaligkeit.

4.4.1.1 | Zeitstrukturen der Lebenswelt

Es wurde bereits angesprochen (→ Kap. 3.5.2), dass bei Alfred Schütz und Thomas Luckmann die Zeitlichkeit zu den grundlegenden Strukturen der Lebenswelt zählt. Sie unterscheiden die »Weltzeit«, die »Zeitstruktur der Reichweite« und die »subjektive Zeit«. Das Vergänglichkeitsproblem

Vergänglichkeit/Dauer ist ein Ausgangspunkt der »Weltzeit«. Die Erfahrung der Endlichkeit einzelner Ereignisse, Dinge oder Lebewesen ermöglicht die Komplementärerfahrung des Andauerns der Welt. Vergänglichkeit und Dauer bedingen sich in der Welterfahrung also gegenseitig. Der Fortbestand der Welt überschreitet die eigene Zeiterfahrung. Die Fortdauer der übrigen Welt ist so etwas wie der »Garant« des Wirklichkeitsempfindens.

Die Endlichkeit bzw. Vergänglichkeit bringt noch einen weiteren Aspekt des Realitätssinns hervor: die Dringlichkeit des »first things first«. Endlichkeit heißt Terminiertheit, zeitliche Befristung. Eine Bewerbungsfrist läuft bald ab. Ich sollte also zuerst mein Bewerbungsschreiben formulieren, bevor ich mich auf den üblichen Einstellungstest vorbereite. Denn wenn ich den Einsendeschluss verpasst habe, nützt mir auch die beste Vorbereitung auf den Test nichts mehr. Diese Erfahrung des »first things first« gehört zur »Zwangsläufigkeit der Weltzeit«. Hinzu kommt die Erfahrung der Geschichtlichkeit. Durch die Beendigung von etwas entsteht eine neue Situation. Aber diese Situation enthält noch etwas aus der früheren und wurde durch die früheren Situationen bedingt. Dies ermöglicht die Erfahrung der »Geschichtlichkeit«. Die Weltzeit ist also durch drei Unterscheidungen charakterisiert:

- Fortdauer/Endlichkeit,
- Zwangsläufigkeit/first things first,
- Geschichtlichkeit/Situation.

Im Zusammenspiel mit der Reichweite der Welt bildet sich die »Zeitstruktur« aus. Die Welt in aktueller Reichweite – die Dinge, die ein Akteur hier und jetzt erreichen und beeinflussen kann – konstituiert die Vorstellung von der Gegenwart. Was kann ich im Moment bewirken? Aus der Welt in potenzieller Reichweite – den Dingen und Menschen, die jemand von seinem jetzigen Standort erreichen und beeinflussen könnte – ergibt sich eine komplexere Zeitstruktur. Schütz/Luckmann unterscheiden die »wiederherstellbare Reichweite« und die »erlangbare Reichweite« und charakterisieren damit das Verhältnis von Vergangenheit und Gegenwart einerseits sowie den Zukunftsbezug der gegenwärtigen Erfahrung andererseits. Hieraus ergibt sich die Struktur der Zeitperspektiven: »die aktuelle Reichweite – die gegenwärtige Phase des Bewusstseinsstroms mit ihrem aktuellen Thema und den auslegbaren, auf den Erfahrungsvorrat fundierten Horizonten; die wiederherstellbare Reichweite – die Erinnerung; die erlangbare Reichweite – die Erwartung« (Schütz/Luckmann 1984, S. 80).

Die Zeitperspektiven sind zugleich Ausdruck des Bewusstseinsstroms. **Bewusstseinsstrom** Das Bewusstsein erfährt das Nacheinander der Gedanken und Erlebnisse. Zugleich überdauert die Selbsterfahrung des Bewusstseins als (subjektive) Einheit die Aufeinanderfolge der innerweltlichen Ereignisse aus Gedanken, Erlebnissen usf. Eine Frau wird am Morgen vom Wecker wachgerüttelt, ihr Mann hat schon den Kaffee aufgebrüht und Brötchen geholt. Sie frühstücken gemeinsam. All diese Ereignisse erlebt die Frau im Bewusstsein als Nacheinander. Ihre Selbsterfahrung – also der Umstand, dass sie sich kontinuierlich als diejenige erlebt, die das Nacheinander ihrer Erlebnisse macht, begründet ihre Erfahrung eines inneren Selbst. Hieraus entstehen das Erleben einer inneren Dauer und auch die subjektiven Perspektiven auf Vergangenheit, Gegenwart und Zukunft. Schütz und Luckmann weisen im Anschluss an Bergson daraufhin, dass diese drei Zeitperspektiven jedoch nicht als jeweils abgeschlossene Phasen erlebt werden. Es ist von »Retentionen« die Rede. Jede aktuelle Phase des Erlebens (jede »Impression«) enthält »Retentionen«, unvollständige Nachwirkungen des unmittelbar zuvor als gegenwärtig Erlebten ebenso wie »Antizipationen typischer Fortsetzungsphasen« (Schütz/Luckmann 1984, S. 84).

Biographische Zeit   Hinzu tritt die biographische Zeit. Subjekte erfahren neben der inneren Dauer ihres gegenwärtigen Tuns in einer Alltagssituation den Horizont des Fortbestands ihres Lebens. Alltagszeitliche Erfahrung und lebenszeitlicher Horizont sind somit stets verbunden. Insofern kommt zu den zeitstrukturell bestimmten Aufschichtungen der Lebenssituation (Endlichkeit, Zwangsläufigkeit, Geschichtlichkeit) noch der autobiographische Bezug der Situation. »Meine Situation besteht aus der Geschichte meiner Erfahrungen.« (Schütz/Luckmann 1984, S. 86)

Aus dem Zeitproblem der Endlichkeit wird in der phänomenologischen Soziologie somit eine schon recht komplexe Konzeption der sozialen Zeit entfaltet. Der Endlichkeitserfahrung werden dabei objektive, subjektive und biographische Ausbildungen von Zeitverhältnissen zugerechnet. Damit wenden die Autoren die Problematik der Vergänglichkeit auf interessante Weise. Vergänglichkeit ist nicht Ausgangspunkt einer Erfahrung von Bestandsunsicherheit, sondern umgekehrt Quelle des Erlebens des Fortbestands der Welt, des Ichs und der eigenen Lebensgeschichte, des »Immer-Weiter-Könnens«.

Zwischenergebnis

Der zeitliche Fortbestand der Lebenswelt

In der phänomenologischen Soziologie wird das Erleben der Vergänglichkeit einzelner Ereignisse und Erlebnisse nicht als Ausgangspunkt einer Erfahrung der Bestandsunsicherheit gedeutet. Gerade weil die Erfahrung der Vergänglichkeit einzelner Situationen von der Erfahrung des Fortbestehens vieler bekannter Elemente der Umgebung begleitet ist, entsteht die Erfahrung der Fortdauer der Welt. Und ebenso erfährt sich der Akteur als kontinuierlich bestehendes Selbst, als die innere Instanz, die als dasjenige bleibt, das die aufeinander folgenden Erlebnisse erfahren hat und weiterhin erfahren wird.

Die Ereignishaftigkeit der Systemoperationen | 4.4.1.2

Die Zeitkonzeption in der Systemtheorie von Niklas Luhmann operiert zunächst mit Kategorien und Unterscheidungen, die dem Lebenswelt-konzept von Schütz und Luckmann nicht nur ähneln, sondern teilweise sogar direkt entnommen sind. Allerdings dienen sie Luhmann nicht zu einem Aufweis der Entstehung lebensweltlicher Strukturen, er setzt viel-mehr Zeit der Kategorie Struktur entgegen. Den Strukturbegriff, den Luhmann bei dieser Entgegensetzung benutzt, entlehnt er aber nicht der Phänomenologie, sondern dem Strukturalismus von Claude Levi-Strauss.

Struktur bestimmt Luhmann als »Einschränkung der im System zu-gelassenen Relationen« (Luhmann 1984, S. 384), wobei Relationen selbst wiederum eine Einschränkung darstellen, nämlich eine Einschränkung von Elementen aus einer komplexeren Menge von Elementen, die mit-einander in Beziehung stehen. Relation besagt also, dass nicht alle Ele-mente mit allen Elementen in Beziehung stehen. Struktur besagt, dass es eine zusätzliche Einschränkung möglicher Relationen gibt. Diesen Strukturbegriff sieht Luhmann auch in den Ansätzen von Levi-Strauss und Parsons sowie in Edmund Husserls Spätwerk gegeben. Aber Luh-mann betrachtet die Bedeutung des Strukturmoments als nachrangig (gegenüber der Zeit). Warum? Und in Bezug auf was?

Struktur

Anders gefragt: Welches Problem fokussiert Luhmann mit dem Zeit-begriff? Ihm geht es um die Frage, wie soziale Systeme möglich sind. Seine Antwort lautet: durch selbstbezügliche Produktion und Repro-duktion als System, also ihrer selbst. Und als solche sich selbst produzie-renden und reproduzierenden Systeme sind sie »temporalisiert«. Manch-mal heißt es sogar: Systeme temporalisieren Komplexität (vgl. Luhmann 1984, S. 79). Dieser zugleich abstrakt und mystisch klingende Satz soll be-sagen, dass Systeme aus Elementen bestehen, die zeitlich sind. Es handelt sich dabei um nichts anderes als Systemereignisse. Solche Systemereig-nisse können sein: Gedanken (im Fall psychischer Systeme), kommuni-kative Handlungen (im Fall sozialer Systeme), Zahlungen (im Wirt-schaftssystem), Entscheidungen (in Organisationen) und so weiter.

Temporalisierung von Komplexität

Soziale Systeme haben nach dieser Auffassung keinen festen Bestand. Mit Karl Mannheim ließe sich auch sagen, die Relationen des Systems sind dynamisiert, wenn sie aus Ereignissen bestehen. Ereignisse haben die Eigenschaft zu vergehen – dementsprechend müssen sie reproduziert werden. Und erst in der Notwendigkeit der Reproduktion erscheint das Moment der Struktur als eingeschränkte Menge von Relationen. Wenn sich ein System auf der Basis wiederholter Systemereignisse repro-duziert, etwa in Form von Zahlungen, die auf Zahlungen Bezug nehmen, oder schwächer ausgedrückt, Handlungen und Kommunikationen, die

Reproduktion von Systemereignissen

sich über Zahlungen erschließen lassen (vgl. dazu Berger 1988), dann bedeutet dies etwa Folgendes: Ein System ist nicht Substantielles, nichts fest Materialisiertes, und wenn doch, dann eher als Folgeerscheinung.

Operative Geschlossenheit

Ein soziales System ist zunächst der Umstand, dass nur Ereignisse bestimmter (eingeschränkter) Art aufeinander Bezug nehmen und dadurch so etwas wie eine kontinuierliche Folge gleichartiger Ereignisse erzeugen. Andersartige Ereignisse werden in der Kontinuität der sich selbst herstellenden Systemprozesse (Ketten von gleichartigen Ereignissen, die aufeinander Bezug nehmen) ausgeschlossen. Nichts anderes meint auch die Rede von der operativen Geschlossenheit eines sozialen Systems. Operationen wie Zahlungen, Entscheidungen, Beweisführungen usf. sind nämlich operative Ereignisse gleicher Art. Und das Wirtschaftssystem entsteht dadurch, dass es über die operativen Ereignisse von Zahlungen einen Systemzusammenhang herstellt.

Anschließbarkeit

Damit rückt ein anderes Problem nach vorne: Ereignisse gleicher Art, z. B. der Zahlungsfluss, könnten ausbleiben. Hier greift Luhmann auf den von Jürgen Frese (1985) entwickelten Begriff der »Anschließbarkeiten« zurück und macht den Anschluss von Systemereignissen zum entscheidenden Zeitproblem (nicht nur) sozialer Systeme. Zeitlich betrachtet Luhmann die gesellschaftlichen Prozesse mit dem verunsicherten Blick in die Zukunft und der Frage, ob und wie es weitergehen kann, wenn alles von selbst aufhört und sich um Anschluss kümmern muss.

Zwischenergebnis

Anschließbarkeit ereignishafter Systemoperationen

Gemäß Luhmanns Auffassung bestehen Systeme aus Elementen, die verzeitlicht (temporalisiert) sind, wie z. B. Entscheidungen, Zahlungen oder Beweisführungen. Was geschieht mit den Systemen, wenn nicht mehr Zahlung auf Zahlung, nicht mehr Entscheidung auf Entscheidung usf. folgt? Das System kann dann seine Anschließbarkeit nicht mehr sichern. Es hört auf, sich zu reproduzieren.

4.4.1.3 | Praktischer Sinn und die Geschichtlichkeit der Zeit

Pierre Bourdieu entfaltet im Hinblick auf die Zeitlichkeit der gesellschaftlichen Prozesse eine andere Perspektive. Er richtet sich zwar in seiner Zeitkonzeption auch zunächst gegen den Strukturalismus, dem er eine statische und demnach zeitvergessene Betrachtung der Struktur vorwirft, aber er fokussiert das Problem zukünftiger Ereignisse auf andere Weise. Er betrachtet Zeit als Moment der Praxis und das Wesentliche an der Praxis ist der »Sinn für das Spiel, [...] eine recht genaue Vorstellung von dem fast wundersamen Zusammentreffen von Habitus und Feld, von einverleibter und objektivierter Geschichte, das die fast perfekte Vorwegnahme der Zukunft in allen konkreten Spielsituationen ermöglicht« (Bourdieu 1987, S. 122).

Aber das Spiel bzw. die Praxis unterliegt einer besonderen Logik, auf **Zeit der Praxis** die sich der Spielsinn bzw. der praktische Sinn ausrichtet, und zwar vor allem in zeitlicher Hinsicht: »Wenn man den Fehler ausgemacht hat, der darin besteht, die theoretische Sicht der Praxis für das praktische Verhältnis zur Praxis auszugeben, genauer noch darin, der Praxis das Modell zugrunde zu legen, das man zu ihrer Erklärung erst konstruieren muss, wird man auch schon gewahr, dass dieser Fehler auf der Antinomie zwischen dem Zeitbegriff der Wissenschaft und dem Zeitbegriff des Handelns beruht.« (Bourdieu 1987, S. 148) Der Wissenschaft ist es aufgrund ihrer Methoden und theoretischen Analysen möglich, die Zeit – zumindest vorübergehend – außer Kraft zu setzen. Der Historiker kann anhand von Dokumenten, der Naturwissenschaftler in Form von Experimenten oder der Ethnologe anhand von Feldprotokollen sich einen still gestellten Ausschnitt aus dem Fluss der Zeit herausnehmen und distanziert betrachten. Die Wissenschaftler müssen in der von ihnen anhand von Protokollen, Statistiken und anderen Dokumenten analysierten Zeit nicht handeln.

In der Praxis aber stellt sich aus der Perspektive der Akteure die **Dringlichkeit** Dringlichkeit des Handelns. Das Spiel, die Praxis rollt in der Zeit ab und weist dabei Eigenschaften wie Unumkehrbarkeit, Rhythmus, Tempo und Richtung auf. »Kurzum, die Praxis ist schon wegen ihrer ganzen Eingebundenheit in die Dauer mit der Zeit verknüpft, nicht bloß, weil sie sich in der Zeit abspielt, sondern auch, weil sie strategisch mit der Zeit und vor allem mit dem Tempo spielt.« (Bourdieu 1987, S. 149) Daher ist es nicht möglich, die Praxis von einem Standpunkt der zeitvergessenen Theorie aus zu erklären, also anhand einer Form der Erklärung, die außen vor lässt, wie die Zwangsläufigkeit, die Endlichkeit und die Unumkehrbarkeit der Zeit die Akteure in ihrem praktischen Handeln bestimmen. Für die Akteure ergibt sich der Zwang – durchaus auch im Sinne der von Schütz und Luckmann konstatierten »Zwangsläufigkeit der Weltzeit« und des »first things first« – »strategisch mit der Zeit« umzugehen, einen Sinn für das Spiel mit der Zeit, auf Zeit oder mit Tempo zu entwickeln. Das Spiel bzw. die Praxis lassen sich also deshalb nicht anhalten, weil sich die Zeit nicht anhalten lässt.

Eine Erklärung anhand von Strukturen, die den Faktor Zeit außer **Einverleibtheit der** Acht lassen, wäre also für Bourdieu nicht überzeugend. Darin liegt eine **Geschichte** Parallele zu Luhmann. Allerdings denkt Bourdieu – dies wird vor allem im ersten Zitat oben ersichtlich – den Aspekt der Zukunft anders. Die

Zukunft lässt sich aufgrund der Einverleibtheit der Geschichte vorwegnehmen. Denn die Praxis ist – trotz ihrer Zeitlichkeit – ein Zusammentreffen von Habitus und Feld, ein Zusammentreffen von einverleibter und objektivierter Geschichte.

In dieser Rede vom Habitus als »einverleibter Geschichte« und vom Feld »als objektivierter Geschichte« treffen wir auf eine bestimmte Vorstellung von der Geschichtlichkeit der Zeit. Und genau diese Vorstellung von der Geschichtlichkeit der Zeit fehlt in dem Problem der Anschlussfähigkeit, auf das Luhmann fokussiert. Deshalb existiert für Bourdieu das Problem der Anschlussfähigkeit so gut wie gar nicht, denn eine »fast perfekte Vorwegnahme der Zukunft in allen konkreten Spielsituationen« ist ja durch das »wundersame Zusammentreffen von Habitus und Feld« bereits ermöglicht. Man könnte auch sagen. Nach Bourdieus Auffassung steht trotz ihrer Zeitlichkeit die Praxis selber nicht zur Disposition, sie ist bereits disponiert, voreingestellt dadurch, dass es den Habitus (→ Kap. 3.2.3) als einverleibte Haltungen und Verhaltensmuster und das Feld als regulierte und auf bestimmte Kapitalarten beruhende Praxis gibt, auf deren Grundlage allein die Akteure mit ihren Praktiken weitermachen können.

Zwischenergebnis

Zeit der Praxis: Dringlichkeit und Geschichtlichkeit

Pierre Bourdieu bindet den Begriff der Zeit an die Bedingungen der sozialen Praxis. Diese ist für ihn in zeitlicher Hinsicht durch zwei Eigenschaften gekennzeichnet. Die Praxis läuft erstens in der Zeit ab und erzeugt das Problem der Dringlichkeit. Zweitens werden innerhalb der Praxis aber Elemente der früheren Situation einverleibt. Darüber entsteht Geschichtlichkeit. Dringlichkeit und Geschichtlichkeit sind in der Gegenwart der Praxis enthalten. Sie verleihen den Akteuren Spielsinn. In diesem Spielsinn hat der Akteur Problemlösungen der Vergangenheit einverleibt. Er kann Routinen und »Automatismen« abrufen. Zugleich besitzt er einen Sinn für den Fortgang der Praxis; er kann bevorstehende Spielzüge antizipieren.

4.4.2 | Zeit und Geschichtsschreibung

Angesichts der grundlegenden Unterschiede zwischen den Zeitkonzeptionen in verschiedenen soziologischen Theorieangeboten lässt sich fragen, ob überhaupt – in »naiver« Weise – von Zeit und von Geschichte gesprochen werden kann. Ist das, was uns als Geschichte und als gesellschaftlicher Prozess gilt, nicht Resultat grundlegend verschiedener Auffassungen von der Zeit? Und was leitet diese Auffassungen an? Sind dies immer wissenschaftliche Überlegungen und methodische Prüfungen? Lässt sich über Grundkonzepte wie Zeit und Geschichte letztlich überhaupt wissenschaftlich entscheiden? Sind es nicht vielleicht sogar Fragen der Poetik, des literarischen Stils, in dem Geschichte geschrieben wird?

Wir steuern also auf das Verhältnis von Zeit, Geschichte und Geschichtsschreibung zu, auf den Verdacht, dass wir es mit einem unauflöslichen Grundproblem der Sozial- und Geschichtswissenschaften, vielleicht noch genereller der Geistes- und Kulturwissenschaften zu tun haben. Dieses Problem diskutiert die Geschichtswissenschaft seit geraumer Zeit und diese Diskussion hatte nicht nur Folgen für die soziologische Theorie der Zeit und der Prozesshaftigkeit gesellschaftlicher Entwicklungen, sondern sie wurde von der soziologischen Theorie in verschiedenen Begrifflichkeiten selbst aufgenommen, z. B. in der Kategorie der »gesellschaftlichen Semantik« (Luhmann).

Was sind historische Aussagen? | 4.4.2.1

Grundsätzlich unterliegt die Geschichtsschreibung einem sprach- und erkenntnistheoretischen Problem, das Arthur C. Danto (1974) in seinem Buch »Analytische Philosophie der Geschichte« ausführlich erörtert hat, nämlich dem der Schwierigkeit von Sätzen, die sich auf Vergangenes beziehen. Er diskutiert drei Formen des Skeptizismus, die sich auf die Unmöglichkeit beziehen, »irgendeine wahre Aussage über die Vergangenheit zu machen« (Danto 1974, S. 54). Die erste Position beruht auf einem strikt wissenschaftslogischen Einwand. »Jede Aussage, die Vergangenes zum Inhalt hat, ist streng genommen sinnlos.« (ebd., S. 55) Sinnlos ist sie deshalb, weil prinzipiell nicht entschieden werden kann, ob sie wahr oder falsch ist. Da wir nicht in die Vergangenheit zurückgehen können, lassen sich Aussagen über die Vergangenheit weder durch Beobachtung noch experimentell überprüfen. Da es sich bei historischen Sätzen aber um empirische Feststellungen handeln soll, müssten sie durch »Erfahrung verifiziert werden« (ebd.) können.

Sinnlosigkeit historischer Aussagen?

Die zweite Position ist eher gedankenexperimenteller Art und ein typisch erkenntnisphilosophischer Einwand gegen geschichtliche Aussagen. Vielleicht unterliegt unsere Weltauffassung einem grundsätzlichen Irrtum. Wir verfügen gar nicht über eine lange zurückgehende Geschichte, sondern die Welt wurde erst vor fünf Minuten geschaffen. Trotzdem ist sie »vollständig, mit uns darin und all unseren Erinnerungen, und […] (all jenen) Stücken und Teilen von Dingen […], die wir zum

Nur kurze Geschichte?

Beweis für eine wesentlich ältere Welt heranziehen« (Danto 1974, S. 57). Dieser skeptische Einwand, der vor allem von Bertrand Russell formuliert wurde, ist nicht ganz ernst gemeint, zumindest im Hinblick auf die These, dass die Welt erst vor fünf Minuten entstanden sei. Das Gedankenexperiment soll eher in »dramatischer Weise eine Vielzahl von Fragen über Zeit, Beziehung und Erkenntnis« aufwerfen und verdient deshalb sorgfältige Prüfung, weil uns darüber unsere konzeptionellen Vorannahmen über die Zeit bewusster werden. So gibt uns etwa die Frage, seit wann es die Welt gibt und wie schnell etwas darin entstehen konnte, Aufschluss über die Vorstellungen, die wir uns im Hinblick auf das Ausmaß der Entstehung von etwas in der Welt machen, etwa über die Möglichkeiten abrupten oder allmählichen Wandels in der Zeit.

Relativität historischer Aussagen

Die dritte Position erscheint uns heute womöglich als die Plausibelste der drei hier angeführten. Es handelt sich um die Skepsis gegenüber historischen Aussagen aufgrund der Standortabhängigkeit der Historiker, die diese Aussagen gemacht haben. »Eine historische Aussage ist, infolge untilgbarer persönlicher Faktoren, eine Entstellung und demzufolge nie ganz wahr. Es gelingt uns nicht, Aussagen über die Vergangenheit zu machen, die unbedingt wahr sind.« (Danto 1974, S. 59) Dies ist der Einwand des Relativismus. Die Wahrheit bzw. Geltung einer historischen Aussage ist relativ zum persönlich-biographischen, sozialen und geschichtlichen Standpunkt des Urhebers dieser Aussage. Im Unterschied zu Aussagen über aktuelle Beobachtungen kommt ein Motiv hinzu. Die Verklärung des in der Vergangenheit Geschehenen durch die Erinnerung: »Das kann ich nicht getan haben – sagt mein Stolz und bleibt unerbittlich. Endlich – gibt das Gedächtnis nach« – heißt es bei Friedrich Nietzsche.

Zwischenergebnis

Drei Formen der Skepsis gegenüber historischen Aussagen

Danto trägt drei Zweifel an historischen Aussagen aus der analytischen Philosophie vor:

1. Historische Aussagen sind sinnlos, weil sie sich nicht mehr verifizieren lassen.
2. Unsere Geschichtsauffassung könnte einem grundsätzlichen Irrtum unterliegen, da wir nur für den kurzen Horizont der Gegenwart sichere Belege haben. Vielleicht ist die Geschichte nur fünf oder zehn Minuten alt.
3. Alle historischen Aussagen sind nur relativ (vom Standpunkt des Aussagenden aus) wahr.

Diese wissenschaftstheoretischen Einwände lassen sich im Rahmen einer Einführung nicht endgültig klären, sofern dies überhaupt möglich ist. Danto etwa denkt, dass er alle drei Einwände zu entkräften vermag. Vorgestellt wurden sie, um zwei Konsequenzen, die sich im Anschluss an sie ergeben, besser verdeutlichen zu können.

Eine Konsequenz ist methodischer Art und ergibt sich unmittelbar aus dem ersten Einwand, mittelbar auch aus dem zweiten. Es geht um die Unterscheidung von Datenarten hinsichtlich ihrer Zeitlichkeit. Empirische Daten können dahingehend unterschieden werden, ob sie in einer Gegenwart aufgezeichnet oder anhand von Erinnerungen nachträglich ermittelt wurden. Jörg Bergmann (1985) hat von einer registrierenden und einer rekonstruierenden Vorgehensweise gesprochen. Diese methodische Differenz ist vor allem zeitlich fundiert, denn die Operation der Registrierung von Daten geschieht in einer Gegenwart und setzt Mittel ein, die ein in der Gegenwart ablaufendes Geschehen zumindest in bestimmten Wahrnehmungsdimensionen (auditiv, visuell) aufzeichnen, während die Operation der Rekonstruktion auf Mittel zurückgreift, die in Form von Zeugen, Erinnerungen und Erzählungen eine Vergangenheit nachträglich beschreiben.

Registrierend vs. rekonstruierend

Es sieht nun auf den ersten Blick so aus, als wäre die registrierende Form der Datenerhebung der rekonstruierenden überlegen. Gegen diese naheliegende Auffassung erhebt Artur C. Danto jedoch einen zu beachtenden Einwand. Es handelt sich um den Nachweis des Ungenügens (der Insuffizienz) einer idealen Chronik. Die ideale Chronik müssen wir uns wie eine Art Gott oder Superhirnmaschine vorstellen, die alles, was geschieht, simultan aufzeichnet und registriert. Wir müssten dann nur auf einen Knopf drücken und die Supermaschine spuckt uns das gewünschte Datum aus der Vergangenheit (oder eine Reihe von historischen Daten) aus. Natürlich ist ein solches Aufzeichnungsgerät unmöglich, aber es hat in der Soziologie, genauer in der ethnomethodologischen Forschung Vorstellungen von einem »taping the world« gegeben, die mit der Idee einer idealen Chronik operieren. Dantos Einwand soll aber deutlich machen, dass selbst, wenn so etwas möglich wäre, damit eine wichtige Anforderung an wissenschaftliche Untersuchungen unerfüllt bliebe: Die ideale Chronik vermittelt keine Zusammenhangsannahmen. Ihr fehlt somit die Möglichkeit zu erklären, wieso X als Ereignis zum Zeitpunkt 1 auftrat im Unterschied zu Y und wie dies möglicherweise mit dem Auftreten von A, B, C zu früheren Zeitpunkten 0, −1, −2 zusammenhängen könnte.

Problem der idealen Chronik

Von hier aus kann nun mittelbar verdeutlicht werden, was den zweiten skeptischen Einwand gegen die Möglichkeit historischer Aussagen interessant macht. Die Vorstellung von einer Überlegenheit der registrierenden Datengewinnung beruht nämlich auf einem instantanen

Beschränkungen des instantanen Realismus

Realismus. Wir rechnen einer gegenwärtigen Erfahrung einen stärkeren Wirklichkeitsgrad zu. Das, was hier und jetzt vor meinen Augen abläuft, dessen Wirklichkeit kann ich mich kaum entziehen. Was aber vergangen und anderswo geschehen ist, erscheint mir als Wirklichkeit schon entrückt. Instantan leitet sich hier von »instant«, dem augenblicklich erfahrenen Ereignis ab. Ein instantaner Realismus liegt also dann vor, wenn eine Wirklichkeitsauffassung vorausgesetzt wird, nach der Gegenwartserfahrungen eine höhere Glaubwürdigkeit hinsichtlich ihres Aussagegehalts über Sachverhalte in der Welt zukommt. Dieser instantane Realismus tut so, als zählte nur die Welt der letzten fünf Minuten, also die Erfahrungen, die nach Schütz und Luckmann in der aktuellen Reichweite des Handelns eines Individuums liegen.

Genetischer Realismus Der instantane Realismus mit seiner Auffassung einer zeitlich zusammenhanglosen Welt widerspricht dem kausalen oder genetischen Realismus. Dieser geht davon aus, dass es Zusammenhänge in der Geschichte gibt, also z. B., dass B aus A entstanden ist. Solche Zusammenhänge wären aber in keiner noch so idealen Chronik auffindbar. Sie müssen durch kausale oder genetische Annahmen, also durch Vermutungen über Ursache-Wirkungsmechanismen oder über die Muster von Entstehungsprozessen gewonnen werden.

Die Struktur historischer Sätze Ein weiteres Moment tritt hinzu – und auch hier liefert Danto beachtliche Beispiele. Die zeitlichen Zusammenhänge zwischen Ereignissen lassen sich nicht nur nachträglich durch Wissenschaftler rekonstruieren, sondern sie sind bereits Teil der Lebenspraxis selbst. Das soziale Leben beruht wesentlich auf der Möglichkeit, sich an »historischen Sätzen« zu orientieren. Wie können wir das verstehen? Danto verdeutlicht dies an so schönen Sätzen wie »Jones pflanzte die preisgekrönten Rosen.« Was ist an Sätzen dieser Art so besonders? Offenbar machen sie den Entwurfscharakter einer Lebenspraxis deutlich. Jones wirft nicht nur einfach Blumensamen in die Erde. Sein Handeln ist an der Möglichkeit orientiert, dass etwas daraus entsteht. Genau dieser Entwurfscharakter des Handelns vermittelt die Geschichtlichkeit der Welt. Das, was entstanden ist, ist Resultat von regelförmig entworfener Praxis. Und selbst wenn Jones' Rosen am Ende doch nicht preisgekrönt werden, so ist seine Praxis in das objektive Feld des Wettbewerbs (so würden wir mit Bourdieu sagen können) eingebettet. So wie jemand eine Ausbildung macht, weil er sich davon einen späteren Erwerb verspricht und dies mehr oder weniger gut realisiert, so ist Jones am Wettbewerbshandeln der Rosenzüchter orientiert. Und dies ist für Danto der Grund, warum Erzählungen nicht nur (mehr oder weniger guten) Aufschluss über frühere Ereignisse vermitteln, sondern vor allem davon handeln, wie sich Akteure innerhalb eines Felds der Praxis situieren.

Mit diesen Überlegungen lässt sich verdeutlichen, warum es gemäß Danto sinnvoll sein kann, den ersten und zweiten Einwand gegen die Möglichkeit historischer Sätze zurückzuweisen. Da wir an Zusammenhangsaussagen interessiert sind und weil wir nachvollziehen wollen, wie Akteure selbst Zusammenhänge ihres Handelns herstellen, ist es zweckmäßig sich mit Narrationen (als zu Geschichten verknüpfte Erzählsätze) zu beschäftigen. Allerdings ergibt sich daraus noch ein Problem, das mit dem dritten Einwand zusammenhängt. Sind solche Erzählungen nicht wesentlich standpunktabhängig? Und gibt es demnach nicht immer mehrere mögliche Erzählformen? Genau daran knüpft die Reflexion der Geschichtsschreibung an, die im Folgenden am Beispiel der meta-historischen Theorie von Hayden White expliziert wird.

Zurückweisung des zweiten Einwands

Zwischenergebnis

Was ist das Charakteristische historischer Aussagen

Danto diskutiert drei Einwände gegen die Möglichkeit historischer Aussagen. Das Hauptproblem, das die analytische Philosophie in solchen Aussagen sieht, liegt darin, dass sie sich auf Sachverhalte beziehen, die in der Vergangenheit liegen. Da wir uns nicht in die Vergangenheit zurückversetzen können, lassen sie sich nicht unmittelbar (durch Beobachtungen) überprüfen.

Danto hält die Geltungsansprüche, auf denen diese Zweifel beruhen, für überzogen und sieht zugleich einen Mangel in einer idealen Chronik der Ereignisse, selbst wenn diese ein Abbild vergangener Ereignisse wäre. Die bloße Feststellung von aufeinander folgenden Ereignissen ergibt nämlich keine Anhaltspunkte für die Zusammenhänge, die zwischen ihnen bestehen. Aus diesem Grund bestimmt Danto historische Sätze auf andere Weise. Historische Sätze sind solche Aussagen, in denen ein Prozess über mindestens zwei Ereignisse zum Ausdruck kommt, wie in dem Satz: »Jones pflanzte die preisgekrönten Rosen.« Darüber entfaltet er eine Theorie der geschichtlichen bzw. sozialen Entwicklung als genetischen Realismus. Dieser hat zu rekonstruieren, wie Zusammenhänge zwischen sozialen Ereignissen zu verschiedenen Zeitpunkten erzeugt wurden.

Geschichtsschreibung als Poesie

4.4.2.2

In seiner Buch »Metahistory« untersucht Hayden White die Muster der Geschichtsschreibung anhand von literaturwissenschaftlichen Kategorien. Für ihn sind die Texte der Geschichtswissenschaft Formen der Poesie. Insofern geht es weniger um die Feststellung von (vergangenen) Tatsachen, als um die Art und Weise, wie ein Zusammenhang zwischen ihnen hergestellt wird. So weit deckt sich Whites Rekonstruktion mit der von Danto. White nimmt jedoch den dritten der oben angeführten Einwände ernster. Die Geschichtsschreibung ist relativ, und zwar relativ zu den tragenden Metaphern der historischen Erzählung. White unterscheidet romantische, tragische, komische und satirische Erzählweisen.

Metaphern der
historischen Erzählung

- In der **romantischen** Geschichtsschreibung steht der soziale Wandel im Vordergrund, der von Bewegungen ins Rollen gebracht wurde. In der Bewegung finden die individuellen Akteure und der Lauf der Geschichte (nebst den gesellschaftlichen Strukturen) zueinander. Der Akteur kann in der Geschichte aufgehen. Die Leitmetapher der Romantik ist insofern das analogische Bild. (Beispiel: Die Geschichte ist wie eine Berg- und Talfahrt.)
- Die **tragische** Figur der Geschichtsschreibung besteht in der Betonung der wiederkehrenden Strukturen. Im Lauf der Geschichte zeigt sich nichts Neues. Alles ist schon einmal da gewesen. Die Akteure bemühen sich um Änderung, aber sie verstricken sich in den Strukturen der Geschichte und führen ohne ihr Wissen oder gegen ihren Willen die bestehenden Ordnungen wieder herbei. Die leitende poetische Figur ist die Metonymie, die Vertauschung. Der Mensch hält sich für frei und selbstbestimmt, in Wahrheit ist er aber ein Produkt der sich wiederholenden Geschichte.
- Die **komische** Erzählung der Geschichte betont zwar auch die Unbeholfenheit des Akteurs und seine Missgeschicke, aber letztlich ist er durch die Institutionen gestützt. Der Akteur scheitert trotz der Unvollkommenheit seines Bemühens nicht, sondern wird durch Netzwerke und Koinzidenz – das glückliche Zusammenspiel der Ereignisse – wieder in die »rechten« Bahnen geleitet. Die komische Erzählung setzt somit auf die gesellschaftlichen Institutionen, welche die Bedeutung des Handelns verschieben. Die Verschiebung entspricht der rhetorischen Figur der Synekdoche (literarisches Beispiel: Traube für Wein; historisches Beispiel: Wendepunkte einer gesellschaftlichen Entwicklung als Kern der Geschichte).
- Die **satirische** Erzählung besteht aus Dekonstruktionen, und zwar insofern als sie einer vorherrschenden Geschichtsinterpretation zunächst folgt, aber nicht um sie zu bestätigen, sondern um sie ad absurdum zu führen. Und trotzdem erscheint durch die Leitmetapher der Ironie die Absurdität oder das Obskure im Lauf der Welt hinnehmbar.

Metahistory =
relativistische
Geschichtsschreibung?

Der Geschichtsschreibung stehen also verschiedene Erzählformen offen. Wovon hängt es jedoch ab, welche dieser Formen ein Historiker wählt? Diese Frage ist problematisch oder womöglich selbst wieder die Wahl einer Form der Geschichtsschreibung. Aus Whites Sicht könnte sie auch die Ironie der Geschichte sein. Denn die Rekonstruktion von Formen der Geschichtsschreibung kann nicht als Nebeneinander verschiedener Möglichkeiten stehenbleiben. White ordnet die Formen bestimmten Historikern zu. Aber mit diesen Zuordnungen schreibt er selbst Geschichte, und zwar die »Metahistory« der Geschichtsschreibung als Abfolge von literarischen Stilmustern. Damit gerät jedoch auch der Versuch, Geschichtsschreibung zu beschreiben, in eine schwer auflösbare Paradoxie. Darin gleicht er allen relativistischen Geschichtsauffassungen. Sie kann ihre Geltung als zutreffende Beschreibung nicht unabhängig von ihrer eigenen Relativität begründen.

Zwischenergebnis

Geschichtsschreibung als poetische Konstruktion

Hayden White kann nachweisen, dass die bedeutenden realistischen Geschichtsschreiber des 19. Jahrhunderts (Michelet, Ranke, Tocqueville, Burckhardt) einer je eigenen Poetik folgten: Historischer Realismus als Romanze, als Komödie, als Tragödie und als Satire. Dabei verwenden sie im Kern rhetorische Leitfiguren: die analogische Metapher (Romanze), die Metonymie (Tragödie), die Synekdoche (Komödie) und die Ironie (Satire). Allerdings muss White für seine Analyse in Anspruch nehmen, dass er die literarischen Muster der Geschichtsschreibung zutreffend an den Werken der genannten Autoren erfasst hat, obwohl er selbst ebenfalls einer literarischen Leitfigur folgt, der Metonymie, indem er für alle Werke der Geschichtsschreibung behauptet, dass sie nicht mehr seien als Poesie. Damit gerät White in den klassischen Selbstwiderspruch einer relativistischen Betrachtung. Die für die Aussagen anderer behauptete Relativierung trifft auch auf seine Aussagen zu und entkräftet die These der Relativität.

Zeit und die Frage nach den Bewegungsgesetzen   4.4.3

Wenn es somit nicht nur möglich, sondern sogar erforderlich sein kann, sich mit der historischen Abfolge von Mustern zu beschäftigen, dann fragt sich, ob – neben den mit White aufgezeigten rhetorischen Formen – auch vom Verständnis der Sache selbst aus gedacht Bedingungen der Entstehung, der Fortsetzung und der Beendigung von gesellschaftlichen Strukturen angegeben werden können. Damit müsste nach Gesetzen gefragt werden, die das zeitliche Auftreten von gesellschaftlichen Verhältnissen, ihren Beginn und ihr Ende, ihre Ablösung durch andere Verhältnisse, zu klären vermögen. In der klassischen Fassung – etwa bei Hegel oder Marx – ist von »Bewegungsgesetzen der Geschichte« die Rede und vor allem Dialektik gemeint. Dieser Drei-Schritt-Linie aus These – Antithese – Synthese können mindestens drei alternative Modelle gegenübergestellt werden: das ebenfalls klassische Schema der Evolution und der mit ihr verbundenen Idee der Adaptation, ein ebenfalls evolutionäres Modell der Strukturbildung (ohne Adaptationspostulat) und Konzeptionen der »Diskontinuität«: der Ungleichzeitigkeit des Gleichzeitigen, der Mehrdimensionalität, Intersektionalität und Überdetermination.

4.4.3.1 Dialektik als historisches Bewegungsgesetz

Das dialektische Modell der gesellschaftlichen Entwicklung haben wir bereits in der Theorie von Marx ansatzweise kennengelernt, allerdings mit besonderem Augenmerk auf den zweiten Schritt – die Antithese bzw. den Widerspruch. Das dialektische Modell, so wie es in der neuzeitlichen Geschichtsphilosophie geläufig ist, geht auf den deutschen Idealisten Gottfried Friedrich Wilhelm Hegel zurück. Vor allem in der Philosophie der Logik und in der Philosophie des Geistes hat er das dialektische Rekonstruktionsmodell ausführlich entfaltet. Hegels Philosophie gilt heute als schwer nachvollziehbar. Analytische Philosophen (wie z. B. Rudolf Carnap) haben sogar behauptet, dass sein Denken auf sinnlosen, d. h. logisch nicht nachvollziehbaren Sätzen beruht. Gemeint sind damit Aussagen wie die folgende: »Das reine Sein und das reine Nichts ist also dasselbe. Was die Wahrheit ist, ist weder das Sein noch das Nichts, sondern dass das Sein in Nichts und Nichts in Sein – nicht übergeht, sondern übergegangen ist.« (Hegel 1969, S. 83)

Dialektik als spezifische Prozessform — Dieser Satz aus »Wissenschaft der Logik« stammt aus dem Jahr 1812, dem Jahr der ersten Ausgabe dieses Werkes. Hegel versucht mit dem Hinweis auf das »Übergegangen-Sein« die Prozesshaftigkeit der Wahrheit, das geschichtliche Werden oder Gewordensein in den Vordergrund zu rücken. Die Bedeutung des dialektischen Werdens glaubte Hegel auch im Sinne der Logik, also der Folgerichtigkeit von Aussagen aufzeigen zu können. Ein solches Unterfangen wird heute nur noch von wenigen Denkern für möglich gehalten.

Problem der Eindimensionalität — Trotzdem hat das Denken in dialektischen Bewegungen bis weit ins 20. Jahrhundert einen enormen Einfluss auf die Philosophie und insbesondere auf die Gesellschaftstheorie ausgeübt. Schon das Marx'sche Denken knüpfte daran an, aber auch Theoretiker wie Karl Mannheim oder die Vertreter der Kritischen Theorie haben einzelne Aspekte von Hegels Dialektik übernommen. Theodor W. Adorno etwa die Figur der »negativen Bestimmung« oder Karl Mannheim die Orientierung an der Synthesis. Die Hauptschwierigkeit der dialektischen Rekonstruktion wird allerdings heute nicht mehr so sehr in der schwer zugänglichen Sprache, als vielmehr in der Einlinigkeit bzw. Eindimensionalität des vorgestellten Entwicklungsprozesses gesehen. Gegenwärtige Theorien der gesellschaftlichen Entwicklung gehen von der Notwendigkeit mehrdimensionaler Erklärungen aus. Niklas Luhmann etwa stört an der Dialektik »die eigentümliche Schmalspurigkeit, die zu geringe und zu unbestimmte Komplexität, die Fixierung auf wenige Gesichtspunkte, an die man mit vermeintlich eindeutigen Effekten Negationen anknüpfen kann« (Luhmann 1975, S. 193). Auch wenn Luhmann nicht minder unverständlich spricht, wirft er Hegel die »Schmalspurigkeit« seines Entwicklungsdenkens vor.

Zwischenergebnis

Dialektik: ein- oder zweidimensional?

Spätestens seit Hegel wird Dialektik als ein mögliches Bewegungsgesetz der Geschichte angesehen. Die Marx'sche Konflikttheorie (→ Kap. 4.3.1) ist eine mögliche Ausformung eines solchen dialektischen Entwicklungsprozesses der Gesellschaft. Marx überträgt das Schema »These – Antithese – Synthese« auf die Rekonstruktion einer Gesellschaftsform, die auf einem Produktionsverhältnis beruht, das in sich Widersprüche hervorbringt. Diese Widersprüche können dann nur in einer neuen Gesellschaftsform aufgelöst werden. Die Zuspitzung solcher Widersprüche gelingt jedoch nur, wenn die Entwicklung der Gesellschaftsform gleichsam nur auf einer Spur, in einer Dimension abläuft. Dieses einlinige Bild einer gesellschaftlichen Entwicklung, die durch Widersprüche aus der Spur gerät, kann aber vor dem Hintergrund differenzierungstheoretischer Ansätze (z. B. Luhmann) als zu eingeschränkt zurückgewiesen werden.

Evolution als gesellschaftsgeschichtliches Gesetz? | 4.4.3.2

Die heutige Soziologie hat die Dialektik durch einen anderen Entwicklungsbegriff ersetzt, den der »Differenzierung«. Beide Begriffe handeln von Entzweiung – der durch Widerspruch oder der durch Unterscheidung. Insbesondere die funktionalistische Theorie betrachtet systemische Ausdifferenzierungen als »evolutionären Prozess«. Hier knüpft die Soziologie unmittelbar an die biologische Evolutionstheorie an, die zum Teil auch von frühen Soziologien (z. B. dem Systemdenken Herbert Spencers) profitiert hat. Eine wichtige Idee ist dabei die der Adaptation, der systemischen Anpassung an die Umweltbedingungen (→ Kap. 3.4). Mithilfe der Vorstellung von Adaptation lässt sich eine Idee der Funktiona-

Adaptation

lität und der evolutionären Selektion erarbeiten. Anpassungsfähigere Systeme erweisen sich im Lauf der Zeit (Entwicklungsgeschichte) als überlebensfähiger (»survival of the fittest«).

Der einfache Anpassungsgedanke hat aber in der Geschichte der Evolutionstheorie selbst nicht lange überlebt. Ein Problem besteht etwa darin, dass Organismen auf blinde (unbewusste) Weise Variationen ihrer selbst produzieren (Mutationen), die sich unter neuen Umweltbedingungen als anpassungsfähiger erweisen. Die Frage ist zudem, ob solche Variationen dann zu Strukturbildungen führen, also ob die anpassungsfähigere Variante vom Organismus wirklich weitervererbt wird oder ihrerseits wieder variiert wird und quasi den vorübergehenden Anpassungsvorteil wieder aufgibt. Die genauen Zusammenhänge zwischen Anpassung, Selektion, Variation und Strukturbildung erscheinen somit etwas unbestimmt. Und im Fall der Rekonstruktion von gesellschaftsgeschichtlichen Entwicklungen liegen nur wenige beachtenswerte Versuche vor, ein Theorieprogramm der sozialen Evolution einzulösen.

Universalien der Gesellschaft

Ein Versuch stammt von Talcott Parsons, der sich bemüht, zumindest »evolutionäre Universalien der Gesellschaft« anzugeben, aber einschränkend festhält, dass es nicht Zweck seines Unterfangens sei, »eine ›Theorie‹ der gesellschaftlichen Evolution zu formulieren, nicht einmal eine Skizze einer solchen Theorie« (Parsons 1979, S. 71). Er gelangt allerdings zu einigen weitreichenden Schlussfolgerungen. Er geht nämlich davon aus, dass soziale genau wie organische Systeme »evolutionäre Universalien« ausbilden, die meist in Form von Innovationen bestehen, deren »Ausbildung die langfristige Anpassungsfähigkeit von lebenden Systemen einer bestimmten Klasse derartig steigert, dass nur diejenigen Systeme, die diesen Komplex entwickeln, höhere Niveaus der generellen Anpassungsfähigkeit erreichen« (ebd., S. 56). Im Falle der sozialen und kulturellen Systeme sind dies: »einfache Technologie; die auf dem Inzesttabu beruhende Verwandtschaftsorganisation; sprachliche Kommunikation; und Religion« (ebd., S. 71). Diese vier Innovationen sind grundlegend für Gesellschaften.

Für die interne (historische) Weiterentwicklung der Gesellschaft sind dann aber vor allem evolutionäre Schritte in der Variation von sozialen Schichtungsprinzipien bedeutsam, die Parsons in sechs organisatorischen Komplexen sieht. »Die zwei ersten sind für die Überwindung des Primitivzustandes der Gesellschaft entscheidend: soziale Schichtung durchbricht die verwandtschaftlichen Zuschreibungen; die kulturelle Legitimierung entwickelt Institutionen, die sich aus der diffusen religiösen Tradition herauslösen.« (ebd.) Die vier weiteren Komplexe sieht er als maßgeblich für den Übergang zu modernen Gesellschaften an: bürokratische Organisation, freier Markt, formales Recht und demokratische Politiksysteme.

Es zeigt sich schnell, dass diese Erklärung keine ist, sondern allenfalls eine inhaltsleere Tautologie. Denn bereits die Definition der »evolutionären Universalie« enthält Kriterien, die zur Folge haben, dass lediglich solche Sachverhalte als »evolutionäre Universalie« in die Analyse einbezogen werden, die sich bereits historisch bewährt haben. Dies ist erkennbar an dem Merkmal »Steigerung der langfristigen Anpassungsfähigkeit«. Welche Sachverhalte werden also definitorisch aufgenommen? Diejenigen, die langfristige Anpassungsfähigkeit aufweisen. Woran lässt sich das erkennen? Daran, dass es sie ab einem bestimmten Moment für einen längeren Zeitraum (womöglich bis heute) gibt.

Tautologie des funktionalistischen Evolutionsbegriffs

Was sollte damit erklärt werden? Dass es bestimmte Sachverhalte über einen längeren Zeitraum (womöglich bis heute) gibt? Aber das wurde ja in der empirischen Geschichtsforschung längst festgestellt. Und wenn die Definition der »evolutionären Universalie« lediglich solche Sachverhalte einbezieht, von denen man schon weiß, dass sie historisch langfristig etabliert sind, ist die Erklärung der langfristigen Etabliertheit von »evolutionären Universalien« inhaltsleer. Die Erklärung wiederholt ja nur, was schon längst bekannt ist. Interessiert hätte dagegen, wieso Sachverhalte (hier: gesellschaftliche Ordnungen, Formen, Muster) mit bestimmten Merkmalen (die unabhängig vom zu erklärenden Merkmal zu definieren wären) sich evolutionär durchsetzen, während Sachverhalte mit davon unterscheidbaren Merkmalen (die ebenso unabhängig vom zu erklärenden Merkmal des langfristigen Bestands sind) dies nicht tun. Warum also bspw. einfach strukturierte Gesellschaften historisch verschwinden, dagegen etwa komplex strukturierte Gesellschaften bestehen bleiben.

In einem späteren Werk greift Parsons diesen Aspekt auf und nennt zwei Kriterien, die nicht tautologisch, sondern als evolutionäres Gesetz widerlegbar formuliert sind: »Eine evolutionäre Perspektive impliziert sowohl ein Kriterium der Richtung als auch ein evolutionäres Stufenschema.« (Parsons 2003, S. 46) Eine solche *Richtung* kann der zunehmende Differenzierungsgrad von Gesellschaften sein. Die Gesellschaften, die hinsichtlich ihrer Organisationsprinzipien einen höheren Differenzierungsgrad zulassen, sind in evolutionärer Perspektive stabiler. Ein dementsprechendes Stufenschema kann postulieren, dass sich Gesellschaften von primitiv-segmentären über stratifikatorisch gegliederten hin zu funktional ausdifferenzierten Sozialsystemen entwickeln. Eine segmentäre Gesellschaft ist dann in kleine, jeweils gleichartige Einheiten (z. B. Stämme) geordnet. Diese Gesellschaften werden von stratifizierten Sozialsystemen abgelöst, d. h. von solchen mit verschiedenen Teilgruppen, die jeweils verschiedene Funktionen innerhalb der Gesellschaft ausüben und verschiedene Statuspositionen einnehmen. Die stratifizierte Gesell-

Evolutionäre Richtung und Stufenschema

schaft ist aber noch zentralistisch, und zwar von oben (hierarchisch) reguliert. Die oberen Gesellschaftsgruppen (z. B. Adel, Monarchen) geben die Leitorientierungen an die nach unten differenzierten Gesellschaftsschichten (Strata = Schicht) weiter. Erst in der modernen Gesellschaft kommt mit der Aufspaltung in Funktionssysteme ein horizontal wirkender Differenzierungsmechanismus in Gang.

Richtung: mehr Differenzierung

Wenn man nochmals auf die kurze Geschichte der Gesellschaften blickt, die Parsons in dem 1979er Text (ursprünglich 1964 im American Sociological Review erschienen) erzählt, erkennt man, dass er damals bereits mit dem Stufenmodell »segmentär«, »stratifikatorisch« und »funktional« differenziert operiert hat. Dieses Schema ist übrigens schon in den funktionalistischen Gesellschaftsanalysen von Herbert Spencer und Emile Durkheim enthalten und wird auch von Niklas Luhmann noch im Großen und Ganzen aufrechterhalten. Wenn dies aber stimmig ist, dann wäre zu fragen, ob die Differenzierungstheorie nicht doch zwei wesentliche Merkmale der Dialektik (stillschweigend?) übernimmt, die gerade noch besonders scharf kritisiert wurden, nämlich: a) den entwicklungstheoretischen Determinismus und b) die schmalspurige Einlinigkeit des behaupteten Entwicklungsmechanismus. Wir wollen uns mit diesen beiden Einwänden näher beschäftigen und wenden uns dazu zwei Argumentationsfiguren zu, die auf Louis Althusser (1974) und Karl Mannheim (1980, 1928) zurückgehen.

Zwischenergebnis

Schwierigkeiten einer soziologischen Evolutionstheorie

Die Evolutionsidee besteht in der allgemeinen Überlegung, dass anpassungsfähige Einheiten (Lebewesen, soziale Systeme) höhere Überlebenschancen haben als weniger anpassungsfähige (»survival of the fittest«). Lässt sich diese Idee konsequent auf die Entwicklung von Gesellschaftstheorien übertragen? Womöglich nicht. Denn die neueren Systemtheorien scheinen eher einem Gesetz der systematischen Zunahme von Differenzierung zu folgen, kurz: auf segmentäre Differenzierung folgen stratifikatorische und funktionale Ausdifferenzierung.

4.4.3.3 | Pfadstrukturen der Geschichte

Die erste Argumentationsfigur besteht in einer Unterscheidung von drei Verständnisweisen gesellschaftlicher Entwicklung, die von Karl Mannheim (1980) stammt: (1) »reine Geschichtsschreibung«, (2) »Geschichtsphilosophie« und (3) »soziologisch-dynamische Typisierung«.

Die reine Geschichtsschreibung besteht in der Chronik der historischen Ereignisse. Mannheim wirft einer solchen Geschichtsschreibung vor, dass sie einer ahistorischen Entwicklungsidee folge: »Dieses Nicht-Historische (besteht) keineswegs darin, dass die Menschen nicht in der chronologischen Zeit leben oder ewig das Gleiche tun, handeln, schaffen würden«, sondern darin, dass man »in dieser Welt jeden möglichen (auch den von uns noch nicht gedachten) Gedanken zu jedem Zeitpunkt denken und in allen bisher da gewesenen wie auch in den für uns später noch möglichen Stilgattungen schöpferisch tätig sein« kann (Mannheim 1980, S. 129).

Reine Geschichts-schreibung

Die Kritik, die Mannheim an der reinen Geschichtsschreibung übt, ist somit ähnlich wie die Kritik Artur Dantos an der »Idealen Chronik«. Im Prinzip wäre alles zu jeder Zeit möglich, auch wenn wir in der Chronologie der Ereignisse feststellen, dass A zum Zeitpunkt t1 und B zum Zeitpunkt t2 stattfand. Dass etwas chronologisch nacheinander stattgefunden hat, ist für den Chronisten noch kein Anlass, Entstehungszusammenhänge oder Kausalgesetze anzunehmen, die erklären könnten, weshalb A zum Zeitpunkt t1 und nicht etwa zum Zeitpunkt t2 vorgekommen ist. Insofern kann die reine Geschichtsschreibung immer nur das Auftreten von etwas individuell Einzigartigem registrieren. Wir erinnern uns an den instantanen Realismus.

Die Geschichtsphilosophie begreift Entwicklung dagegen als Abfolge der sozialen Ordnungen im Sinne einer »Lehre von der Struktur dieser Entwicklung bzw. bestimmter Entwicklungsreihen« (Mannheim 1980, S. 134). Als Beispiel für die Geschichtsphilosophie erwähnt Mannheim die dialektische Geschichtsauffassung von Karl Marx. Die gesellschaftliche Entwicklung folgt einer bestimmten Bewegung, die auf ein spezifisches Ziel gerichtet ist, z. B. die Auflösung von Klassenwidersprüchen. Damit postulieren Geschichtsphilosophien tendenziell eine Art expliziten oder heimlichen Plan der Entwicklung.

Geschichtsphilosophie

Es stellt sich damit die Frage, ob die funktionalistische Evolutionstheorie (→ Kap. 4.4.3.2) eine Geschichtsphilosophie im Sinne Mannheims darstellt, indem sie über ein Gesetz der Differenzierung »zu einer Lehre von der Struktur der Entwicklung gelangt«. Mannheim verweist darauf, dass es einen Unterschied macht, ob ein Gesellschaftswissenschaftler soziale Systeme (oder Formen, Muster, Ordnungen usf.) als typische Strukturen voneinander abgrenzt oder ob er aufgrund der Möglichkeit, soziale Systeme zu unterscheiden, ein Gesetz der Entwicklung postuliert, z. B. in der Formel: Wenig differenzierte Gesellschaften werden von stärker differenzierten Gesellschaften historisch abgelöst. Tatsächlich hat Parsons in dem weiter oben zitierten Postulat Evolution als eine Struktur der Entwicklung definiert, nämlich eine Entwicklung mit Richtung

Zunehmende Differenzierung als Geschichtsplan?

(mehr Differenzierung) und mit Stufenfolge (1. Stufe: segmentär, 2. Stufe: stratifikatorisch, 3. Stufe: funktional differenziert).

Selbstverständlich ist damit noch nicht bewiesen, dass eine funktionalistische Evolutionstheorie der Gesellschaft notwendigerweise auf eine Theorie hinauslaufen muss, die »zu einer Lehre von der Struktur der Entwicklung gelangt« (Mannheim 1980, S. 134). Auch ist damit noch nicht gesagt, dass eine »Lehre von der Struktur der Entwicklung« (ebd.) unangemessener ist als andere Theorien des sozialen Wandels, also solche, die sich mit dem Verfassen historischer Chroniken oder mit der Unterscheidung sozialer Typen begnügen.

Soziologisch-dynamische Typisierung Die »soziologisch-dynamische« Typisierung unterscheidet ebenfalls die Strukturmuster zeitlich verschiedener Gesellschaftsordnungen. Im Gegensatz zur reinen Geschichtsschreibung hebt sie allerdings hervor, dass eine bloße Chronik der Ereignisse das Zeitproblem der Entwicklung nicht ernst genug nimmt, indem – zumindest prinzipiell – eine Jederzeitigkeit aller möglichen Formen, Stile, Ordnungen für möglich gehalten wird. Vom Standpunkt einer soziologisch-dynamischen Typisierung ist eine solche Jederzeitigkeit nicht plausibel. Darum bedarf es einer genetischen Erklärung dafür, warum z. B. ein bestimmter Typus zum Zeitpunkt t1 und nicht zum Zeitpunkt t2 auftritt.

Die soziologisch-dynamische Typisierung übernimmt daher von der Geschichtsphilosophie zwar nicht die Vorstellung von einem geschichtlichen Plan, aber doch die Vorstellung von einer zeitlichen Strukturierung der Geschichte, was Mannheim auch als »innere Struktur« oder »inneres Merkmal« der Geschichte bezeichnet. Gemeint sind damit die Folgen des »Früherseins« bzw. des »Späterseins« eines sozialen Gebildes: »das Aufeinanderfolgen der Gebilde im Nacheinander der Zeit als konstitutiv für das Sein der entstandenen Gebilde. [...] Die allgemeinsten Typen soziologischer Begriffe (wie Familie, Stadtwirtschaft, Kapitalismus usw.) erhalten nur dann einen prägnanten Sinn, wenn sie aufgrund jener einmaligen Struktur typisiert werden, in der sie entstanden sind«. (Mannheim 1980, S. 131)

Pfadabhängigkeit Die Bedeutung der zeitlichen Strukturen wird heute mit dem Begriff der Pfadabhängigkeit erläutert. Situationen sind insofern geschichtlich, als ihnen etwas vorangegangen ist. Daher kann nicht jederzeit alles Mögliche passieren. Mit bestimmten Weichenstellungen (z. B. Gründung einer Staatengemeinschaft) haben sich Gesellschaften gleichsam auf einen Entwicklungspfad begeben, auf dem sich nicht ohne Weiteres umkehren lässt (z. B. von der EU zurück in die einzelstaatliche Gesellschaft). Mannheim sah in einer solchen Pfadabhängigkeit aber lediglich das Kriterium der Unumkehrbarkeit der Entwicklung von Strukturen begründet. Mit der zeitlichen Unumkehrbarkeit ist allerdings nur eine spezifischere Struktur der genetischen Erklärung gegeben. Spätere Formen müssen auf der Grundlage der tatsächlich historischen früheren Formen erklärbar sein. Für die zeitliche Reihenfolge der Formen bedarf es jedoch keines weiteren zusätzlichen Gesetzes, also keines Geschichtsplans.

Zwischenergebnis

Chronik – Evolution – Pfadabhängigkeit

Die von Mannheim eingeführte Unterscheidung zwischen Geschichtsschreibung, Geschichtsphilosophie und soziologisch-dynamischer Gesellschaftstypisierung lässt sich mit den heutigen Entwicklungsbegriffen der Chronik, der Evolution und der Pfadabhängigkeit von Entwicklungen vergleichen. Die reine Geschichtsschreibung entspricht der Idee der Entwicklung als Chronik, der bloßen Aufeinanderfolge von Ereignissen; die Evolution enthält Momente von Geschichtsphilosophie, insoweit sie Gesetze der Entwicklungsrichtung und der Entwicklungsstufen angibt; die soziologisch-dynamische Typisierung ist vergleichbar mit dem Konzept der Pfadabhängigkeit, das besagt, dass nicht jederzeit alle Strukturformen einer Gesellschaft auftreten können, sondern dass das Auftreten einer Gesellschaftsstruktur abhängig ist von den Strukturen, die ihr vorangegangen sind.

Koinzidenzen – Vermittlungen geschichtlicher Entwicklungen | 4.4.3.4

Ein Vorwurf gegen entwicklungstheoretische Beschreibungen und Erklärungen richtet sich gegen deren Einlinigkeit. Um die Bedeutung dieses Vorwurfs zu verdeutlichen, sollen hier zwei Varianten nicht-einliniger Erklärungen erörtert werden. Die eine stammt wiederum von Karl Mannheim, der von der Möglichkeit historischer Entwicklungen aufgrund der »Ungleichzeitigkeit des Gleichzeitigen« spricht (Mannheim 1928), die andere von Louis Althusser (1974), der geschichtlichen Wandel auf »Überdetermination« zurückführt. Beide meinen etwas Ähnliches.

Mannheims Vorstellung von der »Ungleichzeitigkeit des Gleichzeitigen« bezieht sich auf das Verhältnis von biographischer und historischer Zeit. Er versteht darunter den Sachverhalt, dass Menschen zur gleichen Zeit in einer Gesellschaft leben, aber trotzdem die Zeit, also die Ereignisse in dieser Gesellschaft, nicht in der gleichen Zeit, sprich: ungleichzeitig, erleben. Man kann also die für viele Menschen gleichzeitig auftretenden sozialen Ereignisse auf zwei Linien verorten, einer allgemein historischen, sprich chronologischen, Linie und einer individuell-biographischen, ebenfalls chronologischen Linie. Für Mannheim kommen aber

Ungleichzeitigkeit des Gleichzeitigen

noch zwei Aspekte hinzu. Erstens sind die Menschen, die gleichzeitig ein historisches Ereignis erfahren, nicht zum gleichen Zeitpunkt geboren; zweitens verfügen sie über die Zeitperspektiven der Vergangenheit, Gegenwart und Zukunft. Daraus ergeben sich Generationsunterschiede. Für Menschen, die zu unterschiedlichen Zeiten geboren sind, ist das gleichzeitig in einer Gegenwart erfahrene Ereignis (z. B. Arbeitslosigkeit im Kontext einer Wirtschaftskrise) mit verschiedenen Perspektiven auf die Vergangenheit und auf die Zukunft verbunden.

Daraus lässt sich eine weitere Folgerung ableiten: Die sich auf verschiedenen (biographischen und historischen) Linien abspielenden Entwicklungen können sich gegenseitig hemmen oder stützen. So vermutet Mannheim, dass Prozesse des sozialen Wandels, etwa in Form von neuen sozialen Bewegungen, durch Entwicklungen, die Personen in der Adoleszenz – also im Übergang von der Jugend zum Erwachsenenalter – erfahren, einen besonderen Schub erhalten. So bestand die biographische Erfahrungen der jungen Erwachsenen, die in den westlichen Gesellschaften der 1960er Jahre die Protestbewegungen trugen, in einem Ungenügen der Wohlstandsentwicklung, das sie vor allem in der versteckten Unzufriedenheit ihrer Eltern mit dem gewonnenen Wohlstand erblickten (vgl. zu dieser Interpretation Hirschman 1988). Während sich aber ihre Eltern in einer Lebensphase befanden, in der neue soziale Entwicklungen nicht mehr so leicht aufgegriffen werden konnten, steckten sie selbst noch in einer biographischen Suchphase und konnten sich alternativen Lebensstilen gegenüber öffnen. Kultureller Wandel und soziale Veränderungen können insofern gerade dadurch entstehen, dass die Entwicklungen in verschiedenen Dimensionen – hier biographische und historische Entwicklung – einander Kraft verleihen.

Überdetermination   Darin besteht die Analogie zu Althussers Begriff der Überdetermination. Dieser wendet sich mit seinem Konzept direkt gegen die Hegel'sche Geschichtsauffassung und gegen die vorherrschende Marx-Interpretation, nach der gesellschaftliche Widersprüche in der Regel nur in der Dimension der Entfaltung eines historischen Entwicklungsprinzips gedeutet werden. So sind die kapitalistischen Krisen vornehmlich als Ausdruck des kapitalistischen Produktionsprozesses erklärt worden. Dann wäre allerdings zu fragen, weshalb es in entwickelten kapitalistischen Gesellschaften nie zu revolutionären Wandlungsprozessen gekommen ist und sozialistische Gesellschaften vornehmlich in Konstellationen des Übergangs von einer agrarischen zu einer industriellen Produktionsweise entstanden sind.

Das Beispiel der russischen Revolution   Althusser denkt, dass diese Gesellschaften im Übergang von zwei Strukturprinzipien der ökonomischen Produktionsweise beeinflusst wurden: einem dominierend werdenden Prinzip der industriell-kapitalistischen Produktion mit ihren spezifischen Produktionskrisen und den noch nachwirkenden älteren ökonomischen Verhältnissen der agrikulturellen Gesellschaft. Auch diese beiden Entwicklungslinien können sich gegenseitig verstärken. Aufgrund der Auflösung der agrikulturellen Produktion kommt es zu einer ersten Krisenverkettung, die aus der Freisetzung der Landbevölkerung und der davon ausgelösten Flucht in neue industrielle Zentren bestand. Eine zweite Krisenverkettung betrifft die mit den Produktionszyklen verbundenen Konjunkturschwankungen des neu entstehenden Kapitalismus. Wenn nun beide Krisenketten in bestimmten historischen Ereignissen kulminieren, z. B. eine große Landfluchtbewegung auf eine ökonomische Abschwungphase in den industriellen Zentren trifft, dann kann das neu entstehende System diese Spannung nicht mehr kompensieren, eine revolutionäre Dynamik wird wahrscheinlicher.

Also auch in diesem Beispiel gewinnt eine bestimmte soziale Dynamik an Fahrt, weil die Kräfte aus zwei verschiedenen Entwicklungslinien zusammentreffen und sich verkoppeln. Die beiden Beispiele verdeutlichen daher, warum Theorien unzureichend bleiben können, die nur eine Entwicklungslinie in der Zeit verfolgen, z. B. dialektische Entwicklungstheorien, funktionalistische Evolutionstheorien, aber auch neuere Systemtheorien, die lediglich die Entfaltung eines sich selbst reproduzierenden Mechanismus der Ereignisverkettung in der Zeit verfolgen. Sie unterschätzen die gesellschaftlichen Kräfte, die durch das Aufeinandertreffen und der (strukturellen) Kopplung von Dynamiken, die sich zunächst auf unterschiedlichen Entwicklungsebenen entfaltet haben, freigesetzt werden können.

Zwischenergebnis

Ungleichzeitigkeiten der Entwicklung

Die geschichtliche Entwicklung einer Gesellschaft läuft nicht auf einer einzigen Bahn ab. Soziale Entwicklung ist nicht eindimensional oder schmalspurig. Da Gesellschaften aus verschiedenen Teilbereichen bestehen, lassen sich in ihnen gleichzeitig verschiedene Entwicklungspfade beobachten. Diese Entwicklungspfade wiederum besitzen eine eigene Zeitstruktur. Manche der gleichzeitig in einer Gesellschaft sich kreuzenden Entwicklungspfade stehen noch am Anfang, andere haben sich vielleicht etabliert, andere stagnieren oder steuern auf ihren Endpunkt hin. Dies meint Karl Mannheim mit der »Ungleichzeitigkeit des Gleichzeitigen«. Für ihn bestand diese vor allem in der Kreuzung von biographischen Entwicklungszeiten und gesellschaftlichen Entwicklungszeiten im Phänomen der Generationen.

Mit Louis Althusser kann gezeigt werden, dass es innerhalb einer Gesellschaft auch im Hinblick auf ökonomische Entwicklungen zu einem gleichzeitigen Vorkommen ungleichzeitiger Prozessphasen kommen kann, wenn etwa eine absterbende agrikulturelle Wirtschaftsweise auf eine aufstrebende industrielle Entwicklung trifft. Bei solchen Überkreuzungen zeitlich ungleich gelagerter Entwicklungen kann es zu gegenseitigen Blockaden, aber auch zu gegenseitiger Verstärkung kommen.

Lernkontrollfragen

1. Vergleichen Sie die Zeitkonzepte von Schütz/Luckmann, Bourdieu und Luhmann.
2. Worin besteht nach Artur C. Danto das Problem einer idealen Chronik?
3. Recherchieren Sie einen Schulbuchtext zur deutschen Wiedervereinigung und untersuchen Sie, um welche Art von Geschichtsschreibung nach Hayden White es sich dabei handelt.
4. Erläutern Sie das Problem der »Ungleichzeitigkeit des Gleichzeitigen« am Beispiel der Einführung der Playstation 3.

Literatur

Althusser, Louis (1974): Über materialistische Dialektik, in: ders.: Für Marx, Frankfurt a.M., S. 100–167.

Bourdieu, Pierre (1987): Sozialer Sinn, Frankfurt a.M.

Danto, Artur C. (1973): Analytische Philosophie der Geschichte, Frankfurt a.M.

Frese, Jürgen (1967): Sprechen als Metapher für Handeln, in: Hans Georg Gadamer (Hrsg.), Das Problem der Sprache, München, S. 45–55.

Hegel, Georg Wilhelm Friedrich (1969): ›Wissenschaft der Logik‹, Frankfurt a.M. (Erstveröffentlichung 1812).

Hirschman, Albert O. (1988): Engagement und Enttäuschung. Über das Schwanken der Bürger zwischen Privatwohl und Gemeinwohl, Frankfurt a.M.

Luhmann, Niklas (1975): Systemtheorie, Evolutionstheorie und Kommunikationstheorie, in: Sociologische Gids 22, S. 154–168.

Luhmann, Niklas (1984): Soziale Systeme, Frankfurt a.M., insb. Kap. 8.

Mannheim, Karl (1928): Das Problem der Generation, in: Kölner Vierteljahreshefte zur Soziologie.

Mannheim, Karl (1980): Über die Eigenart soziologischer Erkenntnis. in: ders. Strukturen des Denkens, Frankfurt a.M. 1980, S. 33–154 (Erstveröffentlichung 1922).

Parsons, Talcott (1979): Evolutionäre Universalien der Gesellschaft, in: Zapf, Wolfgang (Hg.) Theorien des sozialen Wandels. Königstein/Ts., S. 55–74.

Parsons, Talcott (2003): Das System moderner Gesellschaften, Weinheim (engl. Original 1971).

Schütz, Alfred/Luckmann, Thomas (1980): Strukturen der Lebenswelt, Bd. 1., Frankfurt a.M.

Straub, Jürgen (1998): (Hrsg.): Erzählung, Identität und historisches Bewusstsein, Frankfurt a.M.

White, Hayden (1991): Metahistory, Frankfurt a.M. (engl. Original 1973).

Wozu all diese Fragen und Problemfelder? | 5

Ein Buch, das in die Grundfragen der Soziologie einführt, gelangt unweigerlich zu einer heiklen Festlegung dessen, was Soziologie ist und sein soll. Solche Festlegungen lassen sich leicht hinterfragen. Warum z. B. werden hier im zweiten Kapitel nur vier Grundbegriffe genannt, obwohl es doch weitaus mehr gibt? Weshalb erörtert das dritte Kapitel nur fünf Begriffsfelder? Und gibt es nicht mehr als vier Gegensatzpaare in der Soziologie?

Ein Buch wie dieses muss sich im Umfang beschränken. Und eine solche Beschränkung ist im Einzelnen immer bis zu einem gewissen Grad willkürlich. Das gilt in beide Richtungen. Nicht nur, dass man das Fehlen von Ansätzen und Problemen beklagen könnte, sondern es ließe sich umgekehrt auch eine noch strengere Begrenzung einfordern. Hätte nicht vielleicht doch Handlung und Struktur als Grundbegriffspaar gereicht?

Trotz der möglichen Willkür der Auswahl soll hier am Schluss anhand eines Gedankenexperiments durchgespielt werden, welche Erkenntnischancen sich durch die Reflexion der in diesem Buch erörterten Grundfragen der Soziologie ergeben, wenn gesellschaftliche Phänomene untersucht werden. Dies geschieht am Beispiel einer Gesellschaftsdiagnose – der These der »Ökonomie der Aufmerksamkeit«, die von Georg Franck stammt. Georg Franck ist kein Fachsoziologe, sondern Professor für digitale Methoden der Architektur und Raumplanung. Aber mit den Büchern »Ökonomie der Aufmerksamkeit« (1998) und »Mentaler Kapitalismus« (2005) hat er beachtliche Gesamtanalysen der Gegenwartsgesellschaft vorgelegt. Von der Denkweise her sind sie eher sozialphilosophisch und gesellschaftstheoretisch inspiriert. Uns interessiert hier jedoch nur Francks Ausgangsthese; wir wollen durchspielen, wie sich sein Ausgangsproblem mithilfe der in den vorangegangenen Kapiteln diskutierten Grundbegriffe, Bezugsprobleme und Begriffspaare entfalten lässt. Der Leser kann sich dann die beiden Bücher von Georg Franck anschauen und vergleichen, wie er seine Grundthese weiterentwickelt hat.

Der Anlass von einer »Ökonomie der Aufmerksamkeit« zu sprechen, ist für Franck die »finale Entgrenzung der Informationsflut« seit dem

Durchbruch des Internets (Franck 1998, S. 66). Das WorldWideWeb versorgt uns mit nahezu allem, was man wissen kann. Es ist der Endpunkt einer gigantischen gesellschaftlichen Anhäufung von Informationen. Dem stehen die Menschen gegenüber, die als einzelne Wesen (individuelle Akteure) über eine begrenzte Aufmerksamkeit verfügen. Ein Tag hat 24 Stunden und in diesen 24 Stunden stehen dem Individuum im Durchschnitt maximal zehn bis zwölf Stunden wache Aufmerksamkeit zur Verfügung. Schon die tägliche Flut an neuen Informationen lässt sich von einem einzelnen Menschen nicht mehr bewältigen. Daraus ergeben sich zwei Grundprobleme:

Informationsflut und knappe Aufmerksamkeit

1. Wie kann der einzelne Mensch sicherstellen, dass er zumindest alle für ihn wichtigen Informationen registriert? Wie bewältigt er als Rezipient (Empfänger von Nachrichten) die Informationsflut angesichts der Grenzen der individuellen Aufmerksamkeitsleistung?
2. Wie können Informationsanbieter die Aufmerksamkeit der Individuen auf ihr Informationsangebot lenken? Wie setzen sie sich auf den Märkten der globalen Informations- und Kommunikationsmedien durch?

Francks Grundthese besteht nun darin, dass die Aufmerksamkeit der Menschen zu einem knappen Gut geworden ist, um das in der Gesellschaft gerungen wird. Es gilt Aufmerksamkeitsleistungen zu erzeugen, zu steigern, zu lenken, zu motivieren usf. Die höchsten Risiken der Gesellschaft bestehen darin, dass jemand oder etwas nicht bemerkt wird bzw. dass man etwas oder jemanden nicht bemerkt hat. Das Problem, das Franck anspricht, ist uns allen nur zu bekannt. Jede und jeder von uns ringt tagtäglich um Beachtung, um Aufmerksamkeit durch andere. In der Schule, bei der Arbeit, in der Familie und bei Freunden. Daher stellen sich fast selbstläufig zwei Fragen an Francks Diagnose. Erstens: Ist das Problem der Aufmerksamkeit wirklich so neu? Zweitens: Welches Grundverständnis von Gesellschaft ist damit verbunden?

Aufmerksamkeit als soziale Tatsache

Zur Beantwortung dieser beiden Fragen gehen wir nochmals die vier Grundbegriffe durch, die wir im zweiten Kapitel kennengelernt haben. Aufmerksamkeit wäre nach Emile Durkheim als sozialer Tatbestand aufzufassen. Mit ihm würden wir das Problem der Aufmerksamkeit als Frage nach der relativen Verbreitung der Beachtung von etwas (bzw. von jemandem) verstehen. So kennen wir etwa, seit es Fernsehen und Fernsehunterhaltung gibt, Einschaltquoten. Man weiß deshalb z. B., dass in Deutschland ca. 31 Millionen Zuschauer das Halbfinalspiel 2010 (zwischen Spanien und Deutschland) gesehen haben. Dies war ein Marktanteil von rund 83 % (laut Stern.de vom 8.7.2010). Aber relative Aufmerksamkeit gibt es nicht erst seit dem Fernsehen. Schon viel früher zogen Jahrmarkt, Zirkus oder Theaterspiel relativ viele Zuschauer an. Wenn wir mit Durkheim Aufmerksamkeit als Quote beobachten, folgen wir einem Verständnis von Gesellschaft als relativer Verbreitung von etwas innerhalb einer gegebenen Bevölkerung. Demzufolge wäre dann die Frage nach dem Erreichen von Aufmerksamkeit nichts Neues, sondern ein Phänomen, das mit gesellschaftlicher Öffentlichkeit allgemein zu tun hat.

Aber dies ist lediglich eine Möglichkeit, sich das Problem der Aufmerksamkeit soziologisch vorzustellen. Mit Max Weber ließe sich nach den Sinngrundlagen der Aufmerksamkeit als einem sozialen Handeln, das sich in der Zuwendung eines Akteurs zu etwas oder zu jemanden zeigt, fragen. So kann ein Schüler sich dem Unterricht aus verschiedenen Handlungsgründen zuwenden – so wie wir es bei den Idealtypen von Weber gesehen haben: zweckrational, wertrational, traditional oder affektual. Richtet er seine Aufmerksamkeit auf die Mathematiklehrerin, weil er in der nächsten Klausur besonders gut abschneiden will (zweckrational) oder weil die Mathematik selbst für ihn einen besonderen Wert darstellt (wertrational)? Oder tut er es, weil man es üblicherweise so tut (traditional)? Oder einfach, weil er die Lehrerin wegen ihrer witzigen und freundlichen Art mag (affektual)?

Aufmerksamkeit als soziales Handeln

Mit Durkheim würden wir Aufmerksamkeit eher als quantitatives Phänomen (wie stark verbreitet) betrachten, mit Weber könnten wir qualitativ nach der Art und Weise und der Motiviertheit der Aufmerksamkeit fragen.

Mit Simmel können wir in unserer soziologischen Vorstellungskraft noch einen Schritt weitergehen und nach der Form der Wechselwirkung fragen, die sich in Phänomenen der Aufmerksamkeit zeigt. Wir interessierten uns dann nicht für das quantitative Ausmaß eines gesellschaftlichen Phänomens, auch nicht für die individuelle Art und Motivation von Aufmerksamkeitsorientierungen, sondern für Wechselwirkungen zwischen Individuen. So könnte uns auffallen, dass sich die Formen der Aufmerksamkeit als Wechselwirkungen zwischen einem Geschehen (oder einer Information) und dem Publikum als Rezipienten des Geschehens systematisch unterscheiden. Die Wechselwirkungen zwischen Zuschauer und Rockband auf einem Konzert sind andere als die Wechselwirkungen zwischen einer DVD-Aufzeichnung des Konzerts und dem individuellen Zuschauer zu Hause am DVD-Player. Im ersten Fall handelt es sich um die Wechselwirkungen zwischen einer Band und einem lokalen Publikum, im anderen um die zwischen Akteuren, die technisch vervielfältigte Kulturerzeugnisse verbreiten, und einem individualisierten Publikum (Die Unterscheidung stammt von Gerhard Schulze 1992).

Aufmerksamkeit als soziale Form

Nicht zuletzt können wir die Aufmerksamkeitsleistung selbst als ein soziales Gebilde und damit als ein Erzeugnis gesellschaftlicher Prozesse auffassen. Die Aufmerksamkeit der Person ist nicht nur eine angeborene

Aufmerksamkeit als soziales Gebilde

Eigenschaft. Sie ist genauso sehr ein Produkt von Lernprozessen der Person innerhalb bestimmter gesellschaftlicher Kontexte. Die Art und Weise der Aufmerksamkeit ist abhängig von der »Weltanschauung« (Mannheim) der Person, die wiederum bestimmt ist von der gesellschaftlichen Lage der Person, von ihren »Lebensverlegenheiten«.

Mit Pierre Bourdieu ließe sich die Aufmerksamkeit auch als Ausdruck des Habitus lesen. Die Person hat aufgrund ihrer Beteiligung an bestimmten sozialen Praktiken spezifische Schemata der Wahrnehmung, des Urteilens und der Bewertung inkorporiert. Ihre Aufmerksamkeit richtet sich somit niemals auf alles Mögliche innerhalb einer Situation, sondern auf das, was aufgrund dieser inkorporierten Schemata in den Fokus ihrer Aufmerksamkeit gelangt.

Aufmerksamkeit und Sozialisation Und damit wären wir auch schon bei einem weiteren Bezugsproblem der Soziologie angekommen, dem Problem der Sozialisation. Es wäre somit nicht nur (und möglicherweise nicht einmal primär) zu erklären, wie Akteure mit einer gestiegenen Informationsflut umgehen, sondern zu fragen, wie Akteure vor dem Hintergrund ihrer Sozialisationsgeschichte und den darin erzeugten Schemata der Wahrnehmung, Beurteilung und Bewertung überhaupt mit Informationen umgehen und ob sie demzufolge überhaupt eine gestiegene Flut von Informationen registrieren.

Aufmerksamkeit und soziale Ungleichheit Vom Problem der Sozialisation lässt sich unmittelbar zu der Bedeutung von sozialer Ungleichheit für die Frage der Bewältigung der Informationsflut in der Gegenwartsgesellschaft überleiten. Denn ganz offensichtlich hat die Sozialisation der Person in verschiedenen Milieus Auswirkungen auf die Relevanz, die Informationen für einzelne Akteure besitzen. Welche Art von Informationen ist für welche Gruppe von Akteuren von Belang? Jede Art von Information für jede soziale Gruppe in gleichem Ausmaß und auf gleiche Weise? Wohl kaum.

Tab. 13	Varianten der Aufmerksamkeit je nach gewähltem Grundbegriff	
Grundbegriff	**Phänomen**	**Verständnis von Gesellschaft**
Soziale Tatsache	z. B. Einschaltquote	Zählbarkeit
Soziales Handeln	sich einer Sache oder einer Person in einem bestimmten Sinn zuwenden	Sinnorientierung des Tuns oder Unterlassens?
Soziale Form	Wechselwirkungen zwischen Individuen	das »Wie« einer gegenseitigen Bezugnahme
Soziales Gebilde	Aufmerksamkeitsmuster der Person als sozial erzeugte Kompetenz	Weltanschauung oder Habitus = Schemata der Wahrnehmung, des Urteilens, der Bewertung

Die Möglichkeit, dass sich die Art der Aufmerksamkeitslenkung je nach Zugehörigkeit zu einer sozialen Klasse, Schicht oder Milieu unterscheidet, ist auch relevant für die Untersuchung von individuellen und kollektiven Entscheidungsprozessen. Welche Informationen nehmen Akteure zur Kenntnis, wenn sie über ihren weiteren Bildungsweg oder über den zukünftigen Beruf entscheiden? Von welchen Aspekten lassen sie sich bestimmen, wovon nicht? Steht wirklich nur eine gestiegene Menge von Informationen einer allgemein auf ihre Effizienz zu befragenden Informationsverarbeitung gegenüber? Dies wäre der Fall, wenn es um eine rein ökonomisch zu bestimmende Rationalität der Entscheidung ginge. Für sie müsste der Akteur immer nach dem effizientesten Weg der gleichzeitigen Verarbeitung möglichst vieler Informationen suchen. Aber muss dem Akteur jede Information gleich viel wert sein? Wovon hängt es überhaupt ab, dass ein Akteur einer Information Wert zuspricht und ihr deshalb Aufmerksamkeit zuteilwerden lässt? Hier gelangen wir zurück zu den Fragen nach der Sozialisation und der sozialen Ungleichheit. Umgekehrt ließe sich die Frage aber auch makrosoziologisch beantworten.

Aufmerksamkeit und Entscheidung

Vielleicht hängt die Aufmerksamkeitslenkung gar nicht immer vom Akteur und seinem Milieu- und Sozialisationshintergrund ab, sondern vom sozialen Funktionssystem, in dem er sich bewegt. Bei Niklas Luhmann haben wir gesehen, dass sich je nach Funktionssystem über symbolisch generalisierte Medien bestimmte Schemata der kommunikativen Steuerung von Handeln und Erleben durchsetzen. Befinden wir uns im Wissenschaftssystem, interessiert uns die Frage, ob eine Information nach bestehenden Beweisverfahren als wahr gelten kann oder als falsch zurückgewiesen werden muss. Im Wirtschaftssystem fragt man danach, ob man für eine Information zahlen muss und ggf. wie viel und – im nächsten Schritt – was die Information, für die gezahlt wurde, einbringt. In der Politik richten die Akteure ihre Aufmerksamkeit vielleicht darauf, ob ihnen die Information dabei hilft, den Wähler dazu zu bewegen, bei der nächsten Wahl für die Partei X zu stimmen. Und dann kann ein und dieselbe Information für einen Wissenschaftler umstritten, aber für einen Manager profitabel sein, während der Politiker sie lieber unterdrückt, weil sie ihn Wählerstimmen kosten könnte.

Aufmerksamkeit und funktionaler Bezug

Der funktionalistische Soziologe würde sich also fragen, ob die Informationsflut selbst für die Komplexität sorgt oder nicht doch die Ausdifferenzierung der Gesellschaft in verschiedene Funktionssysteme, die möglicherweise die gleiche Anzahl verfügbarer Informationen auf höchst unterschiedliche Weise wahrnehmen, beurteilen, bewerten und daher ganz anders verarbeiten.

Aufmerksamkeit
und Kultur

Dies verweist womöglich auf noch grundlegendere Weise auf die kulturellen Schemata, die innerhalb einer Gesellschaft zur Verarbeitung von Informationen zu Verfügung stehen. Hängt nicht die Fülle der Informationen grundsätzlich vom Differenzierungsgrad der gesellschaftlich und kulturell hervorgebrachten Klassifikationssysteme ab, in die wir Informationen einordnen können? Für primitive Klassifikationen mag es dann ausreichen, ob etwas links oder rechts zugeordnet werden muss – ob etwas gut oder böse ist. Aber schon eine Gesellschaft, die mit mehreren solcher binären Schematismen auf verschiedenen Ebenen arbeitet, verwertet ggf. ein und dieselbe Information auf höchst unterschiedliche Weise.

Information gleich
Konstruktion?

Insofern ergeben sich auch strittige Fragen, z. B.: Ist die Informationsflut Ausdruck der realen technischen Möglichkeiten innerhalb einer Gesellschaft? Oder ist sie lediglich Produkt kommunikativer und kultureller Konstruktionen? So steigt zwar die Anzahl von Informationen – aber wie viele davon können wir unmittelbar überprüfen? Sind die meisten Informationen nicht solche aus zweiter Hand? Müssen wir nicht den Konstruktions- und Kommunikationsverfahren der modernen Massenmedien einfach glauben, dass die Informationen stimmen? Aber können wir diese überhaupt auf direkte Weise überprüfen? Oder basieren viele dieser Informationen nicht auf vagen Einschätzungen und Deutungen, z. B. über die derzeitige Lage in nordafrikanischen Gesellschaften?

Informationsflut
und Desintegration

Und wie steht es um die Integration der Gesellschaft? Leben wir – so wie Berger und Luckmann angenommen haben – noch alle in der einen Welt der Alltagswirklichkeit? Gibt es noch ein Alltagswissen, das uns vereint? Oder haben Berger und Luckmann die Idee von einem uns allen gegebenen Alltagswissen (*shared knowledge*) womöglich nur dadurch gewonnen, dass sie das immer größer werdende Spezialwissen einfach aus dem Alltagswissen ausgeklammert haben? Aber ist nicht vielleicht die immer stärkere Ausdifferenzierung der Gesellschaft in einzelne Sinnprovinzen mit einem jeweiligen Spezialwissen der Grund für eine zunehmende soziale Desintegration, insbesondere in Form einer zunehmenden Indifferenz für all diejenigen Informationen und Zusammenhänge, die nicht zu der Sinnprovinz gehören, in der man sich gerade bewegt?

Information und
Interessenslagen

Außerdem sind Informationen stets mit Interessenslagen verknüpft. Die gleiche Information mag der einen Partei nützen und der anderen schaden. Insofern ist Informationspolitik ein umkämpftes Terrain der Gesellschaft – nicht nur zwischen Kapital und Arbeit. Gerade in einer Arbeitsorganisation kann es von hohem Nutzen für eine Abteilung sein, wenn sie den anderen Abteilungen des Betriebs bestimmte Informationen vorenthält. Denn eine exklusive Informationspolitik steigert den Wert einer Abteilung. Wissen ist zu einem bestimmten Grad immer Herrschaftswissen, bietet Gelegenheit zur Kontrolle über soziale Prozesse.

Die hier aufgezählten Möglichkeiten der soziologischen Reflexion der Informationsflut in modernen Gesellschaften verweisen nicht nur auf die einzelnen Kapitel dieses Buches und die darin angesprochenen Fragestellungen, sie zeigen auch auf, dass die Soziologie nicht zu eindimensionalen Betrachtungen tendiert. Die Fülle der Ansatzpunkte und Fragen, die die Soziologie mit einzelnen gesellschaftlichen Phänomenen zu verbinden vermag, verdeutlicht die Differenziertheit, aber auch die komplexen, auf mehreren Ebenen sich entfaltenden Zusammenhänge sozialer Prozesse. Gesellschaft besteht – so wie es in Kapitel 4.4 erläutert wurde – immer in einer Ungleichzeitigkeit des Gleichzeitigen. Sie ist weder eine Chronik unzusammenhängender, aufeinanderfolgender Ereignisse noch die Summe ihrer Bestandteile. Gesellschaft besteht aus dynamischen Relationen. Dementsprechend kann eine Generation von Heranwachsenden historisch neue Kommunikationsmedien nicht nur aufgreifen, sondern sie auch kreativ nutzen, um sich darin kollektiv zu artikulieren, während sich die älteren Generationen – falls ihnen die neuen Möglichkeiten überhaupt auffallen – mehr übel als wohl den neuen Gegebenheiten anpassen.

> **Mehrdimensionalität soziologischer Beobachtung**

Das Repertoire an Grundfragen kann Soziologinnen und Soziologen somit bei ihren Versuchen, gesellschaftliche Phänomene zu erfassen und zu beschreiben, leitende Orientierungen vermitteln. Sie stellen eine Art kollektives Gedächtnis des Faches dar. Nicht allein und wahrscheinlich auch nicht zuerst im Sinne von Erinnerungen an einzelne Fakten, Begriffe oder Entdeckungen – sondern als Fragen, die auf Bezugsprobleme und Sprachspiele verweisen. Als lebendige Wissenschaft ist die Soziologie nicht fertig mit ihren Fragen. Hätte sie die Antworten zu all ihren Bezugsproblemen parat, wäre sie am Ende ein »toter Hund«.

Soziologie im hier verstandenen Sinne ist in ihren Beschreibungen und Analysen experimentell. Sie erfasst die sich ihr bietenden Gelegenheiten, nochmals anders über die Gesellschaft und ihre Phänomene zu sprechen und nicht zuletzt darüber stets etwas Neues in der Gesellschaft zu entdecken und diese Entdeckungen wieder an die Gesellschaft zurückzugeben: »So, writers and critics who prophesize with your pen, just keep your eyes wide the chance won't come again. But don't speak to soon for the wheel's still in spin. There's no tellin' who that it's namin'.« (Bob Dylan, 1965)

Sachregister

Personenregister

UVK:Weiterlesen

Peter L. Berger
Einladung zur Soziologie
Eine humanistische Perspektive
Herausgegeben von Michaela Pfadenhauer,
Bernt Schnettler
Aus dem Englischen von Monika Plessner
2011, 220 Seiten, broschiert
ISBN 978-3-8252-3495-9
UTB S-Format

Berger eröffnet mit seiner konkurrenz- und zeitlosen »Einladung zur Soziologie« auf möglichst leichtfüßige und eingängige Art einen Zugang in die Denk- und Arbeitsweisen des Fachs.

Hans Peter Henecka
Grundkurs Soziologie
9., überarb. Auflage
2009, 270 Seiten, broschiert
ISBN 978-3-8252-1323-7
UTB S-Format

Das bereits erfolgreich eingeführte und nun in überarbeiteter und aktualisierter Auflage erscheinende Lehr- und Studienbuch vermittelt klar und verständlich geschrieben Gegenstand, Grundbegriffe, basale Theorien und Methoden der Soziologie. Didaktisch orientiert an alltäglichen Erfahrungen richtet es sich vor allem an Studienanfängerinnen und -anfänger im Haupt- oder Nebenfach, aber auch an interessierte Fachfremde.

Klicken + Blättern

Leseprobe und Inhaltsverzeichnis unter

www.uvk.de

Erhältlich auch in Ihrer Buchhandlung.

UVK Verlagsgesellschaft mbH

UVK:Weiterlesen

Volker Kruse
Geschichte der Soziologie
2008, 320 Seiten, broschiert
ISBN 978-3-8252-3063-0
UTB Basics

Ein kompakter Überblick über die Geschichte der Soziologie: von den Anfängen im 19. Jahrhundert bis in die Nachkriegszeit. Es werden die für die Lehre zentralen Soziologen vorgestellt – ihr Leben, ihr Werk und ihre Zeit. Der Autor zeigt, wie soziologische Theorien in der Auseinandersetzung mit zeitspezifischen politischen, ökonomischen und kulturellen Herausforderungen entstehen und ermöglicht damit ein leichteres Verständnis der begrifflichen und theoretischen Grundlagen der Soziologie.

»Eine umfassende, informative, verständliche, z.T. sogar spannend zu lesende Studie.« ekz-Informationsdienst

»Die aufgezeigten vielfältigen Verflechtungen sind höchst interessant, so dass die Geschichte der Soziologie mit diesem Band viel Freude macht und zur Vertiefung einlädt – eine Empfehlung auch für Nichtsoziologen.«
cultdoc.uni-giessen.de

Klicken + Blättern

Leseprobe und Inhaltsverzeichnis unter

www.uvk.de

Erhältlich auch in Ihrer Buchhandlung.

UVK Verlagsgesellschaft mbH

UVK:Weiterlesen

UVK:Weiterlesen

Rainer Diaz-Bone
Statistik für Soziologen
2006, 284 Seiten, broschiert
ISBN 978-3-8252-2782-1
UTB Basics

Das Lehrbuch beinhaltet alle wichtigen Themenbereiche der statistischen Grundausbildung: von der Beschreibung einzelner Variablen bis zur multivariaten Analyse.

»Zusammenfassend ist festzuhalten, dass Rainer Diaz-Bone ein Lehrbuch vorgelegt hat, das sehr gute Dienste in der Lehre der statistischen Methoden für Soziologen beziehungsweise für Sozialwissenschaftler leistet.[...] Bei dieser zusammenfassenden Bewertung soll auch vor allem hervorgehoben werden, dass viele einprägsame Beispiele aus dem Bereich der empirischen Sozialforschung, anschauliche Grafiken und der leichte Nachvollzug der durchgeführten Berechnungen zu den besonderen Highlights gezählt werden dürfen, zusammen mit der sehr ansprechenden Gestaltung des Layouts dieses Buches. Es wird in der Hand derjenigen, die sich in die Methoden der Statistik einarbeiten müssen oder wollen nützliche Dienste leisten.« Soziologische Revue

Klicken + Blättern

Leseprobe und Inhaltsverzeichnis unter

www.uvk.de

Erhältlich auch in Ihrer Buchhandlung.

UVK Verlagsgesellschaft mbH